Grundlagen der Reptilienhaltung

von Jens Rauh

mit 147 Fotos
und 76 Zeichnungen

Redaktion, fachliche Bearbeitung
und Lektorat: Heiko Werning

Terrarien  Bibliothek

Natur und Tier - Verlag

Titelbild: *Gekko gecko* (M. Schmidt)
Hintergrund: *Gekko gecko* (B. Love/Blue Chameleon Ventures)
Zeichnungen: J. Rauh

Die Deutsche Bibliothek - CIP-Einheitsaufnahme

Jens Rauh:
Grundlagen der Reptilienhaltung / von Jens Rauh. - Münster: Natur-und-Tier-Verl.: 2000
(Terrarien-Bibliothek)
ISBN 3-931587-29-0

© 2000 Natur und Tier - Verlag, Matthias Schmidt
An der Kleimannbrücke 39, 48157 Münster
Gestaltung: Nick Nadolny
Druck: Egedsa, Sabadell, Spanien

Inhalt

Inhalt

Inhalt

Geleitwort

In den letzten Jahren erschienen zahlreiche Bücher über Amphibien und Reptilien sowie ihre Haltung im Terrarium mit unterschiedlichem Anspruch, unterschiedlicher Qualität und entsprechendem Preis.

Als mir Herr Rauh sein Manuskript schickte, nahm ich es daher mit einer gewissen Skepsis zur Hand. Sehr schnell merkte ich jedoch, daß hier ein Werk vorliegt, das sehr wohl seine Berechtigung hat.

Die Terrarienkunde hat heute mehr Anhänger als je zuvor. Dementsprechend haben sich auch die technischen Voraussetzungen zur Haltung von Reptilien verbessert. Aus Nachzuchten und Importen können verschiedenste Arten günstig erworben werden. Die fortschreitende wirtschaftliche Erschließung bisher unzugänglicher Gebiete führte dazu, daß laufend neue Arten entdeckt werden. Viele finden ihren Weg in unsere Terrarien und vermitteln häufig überraschende und völlig neue Erkenntnisse. Glücklicherweise sind die Zeiten der „Wegwerftiere" vorbei. Die heutigen Terrarianer bemühen sich um eine sorgfältige Pflege und die Nachzucht ihrer Terrarientiere. Behörden und Gesetzgeber fordern für bestimmte Arten die Einhaltung von Mindeststandards der Terrarien sowie den Nachweis des Terrarianers, über entsprechende Sachkunde zu verfügen.

Das vorliegende Werk behandelt so gut wie alle Themen, die einen Einsteiger in die Terrarienkunde interessieren, in leicht verständlicher Weise. Aber auch fortgeschrittene Terrarianer werden die einzelnen Kapitel mit Gewinn lesen.

Es wäre zu wünschen, daß dieses Buch vor der Anschaffung des ersten Terrarientieres gekauft und gelesen wird.

Ingo Pauler
1. Vorsitzender der DGH

Nachzuchterfolg! Jungtier des Großen Madagaskar-Taggecko (*Phelsuma madagascariensis grandis*)
Foto: B. Love/Blue Chameleon Ventures

Vorwort

In den letzten Jahren hat die Zahl der herpetologisch (Herpetologie: Lehre von den Reptilien und Amphibien) und terraristisch Interessierten stark zugenommen. Demzufolge stiegen auch die Neuerscheinungen an terraristischer Fachliteratur sprunghaft an. Waren es vor zehn Jahren noch einige wenige Titel, zwischen denen der Liebhaber wählen konnte, so ist die Palette der heute im Handel erhältlichen Veröffentlichungen fast unüberschaubar groß. Unter diesen Hunderten von Büchern befindet sich jedoch leider auch ein hoher Prozentsatz, der die Bezeichnung „Fachliteratur" zu Unrecht trägt. Viele Werke sind zwar wunderbare Bilderbücher, die für den gewissenhaften und wißbegierigen Einsteiger oder Profi inhaltlich aber keine befriedigenden Informationsquellen darstellen.

Viele der wirklich guten Werke, die von namhaften Autoren verfaßt wurden, haben hingegen den Nachteil, daß sie oft nur für den erfahrenen Terrarianer verständlich sind. Oft wird ein gewisses Grundwissen, wie Fachausdrücke oder die Kenntnis lateinischer Gattungs– und Artbezeichnungen, vorausgesetzt, die ein Neuling in diesem faszinierenden Hobby noch nicht besitzen kann.

Fachbegriffe, die ein erfahrener Reptilienpfleger im Gespräch mit Gleichgesinnten als vollkommen normal und selbstverständlich ansieht, sind dem Neueinsteiger meist noch nicht geläufig, was das Verständnis eines solchen Werkes stark erschwert.

Immer häufiger bekomme ich Anrufe von ratlosen und verzweifelten Anfängern in Sachen Reptilienhaltung, die Probleme bei der Pflege ihrer Tiere haben oder die durch unterschiedliche Meinungen verschiedener Fachbuchautoren verunsichert sind. Oft ist Mangel an Sachkenntnis des Pflegers die Ursache für Nahrungsverweigerung, ungewöhnliches Verhalten und Erkrankungen der betroffenen Reptilien.

Aus diesen Gründen habe ich mich entschlossen, ein terraristisches Fachbuch zu erstellen, das speziell dem Anfänger in der Terraristik fundiertes Grundwissen vermitteln soll. Ich habe mich bemüht, so ausführlich wie im Rahmen dieses Buches möglich auf die wichtigsten Themen und Fragen zur Reptilienhaltung einzugehen, um dem interessierten Neuling den Einstieg in die Terrarienkunde zu erleichtern, bzw. zu ermöglichen. Es werden in diesem Buch selbstverständlich auch zahlreiche Fachbegriffe und wissenschaftliche Namen verwendet, die jedoch immer direkt erklärt werden. Zudem findet sich am Schluß dieses Werkes eine Zusammenstellung der verwendeten Fachbegriffe mit verständlicher Erklärung, in der der Leser auch später noch den einen oder anderen Begriff nachschlagen kann.

Die neben den Echsen, Schildkröten und Schlangen ebenfalls zu den Reptilien zählenden Panzerechsen (Krokodile, Alligatoren und Gaviale) und die auf Neuseeland beheimatete Brückenechse werden in diesem Buch bewußt vernachlässigt. Panzerechsen sind aufgrund ihrer zu erwartenden Endgröße vom „Normalterrarianer" meist nicht artgerecht unterzubringen und für terraristische Anfänger ohnehin nicht zu empfehlen, und Brückenechsen stehen aufgrund ihrer Seltenheit unter strengem Schutz. Ihre Pflege bleibt daher nur einigen zoologischen Gärten vorbehalten. Auch die Haltung von Giftschlangen und den Giftechsen der Gattung *Heloderma* wird hier nicht behandelt, da solche gefährlichen Tiere nur in die Hände erfahrener und verantwortungsbewußter Terrarianer gehören und bei Anfängern nichts zu suchen haben.

Ich selbst beschäftige mich seit meiner frühesten Jugend sehr intensiv mit der Pflege und Vermehrung von Reptilien im Terrarium. Mein besonderes Interesse gilt auch der Diagnose und Behandlung von Reptilienkrankheiten und der Tiermedizin überhaupt. Mein Anliegen ist es, mit diesem Buch ein wenig dazu beizutragen, daß die Terrarientiere aufgrund besserer Fachkenntnisse ihrer Halter in Zukunft noch artgerechter untergebracht und ernährt werden, und damit auch die Zahl an Nachzuchttieren weiter ansteigt.

Bedanken möchte ich mich an dieser Stelle bei Herrn Andreas Mendt (Rheinbach) und Ingo Pauler (Wachenheim) für die sorgfältige und gewissenhafte Durchsicht des Manuskriptes und die Empfehlung dieses Buches.

Herrn Stefan Broghammer (Weigheim) danke ich für die Erlaubnis, in seinen Geschäftsräumen fotografieren zu dürfen.

Ein besonderer Dank gilt Cornelia Wichtler (Oedheim). Ihr danke ich ebenfalls für die Erlaubnis zu fotografieren sowie für die freundliche Unterstützung bei der Beschaffung von geeignetem Bildmaterial. Bei den Herren Andree Hauschild (Grevenbroich), Elmar Meier (Nottuln), Martin Ullrich (Lehrensteinsfeld), Heiko Werning (Berlin) und Wolfgang Wengler (Münster) möchte ich mich für die zahlreichen Anregungen und Vorschläge für den Artenteil dieses Buches bedanken.

Herrn Rechtsanwalt Dietrich Rössel (Frankfurt/ M.) danke ich für den ausführlichen und sehr umfangreichen Rechtsteil.

Bei Matthias Schmidt und Heiko Werning (Natur und Tier - Verlag, Münster) bedanke ich mich für das Zustandekommen dieses Buches und die angenehme Zusammenarbeit.

Des weiteren danke ich den Herren Jörg Brandewiede, Theo Haberkern, Martin Hallmen, Andree Hauschild, Andreas S. Hennig, Tino Holfert, Peter Hufschmidt, Horst Juschka, Daniel Knop, Peter Lammers, Markus Lepper, Bill Love, Dr. Günter Masurat, David Modry, Nick Nadolny, Petr Necas, Hans-Dieter Philippen, Alexander Pieh, Mike Pröckl, Dietrich Rössel, Manfred Rogner, Peter Rothenhöfer, Matthias Schmidt, Thorsten Schmidt, Wolfgang Schmidt, Peter Schuh, Klaus-Dieter Schulz, Karl-Friedrich Steffen, Dr. Ullrich Thieme, Benny Trapp, Heiko Werning und Dr. Jutta Wie-

chert, die durch Fotografien oder Dias zum Entstehen dieses Werkes beitrugen.

Nicht zuletzt gilt mein besonderer Dank auch meinen Eltern, die mich bei meinen Bemühungen um die Pflege und Vermehrung von Reptilien stets unterstützten und noch immer unterstützen. Bei meinem Bruder Dominik bedanke ich mich für die kompetente Hilfe bei Fragen und Problemen in Sachen EDV.

Bad Friedrichshall,
im Juli 2000
Jens Rauh

Der Verfasser mit einem halbwüchsigen Grünen Leguan (*Iguana i. rhinolopha*) Foto: D. Rauh

9

Allgemeines

Was sind Reptilien eigentlich?

Reptilien sind Kriechtiere (Klasse Reptilia). Es handelt sich um wechselwarme (poikilotherme) Wirbeltiere, die ihre Körpertemperatur nicht wie Vögel oder Säugetiere durch ihren Stoffwechsel einstellen, sondern diese mit Hilfe der Umgebungstemperatur regulieren.

Reptilien sind auf fast allen Erdteilen zu finden, außer der Arktis und der Antarktis. Die größte Artenvielfalt weisen die tropischen Zonen auf, was auf das für Reptilien günstige Klima zurückzuführen ist.

Die Haut der Reptilien ist mit Hornschuppen und -schilden bedeckt. Diese Hornschuppen setzen die Verdunstung von Flüssigkeit durch die Haut herab und schützen die Tiere so vor dem Austrocknen. Reptilien sind daher nicht an feuchte Lebensräume gebunden, wie dies bei den Amphibien (Lurchen) der Fall ist. Die derbe Reptilienhaut läßt in der Regel keine Hautatmung zu. Eine Ausnahme bilden z. B. die Wundergeckos (*Teratoscincus* spec.). Ihnen ist aufgrund der extrem dünnen Haut eine geringe Hautatmung und eine begrenzte Flüssigkeitsaufnahme über die Haut möglich.

Die Zoologen bemühen sich, die Verwandtschaftsverhältnisse im Tierreich zu ergründen; sie versuchen also herauszufinden, inwiefern die verschiedenen Tiergruppen miteinander verwandt sind und wie sie voneinander abstammen. Diese Wissenschaft nennt man Systematik. Dabei werden die verschiedenen Tiere in „Verwandtschaftsgruppen" (Taxa, Einzahl: Taxon) eingeteilt. Die Wissenschaft, die sich mit der Einteilung in solche Verwandtschaftsgruppen beschäftigt, bezeichnen wir als Taxonomie. Als Nomenklatur schließlich wird die Benennung der verschiedenen Taxa bezeichnet.

Dabei wird die belebte Welt nach gemeinsamen Merkmalen „sortiert": Die höchste Ordnungskategorie ist das Reich; hier unterscheiden wir zwischen Tieren, Pflanzen und Protisten (Mikroorganismen wie Bakterien). Innerhalb der Tiere ist die nächste

„Kategorie" der Stamm. Reptilien gehören, wie Amphibien, Vögel, Fische und Säugetiere, zu den Wirbeltieren. Sie unterscheiden sich von allen anderen Tieren, wie z.B. Insekten, Krebsen, Schwämmen oder Schnecken, durch ihre Wirbelsäule. Innerhalb der Wirbeltiere wiederum werden verschiedene Klassen unterschieden. Die Reptilien bilden eine eigene Klasse. Andere Klassen sind z. B. Amphibien oder Vögel.

Innerhalb einer Klasse werden nun verschiedene Ordnungen unterschieden, die wiederum bei Bedarf in Unterordnungen aufgesplittet werden.

Den bis heute erhaltenen (rezenten) vier Reptilienordnungen stehen mindestens 20 ausgestorbene Ordnungen gegenüber. Die vier bis heute erhaltenen Ordnungen der Reptilien sind:

Candoia carinata Foto: M. Schmidt

1. Schuppenkriechtiere
Ordnung Squamata: Echsen (Unterordnung Sauria) mit ca. 3000 Arten, Schlangen (Unterordnung Serpentes) mit ca. 3000 Arten und Doppelschleichen (Unterordnung Amphisbaenia) mit ca. 130 Arten

Echsen, Schlangen und Doppelschleichen sind stammesgeschichtlich so nahe miteinander verwandt, daß sie trotz ihrer so unterschiedlichen Körperformen in der einen Ordnung Squamata (Eigentliche Schuppenkriechtiere) zusammengefaßt werden. Die Squamata stehen den Schnabelköpfen verwandtschaftlich näher als den Schildkröten und

Chinemys reevesii Foto: Manfred Rogner

2. Schildkröten
Ordnung Chelonia bzw. Testudines mit ca. 220 Arten

Alligator mississipiensis Foto: M. Schmidt

3. Panzerechsen
Ordnung Crocodylia mit ca. 23 Arten

Sphenodon punctatus Foto: H. Werning

4. Brückenechse
Ordnung Rhynchocephalia mit einer Art

Panzerechsen.

Innerhalb einer Ordnung bzw. Unterordnung finden sich verschiedene Familien. Beispielsweise werden innerhalb der Unterordnung der Schlangen 12 Familien unterschieden, in denen Schlangen mit bestimmten gemeinsamen Merkmalen zusammengefaßt werden. Solche Familien sind z.B. die Riesenschlangen (Boidae), die Giftnattern (Elapidae) oder die Nattern (Colubridae). In der Nomenklatur ist festgelegt, daß Tierfamilien immer auf die Buchstaben „-dae" enden. Familien werden dann häufig in Unterfamilien unterteilt, die durch die Endbuchstaben „-nae" gekennzeichnet sind. Innerhalb der Nattern (Colubridae) unterscheiden wir z. B. die Unterfamilien der Trugnattern (Boiginae), der Eigentlichen Nattern (Colubrinae) oder der Wassernattern (Natricinae). Schließlich sind die Tiere innerhalb einer Familie bzw. Unterfamilie in Gattungen geordnet. Hier sind schon oftmals sehr ähnlich aussehende Tierformen zusammengefaßt. Innerhalb der Eigentlichen Nattern (Colubrinae) finden wir z. B. die Gattungen *Elaphe* (Kletternattern), *Opheodrys* (Grasnattern) oder *Lampropeltis* (Königsnattern).

Schließlich kommen wir zur Art. Es gibt verschieden ausdifferenzierte Definitionen des Begriffs „Art", aber im allgemeinen versteht man darunter Tiere, die sich miteinander fortpflanzen und deren Nachkommen ebenfalls fortpflanzungsfähig sind („geschlossene Fortpflanzungsgemeinschaft"). Eine Art der Kletternattern ist z. B. die Kornnatter *Elaphe guttata*.

Schlußendlich unterteilt man innerhalb der Arten oft noch einmal in Unterarten. Das sind verschiedene Populationen, die aufgrund geographischer Trennung im Lauf der Zeit unterscheidbare Merkmale entwickelt haben. Solche Merkmale können unterschiedliche Zeichnungen oder Färbungen, oft aber auch nur geringfügige Unterschiede in einzelnen Merkmalen der Beschuppung sein. Verschiedene Unterarten bleiben aber untereinander fortpflanzungsfähig; oft findet man zwischen den „Mustertypen" der Unterarten auch Übergangsformen, die Merkmale von zwei Unterarten aufweisen.

Zusätzlich zu den hier genannten „Kategorien" werden in der wissenschaftlichen Diskussion oft noch weitere Zwischenschritte (z. B. Untergattungen) unterschieden.

Als Beispiel sei hier noch einmal die genaue Zuordnung der Kornnatter *Elaphe guttata guttata* zusammengestellt:

Reich:	....Tiere
Stamm:	...............................Wirbeltiere
Klasse:	...........................Reptilien (Reptilia)
Ordnung:	.Eigentliche Schuppenkriechtiere (Squamata)
Unterordnung:	..............Schlangen (Serpentes)
Familie:	......................Nattern (Colubridae)
Unterfamilie:	......Eigentliche Nattern (Colubrinae)
Gattung:	..................Kletternattern (*Elaphe*)
Art:	..................Kornnatter (*Elaphe guttata*)
Unterart:	...................*Elaphe guttata guttata*

Die Vertreter der Klasse Reptilia (Kriechtiere) waren die ersten landlebenden Wirbeltiere überhaupt. Wie fossile Funde belegen, traten sie erstmals vor etwa 260 Millionen Jahren (in der oberen Steinkohlezeit) mit einer sehr großen Artenvielfalt auf. Ihre größte Artenvielfalt entwickelten die Reptilien im Erdmittelalter, also vor 200 bis 60 Millio-nen Jahren. Zu Beginn des Tertiärs (vor 67–2 Mio. Jahren) starben jedoch die meisten Reptiliengruppen wieder aus.

Schildkröten lebten bereits vor 180 Millionen Jahren auf der Erde, und ihr Bauplan hat sich während dieses riesigen Zeitraums nie wesentlich verändert. Die Panzerechsen (Krokodile) sind ein Überbleibsel der Archosaurier, aus denen sich im Erdmittelalter die Dinosaurier entwickelt haben. Die Schnabelköpfe (Brückenechsen) sind seit der Trias (vor 225–195 Mio. Jahren) als Fossilien bekannt. Die Brückenechsenverwandten haben sich über 80 Millionen Jahre hinweg in ihrem Bauplan nicht verändert. Man spricht deshalb von ihnen auch als „lebende Fossilien".

Aufbau und Sinn der wissenschaftlichen Namen

Jedes bekannte und wissenschaftlich beschriebene Lebewesen, ob Pflanze, Tier oder Bakterium, bekommt einen eindeutigen wissenschaftlichen Na-

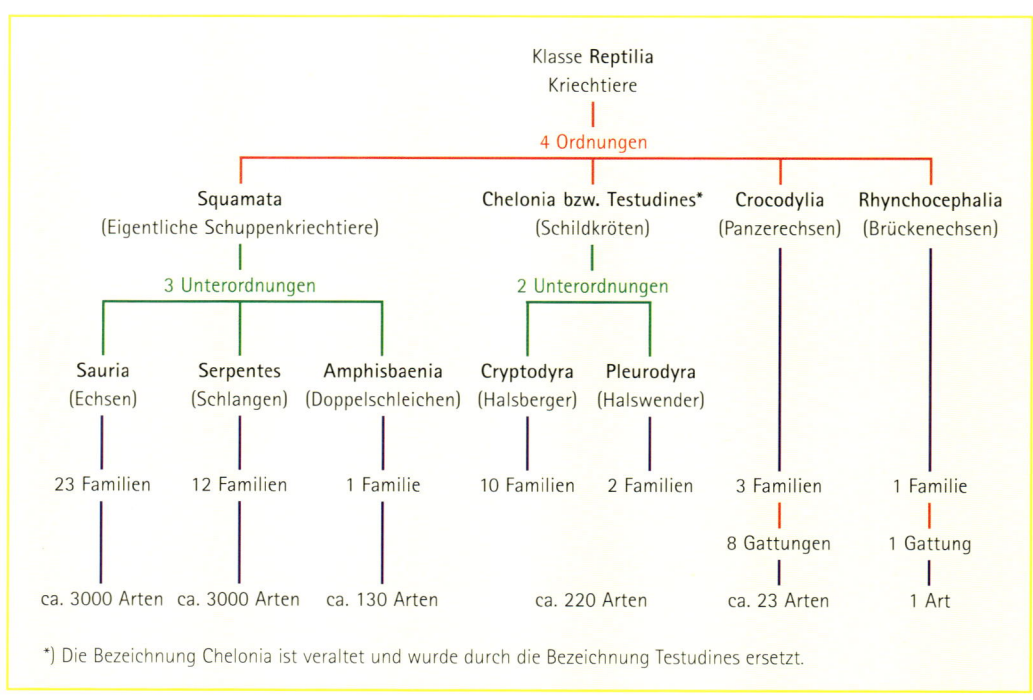

*) Die Bezeichnung Chelonia ist veraltet und wurde durch die Bezeichnung Testudines ersetzt.

men zugeteilt. Dieser wissenschaftliche Name setzt sich in der Regel aus zwei lateinischen bzw. latinisierten Wörtern zusammen. Unterscheidet man zusätzlich zwischen Unterarten, besteht der wissenschaftliche Name aus drei Wörtern. Ein Beispiel soll den Aufbau der wissenschaftlichen Namen verdeutlichen:

Wir verwenden hierzu den wissenschaftlichen Namen des Großen Madagaskar-Taggeckos *Phelsuma madagascariensis grandis*. Hierbei handelt es sich um eine Unterart von *Phelsuma madagascariensis*.

Das erste, großgeschriebene Wort signalisiert immer die Gattungszugehörigkeit, in unserem Fall die Gattung *Phelsuma* (Taggeckos). Das zweite, kleingeschriebene Wort gibt die Artzugehörigkeit an und das dritte, ebenfalls kleingeschriebene, die Unterartbezeichnung. Sind Art- und Unterartname

gleich (*Phelsuma madagascariensis madagascariensis*), so bezeichnet man diese Unterart als Nominatform. Die Nominatform ist die Unterart, zu der das Tier gehört, anhand dessen die Art zuerst beschrieben wurde.

Es ist Konvention in biologischen Texten, die Gattungs- und Artnamen in kursiven Buchstaben zu schreiben. Höhere Taxa (z.B. Familie: Gekkonidae) werden dagegen nicht kursiv gesetzt.

In Publikationen wird häufig der Artname abgekürzt (*Phelsuma m. grandis*), wenn dieser im Text häufiger wiederholt wird. Auch die Abkürzung von Gattungs- und Artname (*P. m. grandis*) ist möglich.

Bei der Angabe „*Phelsuma* spec." oder „*Phelsuma* sp." bedeutet die Abkürzung „spec." bzw. „sp." Species (= Art). Es sind also mit dieser Angabe die Taggeckos im allgemeinen gemeint und keine bestimmte Art. Die Abkürzung ssp. bedeutet Subspe-

Zwei Taggeckos der Gattung Phelsuma: links *Phelsuma madagascariensis madagascariensis* Foto: W. Schmidt; rechts *Phelsuma madagascariensis grandis* Foto: J. Rauh

cies und heißt Unterart. Beide Abkürzungen werden auch verwendet, wenn die Art- bzw. Unterartzugehörigkeit ungeklärt ist.

Eine neue Art wird von der Wissenschaft heute nach bestimmten internationalen Regeln beschrieben. Diese Beschreibung erfolgt anhand eines Tiers der Art, dem sog. Holotypus. Zum vollständigen wissenschaftlichen Namen gehört auch der Erstbeschreiber und das Jahr der Erstbeschreibung. Der vollständige wissenschaftliche Name unserer Großen Madagaskar-Taggeckos lautet also *Phelsuma madagascariensis grandis* GRAY, 1870. Diese Unterart wurde also im Jahr 1870 von GRAY beschrieben. Dabei hat es sich eingebürgert, die Erstbeschreiber in Kapitälchen zu schreiben und die Jahreszahl der Erstbeschreibung durch ein Komma zu trennen. Wird die Art inzwischen einer anderen Gattung als der vom Erstbeschreiber gewählten zugeordnet, wird der Erstbeschreiber-Zusatz hinter dem Namen des Tieres in Klammern gesetzt. Da z. B. der Königspython von seinem Erstbeschreiber SHAW im Jahr 1802 noch nicht der Gattung *Python* zugerechnet, sondern erst später zu dieser gestellt wurde, wird sein vollständiger wissenschaftlicher Name *Python regius* (SHAW, 1802) geschrieben.

Den wissenschaftlichen Bezeichnungen kommt eine wichtige internationale Bedeutung zu. Sie sind auf der ganzen Welt gleich, während für manche Reptilienarten eine ganze Reihe (oder gar keine) umgangssprachliche Bezeichnungen (Trivialnamen) existieren. Verwendet also ein Wissenschaftler aus Hongkong den oben angeführten wissenschaftlichen Namen, so weiß sein Kollege in Frankreich sofort, daß es sich um den Großen Madagaskar-Taggecko handelt. Mißverständnisse und Verwechslungen sind daher nicht möglich.

Der Terrarianer sollte deshalb die wissenschaftlichen Bezeichnungen zumindest seiner eigenen Tiere kennen, damit er in Publikationen, Händlerlisten oder bei Gesprächen mit Gleichgesinnten weiß, wovon gerade die Rede ist.

Das Geschlecht der Reptilien wird in Händlerlisten, Anzeigen oder Publikationen häufig in einer Kommazahl oder durch Symbole angegeben. Die Zahl vor dem Komma bedeutet dabei die Anzahl der männlichen Tiere, die Zahl hinter dem Komma gibt die Zahl der Weibchen an. So bedeutet also:

1,0	= 1 Männchen
0,1	= 1 Weibchen
1,3	= 1 Männchen und 3 Weibchen
2,1	= 2 Männchen und 1 Weibchen
0,0,3	= 3 Tiere mit unbekanntem Geschlecht

Die üblicherweise in zoologischen Schriften verwendeten Symbole sind

♂   für männlich und

♀   für weiblich.

Als weitere Abkürzungen in Anzeigen oder Händlerlisten finden sich häufig:

WF = Wildfangtier (aus der Natur entnommen)
NZ = Nachzuchttier (in menschlicher Obhut geboren bzw. geschlüpft)
DNZ = Deutsche Nachzucht (in Deutschland nachgezüchtete Exemplare).
Es werden auch zahlreiche Reptilien im Ausland, z.B. auf Farmen in den USA, nachgezüchtet und nach Deutschland importiert. Bei solchen Tieren findet sich manchmal die Angabe
FZ = Farmzuchttier.

Die Haut, die Häutung

Reptilien wachsen, im Gegensatz zu Vertretern vieler anderer Tiergruppen, ihr Leben lang, wenn das Wachstum bei Jungtieren auch wesentlich größer ist als bei älteren Exemplaren. Dies dient dazu, aus der kritischen Schlupf- oder Geburtsgröße so schnell wie möglich herauszuwachsen, um die Gefahr, einem Freßfeind zum Opfer zu fallen, herabzusetzen.

Da die äußere Reptilienhaut aufgrund von Verhornung nicht mitwachsen kann, muß sie von Zeit zu Zeit abgestreift und durch eine neue, etwas größere ersetzt werden. Dieses Abstreifen der Haut wird Häutung genannt. Die erste Häutung findet meist schon wenige Minuten bis Tage nach dem Schlupf statt. Viele Reptilienarten, vor allem Schlangen, nehmen erst nach Beendigung dieser Ersthäutung die erste Nahrung zu sich.

Gesteuert wird die Häutung in erster Linie durch Hormone der Schilddrüse und der Thymusdrüse. Äußere Einflüsse wie Feuchtigkeit, Temperatur, Nahrungsangebot und letztendlich auch der Allgemeinzustand des Tieres spielen bei diesem Vorgang ebenfalls keine unwesentliche Rolle. Der Verlauf einer Häutung ist daher auch ein guter Indikator für den Allgemeinzustand des betreffenden Reptils. Tiere, die zu kühl oder zu trocken gehalten werden, unzureichend oder einseitig ernährt sind oder einen Vitamin-A-Mangel aufweisen, leiden oft unter sogenannten Häutungsschwierigkeiten.

Eine bevorstehende Häutung macht sich durch das Eintrüben des gesamten Reptilienkörpers bemerkbar; bei Schlangen erstreckt sich dies auch auf die uhrglasartigen Augenabdeckungen (Brille), die sich milchig trüben. Die Haut aller Reptilien besteht aus drei Hauptschichten: Oberhaut (Epidermis), Lederhaut (Dermis) und Unterhaut (Subcutis). Bei der Häutung werden die oberen Schichten der mehrschichtigen Epidermis komplett abgestoßen und erneuert.

Die aus Bindegewebe bestehende Lederhaut (Dermis) beinhaltet Gefäße, Nerven, Sinneskörper, die Farbzellen und letztendlich die Hautmuskulatur. Die Unterhaut (Subcutis) hat die Aufgabe, die Haut mit der Muskulatur zu verbinden.

Der eigentliche Häutungsvorgang ist von Ordnung zu Ordnung und von Familie zu Familie sehr unterschiedlich. Viele Echsen (mit Ausnahme von Skinken) häuten sich in Fetzen. Während einige Taxa, wie zum Beispiel Grüne Leguane (*Iguana iguana*) oder Warane (*Varanus* spec.), ihren Körper an rauhen Gegenständen wie Baumrinde oder Steinen scheuern, unterstützen andere diesen Vorgang aktiv durch Abziehen der gelösten Hautfetzen mit dem Maul. Viele Arten, z. B. bei den Geckos, fressen ihre alte Haut während der Häutung und nehmen somit deren wertvolle Inhaltsstoffe wieder auf.

Schlangen häuten sich an einem Stück. Die Tiere reiben mit ihrem Kopf an rauhen Gegenständen wie

Leopardgecko (*Eublepharis macularius*) in der Häutung Foto: J. Rauh

Eine Rote Königsnatter (*Lampropeltis triangulum sinaloe*) beginnt die Häutung...

... und streift die Haut wie einen Strumpf ab. Diese wird dabei auf links gedreht. Fotos: T. Schmidt

Steinen oder Wurzeln, bis die alte Haut daran hängenbleibt. Diese wird nun durch Herauswinden des Körpers wie aus einem Strumpf – von innen nach außen gewendet – abgestreift. Eine solche abgestreifte Schlangenhaut wird auch als „Natternhemd" bezeichnet. Bei manchen Schlangenarten ist sogar eine Häutung der Zungenspitze bekannt.

Skinke entledigen sich ihrer zu klein gewordenen „Garderobe" aufgrund ihrer glatten Beschuppung ebenfalls wie Schlangen an einem Stück.

Bei Schildkröten löst sich die alte Haut am Körper in Fetzen. Der Panzer wird durch Abstoßen der oberen Hornplatten ebenfalls gehäutet.

Die Beschuppung der verschiedenen Reptilienarten ist sehr unterschiedlich. Die vier wesentlichen Typen sind nachfolgend abgebildet. Dies sind die gekörnte, dachziegelartig runde, glatte und gekielte Beschuppung. Manche Reptilienarten weisen auch mehrere Beschuppungstypen gleichzeitig auf.

Art, Zahl und Anordnung der Schuppen (Pholidose) sind für eine Art charakteristisch und spielen eine wichtige Rolle bei der Bestimmung und bei wissenschaftlichen Untersuchungen der Verwandtschaftsverhältnisse.

In die Haut von Panzerechsen (Crocodylia) und Krustenechsen (*Heloderma* spec.) sind Knochenplatten eingelagert, die den Körper zusätzlich wie ein Panzer schützen.

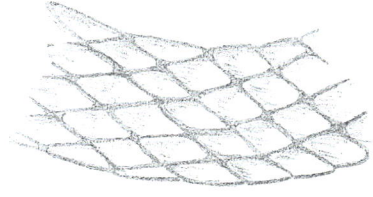

glatte Beschuppung bei einer Schlange

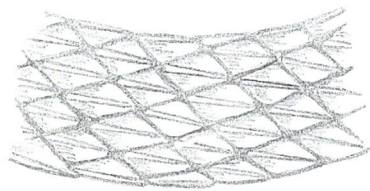

gekielte Beschuppung bei einer Schlange

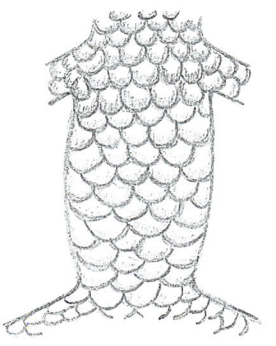

dachziegelartige runde Beschuppung bei einem Wundergecko (*Teratoscincus* spec.)

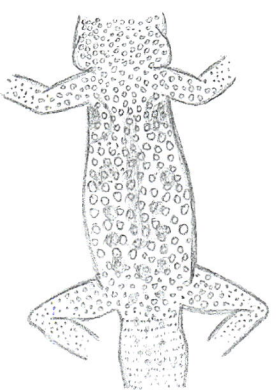

gekörnte Beschuppung bei einem Taggecko (*Phelsuma* spec.)

Die Augen, der Gesichtssinn

Das Sehvermögen ist bei den verschiedenen Reptilienordnungen sehr unterschiedlich ausgebildet. Echsen sehen in der Regel recht gut, wenn auch einige wühlende Arten (ebenso wie die Doppelschleichen) die Funktionstüchtigkeit der Augen ganz eingebüßt haben. Vielen Arten ist es dagegen sogar möglich, Farben zu unterscheiden. Ein Hinweis hierfür sind die prachtvollen Färbungen einiger Echsenarten, vor allem während der Paarungszeit. Auch den prächtig gefärbten Kehlscheiben der Anolismännchen, die mit Hilfe des verlängerten Zungenbeins aufgespannt werden, käme ja keine Bedeutung zu, wenn diese Farbsignale von den Weibchen nicht wahrgenommen würden. Einige Echsenarten, darunter auch der Grüne Leguan (*Iguana iguana*), sind sogar in der Lage, ihren Pfleger zu erkennen. Meine Grünen Leguane fressen zum Beispiel nicht, wenn sich außer mir während der Fütterung noch ein Fremder im Terrarienzimmer aufhält. Dämmerungs- und nachtaktiven Echsenarten ist ein Farbsehen allerdings nicht möglich; während ihrer Aktivitätszeit könnten Farben sowieso kaum wahrgenommen werden.

Chamäleons, Anolis und einige andere Echsen besitzen die Fähigkeit, ihre Augen unabhängig voneinander zu bewegen. Sie können also gleichzeitig in verschiedene Richtungen blicken, wodurch das Gesichtsfeld stark erweitert wird. Bei den Chamäleons ist diese Fähigkeit besonders ausgeprägt. Der Flexibilität der Augen kommt auch beim Beutefang eine große Bedeutung zu. Nur so ist es den Chamäleons möglich, ein Futtertier exakt anzuvisieren, um es mit der langen Zunge zielgenau zu schießen.

Bei den Schlangen ist der Gesichtssinn i. d. R. nicht so gut entwickelt wie bei den Echsen. Eine Schlange erkennt nur Objekte, die sich bewegen. Aus diesem Grund nehmen viele Schlangen oft auch keine toten Futtertiere an. Sollen die Schlangen trotzdem mit toten Fischen, Mäusen oder Eintagsküken ernährt werden, müssen diese oft von einer Pinzette (niemals von der bloßen Hand, auch nicht bei „harmlosen" Arten) unter leichten Bewegungen angeboten werden. Bei entsprechender Gewöhnung akzeptieren manche Schlangen auch unbewegte tote Futtertiere, die sie am Geruch er-

Chamäleons (hier: Europäisches Chamäleon _Chamaeleo chamaeleon_) haben miteinander verwachsene Augenlider. Foto: W. Schmidt

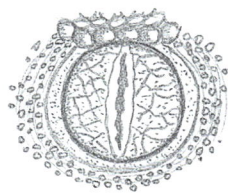

schlitzförmige Pupille (dämmerungs- und nachtaktive Arten)

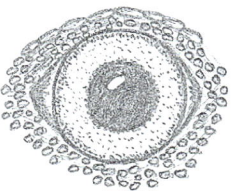

runde Pupille (tagaktive Arten)

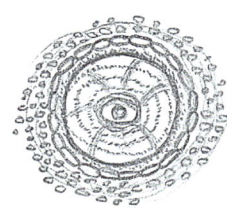

verwachsene Augenlider (Chamäleons)

kennen. Ein Farb- oder Formsehen ist den Schlangen ebenfalls nicht möglich. Einige Schlangenarten verfügen am Oberkiefer über grubenförmige Sinnesorgane, die es ihnen ermöglichen, Temperaturunterschiede der Umgebung wahrzunehmen. Somit können sie andere Tiere auch aus größerer Entfernung durch deren Körpertemperatur wahrnehmen.

Der starre Blick, den man den Schlangen nachsagt, rührt daher, daß sie keine echten Augenlider besitzen. Diese sind im Lauf der Evolution zum Schutz des Auges zu einer durchsichtigen Abdekkung miteinander verwachsen, die Brille genannt wird. Auch viele Geckoarten haben diese Schutzvorrichtung der Augen entwickelt, ebenso einige andere Echsen sowie die Doppelschleichen. Die Brille wird mit jeder Häutung ebenfalls erneuert. Die Augen selbst sind unter dieser Brille jedoch beweglich, so daß von einem starren Blick nicht die Rede sein kann.

Das Sehvermögen der Schildkröten ist ähnlich wie das der Echsen ausgebildet.

Bei den Reptilien können auf den ersten Blick drei verschiedene Augentypen unterschieden werden. Die ersten beiden Typen unterscheiden sich durch die Form der Pupille: Tagaktive Arten haben eine runde Pupille, während die der dämmerungs- und nachtaktiven Arten schlitzförmig ist. Einen dritten auffälligen Augentyp findet man bei den Chamäleons und einigen anderen Echsen: Bei ihnen sind die Augenlider miteinander verwachsen.

Panzerechsen besitzen zusätzlich noch ein drittes, transparentes Augenlid, die sogenannte Nickhaut. Mit ihrer Hilfe verschließen die Tiere beim Tauchen ihre Augen, wobei die Nickhaut die Funktion einer Taucherbrille erfüllt.

Die Zunge, der Geruchssinn

Reptilien haben sehr unterschiedliche Zungenformen. Am bekanntesten ist wohl die tief gespaltene, zweizipflige und schlanke Zunge der Schlangen, aber auch der Warane. Schildkröten und Panzerechsen weisen eine breite und fleischige Zunge auf, die im Aussehen der von uns Menschen ähnlich ist. Eine Zwischenform stellt die fleischige und leicht gespaltene Zunge dar. Eine solche ist beispielsweise bei einigen Echsen wie dem Grünen Leguan (*Iguana iguana*) zu finden.

Echsen und Schlangen dient die Zunge in erster Linie zur Aufnahme von Geschmacksstoffen aus der Umgebung und der Luft. Diese Geschmacksstoffe bleiben beim sogenannten Züngeln an der Zungenspitze hängen, wo sie beim Zurückziehen in das Maul am Mundhöhlendach vorbeigeführt werden. Hier befindet sich das Jakobsonsche Organ, ein empfindliches „Geruchsorgan", mit dem die Geruchsstoffe wahrgenommen werden.

Daneben riechen Echsen und Schlangen aber auch über die Nase. Schildkröten und Panzerechsen hingegen züngeln nicht, sie riechen wie wir Menschen ausschließlich durch die Nase.

Der Geruchssinn ist bei den meisten Reptilien recht gut ausgebildet. Er ist für sie eine der wichtigsten Sinnesleistungen überhaupt. Nahrung wird vor dem Fressen oft sehr gründlich bezüngelt oder berochen und dadurch auch wirklich als solche identifiziert.

Schlangen nehmen beim „Züngeln" Geschmacksstoffe aus der Umgebung auf, die mit Hilfe des Jakobsonschen Organs wahrgenommen werden. Die Abbildung zeigt eine Gebänderte Wassernatter (***Nerodia fasciata***). Foto: T. Schmidt

Das Gehör

Bei den verschiedenen Echsenarten ist das Hörvermögen unterschiedlich gut ausgebildet. Die meisten Geckoarten hören recht gut, worauf die Lautäußerungen während ihrer Aktivitäts- und Paarungszeit hindeuten. Vor allem dämmerungs- und nachtaktive Geckos sind zu Lautäußerungen befähigt, was der akustischen Revierabgrenzung und dem Finden der Geschlechter in der Paarungszeit dient. Da während ihrer Aktivitätszeit optische Reize kaum eine Rolle spielen, sind akustische Signale von großer Wichtigkeit. Panzerechsen verfügen als

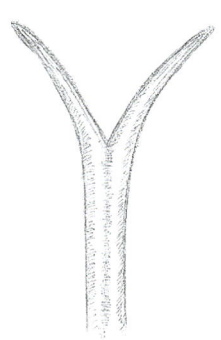

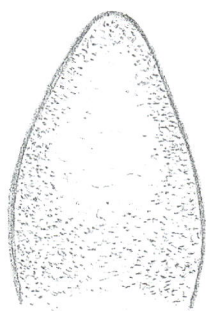

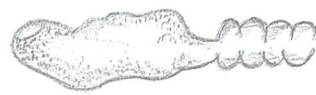

tief gespalten
(Schlangen, Warane)

fleischig, gespalten
(z.B. Grüner Leguane)

fleischig
(Schildkröten, Panzerechsen)

Schleuderzunge
(Chamäleons)

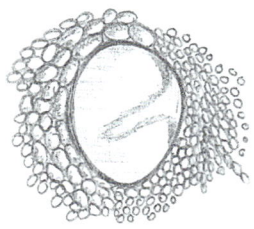

Ohröffnung (Tympanum) eines Grünen Leguans (*Iguana iguana*)

einzige Reptilien über äußere Gehörgänge.

Schlangen hingegen besitzen keine äußeren Ohröffnungen, keine Gehörgänge und auch kein Trommelfell. Deshalb ist ihnen die Wahrnehmung von akustischen Signalen über das Gehör nicht möglich, sie sind also taub. Die Kobras der fernöstlichen Schlangenbeschwörer reagieren deshalb auch nicht, wie oft fälschlich angenommen wird, auf die Flötentöne ihres „Meisters", sondern sie folgen lediglich der Flötenspitze, die der Schlangenbeschwörer geschickt kreisend und in sicherem Abstand vor der Schlange bewegt. Sozusagen als Ersatz für das fehlende Gehör sind die Schlangen jedoch in der Lage, über ihre gesamte Bauchfläche

geringste Erschütterungen des Bodens wahrzunehmen.

Das Gehör der Schildkröten ist ebenfalls nicht so gut entwickelt wie das der Echsen. Sie besitzen zwar, außer einer Ohrmuschel, alle wichtigen Organe, die ein Hören ermöglichen, jedoch werden wahrscheinlich vorwiegend Geräusche im tieferen Schwingungsbereich wahrgenommen. Auch Schildkröten verfügen über die Fähigkeit, geringste Bodenerschütterungen über den Bauchpanzer (Plastron) und die Haut wahrzunehmen.

Die Bezahnung

Es werden drei verschiedene Bezahnungstypen nach der Befestigung der Zähne am Kieferknochen unterschieden:

Bei der acrodonten Bezahnung sitzen die Zähne auf den Kieferknochen. Dieser Bezahnungstyp ist bei einigen Echsen (z.B. bei den Agamen) zu finden.

Die Ohröffnung (Tympanum) des Grünen Leguans (*Iguana iguana*) ist deutlich zu erkennen.
Foto: M. Schmidt

Bei der pleurodonten Bezahnung der Schlangen (aber auch der Leguane, Eidechsen und Skinke) befinden sich die Zähne an der Innenseite der Kieferknochen.

Bei der thecodonten Bezahnung letztlich, wie sie bei Panzerechsen zu finden ist, sind die Zähne in Zahnhöhlen eingebettet.

Schildkröten hingegen besitzen keine Zähne; ihre Mundränder sind statt dessen mit scharfen Hornscheiden besetzt, welche die Nahrungsstücke mundgerecht zerkleinern. Diese Hornscheiden sind so scharf, daß sie den Pfleger bei einem eventuellen Biß mit-

unter erheblich verletzen können. Eine große Schnappschildkröte (*Chelydra serpentina*) verfügt über eine derart starke Kiefermuskulatur und rasiermesserscharfe Hornscheiden, daß sie imstande ist, ihrem Pfleger problemlos einen Finger abzutrennen.

Reptilien verfügen über einen lebenslangen Zahnwechsel und -ersatz. Es ist auch möglich, daß sich mit zunehmendem Alter die Anzahl der Zähne erhöht. Hinter den Giftzähnen der Giftschlangen sitzen stets mehrere Ersatzzähne, da es passieren kann, daß bei einem Giftbiß auch einmal ein Zahn verlorengeht. Ein abgenutzter und verbrauchter Giftzahn wird mit der Zeit abgestoßen und durch einen dahinterstehenden, voll funktionsfähigen ersetzt.

Schlangen und Warane verfügen über nach hinten gerichtete Zähne. Beim Packen der Beute graben sich diese tief in das Fleisch des Opfers. Ein Entkommen ist somit unmöglich. Jeder Fluchtversuch würde die Zähne nur noch fester und tiefer im Körper des Opfers verankern. Warane sind sogar imstande, damit ihre Beutetiere in mundgerechte Stücke zu zerreißen, wie dies beispielsweise bei den mehr als drei Meter langen Komodowaranen (*Varanus komodoensis*) in Tierfilmen des öfteren zu sehen ist. Vor einem Biß muß sich der Reptilienpfleger also unbedingt in acht nehmen, da hierdurch meist tiefe und schlecht heilende Wunden entstehen.

Schildkröten (hier die Moschusschildkröte *Sternotherus odoratus*) haben keine Zähne, aber ihre Mundränder sind mit scharfen Hornscheiden besetzt. Foto: A. S. Hennig

Warane wie dieser Komodowaran (*Varanus komodoensis*) haben nach hinten gerichtete Zähne. Foto: J. Brandewiede

Achtung!

Gehen Sie auf jeden Fall zum Arzt, wenn Sie von einem Reptil gebissen oder gekratzt wurden, damit die Verletzung fachgerecht versorgt wird. Ein Biß bzw. Kratzer kann unter Umständen zu schweren Entzündungen, Infektionen und zu Blutvergiftungen führen. Der Arzt wird deshalb in den meisten Fällen eine auffrischende Tetanusimpfung vornehmen. Bei schwereren Bißverletzungen größerer Reptilienarten kann es sogar nötig werden, die Wunde zu nähen. Auch kann der Biß einer „ungiftigen" Schlange zu Vergiftungserscheinungen und starken Schmerzen in der Bißstelle führen, die eine ärztliche Behandlung erforderlich machen. Bevor man jedoch den Arzt aufsucht, sollte man selbst die Wunde mit einem geeigneten Desinfektionsmittel sofort nach dem Biß gründlich desinfizieren und verbinden, damit eventuell eintretende Mikroorganismen unmittelbar abgetötet werden und gar nicht erst in den Blutkreislauf gelangen.

Die Färbung, der Farbwechsel

Reptilien, vor allem Echsen, sind in der Lage, ihre Körperfärbung aufzuhellen oder einzudunkeln. Chamäleons – aber auch einige andere Echsen – besitzen darüber hinaus sogar noch die Fähigkeit, völlig unterschiedliche Färbungen anzunehmen.

Dieser Farbwechsel wird von Hormonen oder durch das Nervensystem gesteuert. Hervorgerufen wird das Eindunkeln oder Aufhellen durch ein Ausbreiten oder Zusammenziehen des dunklen Farbstoffes Melanin in den Melaninzellen. Diese Melaninzellen befinden sich in der Subcutis, der Unterhaut. Für die bunte Färbung sind die Chromatophoren (Pigmentzellen) verantwortlich. Diese liegen über den Melanophoren (Melaninzellen) und sind im wesentlichen für eine Gelb- und Rotfärbung zuständig. Für blaue Farbtöne sind die Guanophoren verantwortlich. Eine Überlagerung von gelbem und blauem Farbstoff ergibt einen grünen Farbton.

Der ausgeprägte Farbwechsel vieler Reptilien, z. B. der Chamäleons, ist in der Regel stimmungsabhängig, ist also z. B. ein Bestandteil des Revieroder Balzverhaltens. Des weiteren signalisieren dunklere Farbtöne manchmal auch eine Demutshaltung des betreffenden Tieres gegenüber stärkeren und dominanteren Artgenossen. Erregte Exemplare sind meist hell gefärbt und präsentieren sich dem Beobachter in ihren schönsten Farben.

Das Aufhellen und Abdunkeln spielt auch eine wichtige Rolle in der Regulation der Körpertemperatur. Dunkle Farbtöne nehmen Sonnenlicht und damit Wärme besser an als helle.

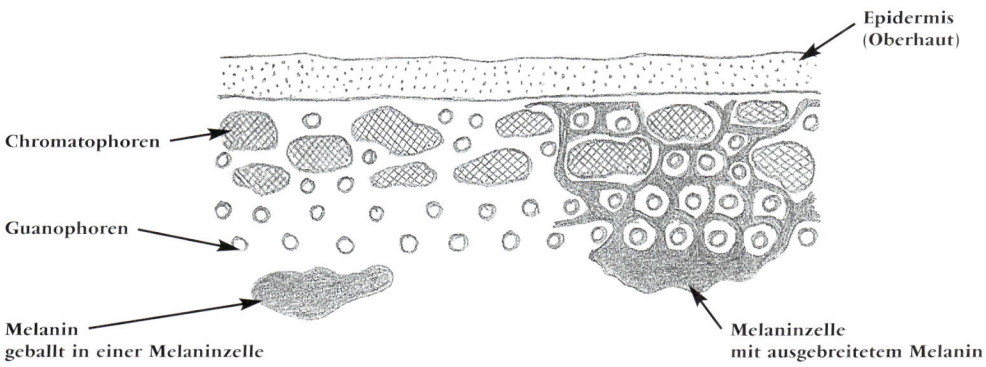

Chromatophoren

Guanophoren

Melanin
geballt in einer Melaninzelle

Epidermis
(Oberhaut)

Melaninzelle
mit ausgebreitetem Melanin

Darstellung des Farbwechselmechanismus (modifiziert nach HENKEL & SCHMIDT 1991)

Schließlich ist es einigen Reptilien durch das Farbwechselvermögen auch möglich, sich an ihre Umgebung anzupassen, um von Freßfeinden nicht so leicht entdeckt zu werden.

Eine ständige Dunkelfärbung der Terrarieninsassen kann ein Zeichen für zu kühle Haltung ohne ausreichende Aufwärmmöglichkeiten, für eine unzureichende Beleuchtung oder für ein Unwohlsein der Tiere aus anderen Gründen sein. Zum Beispiel zeigen sich die Taggeckos der Gattung *Phelsuma* nur dann in ihrer prachtvollsten Färbung, wenn das Terrarium optimal beleuchtet wird.

Chamäleons verfügen über ein geradezu sprichwörtliches Farbwechselvermögen (hier: Teppichchamäleon *Chamaeleo lateralis*)
Foto: M. Schmidt/P. Lammers

Ein kleiner Einblick in die Reptilienanatomie

Im nachfolgenden Teil möchte ich auf die anatomischen Besonderheiten der Echsen, Schlangen und Schildkröten eingehen. Wer sich ernsthaft mit dem Gedanken trägt, Reptilien im Terrarium zu pflegen und sogar zu vermehren, sollte auch mit dem Körperbau dieser Tiergruppe vertraut sein. Mit Sicherheit ist dieser Bereich der Herpetologie nicht unbedingt jedermanns Sache, doch es gibt bei den Reptilien, im Vergleich zu anderen Tiergruppen, viele interessante Besonderheiten, von denen ich auf einige im folgenden hinweisen möchte, um einen ersten Eindruck zu geben.

So ist z. B. das Herz der Reptilien dreikammerig, bei den Panzerechsen bereits sogar vierkammerig ausgebildet. Die Erythrozyten (Rote Blutkörperchen) sind oval und besitzen einen Zellkern, während sie beim Menschen rund sind und keinen Zellkern aufweisen. Ein Zwerchfell, das Bauch- und Brustraum voneinander trennt, fehlt den Reptilien gänzlich. Die Lungen sind als einfache, längliche Luftsäcke angelegt, die innen stark gefurcht sind. Sie besitzen in gesundem Zustand eine hellrote Färbung. Die Nieren sind länglich und lappig ausgebildet und sitzen an bzw. khinter den Nebennieren.

Männliche Echsen und Schlangen verfügen über zwei Begattungsorgane, die Hemipenes (Einzahl: Hemipenis) genannt werden und paarig angeordnet sind. In ruhendem Zustand befinden sie sich umgestülpt in den Hemipenistaschen ventral (an der Unterseite) am Schwanzansatz.

Männliche Panzerechsen und Schildkröten besitzen jedoch, wie die Säugetiere, nur ein unpaariges Geschlechtsorgan, das ebenfalls als Penis bezeichnet wird.

Anatomie einer Schlange

Schlangen sind allesamt Fleischfresser. Es ist bisher keine Schlangenart bekannt, die sich vegetarisch ernährt. Wenig wehrhafte und somit für die Schlange ungefährliche Beutetiere, wie beispielsweise Fische, werden in der Regel mit dem Maul gepackt und sofort – noch lebend – verschlungen.

Boas und Pythons, die unter dem Namen Riesenschlangen bekannt sind, ergreifen ihre Beutetiere, z. B. Nagetiere und Vögel, mit dem Maul. Die nach hinten gerichteten Schlangenzähne verankern sich hierbei im Körper des Opfers und machen dadurch eine Flucht unmöglich. Sofort wird das Beutetier in die Körperschlingen eingewickelt und erdrosselt. Eine Rie-

senschlange von nur 1,50 bis 2,0 Metern Länge verfügt bereits über eine derart kräftige Körpermuskulatur, daß sie sogar sehr großen Beutetieren gefährlich werden kann. Dies sollte man bei der Pflege von großwüchsigen Riesenschlangen nie vergessen und entsprechend vorsichtig sein.

Der Teppichpython *Morelia spilotes*
Foto: B. Love/Blue Chameleon Ventures

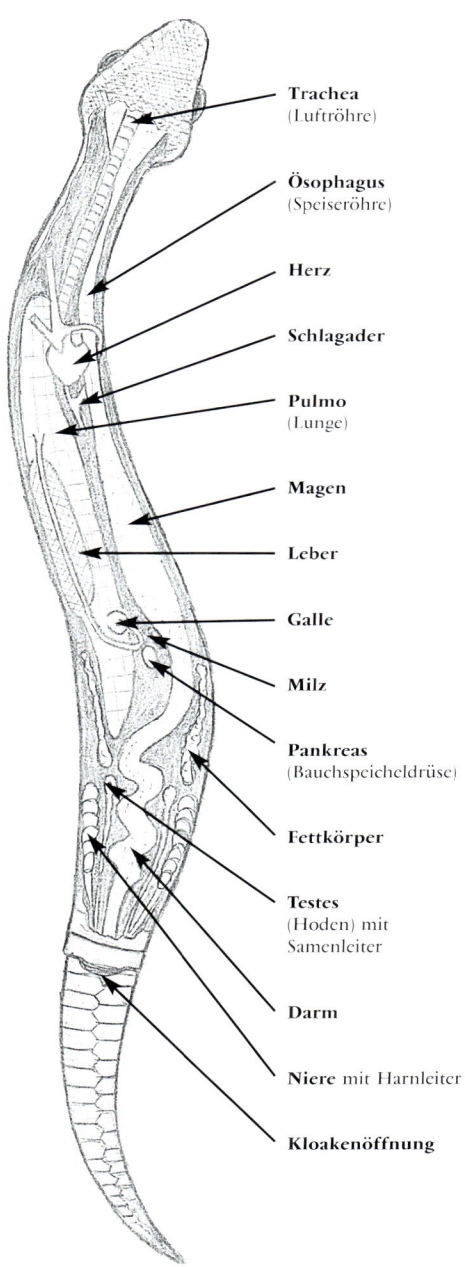

Trachea
(Luftröhre)

Ösophagus
(Speiseröhre)

Herz

Schlagader

Pulmo
(Lunge)

Magen

Leber

Galle

Milz

Pankreas
(Bauchspeicheldrüse)

Fettkörper

Testes
(Hoden) mit
Samenleiter

Darm

Niere mit Harnleiter

Kloakenöffnung

Anatomie einer Schlange (modifiziert nach HACKBART **1992)**

Eine weit entwickelte Methode zum Beuteerwerb besitzen die Giftschlangen. Sie verfügen über zwei oder mehrere vergrößerte Giftzähne im Oberkiefer, die mit Giftdrüsen in Verbindung stehen. Diese Giftdrüsen befinden sich am Kopf – hinter den Augen – und stellen umgewandelte Speicheldrüsen dar.

Schlangen besitzen einen langgestreckten, beinlosen Körper. Aus diesem Grund sind auch alle inneren Organe langgestreckt und diesem Körperbau angepaßt. Schlangen stammen ursprünglich von den Echsen ab. Ihre Vorfahren haben im Lauf der Evolution ihre Gliedmaßen vollständig zurückgebildet. Dies wäre sicherlich nicht geschehen, wenn es nicht zu ihrem Vorteil gewesen wäre. Eine Schlange kann beispielsweise eine Maus bis in die engsten Schlupfwinkel – und sogar in den Nagerbau – problemlos verfolgen, was einer Echse nur begrenzt möglich ist.

Der linke Lungenflügel ist bei den Schlangen stark zurückgebildet oder fehlt bei einigen Arten sogar gänzlich. Mit Ausnahme der ersten Halswirbel und der Schwanzwirbel sind alle Wirbel mit Rippen versehen.

Einige Vertreter der Familie Boidae (Riesenschlangen) besitzen im Beckenbereich noch einen äußerlich sichtbaren sogenannten Aftersporn. Hierbei handelt es sich um die knöchernen Überreste der ehemals vorhandenen Hinterbeine. Der Schultergürtel fehlt jedoch vollständig.

Die Knochenplatten des Schädels sind beweglich und gegeneinander verschiebbar, die Kieferknochen sind nur durch dehnbare Bänder miteinander verbunden. Aus diesem Grund ist es den Schlangen möglich, Maul und Rachen extrem zu dehnen, um auch Beutetiere verschlingen zu können, die bei weitem größer sind als der Körperdurchmesser der betreffenden Schlange. Auch Speiseröhre (Ösophagus) und Magen sind extrem dehnbar und erweiterungsfähig.

Nach der Stellung und dem Bau der Schlangenzähne unterscheidet man vier Typen:

1. Die aglyphen Nattern (Echte Nattern)

Die Vertreter dieses Bezahnungstyps verfügen über gleichmäßig geformte Zähne, die keine Längsfurchen aufweisen und auch keine Giftdrüsen besitzen. Sie gelten demnach als ungiftig und harm-

los. Es muß jedoch erwähnt werden, daß auch ungiftige Schlangen, wie zum Beispiel unsere einheimische Ringelnatter (*Natrix natrix*), bestimmte Ei-
weiße im Speichel aufweisen, die unter Umständen
zu allergischen Reaktionen nach einem Biß führen
können. Die Schwere solcher Vergiftungserscheinungen ist unter anderem von der Schlangenart,
der Menge des in die Bißwunde gelangten Spei-
chels und vom Gesundheitszustand des Gebissenen
abhängig. Sie reichen vom Anschwellen und
Schmerzen der Bißstelle über Übelkeit, Erbrechen
und Kreislaufproblemen bis hin zu Fieber und
Schüttelfrost. Aus diesem Grund sei hier eindringlich vor leichtsinnigem Umgang mit „harmlosen"
Schlangen gewarnt. Bei einem verantwortungsbewußten und überlegten Umgang mit den aglyphen
Nattern ist aber normalerweise keine Gefahr für
den Pfleger zu befürchten.

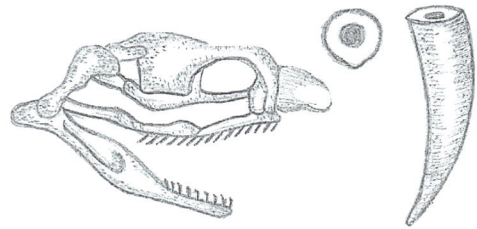

Aglypher Bezahnungstyp der echten Nattern

2. Die opistoglyphen Nattern (Trugnattern)

Bei Vertretern dieses Bezahnungstyps sind die
hintersten Zähne im Oberkiefer vergrößert und gefurcht. Diese stehen mit Giftdrüsen in Verbindung
und wirken daher als Giftzähne, die weit hinten am
Kiefer plaziert sind, so daß das Gift erst dann injiziert werden kann, wenn beim Biß zum Beispiel ein
Finger in das Maul einer solchen Schlange gerät.
Dennoch besteht bei Trugnattern die Möglichkeit
eines Bißunfalls mit Todesfolge. Trugnattern müssen folglich auf jeden Fall mit äußerster Sorgfalt –
als Giftschlangen - behandelt werden. Für den Anfänger in der Terraristik sind sie daher ungeeignet.
Ein sehr wirkungsvolles und für Menschen mitunter sogar tödliches Gift besitzt beispielsweise die
afrikanische Boomslang (*Dispholidus typus*).

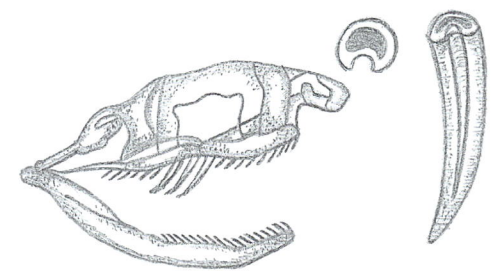

Opistoglypher Bezahnungstyp der Trugnattern

3. Die proteroglyphen Nattern (Giftnattern und
Seeschlangen)

Bei diesen Schlangen befinden sich vorne im
Oberkiefer zwei feststehende Giftzähne. Diese besitzen eine fast vollständig geschlossene Längsfur-
che und stehen ebenfalls mit Giftdrüsen in Verbindung.

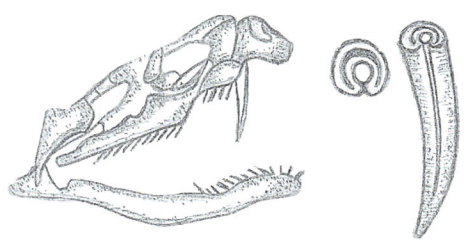

**Proteroglypher Bezahnungstyp der Giftnattern und
Seeschlangen**

4. Die solenoglyphen Schlangen (Vipern und
Grubenottern)

Die Vipern und Grubenottern verfügen wohl
über den perfektesten Giftapparat. Sie besitzen
zwei oder mehrere Giftzähne vorne im Oberkiefer.
Diese Giftzähne stehen auf einem einklappbaren

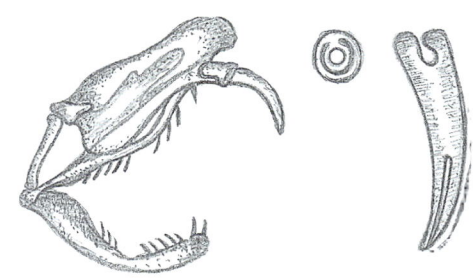

**Solenoglypher Bezahnungstyp der Vipern und Gru-
benottern**

(modifiziert nach Griehl 1987)

Knochen und sind als vollständig geschlossene Röhre ausgebildet. Im Ruhezustand sind sie in einer Schleimhautfalte verborgen. Sie werden beim Giftbiß rechtwinklig aufgestellt und haben hierbei die Funktion einer Injektionskanüle.

Anatomie einer Echse

Wenn man von Echsen spricht, denken viele sofort an eidechsenartige Kriechtiere, die vier gut ausgebildete Gliedmaßen mit jeweils fünf Zehen besitzen. Doch es gibt auch völlig gliedmaßenlose Arten, wie unsere einheimische Blindschleiche (*Anguis fragilis*). Hierbei handelt es sich keineswegs um eine Schlange, wie oft fälschlich angenommen wird, sondern um eine gliedmaßenlose Eidechse. Bei solchen Arten sind fast immer noch Reste des Schulter- und Beckengürtels vorhanden. Bei den Echsen handelt es sich im Vergleich mit Schlangen um die stammesgeschichtlich ursprünglichere Form. Im Lauf der Evolution haben einige Arten ihre Gliedmaßen zurückgebildet, und aus ihnen entstanden schließlich die Schlangen.

Eine Besonderheit im Aufbau der Zehen ist z. B. bei einigen kletternden Gecko- und Anolisarten zu finden. Bei ihnen sind an den Zehenunterseiten sogenannte Haftlamellen (Haftpolster) vorhanden, die es den Tieren ermöglichen, selbst an extrem glatten Flächen wie Glas senkrecht empor und sogar über Kopf zu laufen. Es gibt auch Geckoarten, die solche Haftlamellen zusätzlich noch an der Schwanzunterseite aufweisen.

Bei den Chamäleons sind die einzelnen Zehen miteinander verwachsen und einander gegenübergestellt. Es ist also im Lauf ihrer stammesgeschichtlichen Entwicklung eine Greifhand entstanden, die es den Tieren ermöglicht, dünnere Zweige fest und sicher zu umfassen.

Bodenbewohnende Echsenarten besitzen in der Regel kurze und kräftige Extremitäten und Zehen, während baumbewohnende und kletternde Arten lange und eher schlank wirkende Beine und Zehen aufweisen, die mit langen und scharfen Krallen bestückt sind. Bei einigen spezialisierten Arten ist auch ein Greifschwanz ausgebildet.

Zahlreiche Echsen weisen Sollbruchstellen am Schwanz auf, was ihnen ein Abwerfen des gesam-

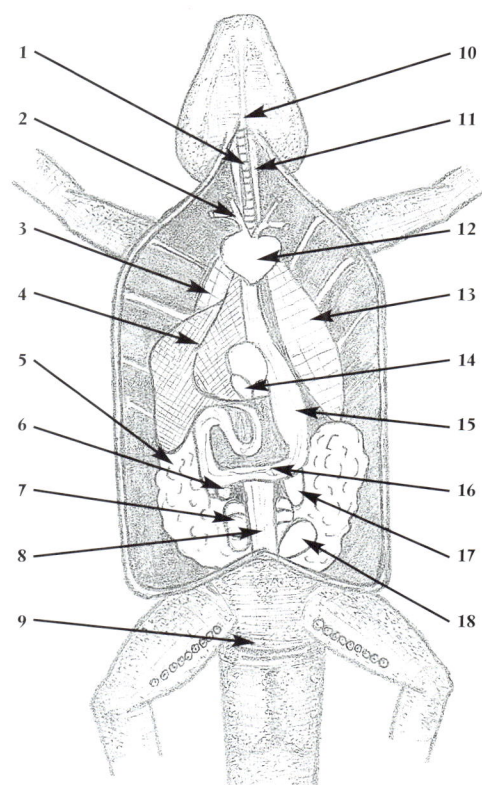

Trachea 1 (Luftröhre)	10 **Zungenbein**
Schlagader 2	11 **Ösophagus** (Speiseröhre) normalerweise über Trachea
rechter Lungenflügel 3	
Leber 4	12 **Herz**
Fettkörper 5	13 **linker Lungenflügel**
Testes 6 (Hoden)	14 **Galle**
Niere 7	15 **Magen**
Enddarm 8	16 **Darm**
Kloakenöffnung 9	17 **Pankkreas** (Bauchspeicheldrüse)
	18 **Harnblase**

Anatomie einer Echse (modifiziert nach HACKBART **1992)**

ten Schwanzes oder zumindest von Schwanzteilen ermöglicht. Dieses Verhalten wird Autotomie genannt. Durch den zurückgelassenen, sich schlängelnden und zuckenden Schwanz wird ein Freßfeind abgelenkt, so daß die Echse selber gefahrlos entkommen kann. Wie wichtig dieser Schutzmechanismus für wildlebende Ex-

Die Tropfenschildkröte Clemmys guttata Foto: Manfred Rogner

emplare ist, sieht man an unserer einheimischen Zauneidechse (*Lacerta agilis*). Der überwiegende Teil dieser Eidechsen besitzt nämlich ein Schwanzregenerat. Das Schwanzabwerfen geschieht aktiv durch das Tier selbst und nicht durch die Kraft, die ein Angreifer auf den Schwanz ausübt. Erwähnenswert ist auch, daß ein Schwanz nicht, wie man vielleicht annehmen könnte, zwischen den Wirbeln abbricht, sondern auf ihnen. Ein verlorengegangener Schwanz wird nach einer bestimmten Ruhezeit wieder nach und nach regeneriert. Dabei entsteht im Regenerat jedoch nur noch eine Knorpelstütze, die Wirbel selbst werden nicht regeneriert. Das Schwanzregenerat bleibt meist etwas kürzer als der Originalschwanz und erreicht auch nicht mehr dieselbe Ausfärbung wie das verlorengegangene Teil. Auch ein regenerierter Echsenschwanz kann erneut abgeworfen werden, jedoch nur oberhalb der alten Bruchstelle und nicht im bereits regenerierten Bereich.

Die einzigen bekannten Giftechsen sind die beiden Krustenechsenarten (Helodermatidae), nämlich die Skorpions-Krustenechse (*Heloderma horridum*) und die Gila-Krustenechse (*Heloderma suspectum*). Diese Echsen verfügen über ein sehr wirkungsvolles Gift, gegen das aufgrund der sehr geringen Zahl an Bißunfällen noch kein spezifisches Antiserum existiert. Die Giftdrüsen befinden sich bei den Krustenechsen im Unterkiefer. Diese Echsen besitzen keine eigentlichen Giftzähne, das Gift gelangt viel-

mehr über Zahnfurchen in die Bißwunde, wo es regelrecht eingekaut wird.

Anatomie einer Schildkröte

Der Schildkrötenkörper ist in einen knöchernen Panzer eingeschlossen, der aus Rückenpanzer (Carapax) und Bauchpanzer (Plastron) besteht. Aus diesem schützenden Panzer reichen nur die vier Extremitäten, der Kopf und der Schwanz heraus. Er ist entweder mit Hornplatten bedeckt oder besteht aus einer lederartigen Haut (Weichschildkröten). Die Rückenwirbel und die Rippen sind mit dem Rückenpanzer verwachsen. Das Schildkrötenskelett besteht aus dem Schädel, acht Hals-, zehn Rumpf-, zwei Kreuzbein- und unterschiedlich vielen Schwanzwirbeln. Bei den Dosen- und Klappschildkröten ist der Bauchpanzer zusätzlich durch eine oder zwei häutige Quernähte beweglich. Dadurch kann der Panzer, nachdem sich die Schildkröte vollständig eingezogen hat, wie mit einem Deckel fest verschlossen werden.

Je nachdem, wie die Schildkröte zum Schutz ihren Kopf in den Panzer zurückzieht, unterscheidet man zwischen Halsbergern (Cryptodira) und Halswendern (Pleurodira). Bei den Halsbergern wird der Hals s-förmig in den Panzer eingezogen, wogegen er bei den Halswendern rechts oder links an die eingezogenen Vorderextremitäten angelegt wird.

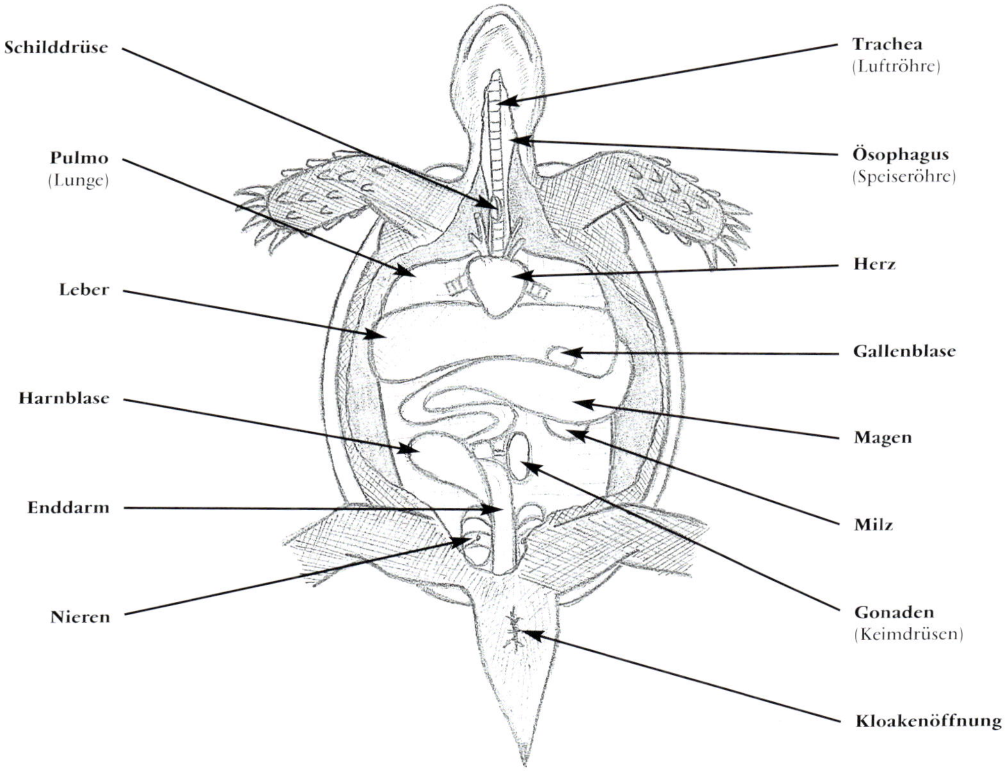

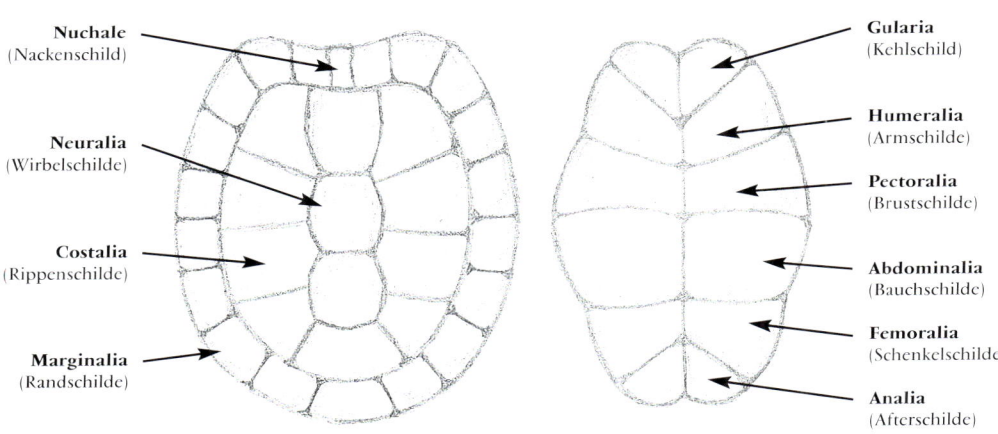

Schilddrüse

Pulmo
(Lunge)

Leber

Harnblase

Enddarm

Nieren

Trachea
(Luftröhre)

Ösophagus
(Speiseröhre)

Herz

Gallenblase

Magen

Milz

Gonaden
(Keimdrüsen)

Kloakenöffnung

Anatomie einer Schildkröte (modifiziert nach IPPEN & LIEBMAN aus IPPEN, SCHRÖDER & ELZE 1985)

Nuchale
(Nackenschild)

Neuralia
(Wirbelschilde)

Costalia
(Rippenschilde)

Marginalia
(Randschilde)

Gularia
(Kehlschild)

Humeralia
(Armschilde)

Pectoralia
(Brustschilde)

Abdominalia
(Bauchschilde)

Femoralia
(Schenkelschilde)

Analia
(Afterschilde)

Schildkrötenpanzer (modifiziert nach JAROFKE & LANGE 1993)

Rechtsfragen bei der Haltung von Reptilien (von Rechtsanwalt Dietrich Rössel)

Öffentlich-rechtliche Vorschriften für die Reptilienhaltung

Artenschutzrecht

Nicht alle Terrarientiere können frei gehandelt werden. Viele Arten sind in der Natur vom Aussterben bedroht und stehen daher – durch nationale oder internationale Vorschriften geschützt – unter Artenschutz. Die wichtigsten artenschutzrechtlichen Regelungen sind zur Zeit:

- das Washingtoner Artenschutzabkommen
- die EU-Artenschutzverordnung Nr. 338/97
- das Bundesnaturschutzgesetz
- die Bundesartenschutzverordnung

Das Washingtoner Artenschutzabkommen (WA), das in Deutschland seit 1976 gilt, verfolgt das Ziel, den Handel mit gefährdeten Tier- und Pflanzenarten zu verbieten bzw. unter Kontrolle zu bringen. Die gefährdeten Arten sind in drei Anhängen aufgeführt; der Handel mit Anhang-I-Arten ist nur unter restriktiven Voraussetzungen zulässig (Aus- und Einfuhrgenehmigung, die nur nach strengen Überprüfungen erteilt wird), wobei der gewerbliche Handel praktisch verboten ist. Anhang-II-Arten dürfen kontrolliert gehandelt werden, wobei eine Ausfuhrgenehmigung ausreicht, die auch unter weniger strengen Voraussetzungen erteilt wird, und für Anhang-III-Arten besteht die Berechtigung zum Handel mit den entsprechenden Begleitdokumenten, die eine Kontrolle des Handels ermöglichen sollen.

Seit 1997 ist die neue, in der gesamten Europäischen Union geltende EU-Artenschutzverordnung Nr. 338/97 gültig. Die Verordnung regelt die Ein- und Ausfuhr geschützter Tier- und Pflanzenarten in die bzw. aus der Europäischen Union (EU), wobei die Vertragsstaaten der Union im Einzelfall allerdings befugt sind, strengere Maßnahmen zu ergreifen. Sie regelt die einheitliche Handhabung des WA innerhalb der Europäischen Union und setzt dieses damit faktisch für alle Im- und Exporte in die bzw. aus der EU um; teilweise enthält sie strengere Regelungen als das WA selbst.

Je nach Gefährdungsstatus sind die geschützten Tier- und Pflanzenarten in vier Anhängen zu der Verordnung aufgeführt:

Listen der EU-Artenschutzverordnung Stand 01.07.2000

Anhang A

Anhang A enthält die in Anhang I des Washingtoner Artenschutzabkommens (WA) geführten sowie weitere Arten, die aus anderen Gründen in besonderem Maß vom Aussterben bedroht sind, so daß jeglicher Handel mit ihnen ihr Überleben gefährden würde.

Schildkröten

Landschildkröten (Testudinidae)
- *Geochelone nigra* (Galápagos-Riesenschildkröte)
- *Geochelone radiata* (Strahlenschildkröte)
- *Geochelone yniphora* (Madagassische Schnabelbrustschildkröte)
- *Gopherus flavomarginatus* (Mexikanische Gopherschildkröte)
- *Homopus bergeri* (Bergers Flachschildkröte)
- *Malacochersus tornieri* (Spaltenschildkröte)
- *Psammobates geometricus* (Geometrische Landschildkröte)
- *Pyxis planicauda*
- *Testudo graeca* (Maurische Landschildkröte)
- *Testudo hermanni* (Griechische Landschildkröte)
- *Testudo kleinmanni* (Ägyptische Landschildkröte)
- *Testudo marginata* (Breitrandschildkröte)

Die Ägyptische Landschildkröte *Testudo kleinmanni* ist durch den Anhang A besonders streng geschützt.
Foto: B. Love/Blue Chameleon Ventures

Lederschildkröte (*Dermochelys coriacea*)
Meeresschildkröten (Cheloniidae) – alle Arten
Schlangenhalsschildkröten (Chelidae)
- *Pseudemydura umbrina* (Falsche Spitzkopf-schildkröte)
Sumpfschildkröten (Emydidae)
- *Batagur baska* (Batagur-Schildkröte)
- *Clemmys muhlenbergii* (Muhlenbergs Schild-kröte)
- *Geoclemys hamiltonii* (Strahlen-Dreikiel-schildkröte)
- *Kachuga tecta* (Indische Dachschildkröte)
- *Melanochelys tricarinata* (Dreikiel-Erdschild-kröte)
- *Morenia ocellata* (Hinterindische Pfauenau-gen-Sumpfschildkröte)
- *Terrapene coahuila* (Wasser-Dosenschild-kröte)
Weichschildkröten (Trionychidae)
- *Trionyx ater* (Schwarze Weichschildkröte)
- *Trionyx gangeticus* (Ganges-Weichschild-kröte)

- *Trionyx hurum* (Pfauenaugen-Weichschild-kröte)
- *Trionyx nigricans* (Dunkle Weichschildkröte)

Krokodile

Alligatoren (Alligatoridae)
- *Alligator sinensis* (China-Alligator)
- *Caiman crocodilus apaporiensis* (Rio-Apapo-ris-Brillenkaiman)
- *Caiman latirostris* (Breitschnauzenkaiman)
- *Melanosuchus niger*[1] (Mohrenkaiman)
Echte Krokodile (Crocodylidae)
- *Crocodylus acutus* (Spitzkrokodil)
- *Crocodylus cataphractus* (Panzerkrokodil)
- *Crocodylus intermedius* (Orinokokrokodil)
- *Crocodylus moreletii* (Beulenkrokodil)
- *Crocodylus niloticus*[1] (Nilkrokodil)
- *Crocodylus novaeguineae mindorensis* (Min-dorokrokodil)
- *Crocodylus palustris* (Sumpfkrokodil)
- *Crocodylus porosus*[1] (Leistenkrokodil)

- *Crocodylus rhombifer* (Rautenkrokodil)
- *Crocodylus siamensis* (Siamkrokodil)
- *Osteolaemus tetraspis* (Stumpfkrokodil)
- *Tomistoma schlegelii* (Sundagavial)

Gangesgavial *Gavialis gangeticus*

Brückenechsen Sphenodon spp. – alle Unterarten

Echsen

Chamäleons (Chamaeleonidae)
- *Chamaeleo chamaeleon* (Europäisches Chamäleon)

Echte Eidechsen (Lacertidae)
- *Gallotia simonyi* (Hierro-Rieseneidechse)
- *Podarcis lilfordi* (Baleareneidechse)
- *Podarcis pityusensis* (Pityuseneidechse)

Geckos (Gekkonidae)
- *Phelsuma guentheri* (Round-Island-Taggecko)

Leguane (Iguanidae)
- *Brachylophus* ssp. (Fidji-Leguane) – alle Arten
- *Cyclura* ssp. (Wirtelschwanzleguane) – alle Arten
- *Sauromalus varius* (St.-Esteban-Chuckwalla)

Warane (Varanidae)
- *Varanus bengalensis* (Bengalwaran)
- *Varanus flavescens* (Gelbwaran)
- *Varanus griseus* (Wüstenwaran)
- *Varanus komodoensis* (Komodowaran)
- *Varanus olivaceus* (Gray-Waran)

Schlangen (Serpentes)

Ottern (Viperidae)
- *Vipera latifii* (Elbursotter)
- *Vipera ursinii* (Wiesenotter)[2]

Riesenschlangen (Boidae)
- *Acrantophis* ssp. (Madagaskar-Boas) – alle Arten
- *Boa constrictor occidentalis* (Südboa)
- *Bolyeria multocarinata* (Mauritius-Boa)
- *Casarea dussumieri* (Round-Island-Boa)
- *Epicrates inornatus* (Puerto-Rico-Boa)
- *Epicrates monensis* (Mona-Schlankboa)
- *Epicrates subflavus* (Jamaika-Boa)
- *Eryx jaculus* (Sandboa)
- *Python molurus molurus* (Heller Tigerpython)
- *Sanzinia madagascariensis* (Madagaskar-Hundskopfboa)

Anhang B

Anhang B enthält die in Anhang II des WA geführten Arten, ferner diejenigen WA-I-Arten, zu denen ein Mitgliedsstaat Vorbehalte angemeldet hat, und weitere Arten, die entweder durch den Handel gefährdet sind oder die, wenn sie in den natürlichen Lebensraum der EU eingebracht werden, eine Gefahr für die einheimischen Tier- und Pflanzenarten darstellen. Auch können hier Arten aufgenommen werden, die einer Art aus Anhang A oder B so ähnlich sind, daß aufgrund der Verwechslungsgefahr eine Kontrollmöglichkeit gegeben sein muß.

Schildkröten

Landschildkröten (Testudinidae)
- alle Arten, die nicht in Anhang A aufgeführt sind

Pelomedusenschildkröten (Pelomedusidae)
- *Erymnochelys madagascariensis* (Madagaskar-Schienenschildkröte)
- *Peltocephalus dumeriliana* (Dumerils Schienenschildkröte)
- *Podocnemis* spp. (Schienenschildkröten)

Sumpfschildkröten (Emydidae)
- *Clemmys insculpta* (Waldbachschildkröte)
- *Cuora* ssp.[3] (Scharnierschildkröten) – alle Arten
- *Cuora pani* (Pans Scharnierschildkröte)
- *Terrapene* ssp. (Dosenschildkröten) – alle Arten, die nicht in Anhang A aufgeführt sind
- *Trachemys scripta elegans* (Rotwangen-Schmuckschildkröte)

Weichschildkröten (Trionychidae)
- *Lissemys punctata* (Klappen-Weichschildkröte)

Krokodile

- alle Arten/Unterarten, die nicht in Anhang A aufgeführt sind

Echsen

Agamen (Agamidae)
- *Uromastyx* ssp. (Dornschwänze) – alle Arten

Chamäleons (Chamaeleonidae)
- *Bradypodion* ssp. (Zwergchamäleons) – alle Arten
- *Chamaeleo* ssp. (Echte Chamäleons) – alle Arten, die nicht in Anhang A aufgeführt sind

Geckos (Gekkonidae)
- *Cyrtodactylus serpensinsula* (Serpent-Insel-Gecko)
- *Phelsuma* ssp. (Taggeckos) – alle Arten, die nicht in Anhang A aufgeführt sind.

Gürtel- und Schildechsen (Cordylidae)
- *Cordylus* ssp. (Gürtelschweife) – alle Arten
- *Pseudocordylus* ssp. (Unechte Gürtelschweife) – alle Arten

Höckerechsen (Xenosauridae)
- *Shinisaurus crocodilurus* (Krokodilschwanz-Höckerechse)

Krustenechsen *Heloderma* ssp.
- alle Arten

Leguane (Iguanidae)
- *Amblyrhynchus cristatus* (Meerechse)
- *Conolophus* ssp. (Drusenköpfe) – alle Arten
- *Iguana* ssp. (Grüne Leguane) – alle Arten
- *Liolaemus gravenhorstii* (Gravenhorsts Erdleguan)
- *Phrynosoma coronatum* (Texas-Krötenechse)

Schienenechsen (Teiidae)
- *Cnemidophorus hyperythrus* (Orangekehl-Rennechse)
- *Crocodilurus lacertinus* (Krokodilschwanz-echse)
- *Dracaena* ssp. (Krokodiltejus) – alle Arten
- *Tubinambis* ssp. (Großtejus) – alle Arten

Skinke (Scincidae)
- *Corucia zebrata* (Wickelschwanzskink)

Warane (Varanidae)
- alle Arten, die nicht in Anhang A aufgeführt sind

Die Krustenechsen der Gattung *Heloderma* sind in Anhang B aufgeführt. Foto: H. Werning

Schlangen

Giftnattern (Elapidae)
- *Hoplocephalus bungaroides* (Gelbflecken-schlange)
- *Naja naja* (Kobra, Brillenschlange)
- *Ophiophagus hannah* (Königskobra)

Nattern (Colubridae)
- *Clelia clelia* (Mussurana)
- *Cyclagras gigas* (Brasilianische Glattnatter)
- *Dromicus chamissonis*
- *Elachistodon westermanni* (Indische Eier-schlange)
- *Ptyas mucosus* (Rattennatter)
- Ottern (Viperidae)
- *Crotalus unicolor* (Aruba-Inselklapper-schlange)
- *Crotalus willardi* (Willards Klapperschlange)
- *Vipera wagneri* (Wagners Bergotter)

Riesenschlangen (Boidae)
- alle Arten/Unterarten, die nicht in Anhang A aufgeführt sind

Anhang C

Anhang C enthält die Arten, die in Anhang III des WA aufgeführt sind (soweit nicht schon gesondert in Anhang A oder B aufgenommen) sowie die WA-II-Arten, zu denen ein Mitgliedsstaat einen Vorbehalt angemeldet hat.

Schildkröten

Pelomedusenschildkröten (Pelomedusidae)
- *Pelomedusa subrufa* (Starrbrust-Pelomedu-senschildkröte)
- *Pelusios adansonii* (Weißbrust-Pelomedu-senschildkröte)
- *Pelusios castaneus*
- *Pelusios gabonensis* (Rückenstreifen-Pelo-medusenschildkröte)
- *Pelusios niger* (Schwarze Pelomedusen-schildkröte)

Tabasco-Schildkröten (Dermatemydidae)
- *Dermatemys mawii* (Tabasco-Schildkröte)

Weichschildkröten (Trionychidae)

In Anhang C: die Lanzenotter *Bothrops asper* Foto: B. Love/Blue Chameleon Ventures

- *Trionyx triunguis* (Afrikanische Weichschild-kröte)

Schlangen

Elapidae (Giftnattern)
- *Micrurus diastema*
- *Micrurus nigrocinctus*

Nattern (Colubridae)
- *Atretium schistosum*
- *Cerberus rhynchops* (Hundskopf-Wasser-trugnatter)
- *Xenochrophis piscator* (Fischnatter)

Ottern (Viperidae)
- *Agkistrodon bilineatus* (Mexikanische Mo-kassinotter)
- *Bothrops asper*
- *Bothrops nasutus* (Nasen-Lanzenotter)
- *Bothrops nummifer*
- *Bothrops ophryomegas*
- *Bothrops schlegelii* (Greifschwanz-Lanzen-otter)
- *Crotalus durissus* (Aruba-Inselklapper-schlange)
- *Vipera russellii* (Russels Viper)

Anhang D

Anhang D schließlich enthält Arten, die in einem so großen Umfang in die EU eingeführt werden, daß eine Überwachung gerechtfertigt ist, ferner die WA-III-Arten, bezüglich derer ein Vorbehalt ange-meldet ist.

Echsen

Agamen (Agamidae)
- *Acanthosaura armata* (Nackenstachler)

Chamäleons (Chamaeleonidae)
- *Brookesia decaryi*
- *Brookesia ebenaui*
- *Brookesia minima*
- *Brookesia perarmata*
- *Brookesia stumpffi*
- *Brookesia superciliaris*
- *Brookesia thieli*

Das Stummelschwanzchamäleon *Brookesia peramata* – eine im Anhang D aufgeführte Art Foto: W. Schmidt

Geckos (Gekkonidae)
- *Geckolepis maculata*
- *Rhacodactylus auriculatus*
- *Rhacodactylus ciliatus*
- *Rhacodactylus leachianus*
- *Uroplatus* ssp. (Plattschwanzgeckos) – alle Arten

Gürtel- und Schildechsen (Cordylidae)
- *Zonosaurus karsteni*
- *Zonosaurus laticaudatus*
- *Zonosaurus madagascariensis*
- *Zonosaurus quadrilineatus*

Skinke (Scincidae)
- *Tiliqua gerrardii* (Schneckenskink)
- *Tiliqua gigas* (Neuguinea-Blauzungenskink)
- *Tiliqua scincoides* (Gewöhnlicher Blauzungenskink)
- *Tribolonotus gracilis*
- *Tribolonotus novaeguineae* (Buschkrokodil)

Schlangen

Giftnattern (Elapidae)
- *Bungarus candidus*
- *Laticauda* ssp. (Seekraits)

Nattern (Colubridae)
- *Ahaetulla prasina*
- *Boiga dendrophila* (Mangroven-Nachtbaumnatter)
- *Elaphe carinata*
- *Elaphe radiata*
- *Elaphe taeniura*
- *Enhydris bocourti*
- *Enhydris chinensis*
- *Enhydris enhydris*
- *Enhydris plumbea*
- *Homalopsis buccata* (Boa-Wassertrugnatter)
- *Langaha nasuta*
- *Leioheterodon madagascariensis*
- *Ptyas korros*
- *Rhabdophis chrysargus*
- *Rhabdophis subminiatus*
- *Zaocys dhumnades*

Regenbogenschlangen (Xenopeltidae)
- *Xenopeltis unicolor* (Regenbogenschlange)

Seeschlangen (Hydrophiidae)
- *Hydrophis* ssp. – alle Arten

- *Lapemis curtus* (einschl. *L. hardwickii*)

Vipern (Viperidae)
- *Calloselasma rhodostoma*

Warzenschlangen (Acrochordidae)
- *Acrochordus javanicus*
- *Acrochordus granulatus*

Anmerkungen:
1: Einzelne definierte Populationen dieser Art sind ausgenommen und werden in Anhang B geführt
2: gilt nur für die europäischen Populationen
3: Während der CITES–Vertragsstaatenkonferenz im Frühjahr 2000 wurde die Gattung *Cuora* in Anhang II des Washingtoner Artenschutzübereinkommens aufgenommen. Damit wird die Gattung voraussichtlich in Anhang B der EU-Artenschutzverordnung übernommen.

Der Import von Arten, die in den Anhängen A und B aufgeführt sind, von außerhalb der EU ist nur nach vorheriger Einholung einer Einfuhrgenehmigung zulässig. Die entsprechenden Dokumente des Ausfuhrstaates (CITES-Papiere) müssen bei der Einfuhr vorliegen. Während die Einfuhr von Anhang-A-Arten, soweit es sich um Wildfänge handelt, nur in Ausnahmefällen erlaubt ist, wird für Anhang-B-Arten, soweit keine konkreten Gründe (z.B. Bestandssituation) entgegenstehen, die Genehmigung erteilt, wenn die entsprechenden Dokumente vorliegen, die die legale Herkunft, also die Entnahme aus der Natur entsprechend den Bestimmungen des WA, bestätigen. Nachzuchten von Anhang-A-Arten werden wie Anhang-B-Arten behandelt.

Exemplare der Anhänge C und D dürfen ohne Einfuhrgenehmigung importiert werden; allerdings sind bei der Einfuhr das vorgeschriebene Ausfuhrdokument des Herkunftslandes sowie eine Einfuhrmeldung vorzulegen.

Innerhalb der EU ist der Handel mit Anhang-A-Arten grundsätzlich nicht gestattet; Ausnahmen werden insbesondere für Nachzuchten zugelassen. Problematisch ist die Situation bei der Weitergabe von Anhang-B-Arten: Während Anhang-A-Arten, auch wenn sie innerhalb der EU weitergegeben werden, CITES-Papiere benötigen, ist dies bei Anhang-B-Arten nicht mehr der Fall (im Gegensatz zur Rechtslage vor 1997). Der Besitzer dieser Arten

Da die früher in Massen importierten Rotwangen-Schmuckschildkröten (*Trachemys scripta elegans*) häufig ausgesetzt wurden und die Fauna verfälschen, sind sie auf Anhang B gelistet. Foto: M. Schmidt

rung des Schutzstatus der einzelnen Tier- und Pflanzenarten. Der Schutzstatus der aufgeführten Arten kann, wenn über die tatsächliche Situation der Arten Neues bekannt wird, daher kurzfristig angepaßt werden.

Der Import von Tier- und Pflanzenarten, die zwar selbst nicht gefährdet sind, aber die einheimische Fauna und Flora bedrohen können, wird von der EU-Artenschutzverordnung ebenfalls reguliert. Beispielsweise ist die Rotwangen-Schmuckschildkröte (*Trachemys scripta elegans*), die früher in großen Mengen importiert und, wenn sie zu groß geworden war, ausgesetzt wurde, von Anhang B der EU-Verordnung erfaßt. Importe sind so nicht mehr möglich, da das Bundesamt für Naturschutz die im Einzelfall erforderliche Genehmigung nicht mehr erteilt. Nachzuchttiere können aber noch gehandelt werden. Die Schnappschildkröte (*Chelydra serpentina*), die als erwachsenes Tier durchaus imstande ist, einen Finger abzubeißen, darf seit der Novellierung der Bundesartenschutzverordnung Ende 1999 ohne Sondergenehmigung - die jedoch nur in begründeten Ausnahmefällen erteilt wird - nicht mehr importiert werden.

muß aber trotzdem nachweisen, daß er die Tiere in legalem Besitz hat; anderenfalls werden sie eingezogen. In vielen Fällen stellen die zuständigen Behörden, obwohl sie hierzu nicht mehr verpflichtet sind, weiterhin die CITES-Papiere aus. Wo dies nicht mehr der Fall ist, ist es wichtig, in anderer Weise einen Nachweis zu schaffen, daß die Tiere nicht illegal importiert wurden. In vielen Fällen betrachtet die Behörde eine Bestätigung des Zoohändlers, daß er die Tiere von einem Züchter gekauft hat, als ausreichend; anhand der vom Händler zu führenden Bestandsbücher über die vorhandenen geschützten Arten kann im Einzelfall die Herkunft jederzeit geprüft werden. Leider reicht manchen Behörden diese Bestätigung aber nicht aus; dann wird eine Bescheinigung des Züchters verlangt, die erst mühsam – oft nach Kontaktaufnahme mit dem Händler – besorgt werden muß. Gerade bei preiswerten, leicht nachzuzüchtenden Arten, die aber trotzdem noch unter Artenschutz stehen, ist ein derartiges Vorgehen nur schwer verständlich. Wer eine Anhang-B-Art direkt vom Züchter kauft, sollte darauf bestehen, eine Bestätigung, daß das Tier von ihm gezüchtet wurde, zu erhalten.

Im Gegensatz zu früheren artenschutzrechtlichen Regelwerken bietet die neue EU-Artenschutzverordnung eine größere Flexibilität bei der Ände-

Auch das Bundesnaturschutzgesetz ist von Tierhaltern zu beachten. Die Liebhaber einheimischer Reptilien- und Amphibienarten haben beispielsweise zu beachten, daß die Entnahme besonders geschützter Arten aus der Natur verboten ist; hiervon sind alle einheimischen Reptilien- und Amphibienarten erfaßt. Darüber hinaus enthält das Bundesnaturschutzgesetz für besonders geschützte Tier- und Pflanzenarten (das sind insbesondere die Arten, die in den Anhängen A und B der EU-Artenschutzverordnung aufgeführt sind) Besitz- und Vermarktungsverbote; hiervon gibt es allerdings

Für Massenimporte denkbar ungeeignet: Die Geierschildkröte (*Macroclemys temminckii*) Foto: D. Rössel

wieder zahlreiche Ausnahmen. Insbesondere Nachzuchttiere unterliegen nicht dem Besitz- und Vermarktungsverbot. Den Besitzer von unter Artenschutz stehenden Tier- und Pflanzenarten trifft jedoch im Artenschutzrecht grundsätzlich die Beweislast für die rechtmäßige Herkunft der Tiere. Kann er den Nachweis nicht führen, muß er damit rechnen, daß – auch wenn ihm kein Verschulden nachzuweisen ist – die geschützten Exemplare eingezogen werden. Ein Verschulden – also Vorsatz oder Fahrlässigkeit – muß die Behörde aber nachweisen, wenn sie gegen den Besitzer geschützter Arten ein Ordnungswidrigkeiten- oder Strafverfahren wegen des Verstoßes gegen artenschutzrechtliche Vorschriften in Gang bringen will.

Ergänzend zum Bundesnaturschutzgesetz gilt die Bundesartenschutzverordnung. Teilweise enthält sie Ausnahmen von den Verboten des Bundesnaturschutzgesetzes, teilweise aber auch Abweichungen dergestalt, daß Nachzuchttiere besonders geschützter Arten, die zum Teil in Anlagen zur Bundesartenschutzverordnung aufgeführt sind, Vermarktungsbeschränkungen unterliegen.

Die Anpassung der Bundesartenschutzverordnung an das europäische Artenschutzrecht erfolgte Ende 1999.

Nicht unerwähnt sollen die Landesnaturschutzgesetze der einzelnen Bundesländer bleiben. Diese beziehen sich in der Regel auf einheimische Arten und konkretisieren im Artenschutzbereich deren Schutz insbesondere durch Entnahmeverbote. Für den Halter von Terrarientieren spielen sie daher eher eine untergeordnete Rolle.

Es darf nicht übersehen werden, daß sich unter Umständen auch beim Fang des sogenannten „Wiesenplanktons" artenschutzrechtliche Probleme ergeben können. Viele der hierbei als Futtertiere gefangenen Insekten stehen unter Artenschutz, so daß deren Entnahme aus der Natur und erst recht das Töten verboten ist.

Auch beim Fang von Wiesenplankton kann man gegen Artenschutzgesetze verstoßen – geschützte Wirbellose dürfen nicht verfüttert werden! Foto: K.-F. Steffen

Tierschutzrecht

Nicht nur der Schutz gefährdeter Arten, sondern auch der Schutz des einzelnen Tieres vor unsachgemäßer Haltung ist gesetzlich geregelt. Die rechtlichen Grundlagen hierfür finden sich vor allem im Tierschutzgesetz (TierSchG), das 1998 in weiten Teilen überarbeitet wurde.

Die Grundlagen jeder artgerechten Tierhaltung sind in § 2 TierSchG formuliert: Jedes Tier muß seiner Art und seinen Bedürfnissen entsprechend ernährt und gepflegt sowie verhaltensgerecht untergebracht werden. Insbesondere muß ihm die Möglichkeit angemessener Bewegung gegeben werden. Derjenige, der das Tier zu betreuen hat, muß über die Kenntnisse und Fähigkeiten verfügen, die notwendig sind, um die artgerechte Ernährung, Pflege und Unterbringung zu gewährleisten.

Eigentlich ist es selbstverständlich, daß ein Tierhalter sich an diese Vorschrift hält. In vielen Fällen ist aber heftig umstritten, welche Bedingungen notwendig sind, damit ein Tier sich wohl fühlt und § 2 TierSchG damit erfüllt ist. Um hier einheitliche Voraussetzungen zu schaffen, hat das Bundesministerium für Ernährung, Landwirtschaft und Forsten ein Gutachten in Auftrag gegeben, das die Mindestanforderungen an die Haltung von Reptilien enthält. Das von namhaften Fachleuten erstellte Gutachten wurde Anfang 1997 vorgelegt und ist bei der Deutschen Gesellschaft für Herpetologie und Terrarienkunde (DGHT) erhältlich (s. Kapitel 20).

Es hat, auch wenn es von einem Bundesministerium in Auftrag gegeben wurde, keine Gesetzeskraft; allerdings wird es von Amtstierärzten und auch von Gerichten in vielen Fällen als Richtlinie zur Beurteilung, ob eine Tierhaltung artgemäß ist, herangezogen. Wenn ein Tierhalter mit Auflagen, die ihm beispielsweise vom Amtsveterinär gemacht wurden, nicht einverstanden ist, kann er aber – etwa unter Bezugnahme auf andere Sachverständige – die Auflagen, die ihm für die Haltung seiner Tiere gemacht wurden, im Einzelfall durchaus erfolgreich anfechten, da das Gutachten keine Bindungswirkung hat. In vielen Fällen ist es allerdings zur Orientierung über die Haltungsbedingungen durchaus sinnvoll, sich an das Gutachten zu halten.

Falls ein Amtstierarzt im Einzelfall die Mindesthaltungsbedingungen nicht für ausreichend hält und für die Haltung der Tiere weitergehende Auflagen macht, können diese durchaus ihre Berechtigung haben; wer die in dem Gutachten festgehaltenen Mindesthaltungsbedingungen einhält, wird allerdings in der Regel nicht befürchten müssen, eine Ordnungswidrigkeitenanzeige wegen unsachgemäßer Tierhaltung zu erhalten, da er sich dann darauf berufen kann, sich an ein allgemein anerkanntes (wenn auch in einzelnen Punkten durchaus umstrittenes) Gutachten gehalten zu haben.

§ 2 TierSchG schreibt zwar vor, daß jeder Tierhalter Sachkunde haben muß, für den privaten Tierhalter ist der Nachweis der Sachkunde jedoch bisher nicht gesetzlich vorgeschrieben. Eine solche Möglichkeit ist jetzt aufgrund der Novellierung des § 13 TierSchG entstanden: § 13 Absatz 3 TierSchG sieht die Möglichkeit vor, aus Tierschutzgründen die Haltung bestimmter Tierarten einzuschränken. Insbesondere kann die Genehmigung zum Besitz dieser Tierarten davon abhängig gemacht werden, daß der Tierhalter die in § 2 TierSchG näher erläuterte Sachkunde sowie seine Zuverlässigkeit gegenüber der zuständigen Behörde auch nachweist. Eine Verordnung, die die Tierarten enthält, für die ein Sachkundenachweis gefordert wird, ist bisher noch nicht erlassen worden.

Das Aussetzen von Tieren ist nicht nur unter artenschutzrechtlichen Gesichtspunkten (zum Schutz der einheimischen Tier- und Pflanzenwelt) verboten; auch das TierSchG enthält ein Verbot, Tiere auszusetzen. Nach § 3 Nr. 3 TierSchG ist das Aussetzen von in menschlicher Obhut gehaltenen Tieren verboten, wenn man dies tut, um sich des Tieres zu entledigen oder sich seiner Obhutspflichten zu entziehen; nach § 3 Nr. 4 TierSchG dürfen in menschlicher Obhut gezüchtete oder aufgezogene Tiere wildlebender Arten ebenfalls nicht ausgesetzt und auch nicht angesiedelt werden, wenn sie auf das Überleben in der freien Natur nicht vorbereitet sind.

> Verstöße gegen die genannten tierschutzrechtlichen Regelungen können in der Regel als Ordnungswidrigkeiten mit einer Geldbuße geahndet werden; die Tötung eines Wirbeltieres ohne vernünftigen Grund oder das Zufügen erheblicher Schmerzen oder Leiden über einen längeren Zeitraum oder aus Roheit werden nach § 17 TierSchG sogar als Straftat geahndet.

Außer dem TierSchG muß der Halter von Reptilien noch die Verordnung zum Schutz von Tieren beim Transport (TierSchTrV) beachten. Zur Zeit gilt diese Verordnung im nichtgewerblichen Bereich nur, wenn Tiere über eine Strecke von über 50 km transportiert werden. Allerdings sind auch bei einem Transport auf einer kürzeren Strecke als 50 km die Tiere in angemessener Weise unterzubringen (Platzbedarf, Temperatur etc.); soweit notwendig (also insbesondere bei längeren Transportstrecken), ist auch die Ernährung sicherzustellen. Nach § 33 der TierSchTrV müssen wechselwarme Tiere – was eigentlich selbstverständlich ist – in Behältnissen befördert werden.

Wer Futtermäuse und -ratten transportiert, muß zusätzlich noch beachten, daß nach § 3 Absatz 2 TierSchTrV junge Säugetiere, bei denen der Nabel noch nicht vollständig abgeheilt ist, sowie Säugetiere, die sich in der Geburt befinden oder vor weniger als 48 Stunden geboren haben, nicht befördert werden dürfen. Säugetiere, die noch nicht vom Muttertier abgesetzt sind oder die noch nicht selbständig fressen und trinken können, dürfen nur mit dem Muttertier transportiert werden. Gerade der Transport von frisch geborenen Futtermäusen und -ratten, der – gerade bei der Belieferung von Tierbörsen – oft beobachtet wird, ist demnach verboten.

Gefahrenabwehrrecht – die sogenannten „gefährlichen Tiere"

Manche Terrarientiere, beispielsweise Giftschlangen, können Menschen gefährliche und sogar tödliche Verletzungen beibringen. Wer solche Tiere hält, muß selbstverständlich besondere Vorkehrungen treffen, um Unfälle so sicher wie möglich zu vermeiden. Anderen Tieren hingegen wird zu Unrecht nachgesagt, sie seien gefährlich; so werden beispielsweise Vogelspinnen oft pauschal als gefährliche Gifttiere dargestellt, und fast ebensohäufig wird man mit dem falschen Vorurteil konfrontiert, alle Boidae (Riesenschlangen) seien fähig, einen Menschen zu erwürgen.

Leider schlagen sich derartige Vorurteile mitunter in gesetzlichen Regelungen nieder. In sieben Bundesländern gibt es Regelungen, die sich auf die Haltung angeblich gefährlicher Tiere beziehen. Soweit es hierbei um Terrarientiere geht, sind sie im folgenden aufgeführt (vgl. auch RÖSSEL 1997a).

Bayern hat mit Artikel 37 des „Gesetzes über das Landesstrafrecht und das Verordnungsrecht auf dem Gebiet der öffentlichen Sicherheit und Ordnung" eine Regelung, die für die Haltung gefährlicher Tiere eine Genehmigung der Gemeinde vorschreibt. Um eine solche Erlaubnis zu erhalten, muß ein berechtigtes Interesse nachgewiesen werden; ferner dürfen gegen die Zuverlässigkeit des Antragstellers keine Bedenken bestehen. Die Erlaubniserteilung kann von Auflagen abhängig gemacht werden, wobei insbesondere der Nachweis einer Tierhalter-Haftpflichtversicherung ausdrücklich genannt ist.

Zu dieser Rechtsvorschrift liegen verwaltungsinterne Ausführungsempfehlungen vor, die zur Zeit überarbeitet werden. Es ist damit zu rechnen, daß nur die tatsächlich gefährlichen Tiere dort aufgenommen werden, was leider in einigen anderen Bundesländern nicht der Fall ist (s.u.).

In **Berlin** ist seit 1996 eine Verordnung in Kraft, die das Halten „gefährlicher Tiere wildlebender Arten" regelt. Die Haltung der im folgenden aufgeführten Tiergattungen und -familien ist grundsätzlich untersagt; eine Genehmigung soll nur dann erteilt werden, wenn gegen die Zuverlässigkeit des Tierhalters keine Bedenken bestehen, eine artge-

Bei wirklich gefährlichen Tieren wie dieser Kobra *Naja naja kaouthi* macht eine gesetzliche Einschränkung für die private Haltung sicherlich Sinn, ... Foto: B. Love/Blue Chameleon Ventures

rechte Unterbringung der Tiere gewährleistet ist, gegebenenfalls geeignete Gegenmittel (Seren) und Behandlungsempfehlungen bereitgehalten werden und auch sonst keine Tatsachen bekannt sind, aufgrund derer eine Gefährdung der öffentlichen Sicherheit anzunehmen ist.

Folgende Tiere sind von der Verordnung erfaßt:
- alle Arten der Crocodylia (Panzerechsen)
- Schlangenarten: alle Riesenschlangen (Boidae), Giftnattern (Elapidae), Vipern (Viperidae), Grubenottern (Crotalidae), Seeschlangen (Hydrophiidae) und Trugnattern (Boiginae)
- Echsenarten: alle giftigen Arten sowie alle Varanidae
- Spinnen: alle giftigen Arten
- Skorpione: alle Arten
- Hundertfüßler: Scolopender (Scolopendromorpha)

In **Bremen** ist im Rahmen einer Polizeiverordnung ebenfalls die Haltung gefährlicher Tiere geregelt. Ebenso wie in Berlin gilt hier ein grundsätzliches Haltungsverbot, von dem nur dann Ausnahmen zugelassen werden, wenn die ausbruchsichere Haltung gewährleistet ist und die tier- und artenschutzrechtlichen Bestimmungen eingehalten werden, der Halter die notwendige Sachkunde nachweist und gegebenenfalls Erste-Hilfe-Möglichkeiten sichergestellt sind.

Betroffen von dieser Verordnung sind:
- Giftschlangen
- Nattern der Gattungen *Dispholidus* und *Thelotornis*
- tropische Giftspinnen und giftige Skorpione
- alle Crocodylidae, Alligatoridae und der Gangesgavial
- alle Riesenschlangen (Boidae)

Auch **Mecklenburg-Vorpommern** hat seit 1998 eine Regelung über das Halten gefährlicher Tiere. In § 38 Absatz 7 des dortigen Landesnaturschutzgesetzes vom 21. Juli 1998 findet sich eine Vorschrift, die leider sehr eng an die Regelung in Schleswig-Holstein angelehnt ist (vgl. unten). Versteckt im Naturschutzrecht, wird die Haltung „fremder wildlebender Arten, die Menschen lebensgefährlich werden können, insbesondere von ... Krokodilen, Riesen- und Giftschlangen und giftigen Gliederfüßlern" als unzulässig festgelegt. Nur zoologische Gärten und vergleichbare Einrichtungen sowie Zirkusbetriebe und Dompteure dürfen diese

Terrarien sollten von vornherein ausreichend gesichert sein. Solche einfach zu handhabenden Terrarienschlösser sind im Fachhandel erhältlich. Foto: M. Schmidt

eine Verordnung über das Halten gefährlicher Tiere eingeführt hat, ist die Haltung von Giftschlangen, tropischen Giftspinnen und giftigen Skorpionen verboten. Ausnahmen sind nur zulässig, wenn durch die Tiere im Einzelfall keine Gefahren für Dritte entstehen; außerdem ist auch hier die Bereithaltung von Seren und Behandlungsempfehlungen vorgeschrieben. Die Erlaubnis wird nur befristet erteilt.

Tiere bei Vorliegen einer Genehmigung der oberen Naturschutzbehörde halten.

Ein Verstoß gegen diese Vorschrift ist eine Ordnungswidrigkeit (Geldbuße bis zu DM 200.000,-); Tiere, auf die sich die Ordnungswidrigkeit bezieht, können eingezogen werden (§§ 69–71 LNatSchG M-V). Soweit Tiergehege bei Inkrafttreten des Gesetzes bereits vorhanden sind, können Auflagen zur Bedingung für das Weiterbetreiben gemacht und im Fall des Nichtbefolgens die Beseitigung des Geheges angeordnet werden (§ 73 LNatSchG M-V).

In **Niedersachsen**, das als erstes Bundesland

Außerdem ist eine Erlaubnispflicht für alle Crocodylidae und Alligatoridae sowie für *Gavialis gangeticus* vorhanden. Wenn im Einzelfall die Sicherheit nicht gefährdet ist, besteht also ein Anspruch auf Erteilung der Haltungserlaubnis für diese Tiere, die auch unbefristet erteilt werden kann.

Auch das **Saarland** hat eine Verordnung, die das nichtgewerbliche Halten gefährlicher Tiere regelt. Für die Haltung aller Arten der Crocodylidae, der Alligatoridae, des Gangesgavials sowie für alle Ar-

...jedoch sind mitunter Tiere wie dieser Königspython *Python regius* davon betroffen, der wohl keinem Menschen ernstlich gefährlich werden kann. Foto: M. Schmidt

ten der Varanidae, die Gattung *Python* sowie die Anakondas der Gattung *Eunectes* wird hier eine Genehmigung zur Haltung benötigt. Weitere Tierarten sind in dieser Verordnung nicht aufgeführt, so daß die Haltung von Giftschlangen in diesem Bundesland keiner Genehmigung bedarf!

Sachsen-Anhalt hat ebenfalls eine Verordnung, die das Halten gefährlicher Tiere regelt. Hier ist die Haltung von Giftschlangen einschließlich der Gattungen *Dispholidus* und *Thelotornis*, von Giftechsen, tropischen Giftspinnen und giftigen Skorpionen verboten; Ausnahmen können nur zugelassen werden, wenn die Haltung artgerecht und in einer Weise erfolgt, die Gefahren für Dritte ausschließt. Außerdem müssen die notwendigen Seren bzw. Behandlungsempfehlungen bereitgestellt werden. Die Haltungsgenehmigung ist zu befristen.

Für die Haltung aller Crocodylidae, aller Alligatoridae und des Gangesgavials ist eine Genehmigung erforderlich; bei sicherer Haltung ist sie zu erteilen.

Nicht ganz verständlich ist die einschlägige Regelung in **Schleswig-Holstein**; sie ist in § 27 Absatz 7 des Landesnaturschutzgesetzes untergebracht und damit kaum auffindbar. Die Vorschrift befaßt sich mit Tiergehegen und ist – wie in den anderen Landesnaturschutzgesetzen der Bundesländer – in demjenigen Abschnitt enthalten, der sich mit dem Artenschutz befaßt. Die Haltung von „Tieren wildlebender Arten, die Menschen durch Körperkraft, Gifte oder ihr Verhalten gefährden können, insbesondere von ... Krokodilen oder Giftschlangen", ist in diesem Bundesland verboten; sie kann nur für Zoologische Gärten, Zirkusbetriebe und Dompteure zugelassen werden. Ob das Verbot sich nur auf die Haltung in Tiergehegen bezieht oder auch auf die Haltung der genannten Tiere generell, bleibt allerdings offen.

> Verstöße gegen die Vorschriften der einzelnen Verordnungen können in der Regel als Ordnungswidrigkeiten mit einer Geldbuße geahndet werden; in einigen Bundesländern besteht darüber hinaus die Möglichkeit, die Tiere einzuziehen.

Selbst der kleinbleibende, vollkommen harmlose Stachelschwanzwaran (*Varanus acanthurus*) gilt absurderweise in einigen Bundesländern als „gefährliches Tier". Foto: H. Werning

Ein großer Teil der genannten Regelungen ist alles andere als durchdacht (vgl. auch RÖSSEL 1996). So sind beispielsweise alle Spinnen giftig; erfaßt werden sollen aber, soweit „giftige Spinnen" aufgeführt sind, wohl nur diejenigen Arten, die in gefährlicher Weise giftig sind. Ebenso sinnlos ist es, die Genehmigungspflicht auf „tropische Giftspinnen" zu beschränken; es gibt durchaus auch europäische Spinnen, die in gefährlicher Weise giftig sein können (diese dürften dann ohne Genehmigung gehalten werden). Es gibt auch keinen Grund, pauschal alle Arten der Varanidae oder alle Arten der Boidae als gefährlich zu betrachten, da es in beiden Familien kleinbleibende und vollkommen harmlose Arten gibt (einige Warane werden nur 30 cm groß, und auch viele Riesenschlangen, wie beispielsweise der oft angebotene Königspython (*Python regius*), sind vollkommen ungefährlich für den Menschen). Solange derartige Verordnungen aber nicht als rechtswidrig von den Verwaltungsgerichten aufgehoben werden (bei den meisten genannten Vorschriften dürfte dies möglich sein), werden sie von den zuständigen Behörden weiterhin angewandt.

> Wer ein Tier hält, das gefährlich werden könnte, sollte ungeachtet der Sinnlosigkeit mancher der hier aufgeführten Vorschriften unbedingt auf dessen ausbruchsichere Unterbringung achten; anderenfalls sind erhebliche Folgen zu befürchten. Wer ein gefährliches Tier fahrlässig entweichen läßt, muß, wenn dieses Tier Dritte schädigt, damit rechnen, wegen fahrlässiger Körperverletzung oder im Extremfall sogar wegen fahrlässiger Tötung strafrechtlich zur Verantwortung gezogen zu werden. Aber auch wenn das Tier keinen Schaden anrichtet, ist mit einer Verfolgung nach § 121 des Ordnungswidrigkeitengesetzes zu rechnen, wenn das Tier aufgrund einer Fahrlässigkeit entkommen konnte. Außerdem ist der Tierhalter nach § 833 des Bürgerlichen Gesetzbuchs zum Ersatz jeden Schadens verpflichtet, den sein Tier anrichtet, und zwar auch dann, wenn ihn am Entkommen des Tiers keinerlei Verschulden trifft; im Falle des Verschuldens kommen zum Schadensersatz noch Schmerzensgeldansprüche des Verletzten hinzu. Wer ein solches Tier entkommen läßt, muß - auch wenn ihn keine Schuld trifft - ferner die Kosten des Fangs bezahlen; wenn hierfür die Feuerwehr im Einsatz ist, kommen schnell einige Hundert Mark zusammen.

Bau- und Naturschutzrecht – Tiergehege

Viele Reptilienfreunde halten ihre Lieblinge in der warmen Jahreszeit im Freien, sei es in einem Freilandterrarium oder sogar im Gartenteich. Eine derartige Tierhaltung kann aber im Einzelfall zu Schwierigkeiten mit der Baubehörde bzw. mit der Unteren Naturschutzbehörde führen. Der Grund hierfür ist die Genehmigungsbedürftigkeit von Tiergehegen, die in § 24 des Bundesnaturschutzgesetzes und ergänzend in den Naturschutzgesetzen der Bundesländer geregelt ist. Sinn und Zweck dieser Regelungen ist es zunächst zu vermeiden, daß nichtheimische Tierarten in die freie Natur entkommen und dort für eine Faunenverfälschung sorgen. Außerdem sind die Tiergehege – je nach ihrer Größe – teilweise in den einzelnen Bundesländern auch baurechtlich genehmigungspflichtig; die entsprechenden Regelungen finden sich in den jeweiligen Landesbauordnungen. In den meisten Fällen ist für den Bau eines Tiergeheges außer der gegebenenfalls einzuholenden Baugenehmigung auch die Genehmigung der zuständigen Naturschutzbehörde einzuholen.

Baurecht – Probleme auch im Eigenheim?

Es klingt paradox, ist aber leider wahr: Selbst derjenige, der im Keller seines Eigenheims eine größere Anzahl von Reptilien hält, kann Ärger mit der Baubehörde bekommen und unter baurechtlichen Gesichtspunkten verpflichtet werden, einen Teil seiner Tiere abzuschaffen.

Rechtsgrundlage dieser mitunter abstrus scheinenden Rechtsprechung ist die Baunutzungsverordnung. In dieser Verordnung ist die Art der baulichen Nutzung von Baugebieten festgelegt. So gibt es beispielsweise reine, allgemeine oder besondere Wohngebiete, Misch-, Gewerbe- oder Industriegebiete. In diesen Gebieten sind jeweils bestimmte Nutzungsarten der Gebäude zugelassen. Beispielsweise können in einem reinen Wohngebiet außer den grundsätzlich zugelassenen Wohngebäuden ausnahmsweise Läden, nicht störende Handwerksbetriebe und wenige andere Nutzungsarten genehmigt werden; in allgemeinen Wohngebieten sind weitere Nutzungsarten zugelassen, in „besonderen

Wohngebieten" sind noch mehr Nutzungsarten zulässig.

Die Art der baulichen Nutzung nach der Baunutzungsverordnung wird in aller Regel im Bebauungsplan festgelegt; wo es keinen Bebauungsplan gibt, entscheidet der tatsächliche Charakter des Gebietes darüber, wie es einzuordnen ist.

Das Problem für denjenigen, der sein Hobby intensiv betreibt und nicht nur ein oder wenige Terrarien, sondern eine ganze Zuchtanlage aufgestellt hat und vielleicht auch noch Futtermäuse oder -ratten züchtet, liegt darin, daß sich mitunter die zuständige Bauaufsichtsbehörde auf den Standpunkt stellt, eine derartig exzessive Nutzung eines Raumes, der – beispielsweise – zu einem Haus in einem reinen Wohngebiet gehört, sei keine „normale" Wohnnutzung mehr und damit als Verstoß gegen die in der Baunutzungsverordnung zugelassenen Nutzungsarten zu bewerten. In solchen Fälle kann die Bauaufsichtsbehörde durch ein Nutzungsverbot erhebliche Schwierigkeiten bereiten. So hat

beispielsweise eine Behörde die Nutzung eines Kellerraumes – das Haus lag in einem reinen Wohngebiet – für die Haltung von mehr als acht Schlangen untersagt; diese Entscheidung wurde damit begründet, eine derartig intensive Tierhaltung verstoße gegen die genannten baurechtlichen Regeln, und die Baunutzungsverordnung lasse nur eine Tierhaltung in dem für ein Wohngebiet „üblichen Maß" zu, während hier der Rahmen einer „Freizeitbetätigung innerhalb der üblichen Wohnnutzung" überschritten sei. Die Entscheidung ist leider rechtskräftig geworden, hat damit aber keine Bindungswirkung für andere Verwaltungsgerichte, die zukünftig vielleicht über ähnliche Fälle entscheiden müssen.

Die Entscheidung, ob eine Tierhaltung unabhängig von der Frage, ob sie irgend jemand stört, im Einzelfall noch zulässig ist, ist – wie oft im Verwaltungsrecht – eine Ermessensentscheidung, die sich nur schwer gerichtlich überprüfen läßt. Derartige Verfahren kommen oft durch Nachbarstreitigkeiten

Nach dem Bau- und Naturschutzrecht kann für die Errichtung von Freilandanlagen eine Genehmigung erforderlich sein. Foto: T. Holfert

zustande, wenn der Nachbar eines Tierhalters selbst nicht gegen die von ihm empfundenen Störungen vorgehen kann (oder es aus Kostengründen nicht will). In diesem Fall genügt ein Hinweis an die Behörde, und man erspart sich die eigenen Kosten. Sollte sich also ein gespanntes Verhältnis mit Nachbarn abzeichnen, empfiehlt es sich, eine intensive Hobby-Tierzucht nicht bekanntwerden zu lassen; dies gilt um so mehr, je stärker der Wohncharakter des Gebietes ist.

Zivilrechtliche Probleme bei der Reptilienhaltung

Der Reptilienkauf

Leider kommt es mitunter bereits kurz nach dem Kauf eines Terrarientiers zu Problemen – vor allem dann, wenn ein Tier verkauft wird, das sich kurz nach dem Kauf bereits als krank herausstellt. In diesem Fall muß der Käufer zunächst beweisen, daß das Tier bereits zum Zeitpunkt der Übergabe (der Jurist spricht von „Gefahrübergang") in einem gesundheitlich schlechten Zustand war, also einen „Sachmangel" hatte (auch wenn Tiere keine Sachen im Sinne des Bürgerlichen Gesetzbuches sind und auf ihre Mitgeschöpflichkeit besondere Rücksicht zu nehmen ist, werden sie rechtlich in der Regel wie Sachen behandelt). Wenn sich kurz nach dem Kauf Anzeichen einer Erkrankung zeigen, ist es deshalb unbedingt notwendig, sofort zum Tierarzt zu gehen und sich im Falle einer Erkrankung ein möglichst detailliertes Attest ausstellen zu lassen.

Der Käufer eines kranken Tieres hat nach den Regelungen der §§ 459 ff. BGB zunächst das Wahlrecht zwischen „Wandelung" und „Minderung" des Kaufvertrages: Er kann also entweder vom Vertrag zurücktreten, d.h. das Tier an den Verkäufer zurückgeben und die Auszahlung des Kaufpreises verlangen, oder den Kaufpreis in angemessenem Maße mindern. In der Regel wird ein Tierfreund die Wandelung des Kaufvertrages ungern verlangen, weil man sich dann das Schicksal des erkrankten Tiers schon vorher leicht denken kann. Verlangt der Käufer eine angemessene Minderung des Kaufpreises, läßt sich der Minderungsbetrag beispielsweise durch die Tierarztkosten beziffern, die zur Wiederherstellung der Gesundheit des Tieres notwendig waren.

Augen auf beim Reptilienkauf – die gründliche Auswahl des Terrarienpfleglings hilft, spätere Streitigkeiten mit dem Verkäufer zu vermeiden. Foto: H. Werning

Allerdings hat der Käufer die genannten Rechte nicht, wenn er nachweislich bei der Übernahme des Tieres bereits von dessen Krankheit wußte. War der Mangel zudem so offensichtlich, daß der Käufer die Krankheit des Tieres hätte bemerken müssen, so hat der Käufer grob fahrlässig gehandelt; die Haftung des Verkäufers beschränkt sich dann auf arglistig verschwiegene Mängel bzw. tritt nur dann ein, wenn er trotz der Offensichtlichkeit ausdrücklich zugesichert hat, das Tier sei gesund („Fehlen zugesicherter Eigenschaften").

Es kann leicht vorkommen, daß die Tierarztkosten für eine tage- oder gar wochenlange Behandlung den Kaufpreis für das Tier weit übersteigen. In diesem Fall kann der Käufer die ihm entstandenen Kosten nur dann zurückverlangen, wenn er über die genannten Ansprüche hinaus noch einen Schadensersatzanspruch geltend machen kann, was aber nicht immer der Fall ist. Zunächst ist natürlich auch hierfür die Voraussetzung, daß das Tier bei der Übergabe bereits krank war. Im Gegensatz zum Anspruch auf Wandelung oder Minderung setzt der Schadensersatzanspruch jedoch zusätzlich noch voraus, daß der Verkäufer entweder einen vorhandenen Mangel arglistig verschwiegen oder eine nicht vorhandene Eigenschaft zugesichert hat. Hat der Verkäufer also behauptet, das erworbene Tier sei gesund, dann haftet er auch für die weitergehenden Kosten. Erfreulich ist in diesem Fall, daß die Tierarztkosten den Kaufpreis des Tiers deutlich übersteigen dürfen; hier kommt der auch im Zivilrecht festgeschriebene Tierschutzgedanke zum Tragen, so daß nicht nur der „Wiederbeschaffungswert" bezahlt werden muß.

Der Anspruch auf Wandelung, Minderung und Schadensersatz wegen Fehlens einer zugesicherten Eigenschaft unterliegt einer kurzen Verjährungsfrist: Nach § 477 BGB verjähren solche Ansprüche bereits sechs Monate nach Übernahme der „Sache", also des Tieres, wenn der Verkäufer den Mangel nicht arglistig verschwiegen hat. Die Verjährung kann entweder durch Einleitung eines Gerichtsverfahrens oder durch eine Vereinbarung zwischen den Vertragsparteien unterbrochen werden. Letzteres ist – wenn der Verkäufer sich dazu bereit erklärt – insbesondere dann sinnvoll, wenn die Parteien sich noch in Verhandlungen befinden und man es vermeiden möchte, nur zur Verjährungsunterbrechung Klage erheben zu müssen.

Reptilienhaltung in der Mietwohnung

Immer wieder kommt es aufgrund der Haltung von Tieren aller Art zu Streitigkeiten zwischen Mietern und Vermietern. Grundlage für die Rechte und Pflichten der Parteien eines Mietvertrages ist neben den entsprechenden gesetzlichen Regelungen, die über die Tierhaltung nichts aussagen, der Mietvertrag selbst. In der Regel enthalten Mietverträge ein weitgehendes Verbot, Tiere in der Mietwohnung zu halten, bzw. sie machen die Tierhaltung von einer Einzelfallerlaubnis des Vermieters abhängig. Bereits seit 1992 darf ein Vermieter allerdings die Haltung von Heimtieren nicht mehr grundsätzlich verbieten: In diesem Jahr entschied der Bundesgerichtshof, daß außer Aquarienfischen auch solche Tiere gehalten werden dürfen, die ihrer Natur nach keine Störungen (also insbesondere Geruch oder Lärm) verursachen können. Zu den genehmigungsfreien Tieren zählen insbesondere die „klassischen Kleintiere" wie Mäuse, Hamster und Meerschweinchen.

Problematisch wird es aber bei Reptilien, denn in großen Teilen der Bevölkerung bestehen leider immer noch starke Vorurteile gegen diese Tiere. Allerdings ist die Haltung von Reptilien, soweit es sich nicht um Schlangen handelt, inzwischen von den Gerichten weitestgehend anerkannt worden, da diese Tiere keine Störungen verursachen können. Echsen- und Schildkrötenliebhaber können ihrem Hobby daher in den meisten Fällen ohne rechtliche Bedenken nachgehen.

Für die Halter von Schlangen gilt dies allerdings nicht. Auch wer vollkommen harmlose Schlangen hält, muß im Streitfall leider nach wie vor damit rechnen, vor Gericht zu unterliegen und zur Abschaffung seiner Tiere verurteilt zu werden; im Extremfall kann es sogar zur Kündigung wegen des dann als vertragswidrig eingestuften Gebrauchs der Wohnung kommen. In derartigen Fällen argumentieren die Gerichte dann mit der unüberwindbaren Panik der Mitbewohner, die dazu führe, daß der Hausfriede empfindlich und unzumutbar gestört werde. Zum Beispiel wurde die Haltung eines – vollkommen harmlosen – Königspythons im Rahmen mietrechtlicher Streitigkeiten bereits untersagt. Allerdings liegen auch Urteile vor, in denen die Haltung ungefährlicher Schlangen als zulässig eingestuft wird, da die Tiere keine Störungen verursachen und somit als „Kleintiere im Sinne des Gesetzes" anzusehen sind (vgl. auch RÖSSEL 1997b)

> Die Haltung von tatsächlich gefährlichen Tieren wie beispielsweise von Giftschlangen wird allerdings regelmäßig als vertragswidrige Nutzung angesehen, da die Gefahr im Falle eines Ausbruchs unkalkulierbar hoch ist und ein Restrisiko, daß ein solches gefährliches Tier einmal entkommt, sich nicht ausschließen läßt.

Reptilienhaltung in der Eigentumswohnung

Der Gedanke, ein Wohnungseigentümer habe grundsätzlich in allen Punkten weitergehende Rechte als ein Wohnungsmieter, ist zwar weit verbreitet, in dieser Form aber nicht richtig. Auch Wohnungseigentümer sind Bestimmungen zur Regelung eines gedeihlichen Zusammenlebens unterworfen. Zwar kann ein Wohnungseigentümer nach § 13 des Wohnungseigentumsgesetzes (WEG) mit seinem Eigentum grundsätzlich nach Belieben verfahren; dieses Recht findet aber seine Grenzen nicht nur in den Rechten Dritter und in anderen gesetzlichen Regelungen, sondern auch in den §§ 14 und 15 WEG. Diese Regelungen, die einen weiten Auslegungsspielraum haben, fordern unter anderem, daß durch die Wohnungsnutzung den Miteigentümern nicht „über das bei einem geordneten Zusammenleben unvermeidliche Maß hinaus ein Nachteil erwächst" (§ 14 Nr. 1 WEG); die Nutzung darf damit nicht „dem Interesse der Gemeinschaft der Wohnungseigentümer nach billigem Ermessen" widersprechen (§ 15 Absatz 3 WEG). Auf der Basis dieser gesetzlichen Regelungen können Mehrheitsbeschlüsse festgelegt werden, die bestimmte Nutzungsarten verbieten. Oft geht es hierbei um die Tierhaltung, die einzelnen Wohnungseigentümern ein Dorn im Auge ist. Wenn ein derartiger Beschluß gefaßt ist, muß sich der Tierhalter dann daran festhalten lassen, wenn das Verbot der Tierhaltung zulässig ist. Auch in der Eigen-

tumswohnung kann nicht generell jede Tierhaltung verboten werden; bezüglich der Reptilienhaltung gilt im Grunde dasselbe wie in einer gemieteten Wohnung. Es besteht also durchaus das Risiko, daß die Haltung von Reptilien auch in einer Eigentumswohnung untersagt und dieses Verbot dann auch noch gerichtlich bestätigt wird.

Der Gartenteich – Grund für nachbarrechtliche Streitigkeiten

Manche Reptilienfreunde legen sich Gartenteiche an, um ihre Tiere (z. B. Wasserschildkröten) während der warmen Jahreszeit im Freien halten zu können. Zu Streitigkeiten mit den Nachbarn führt es häufig, wenn sich in den Teichen Frösche ansiedeln und die Nachbarn sich durch das Quaken der Tiere gestört fühlen.

Grundsätzlich kann der Nachbar gemäß § 1004 BGB die Beseitigung einer Beeinträchtigung verlangen, sich also dagegen wehren, daß von einem Nachbargrundstück Lärm bis zu seinem Grundstück schallt. Gemäß § 906 BGB allerdings hat der Nachbar keinen Unterlassungsanspruch, wenn der Lärm unwesentlich oder ortsüblich ist. Je ländlicher also die Gegend ist, desto schwerer dürfte es dem Nachbarn fallen, sich gegen die „Geräuschquelle Garten-

Gartenteiche können zu nachbarschaftsrechtlichen Streitigkeiten führen. Foto: M. Schmidt

teich" gerichtlich durchzusetzen.

Aber auch wenn unter Zugrundelegung dieser Punkte ein Unterlassungsanspruch grundsätzlich besteht, kommt hier das Problem dazu, daß alle einheimischen Amphibien unter Artenschutz stehen: Es ist verboten, den Lebensraum von geschützten Tier- und Pflanzenarten zu zerstören; das Zuschütten des Teichs ist aber die einzige wirksame Möglichkeit, den Lärm zu unterbinden. Nachdem die Rechtsprechung zu diesem Thema lange Jahre hindurch sehr uneinheitlich war (Rössel 1998b), hat der Bundesgerichtshof im Jahr 1992 entschieden, daß der Teichbesitzer in einem solchen Fall dazu verurteilt werden könne, eine Ausnahmegenehmigung für das Zuschütten des Teiches bei der zuständigen Naturschutzbehörde zu beantragen: Werde diese erteilt, sei er zur Beseitigung der Lärmquelle verpflichtet; anderenfalls könne die verlangte Handlung wegen des naturschutzrechtlichen Verbotes, Biotope geschützter Arten zu zerstören, nicht durchgeführt werden. In einem solchen Fall besteht übrigens keine Verpflichtung des Teichbesitzers, seinem Nachbarn als Ausgleich für die Lärmbelästigung eine Entschädigung zu zahlen; ein derartiges Urteil hat der Bundesgerichtshof in der genannten Entscheidung ausdrücklich aufgehoben.

Rechtsschutzversicherung

Tierhalter können aus den verschiedensten Gründen in rechtliche Streitigkeiten verwickelt werden. Um die teilweise hohen Kosten eines Rechtsstreits nicht tragen zu müssen, empfiehlt sich daher der Abschluß einer Rechtsschutzversicherung.

Die üblichen Rechtsschutzversicherungen decken zwar in aller Regel die im Kapitel 3.2 geschilderten zivilrechtlichen Streitigkeiten; nicht enthalten ist hier allerdings die Deckung der Kosten für verwaltungsrechtliche Streitigkeiten. Wer also tier- oder artenschutzrechtliche Probleme hat oder wegen eines angeblich gefährlichen Tieres in einen Rechtsstreit um die Erforderlichkeit einer Genehmigung verwickelt wird, kann in der Regel von seiner Rechtsschutzversicherung keine Hilfe erwarten.

Für solche Fälle bietet der Bundesverband für fachgerechten Natur- und Artenschutz (BNA) seinen Mitgliedern eine spezielle, auf die rechtlichen Probleme der Tierhaltung zugeschnittene Rechtsschutzversicherung an (vgl. HAUT 1997, RÖSSEL 1998a). Diese Versicherung umfaßt ausdrücklich auch verwaltungsrechtliche Streitigkeiten, die auf die Tierhaltung bezogen sind und die den Tierhalter anderenfalls viel Geld kosten können.

Der Lebensraum Terrarium

Zur Haltung von Reptilien ist ein Terrarium erforderlich. Beim häufigsten Terrarientyp handelt es sich um einen silikongeklebten Vollglasbehälter mit mindestens zwei Lüftungsflächen, die mit Drahtgaze oder Aluminiumlochblech versehen sind. Als Zugang ist die Frontscheibe entweder geteilt und gegeneinander verschiebbar oder als Ganzes, falltürartig, nach oben zu öffnen. Natürlich sind zu diesem Grundprinzip zahlreiche Variationen mölich.

    Die Wahl des richtigen Terrariums ist für eine artgerechte Reptilienhaltung sehr wichtig. So muß ein Terrarium in Größe und Format den Lebensumständen und dem Bewegungsbedürfnis seiner Insassen gerecht werden. Bei Tieren mit hohem Frischluftbedürfnis oder solchen aus Trockengebieten muß der Behälter entsprechend große Lüf-

Teil der Terrarienanlage des Verfassers in Regalbauweise Foto: J. Rauh

tungsflächen zu ihrem Wohlbefinden aufweisen. Des weiteren sollte bei der Auswahl darauf geachtet werden, daß das Terrarium auch leicht zugänglich ist, damit nicht jede Behälterreinigung eine Qual für den Pfleger darstellt.

Selbstbau ober Kauf?

Es ist mittlerweile eine breite Palette an Fertigterrarien in unterschiedlichen Ausführungen und Materialien im Terraristik-Fachhandel erhältlich. Am häufigsten verwendet werden die silikongeklebten Vollglasterrarien, die in vielen Standardgrößen und Ausführungen erhältlich sind. So gibt es flachere Terrarien mit großer Grundfläche für bodenbewohnende Arten und hohe Terrarien mit geringerer Grundfläche für baumbewohnende und kletternde Reptilien, Schrägterrarien mit gekippter Frontscheibe und Blockterrarien. Blockterrarien sind in mehrere kleinere Terrarien durch Glasscheiben unterteilt, von denen jedes seine eigenen Schiebescheiben besitzt. Diese Terrarien eignen sich zur Dauerhaltung nur für sehr kleine Reptilienarten. Sie werden vorwiegend als Aufzuchtterrarien für Jungtiere verwendet, wofür sie sich sehr gut bewährt haben. Neu auf dem Markt sind Fertigterrarien aus Gaze oder Draht, die sich vor allem für Tiere mit großem Frischluftbedürfnis eignen dürften.

    Standard-Kunststoffterrarien, wie sie im Fachhandel ebenfalls vertrieben werden, sind zwar um einiges günstiger als Glaserrarien, aber für die Dauerhaltung von Reptilien ungeeignet. Sie dienen normalerweise der Aufzucht von Jungtieren, zur Futtertierzucht oder als Quarantänebecken. Ein erheblicher Nachteil solcher Kunststoffbehälter liegt darin, daß sie durch die Reinigung oder Anwendung von Desinfektionsmitteln sehr schnell zerkratzen und eintrüben, auch wenn man nur sehr weiche Tücher zum Abreiben der Scheiben verwendet und sehr behutsam dabei vorgeht. Ein weiterer Nachteil ist, daß diese Becken nur von oben zu bedienen sind. Vorteile sind die niedrigen Anschaffungskosten, das geringe Gewicht und der geringe Platzbedarf beim Lagern, da diese Behälter ineinander stapelbar sind.

Holzterrarien, wie sie immer wieder beschrieben werden, sind im Fachhandel nicht erhältlich, sondern müssen selbst gebaut werden. Da der Einsatz eines Holzterrariums sehr begrenzt ist und in der Regel nur als Trockenterrarium Verwendung findet, ist dieses Material für den Terrarienbau meiner Ansicht nach weniger geeignet. Auch muß das Holz aufwendig versiegelt werden, damit es nicht aufquillt oder mit der Zeit verrottet. Eine Alternative stellen beschichtete Spanplatten dar, wie sie in Baumärkten zu haben sind. Aus ihnen können relativ problemlos sogar langfristig haltbare Feuchtterrarien konstruiert werden, sofern die Nähte mit Silikon sauber verfugt werden.

Neben dem Verkauf von Glasterrarien mit Standardmaßen bieten gute Terraristik-Fachgeschäfte auch die Anfertigung von Terrarien mit Sondermaßen nach Kundenwünschen an, vielfach ohne Aufpreis. So muß auch ein Terrarium, für dessen vorgesehenen Aufstellungsort kein Standardterrarium mit den passenden Maßen erhältlich ist, nicht mehr selbst hergestellt werden, sondern kann einfach maßgerecht bestellt werden.

Wer sein Terrarium trotzdem selbst bauen möchte, sollte über ausreichend handwerkliches Geschick verfügen. Das Schneiden und Verarbeiten von Glas, aber auch anderer Materialien wie Holz oder Kunststoff, setzt eine gewisse Übung und Fingerfertigkeit voraus.

Ein selbstgebautes Terrarium aus altem Fensterglas ist mit Sicherheit um einiges billiger als ein gekauftes. Müssen die Glasscheiben jedoch beim Glaser gekauft und vielleicht sogar noch zugeschnitten werden, kann ein selbstgebautes Terrarium letztlich sogar noch um einiges teurer als ein gekauftes Terrarium mit den gleichen Abmessungen sein. Ein Selbstbau lohnt in vielen Fällen nur bei sehr großen Terrarien oder dann, wenn bestimmte individuelle Wünsche des Terrarianers verwirklicht werden sollen: wenn z. B. Aussparungen und Bohrungen für Beregnungsanlagen, Luftbefeuchter oder Flußläufe einiger baulicher Besonderheiten bedürfen, die an einem gekauften Terrarium nicht anzubringen wären; oder wenn die zu pflegenden Tiere große Lüftungsflächen für ihr Wohlbefinden benötigen, wie dies bei den meisten Chamäleonar-

Neu auf dem Markt: Drahtterrarien für Tiere mit großem Frischluftbedürfnis Foto: H. Werning

ten der Fall ist, die an käuflichen Terrarien in der Regel nicht in solchem Umfang zu finden sind. Für den Selbstbau und die Gestaltung von Terrarien gibt es mittlerweile recht gute und empfehlenswerte Spezialliteratur, in der auch ausführliche Bauanleitungen zu finden sind, z. B. das Buch „Terrarien – Bau und Einrichtung" von F. W. HENKEL & W. SCHMIDT. Für den Einsteiger in die Terraristik sind die im Fachhandel erhältlichen Terrarien aber normalerweise ausreichend.

Form und Größe des Terrariums

Form und Größe eines Terrariums sind nicht nur vom Geschmack des Halters oder vom verfügbaren

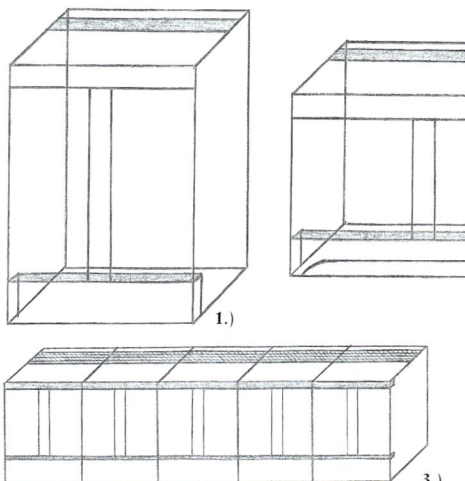

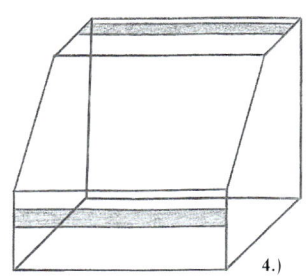

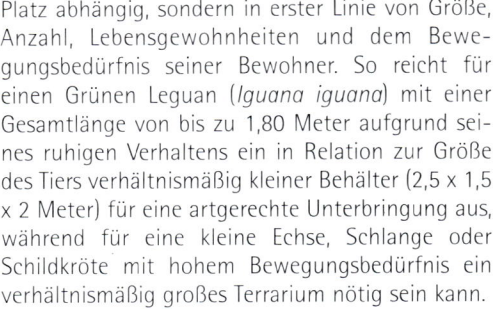

Verschiedene im Fachhandel erhältliche Terrarienformen:

1.) Hohes Standardterrarium mit geringer Grundfläche für baumbewohnende und kletternde Arten

2.) Flaches Standardterrarium mit großer Grundfläche für bodenbewohnende Arten

3.) Die handelsüblichen Blockterrarien sind für die Aufzucht von Jungtieren bestens geeignet.

4.) Schrägterrarium mit gekippter Frontscheibe.

Platz abhängig, sondern in erster Linie von Größe, Anzahl, Lebensgewohnheiten und dem Bewegungsbedürfnis seiner Bewohner. So reicht für einen Grünen Leguan (*Iguana iguana*) mit einer Gesamtlänge von bis zu 1,80 Meter aufgrund seines ruhigen Verhaltens ein in Relation zur Größe des Tiers verhältnismäßig kleiner Behälter (2,5 x 1,5 x 2 Meter) für eine artgerechte Unterbringung aus, während für eine kleine Echse, Schlange oder Schildkröte mit hohem Bewegungsbedürfnis ein verhältnismäßig großes Terrarium nötig sein kann.

Wichtig ist, daß für bodenbewohnende Arten ein Terrarium mit großer Grundfläche verwendet wird, während baumbewohnende und kletternde Reptilienarten in einem hohen Terrarium untergebracht werden müssen.

Seit dem 10. Januar 1997 gibt es die „Mindestanforderungen an die Haltung von Reptilien" (s. Kapitel 3), woraus die entsprechenden Terrarienmindestgrößen für die betreffenden Reptilienarten zu entnehmen bzw. zu errechnen sind. Bei den in diesem Buch vorgestellten Arten werden die Bedingungen der „Mindestanforderungen" angegeben.

Diese Mindestanforderungen sind unter Terrarianern jedoch nicht unumstritten. So werden einige Gattungen darin sehr pauschal abgehandelt, während andere, wie Chamäleons, sehr ausführlich Art für Art aufgeführt sind. Des weiteren sind einige Behältergrößen nach Meinung mancher langjähri-

ger Halter viel zu klein bemessen, während andere Forderungen, wie zur Panzerechsenhaltung, wiederum übertrieben scheinen. Aufgrund der geforderten Terrarienabmessungen für Panzerechsen ist wohl an eine private Haltung, nicht einmal von kleinbleibenden Arten wie Glattstirnkaimane (*Paleosuchus palpebrosus*), kaum noch zu denken. Selbst ein Großteil der zoologischen Gärten und Terrarienhäuser dürfte Probleme bei der Erfüllung dieser Richtlinien bekommen. Für den Anfänger sind Panzerechsen aber ohnehin ungeeignet.

Tatsache ist jedenfalls, daß es diese Richtlinien gibt und daß sich der Reptilienpfleger daran halten sollte. Das Gutachten soll auch nach dem Willen seiner Urheber von Zeit zu Zeit überarbeitet und angepaßt werden, wobei sicherlich mit einigen Änderungen zu rechnen ist. Die aktuellen Richtlinien sind über die DGHT zu beziehen (s. Kapitel 20).

Der richtige Standort

Der Standort eines Terrariums spielt in der Regel nur eine untergeordnete Rolle. Man muß lediglich darauf achten, daß es keiner direkten Sonneneinstrahlung ausgesetzt ist. Ein geschlossener Glasbehälter, selbst mit größeren Abmessungen, erwärmt sich in kürzester Zeit durch Sonneneinwirkung so sehr, daß die Reptilien an Überhitzung sterben. Selbst wüstenbewohnende Arten überleben zu hohe Temperaturen ohne kühlere Rückzugsmöglich-keiten nicht lange. Deshalb darf man seine Tiere auch nur in Gazebehältern zum Sonnenbaden auf die Terrasse oder den Balkon stellen und nie in einem geschlossenen Glasterrarium.

Auch darf man Reptilien, die zu ihrem Wohlbe-finden eine starke nächtliche Abkühlung benötigen, nie in Räumen unterbringen, in denen die Tempe-raturen nachts über den verträglichen Werten lie-gen. Aus diesem Grund sollte der Terrarienraum lie-ber eine etwas niedrigere Temperatur (ca. 18–20 °C) aufweisen als eine zu hohe, denn es ist wesentlich einfacher, ein Terrarium auf einen bestimmten Wert zu erwärmen als abzukühlen. Bei etlichen Reptilien sind zur artgerechten Überwinterung Temperatu-ren unter 15 °C oder sogar unter 10 °C zu gewähr-leisten.

> Des weiteren ist zu berücksichtigen, daß ein Terrarium, in dem sehr schreckhafte Arten gepflegt werden sollen, nicht an einer Stelle aufgestellt wird, an der man ständig vorbeiläuft. In Haushalten mit kleinen Kindern sollten alle Terrarien zusätzlich mit einem im Fachhandel erhältlichen Terrarienschloß ausgestattet sein, damit es nicht zu Zwischenfällen (Bisse, Entweichen von Tieren usw.) kommt. Noch besser ist es natürlich, die Terrarien in einem separa-ten Raum unterzubringen, der für Kinder und Unbefugte unzugänglich ist. Bei gefährlichen oder sogar giftigen Arten ist ein solcher gesonderter, abschließbarer Raum sogar ein Muß.

Sehr wichtig ist, daß ein Terrarium auf einem stabilen und ebenen Untergrund aufgestellt wird, um Spannungen im Glas zu vermeiden, die unter Umständen zum Zerbrechen des Behälters führen könnten. Um kleinere Unebenheiten auszugleichen und eventuelle Erschütterungen aufzufangen, legt man unter das Terrarium eine Styroporplatte oder eine im Fachhandel erhältliche Kunststoffmatte. Dadurch wird auch eine gewisse Isolation des Terrarienbodens erreicht.

Die Lüftung

Eine ausreichende Frischluftzufuhr ist für Terrarien-tiere lebenswichtig, weshalb der Belüftung eines Terrariums ein besonderes Augenmerk zukommt. Leben Reptilien über einen längeren Zeitraum in einem Behälter mit abgestandener, stickiger Luft, sind Erkrankungen der Atemwege (respiratorische Erkrankungen) schon vorprogrammiert. Besonders Chamäleons reagieren äußerst empfindlich auf eine unzureichende Terrarienbelüftung. Es darf selbst-verständlich auch keine Zugluft entstehen, die für die Terrarieninsassen ebenfalls ein gesundheitliches Risiko darstellt.

Ein Terrarium sollte mindestens zwei ausrei-chend große, mit Gaze oder Aluminiumlochblech bespannte Lüftungsflächen auf zwei gegenüberlie-genden Seiten aufweisen. Diese Lüftungsflächen müssen immer versetzt zueinander liegen, damit keine Zugluft entsteht. Bei den handelsüblichen Glasterrarien befindet sich meist eine mit Alumini-umlochblech beklebte Lüftungsfläche vorne unter den Frontscheiben, die zweite hinten in der Deck-scheibe. Durch die untere strömt frische Luft in das Terrarium, während die erwärmte und verbrauchte Luft nach oben steigt und aus der dortigen Lüf-tungsfläche entweicht. Es kann an manchen Terra-rien aber auch eine Seite oder der Deckel vollkom-men aus Drahtgeflecht bestehen, wenn die gepfleg-ten Tiere dies zu ihrem Wohlbefinden benötigen.

Bei Regenwald- und Feuchtterrarien müssen die Lüftungsflächen so groß bemessen sein, daß die Scheiben nicht ständig beschlagen sind, aber gleichzeitig die hohe Luftfeuchtigkeit gehalten wird. Bei unzureichender Belüftung dieses Terrari-entyps beginnen Bodengrund, Exkremente, Wur-zeln usw. in kürzester Zeit zu schimmeln, an den Si-likonfugen beginnen Algen zu wachsen, und die Luft im Terrarium riecht modrig. Als Faustregel kann man sich merken, daß es in einem Feuchtter-rarium riechen sollte wie in einem gut geführten Gewächshaus. Als Orientierung wäre die gute, tro-pische Luft in den Gewächshäusern botanischer Gärten anzusehen.

Bei einem Trocken- oder Wüstenterrarium hin-gegen sollte nach Möglichkeit der gesamte Deckel aus feinmaschiger Drahtgaze bestehen, um die Luftfeuchtigkeit tagsüber möglichst niedrig zu hal-ten. Die Maschenweite des Lüftungsgitters muß so gewählt sein, daß weder die Reptilien noch die Fut-tertiere dadurch entweichen können. Grundsätzlich

Sollten die am Terrarium vorhandenen Lüftungsflächen für eine optimale Behälterdurchlüftung nicht ausreichend sein, und ist eine Vergrößerung dieser Flächen aufgrund baulicher Gegebenheiten nicht möglich, so empfiehlt sich der Einbau von kleinen Lüftungsventilatoren. Diese werden zur Kühlung von Elektrogeräten – wie z. B. Computern – eingesetzt und sind über den Elektrofachhandel zu beziehen. Man sollte die Luft indirekt, das heißt gegen eine Glasscheibe

Verschiedene Lüftungssysteme: Im Hintergrund ein Holzterrarium mit einem eingelassenen, im Baumarkt erhältlichen Lüftungsgitter, im Vordergrund die Drahtgazelüftung eines handelsüblichen Glasterrariums Foto: N. Nadolny

sollte man beim Selbstbau eines Terrariums die Lüftungsflächen lieber etwas größer wählen und sie später bei Bedarf wieder mit einem Glasstreifen teilweise überkleben.

Kunststoffgeflecht ist als Material für die Lüftungsflächen ungeeignet, da größere Futtertiere, wie z. B. ausgewachsene Heimchen und Grillen, dieses problemlos durchbeißen können. Auch wird Kunststoff durch die Einwirkung von Wärme und Licht mit der Zeit spröde oder beginnt bei zu starker Erwärmung sogar zu schmoren.

oder ähnliches gerichtet, in das Terrarium leiten, damit keine Zugluft entsteht. Besser ist es jedoch, die verbrauchte Luft mittels Ventilator aus dem Terrarium zu saugen. Durch die vorhandenen Lüftungsflächen gelangt dadurch ständig Frischluft in den Behälter, ohne daß Zugluft entsteht.

> Zu erwähnen ist, daß Zimmerluft, die mit Tabakrauch, Lösungsmitteldämpfen oder sonstigem verunreinigt ist, den Terrarientieren ebenso schadet wie uns Menschen. Reptilien reagieren auf solche Gifte viel heftiger und nehmen schneller Schaden als andere Heimtiere.

Gasaustausch im Terrarium

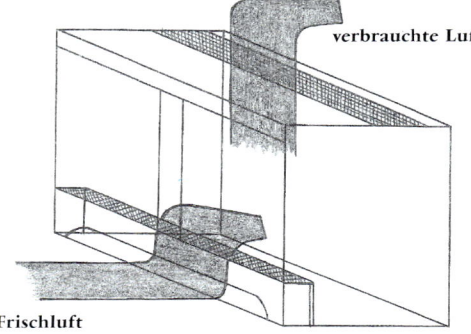

verbrauchte Luft

Frischluft

Größere Terrarienanlagen

Wer an der Terraristik Gefallen findet und sich wirklich ernsthaft mit der Pflege, der Vermehrung und dem Studium der Lebensgewohnheiten von Reptilien befassen möchte, dem wird ein einzelner Behälter zur Durchführung seines interessanten, faszinierenden und überaus lehrreichen Hobbys möglicherweise bald nicht mehr genügen. Es sei jedoch gleich zu Anfang darauf hingewiesen, daß eine Ter-

Ausschnitt einer größeren Terrarienanlage Foto: H. Juschka

rarienanlage mit mehreren Behältern einen nicht zu unterschätzenden täglichen Zeitaufwand bedeutet, da in allen Terrarien täglich Exkremente entfernt werden müssen, es muß Wasser nachgefüllt und eventuell gefüttert werden. Des weiteren müssen die Behälter vieler Reptilienarten, manche sogar mehrmals täglich, zum Wohlbefinden ihrer Insassen mit Wasser überbraust werden. Auch sind die Unterhaltskosten einer größeren Terrarienanlage nicht unerheblich, da beheizte und beleuchtete Terrarien viel Strom verbrauchen.

Für eine kleinere Anlage genügt es, die Terrarien in Regalbauweise übereinander anzubringen. Für kleinere Einzelterrarien kann mit etwas handwerklichem Geschick aus stabileren Vierkanthölzern ein entsprechendes Regal gebaut werden. Beim Aufstellen ist darauf zu achten, daß Trockenterrarien immer zuunterst und Regenwaldterrarien zuoberst plaziert werden. Ansonsten kann es vorkommen, daß die aus den Lüftungsflächen der Feuchtterrarien austretende feuchte Luft die Luftfeuchtigkeit in den darüberstehenden Trockenterrarien zu sehr

ansteigen läßt.

Bei einer großen Terrarienanlage ist es empfehlenswert, einen separaten Raum zur Verfügung zu haben. Hier kann man Regale und Terrarienschränke aus Stahl zusammenschweißen, die auch für schwere und große Behälter stabil genug sind.

Um Strom zu sparen, kann man statt vieler kleiner Leuchtstoffröhren eine längere verwenden, die gleichzeitig über mehrere Terrarien reicht und diese beleuchtet. Auch können die Vorschaltgeräte der Leuchtmittel zur Beheizung der darüberstehenden Terrarien herangezogen werden.

Das Sonnenterrarium

Unter einem Sonnenterrarium versteht man einen Behälter, in dem man seine Terrarientiere an sonnigen Tagen für einige Stunden auf den Balkon, die Terrasse oder in den Garten stellen kann, um ihnen ungefiltertes Sonnenlicht zukommen zu lassen, was ihnen sehr zugute kommt.

Das Sonnenterrarium muß vollständig aus

Ein auf einen Tisch montierter Gazebehälter dient als Sonnenterrarium für Chamäleons. Foto: G. Masurat

und man sie so den Winter über ohne nennenswerten Platzbedarf aufbewahren kann. Inzwischen gibt es im Fachhandel auch für Reptilien konstruierte, leicht transportable Gazebehälter, die als Sonnenterrarien Verwendung finden können.

Selbstverständlich muß auch in einem Sonnenterrarium immer eine beschattete Stelle vorhanden sein, wohin die Reptilien sich zurückziehen können, wenn es ihnen zu heiß wird. Am einfachsten ist es, wenn man zu diesem Zweck ein altes Leinentuch o. ä. mit einem Stein beschwert über eine Käfigecke hängt. Bei baumbewohnenden Arten bringt man im Käfig einige querverlaufende Kletteräste an, auf die sich die Tiere setzen können. Als Bodengrund genügt Zeitungspapier.

Da sich unsere Reptilien in der Regel nicht den ganzen Tag, sondern nur für einige Stunden im Sonnenterrarium aufhalten, ist eine Futterschale nicht unbedingt erforderlich. Ein Gefäß mit frischem Wasser muß jedoch stets bereitstehen, damit die Tiere bei Bedarf Flüssigkeit zu sich nehmen können. Darüber hinaus sollte ein Sonnenterrarium unbedingt abschließbar und auf jeden Fall ausbruchsicher sein. Eine entwichene Echse oder gar Schlange kann dem ahnungslosen Nachbarn nicht nur einen gehörigen Schrecken einjagen, sondern auch rechtliche Konsequenzen nach sich ziehen, was meist für den betroffenen Tierhalter nicht gerade billig wird und viele Unannehmlichkeiten mit sich bringt. Gefährliche oder sogar giftige Reptilien dürfen aus verständlichen Gründen auf keinen Fall in einem Sonnenterrarium untergebracht werden. Hier bleibt der UV-Strahler die einzige Alternative.

Die Freilandanlage

Der Unterschied zwischen einer Freilandanlage und einem Sonnenterrarium besteht darin, daß die Tiere in einem Sonnenterrarium, wie bereits erwähnt, nur an sonnigen Tagen und für wenige Stunden untergebracht werden, während eine Freilandanlage der längerfristigen Haltung im Freien dient (ganzjährig oder für einige Wochen oder Monate im Sommer). Diese Haltung ist vor allem für europäische Sumpf- und Landschildkröten vorteilhaft, aber auch für Echsen und Schlangen, die mit unserem Klima gut zurechtkommen (aus gemäßigten

Drahtgaze bestehen, damit im Behälter kein Hitzestau entsteht und die Sonnenstrahlen den Tierkörper ungefiltert erreichen können. Für größere Arten haben sich hierzu die im Handel erhältlichen Vogelvolieren bewährt. Diese gibt es in den verschiedensten Abmessungen und Ausführungen, und sie sind – je nach Hersteller – auch nicht allzu teuer. Sie haben zudem den großen Vorteil, daß sie sich mit etwas Übung in kurzer Zeit auf- und abbauen lassen

und subtropischen Klimazonen), bestens geeignet. Wie für das Sonnenterrarium gilt auch hier, daß keine giftigen oder gefährlichen Arten im Freiland untergebracht werden dürfen und das Gehege unbedingt ausbruchsicher und verschlossen sein muß. Beim Entweichen von Rotwangen-Schmuckschildkröten (*Trachemys scripta elegans*), Zierschildkröten (*Chrysemys picta*) oder Schnappschildkröten (*Chelydra serpentina*) besteht auch die Gefahr, daß sich die Tiere in unseren Breiten ansiedeln und für die einheimische Fauna und Flora eine Bedrohung darstellen können (Faunenverfälschung). Wer dies zuläßt, macht sich zudem strafbar. Abgesehen davon sind diese Schildkröten trotz immer wieder publizierter Empfehlungen für eine dauerhafte Freilandhaltung ohne technische Hilfsmittel ungeeignet.

Es kommt immer wieder vor, daß aus Freilandanlagen sämtliche Insassen gestohlen werden, was nicht nur einen großen ideellen, sondern bei seltenen und schwer beschaffbaren Reptilienarten auch einen erheblichen finanziellen Verlust bedeutet. Auch müssen Freilandanlagen vor Freßfeinden wie Katzen, Mardern usw. durch Drahtgaze ausreichend geschützt sein.

Bei grabenden Arten ist ein entsprechend tiefes Fundament Voraussetzung, damit die Tiere sich nicht unter der Abgrenzung hindurchgraben und entweichen können. Gehegeabgrenzungen, die etwa einen Meter in den Boden reichen, sind hierfür empfehlenswert. Zusätzlich ist noch darauf zu achten, daß die Freilandanlage mit einer guten Drainage versehen wird, damit sie sich bei starken Regengüssen nicht wie ein Swimmingpool mit Wasser füllt und die Tiere dann qualvoll ertrinken.

Sollen Wasserschildkröten in einem Gartenteich gepflegt werden, ist auf jeden Fall eine Umzäunung des Gewässers nötig. Nur die wenigsten Individuen bleiben von sich aus an dem Ort, an dem sie von ihrem Besitzer ausgesetzt wurden. Die meisten verschwinden in den kommenden Stunden oder Tagen nach ihrem Einsetzen und machen sich auf die Suche nach einem ihnen geeigneter erscheinenden Gewässer. Sollte sich ein solches aber nicht in der unmittelbaren Nähe befinden, erwartet die Schildkröten ein sicherer Tod, da sie vor allem im Sommer innerhalb kürzester Zeit austrocknen.

Ein Schildkrötenteich muß unbedingt ein flaches Ufer aufweisen, damit die Tiere zum Sonnen das Wasser problemlos verlassen können. Auch im Teich sollten durch aus dem Wasser ragende Holzstücke oder Steine Sonnenplätze geschaffen werden.

Freilandanlage zur Pflege europäischer Landschildkröten

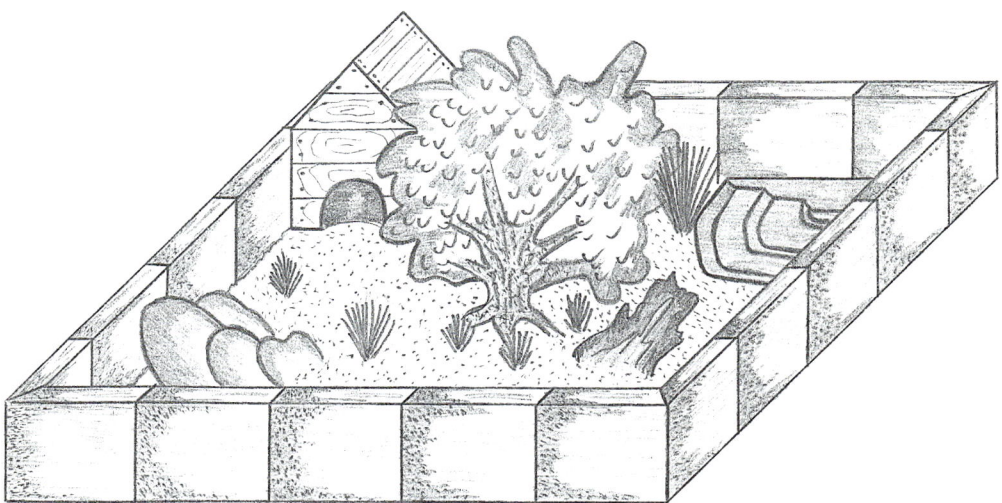

Wer gleichzeitig versucht, Fische (besonders die langsam schwimmenden Goldfischarten) im selben Teich zu halten, wird keine lange Freude an ihnen haben. Wasserschildkröten sind Fleischfresser, und Fische stellen für sie ausgesprochene Leckerbissen dar. Selbst wenn die Fische um einiges größer sind als die Schildkröten, werden sie von ihnen ständig attackiert und auf die Dauer so stark verletzt, daß sie letztendlich sterben und im Magen der Schildkröte landen.

Ein Freilandterrarium für Landschildkröten, Echsen oder Schlangen kann aus den unterschiedlichsten Materialien gebaut werden. Wichtig ist, daß die Tiere die Umzäunung nicht überwinden oder untergraben können. Bei kletternden Arten muß die Umrandung einen nach innen gerichteten Saum aufweisen, der für die Reptilien unüberwindbar ist. Je nach den Bedürfnissen der gehaltenen Arten wird die Bodenfläche mit Gras, Sand, Kies usw. versehen. Die weitere Eirichtung erfolgt, den Bedürfnissen der jeweils darin lebenden Reptilien entsprechend, wie bei Zimmerterrarien.

Wintergarten oder Gewächshaus

Zur Pflege von größeren Reptilien oder Arten mit einem hohen Bewegungsbedürfnis ist die Haltung in einem Gewächshaus oder Wintergarten eine sehr gute Lösung, da die Tiere in einem gewöhnlichen Zimmerterrarium nicht mehr artgerecht unterzubringen sind. Während ein Wintergarten an die Wohnräume und damit auch an die Zentralheizung angeschlossen ist, bereitet die Beheizung eines Gewächshauses in den Wintermonaten weitaus mehr Probleme. Ein solches Gewächshaus muß sehr gut isoliert sein, damit die Unterhaltskosten für dessen Beheizung überhaupt tragbar sind. Bei jedem Betreten des Gewächshauses durch den Pfleger geht unweigerlich auch ein großer Teil der Wärme verloren. Damit dieser Wärmeverlust schnellstmöglich wieder ausgeglichen werden kann, muß schon eine sehr leistungsfähige Heizquelle installiert sein.

Andere Probleme ergeben sich in der heißen Jahreszeit. So kann in einem Gewächshaus die Temperatur im Hochsommer in kürzester Zeit auf Werte ansteigen, die für die Insassen tödlich sind. Aus diesem Grund müssen Lüfter und Dachluken vorhanden sein, die bei Überschreitung eines bestimmten Temperaturwertes selbständig anlaufen bzw. sich öffnen.

Von diesen Problemen einmal abgesehen, stellt die Wintergarten- oder Gewächshaushaltung für bestimmte Reptilienarten die beste Möglichkeit der Unterbringung dar. Die Reptilien sind hier einer natürlichen Beleuchtung mit jahreszeitlichem Wechsel ausgesetzt, was bei vielen Arten die Fortpflanzungsbereitschaft erheblich steigert, wenn nicht sogar erst ermöglicht. Allerdings muß trotzdem ein UV-Strahler vorhanden sein, da die natürlichen UV-Strahlen des Sonnenlichtes durch normales Glas größtenteils herausgefiltert werden und die Reptilien dadurch nicht erreichen können.

Der Einrichtung sind bei diesem „Terrarientyp" keine Grenzen gesetzt. Es können auch alle erdenklichen technischen Hilfsmittel integriert werden, wie z. B. Luftbefeuchter oder Beregnungs- und Nebelanlagen. Ebenso ist die Gestaltung von ganzen Teichen, Bachläufen oder Wasserfällen möglich. Sehr zu empfehlen sind auch Kombinationen zwischen Gewächshaus und Freilandanlage. Somit können die Reptilien bei schönem Wetter selbst auswählen, ob sie sich im Gewächshaus oder im Freien aufhalten möchten. Bei sehr schlechtem Wetter muß die Freilandanlage jedoch durch eine Tür o. ä. zu verschließen sein, damit die Tiere nicht vielleicht doch ins Freie gehen und sich Erkältungskrankheiten wie Pneumonien (Lungenentzündung) zuziehen.

Wer einen Wintergarten besitzt, der in erster Linie zur Erholung dienen soll, braucht auf eine Reptilienhaltung nicht zu verzichten. Bei üppiger Bepflanzung kann man sehr gut einige ruhige Reptilienarten einsetzen, die einem beim Kaffeetrinken oder Lesen keineswegs stören. Gut sind hierzu beispielsweise das Jemenchamäleon (*Chamaeleo calyptratus*), Taggeckos (*Phelsuma* spec.), der Tokeh (*Gekko gecko*) oder asiatische Hausgeckos (*Hemidactylus* spec.) etc. geeignet. Diese sind als Nachzuchttiere häufig im Handel zu finden, nicht allzu schwer zu pflegen und recht anpassungsfähig. Ein solcher Wintergarten, in dem man seine Reptilien aus nächster Nähe ohne störende Glasscheiben beobachten kann, ist eine reizvolle Sache und mit Sicherheit der Traum manches Terrarianers.

Terrarientypen

Form und Größe des Terrariums

Da Reptilien die unterschiedlichsten Lebensräume bewohnen, ist es selbstverständlich, daß man nicht alle Arten unter denselben Bedingungen im Terrarium pflegen kann. So gibt es Arten, die im tropischen Regenwald oder in der Wüste leben. Wieder andere benötigen nicht nur Land, sondern vor allem auch das Wasser als Lebenselement, wie dies bei den Sumpf- und Wasserschildkröten der Fall ist. Aus diesem Grund muß der Terrarianer über Herkunft, Lebensweise und Klimabedürfnisse seiner Reptilien genauestens Bescheid wissen und diese Informationen bei der Einrichtung und Gestaltung des Terrariums unbedingt berücksichtigen. Die richtigen Klimabedingungen sind das A und O für eine erfolgreiche Reptilienpflege.

Man kann die Terrarien aufgrund ihrer Einrichtung und ihrer klimatischen Bedingungen grob in die drei Typen einteilen, die nachfolgend näher beschrieben werden.

Das Feucht- oder Regenwaldterrarium

In einem Feucht- oder Regenwaldterrarium werden Reptilien aus tropischen Regenwäldern untergebracht. Charakteristisch ist für diesen Terrarientyp die üppige Bepflanzung und das feuchtwarme Tropenklima. Je nach gepflegter Reptilienart herrschen hier Tagestemperaturen von etwa 25–30 °C. Lokal müssen die Temperaturen – je nach gepflegter Art – aber höher sein. Die Luftfeuchtigkeit liegt von 60 bis annähernd 100 % relativer Feuchte. Der Temperaturunterschied zwischen Tag und Nacht ist gering und beträgt ungefähr 5–8 °C. Die Luftfeuchtigkeit liegt in der Nacht stets über den Tageswerten.

Um die geforderte hohe Luftfeuchtigkeit zu erreichen – und auch zu halten – gibt es verschiedene Möglichkeiten: In einem kleineren Behälter ist es am einfachsten, die Einrichtung und die Tiere einmal oder mehrmals täglich mittels Pflanzenspritze und lauwarmem Wasser zu überbrausen. Bei größeren Terrarien ist dies aber oftmals nicht mehr ausreichend. Hier empfiehlt sich die Integration eines im Fachhandel erhältlichen Ultraschall-Luftbe-

Ein ansprechend gestaltetes Regenwaldterrarium bietet nicht nur den Tieren einen artgerechten Lebensraum, sondern ist auch für den Betrachter eine Augenweide. Foto: J. Rauh / C. Wichtler

feuchters. Dieser erzeugt durch Schwingung einer Membran eine Zerstäubung von Wasser und verursacht hierdurch Nebel, der für die gewünschte Erhöhung der Luftfeuchtigkeit im Behälter sorgt. Auch ein größeres, beheizbares Wasserbecken erfüllt diesen Zweck. Man sollte jedoch darauf achten, daß die Wassertemperatur nicht über der Umgebungstemperatur liegt, da sich die Reptilien sonst nach dem Baden erkälten könnten. Oft wird der Fehler begangen, daß der Bodengrund zur Erhöhung der Luftfeuchtigkeit naß-feucht gehalten wird, was für viele Arten sehr schädlich ist.

Als Bodengrund wird häufig ein Gemisch aus Erde und Sand verwendet, das sehr dekorativ aussieht und die Feuchtigkeit gut hält. Einige Wurzeln und Zweige vervollständigen die Einrichtung neben der angesprochenen üppigen Bepflanzung. Als Äste können Weinreben sehr gut eingesetzt werden, die der hohen Feuchtigkeit im Terrarium gut standhalten und nicht so leicht verwittern. Als Wurzeln sollte man die aus der Aquaristik bekannten Moorkienhölzer verwenden, da man mit Wurzeln aus dem Wald nur zahlreiches Ungeziefer einschleppt und das Holz meist auch schon stark modrig riecht. Wer auf Holz aus dem Wald jedoch nicht völlig verzichten möchte, sollte sich angewöhnen, alle Gegenstände vorher gründlich abzukochen und zu reinigen.

Wie bereits erwähnt, sollte das Terrarium möglichst dem natürlichen Habitat der gepflegten Arten entsprechen. Es ist aber nicht nötig, daß die Dekorationspflanzen ausnahmslos aus dem natürlichen Verbreitungsgebiet der gepflegten Reptilienart stammen. Einer Echse oder Schlange ist es ziemlich egal, auf was für einer Pflanze sie sich aufhält. Lediglich Arten, die in ihren Lebensgewohnheiten an gewisse Pflanzen wie Bromelien, Palmen usw. gebunden sind, müssen diese auch im Terrarium zur Verfügung haben. Aber auch hier braucht es sich nicht unbedingt um dieselbe Art handeln, auf der die Tiere in ihrer ursprünglichen Heimat leben. Die Pflanzen sollten nicht direkt in das Bodensubstrat eingepflanzt, sondern besser mit dem Topf in das Terrarium gestellt werden. Dies erleichtert die Reinigungsarbeiten und das Bergen von Gelegen erheblich, da man die Pflanzen einfach aus dem Terrarium herausstellen kann und nicht erst ausgraben und später wieder einsetzen muß. Auch Kunststoffpflanzen sind sehr gut geeignet, wenn sie natürlich auch keinen Einfluß auf das Terrarienklima haben.

Sehr dekorativ – und ein Blickfang für jedes Regenwaldterrarium – ist ein

Ein typischer Bewohner für das Feuchtterrarium: der Stirnlappenbasilisk (*Basiliscus plumifrons*)
Foto: H. Werning

bepflanzter Epiphytenast, der von der einen zur anderen Terrarienseite reicht. Unter einem Epiphytenast versteht man einen mit Aufsitzerpflanzen wie Bromelien, Orchideen, Farnen usw. bewachsenen Ast. Diesen befestigt man mit Silikon sicher im Terrarium. Dann werden die Pflanzen ohne Substrat z. B. mit einem Nylonstrumpf auf den Ast aufgebunden. Ein erfahrener Gärtner oder Orchideenzüchter wird Ihnen hierzu gerne detailliertere Tips geben oder Ihnen Epiphytenäste nach Ihrem Wunsch anfertigen können.

Die Rück- und Seitenwände des Terrariums kann man mit Dachdeckerkork, Korkplatten oder flachem Naturkork ansprechend gestalten. Aber auch eine Bepflanzung ist durchaus möglich (siehe Kapitel 6).

Das Trocken- oder Wüstenterrarium

In einem Trocken- oder Wüstenterrarium werden beispielsweise Reptilien aus Steppen-, Halbwüsten- und Wüstengebieten untergebracht. Charakteristisch für diesen Terrarientyp ist zum einen die sehr geringe Luftfeuchtigkeit, die am Tag weit unter 60 % liegt, aber in der Nacht aufgrund von Taubildung auf knapp 100 % ansteigt. Zum zweiten sind die Temperaturwerte starken täglichen Schwankungen unterworfen. So herrschen in den Wüstengebieten am Tag nicht selten Temperaturen von annähernd 50 °C oder stellenweise sogar mehr, wobei es in der Nacht in manchen Gebieten durch-

aus zu Frosteinbrüchen kommen kann.

Zur artgerechten Haltung von Reptilienarten aus solchen Regionen ist daher auch im Terrarium ein starker Temperaturunterschied zwischen Tag und Nacht zur Gesunderhaltung unbedingt erforderlich. Jedoch müssen und dürfen Extremwerte, wie sie in der Natur vorkommen, bei der Pflege von Reptilien im Terrarium nicht nachgeahmt werden. Es wäre unsinnig, einen Behälter am Tag auf 50 °C zu erhitzen und ihn in der Nacht auf 10 °C abzukühlen. Eine Nachttemperatur von 18–20 °C (Zimmertemperatur) wird in den meisten Fällen problemlos vertragen, und am Tag genügt es für viele Arten, wenn die Tiere zum Aufwärmen unter einem Strahler einen lokalen Temperaturwert von 40–45 °C vorfinden. Man muß sich nämlich vor Augen halten, daß die Reptilien in der Natur Extremwerten nur kurzzeitig ausgesetzt sind. Wird es ihnen zu heiß, ziehen sie sich in ihre kühlen Verstecke zurück. Einige Arten halten auch in der heißesten Jahreszeit, um den lebensfeindlichen Temperaturen zu

Ein typischer Bewohner für das Trockenterrarium: der Wüstenleguan (*Dipsosaurus dorsalis*)
Foto: H. Werning

entgehen, eine Sommerruhe (Hitzestarre) oder haben ihre Aktivitätsphase auf die Nacht verlegt.

Eine hohe nächtliche Luftfeuchtigkeit ist jedoch in jedem Fall zu gewährleisten. Diese erreicht man durch Übersprühen des Behälters kurz vor dem Abschalten der Beleuchtung.

Für tagaktive Reptilien aus Trockengebieten ist eine ausreichend helle Beleuchtung und regelmäßige UV-Bestrahlung unabdingbar. Die Beleuchtung kann bei kleineren Terrarien aus mehreren Leuchtstoffröhren bestehen, während bei größeren Behältern HQL- und HQI-Strahler zum Einsatz kommen.

Der Bodengrund besteht in den meisten Fällen aus Sand oder feinkörnigem Kies. Er sollte mehrere Zentimeter hoch eingefüllt werden und in den unteren Schichten stets leicht feucht sein (auch hier muß man auf die Gefahr einer zu hohen Feuchtigkeit achten). Dies erreicht man am einfachsten, indem man ein Kunststoff- oder Tonrohr senkrecht bis auf den Glasboden eingräbt und hier bei Bedarf Wasser nachfüllt. Obwohl viele Reptilien aus Trockengebieten entweder gar nicht oder nur gelegentlich trinken, darf eine kleine Trinkschale mit stets frischem Wasser in einem Trockenterrarium aber nicht fehlen. Zur weiteren Einrichtung dienen in der Regel Steinaufbauten aus den verschiedensten Gesteinsarten. Sehr häufig wird Schiefer, Tuffstein oder Sandstein verwendet. Letzterer kommt in der Natur in weiß und in rot vor. Egal für welche Gesteinsart man sich letztendlich entscheidet, ein Steinaufbau muß immer auf der Grundplatte des Terrariums aufliegen und nie auf dem eingefüllten Bodengrund. Sonst würde der Steinaufbau, wenn er von den Terrarientieren untergraben wird, einstürzen und die Reptilien schwer verletzen oder sogar töten. Des weiteren sollten die einzelnen Steine mit Zement oder Silikon fest miteinander verbunden sein. Eine problemlose und gründliche Reinigung des Terrariums und des Steinaufbaus muß aber trotzdem stets möglich sein.

Als Versteck- und Unterschlupfmöglichkeit können gewölbte Korkrindenstücke in das Terrarium gelegt werden. Sehr dekorativ wirken auch die seit kurzem im Fachhandel erhältlichen Kakteengerippe, die in verschiedenen Größen angeboten werden. Zur weiteren Dekoration finden Wurzelstücke

Trockenterrarium im Tierpark Bochum.
Foto: M. Schmidt

und Äste Verwendung. Unter den Versteckplätzen darf nicht geheizt werden, damit sich die Reptilien in kühlere Bereiche zurückziehen können. Zur Bepflanzung eignen sich alle in Trockengebieten gedeihenden Pflanzen oder Kunststoffpflanzen. Kakteen sind wegen ihrer Stacheln und der damit verbundenen Verletzungsgefahr für die Terrarientiere meist weniger geeignet.

Das Aquaterrarium

Ein Aquaterrarium ist eine Kombination von Aquarium und Terrarium in einem Behälter, bei dem meistens der Wasserteil flächenmäßig größer ist als der Landteil. Bei den hierin gepflegten Arten handelt es sich um Reptilien, die Wasser nicht nur zum Trinken, sondern in erster Linie als Lebenselement benötigen. Am bekanntesten für eine teilweise aquatile Lebensweise sind sicherlich die zahlreichen Sumpf- und Wasserschildkröten und die Panzerechsen. Aber auch Schlangen wie z.B. die Grüne Wasserschlange (*Natrix* (*Nerodia*) *cyclopion*) oder Wasseragamen (*Physignathus* spec.) benötigen zu ihrem Wohlbefinden einen üppigen Wasserteil. Dieser Wasserteil wird mit einem Aquarienstabheizer auf die entsprechende Temperatur geheizt. Der Heizstab selbst muß jedoch vor den Reptilien gegen eine Lageveränderung oder gar Beschädigung durch ein entsprechend angebrachtes Drahtgitter geschützt sein.

Bei vorwiegend aquatil lebenden Arten, die den Landteil nur sehr selten aufsuchen, kann dieser einfach in Gestalt einer mit Substrat gefüllten Kunststoffwanne in den Wasserteil gehängt werden. Der Landteil sollte in Größe und Substratbeschaffenheit den gepflegten Reptilien eine Eiablage ermöglichen. Als Bodengrund für den Wasserteil eignet sich der im Handel erhältliche Aquarienkies in den verschiedensten Körnungen am besten. Er ist recht dekorativ und kann bei Bedarf leicht entfernt, ausgewaschen und ausgekocht werden, und man muß ihn somit bei Verunreinigung nicht gleich wegwerfen.

Zur Reinigung des Wassers ist je nach Volumen ein leistungsfähiger Innen- oder Außenfilter erforderlich. Ein wöchentlicher Teilwasserwechsel, bei dem mindestens ein Drittel des Wassers gegen neues ersetzt wird, ist jedoch trotz guter Filterung unumgänglich.

Aquaterrarium zur Pflege von Wasserschildkröten Foto: U. Thieme

Einrichtung des Terrariums

Ein Terrarium ist den Bedürfnissen seiner Insassen entsprechend einzurichten. Die ästhetischen Vorstellungen des Terrarienbesitzers spielen dabei nur eine untergeordnete Rolle. Als Beispiel sei hier angeführt, daß für baumbewohnende und kletternde Arten ausreichend Kletteräste von entsprechendem Durchmesser vorhanden sein müssen. Bei bodenbewohnenden Tieren sollte der Bodengrund eine dem Verbreitungsgebiet der betreffenden Art entsprechende Beschaffenheit aufweisen und bei grabenden Reptilienarten in ausreichender Höhe eingefüllt werden. Außerdem ist für verschiedene Versteckmöglichkeiten im Behälter zu sorgen, unter denen die Tiere ungestört schlafen können. Desweiteren muß die Terrarieneinrichtung so gestaltet sein, daß sich rangniedrigere Tiere bei Bedarf zurückziehen können und nicht ständig durch das dominante Tier unterdrückt und eventuell sogar verletzt werden. Oft ist es hilfreich, mehrere Futterschalen und Sonnenplätze anzubieten. Im Extremfall müssen unverträgliche Tiere getrennt und einzeln untergebracht werden. Ein Reptil, das ständig von einem dominanteren Artgenossen unterdrückt und vom Futter vertrieben wird, stirbt über kurz oder lang an Nahrungsmangel und den Folgen des ständigen Stresses. Ranghöhere Individuen benötigen dagegen exponierte Sonnenplätze, von wo aus sie imponieren und ihr Revier beobachten können.

Wie und aus welchen Materialien der Pfleger letztendlich diese Voraussetzungen schafft, bleibt seinem persönlichen Geschmack überlassen. Ob als Unterschlupfmöglichkeit nun ein schönes, gewölbtes Stück Korkrinde oder einfach ein umgedrehter kleinerer Karton oder Tonblumentopf verwendet wird, ist den Tieren letztlich völlig egal. Hauptsache, es ist eine geeignete Versteck- und Rückzugsmöglichkeit vorhanden.

Vor allem bei der Schlangenhaltung schwören einige passionierte Pfleger und Züchter auf den Einsatz sogenannter steriler Terrarien. Hierbei pflegt man die Reptilien ständig unter einer Art Quarantänebedingungen. Es werden also nur praktische und für das Wohlbefinden der Tiere unbedingt nötige Gegenstände in das Terrarium eingebracht. Hierzu zählen unter anderem umgedrehte Tonblumentöpfe als Unterschlupf, eine Wasserschale, Klettermöglichkeiten in Form von Holzlatten oder Ästen und eventuell eine mit Substrat gefüllte Eiablageschale. Ästhetische Belange werden vernachlässigt. Als Bodengrund findet meist Zeitungspapier Verwendung. Ein großer Vorteil dieser Methode ist für den Halter darin zu sehen, daß auch in mehreren Terrarien innerhalb weniger Minuten der gesamte Bodengrund erneuert werden kann.

Meines Erachtens kommt jedoch eine schöne Königsnatter (*Lampropeltis* spec.) in einem natürlich eingerichteten Behälter wesentlich besser zur Geltung als auf bloßem Zeitungspapier. Die Reinigung eines natürlich eingerichteten Behälters ist selbstverständlich etwas zeitaufwendiger, aber regelmäßig durchgeführt mit Sicherheit nicht zu unhygienisch. Schließlich sind wir Terrarianer Liebhaber, die Freude an der Pflege, Vermehrung und Beobachtung ihrer Tiere haben, und keine Sammler oder professionelle Züchter, die möglichst viele Exemplare mit möglichst wenig Zeitaufwand hältern wollen. Es muß auch daran gedacht werden, daß Lebewesen, die ständig unter nahezu „sterilen" Bedingungen leben, viel anfälliger für Krankheiten sind als solche, die tagtäglich mit den üblichen Bakterien etc. in Berührung kommen und dadurch entsprechende Abwehrkräfte entwickelt haben.

Der Bodengrund

Die Wahl des richtigen Bodengrundes ist bei der Reptilienhaltung sehr wichtig. So unterstützt dieser unter anderem die Erhaltung einer hohen Luftfeuchtigkeit, dient der Eiablage und macht ein Graben von Wohnhöhlen möglich. Neben seiner Beschaffenheit ist auch die Einfüllhöhe des Bodengrundes bei vielen Arten von großer Bedeutung. So muß man diese bei grabenden Reptilienarten um ein Vielfaches größer wählen als bei Arten, die sich nur auf der Oberfläche aufhalten. Auch zur Eiabla-

Die Einrichtungsgegenstände, die dazu nötig sind, den speziellen Ansprüchen seines Schützlings (hier ein Pracht-skink *Mochlus fernandi*) zu entsprechen, sind meist einfach und auch günstig zu erstehen. Foto: J. Rauh

ge ist eine gewisse Mindesttiefe notwendig. Ist der Bodengrund nicht tief genug, graben sich die Weibchen mancher Echsenarten zur Eiablage bis auf den Terrarienboden durch. Die bei der Ablage noch weichen und klebrigen Eier kleben möglicherweise auf der Grundplatte des Behälters fest, was ein Bergen zu Inkubationszwecken schwierig bis unmöglich macht (eine Inkubation am Ablageort führt nämlich in den wenigsten Fällen zum gewünschten Erfolg). Dieses Festkleben der Gelege auf der Bodenscheibe konnte ich bereits mehrfach bei Exemplaren des Dünnfingergeckos (*Stenodactylus sthenodactylus*) beobachten. Größer noch ist die Gefahr, daß das Weibchen eine Legenot erleidet, die erhebliche Probleme verursacht und oft zum Tod des Tieres führt.

Nachfolgend sollen nun die in der Terraristik am häufigsten verwendeten Bodensubstrate näher vorgestellt werden.

Sand

Das Bodensubstrat der Wahl für Trocken- und Wüstenterrarien ist Sand in allen Körnungen und Farbvarianten. Bei Reptilien aus steinigeren Gebieten wird demzufolge grobkörniger, bei Tieren aus sandigen Regionen feinkörniger Sand verwendet. Der in Schotterwerken erhältliche Bausand ist in der Anschaffung am günstigsten. Dieser sollte jedoch vor dem Einbringen in das Terrarium gründlich gewaschen und ausgekocht werden. Ein großer Nachteil dieses Sandes stellt jedoch die Tatsache dar, daß er in trockenem Zustand sehr stark staubt. Dies kann auf längere Sicht gesehen bei empfindlichen Tieren Atemwegserkrankungen hervorrufen. Auch dem Halter kann diese staubige Luft mit der Zeit Probleme machen, falls er empfindliche Bronchien besitzt und er sich täglich längere Zeit in einem solchen Raum aufhält. Am deutlichsten zu er-

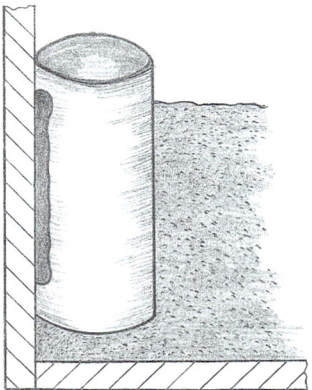

Eingegrabenes Kunststoff- oder Tonrohr zur gezielten Befeuchtung der unteren Substratschichten.

kennen ist die Menge des in der Raumluft enthaltenen Staubes beim Abstauben von Regalen, Schränken oder Terrarien. Als Alternative zu Sand kann auch feinkörniger Kies sehr gut verwendet werden.

Am optisch ansprechendsten ist zweifellos der im Fachhandel erhältliche weiße, feinkörnige und staubarme Chinchilla- oder Vogelsand. Dieser ist in der Anschaffung aber leider recht teuer. Es muß an dieser Stelle noch darauf hingewiesen werden, daß einige Echsenarten - z. B. Russische Wundergeckos (*Teratoscincus scincus*) - lebensbedrohliche Mengen zu feinen Sand aufnehmen können. Dies führt letztendlich zu einem Darmverschluß. Ich selbst konnte dies bereits bei zwei meiner Nachzuchttiere als Todesursache feststellen. Seither verwende ich zur Pflege von Wundergeckos nur noch den angesprochenen Bausand, bei dem ich bisher keinerlei Probleme feststellen konnte. Für Reptilienarten aus steinigeren Verbreitungsgebieten eignet sich gewaschener Flußsand in einer Körnung von etwa 1 mm sehr gut.

Wichtig ist, daß der Sand in den unteren Schichten immer leicht feucht, aber nicht naß gehalten wird. Dies ist bei der Vermehrung unentbehrlich, da die Eier vieler Reptilienarten absterben, wenn sie längere Zeit zu trocken liegen. Auch in der Wüste beginnt der Sand bereits in wenigen Zentimetern bis Dezimetern Tiefe, feuchter zu werden. Bis hier reichen auch die Verstecke vieler Reptilienarten aus solchen Gebieten, und in diesen beträgt die Luft-feuchtigkeit 80 bis annähernd 100 % relativer Feuchte.

Um die unteren Sandschichten stets leicht feucht zu halten, kann man ein Kunststoff- oder Tonrohr senkrecht in den Bodengrund eingraben und bei Bedarf Wasser nachfüllen. Die obere Sandschicht sollte hingegen immer trocken bleiben, ausgenommen nach dem abendlichen Besprühen des Behälters. Werden Reptilien aus Trockengebieten ständig auf feuchtem Untergrund gehalten, kann es zu Pilzerkrankungen (Dermatomykosen) an der Fuß- oder Bauchunterseite oder bei Schildkröten am Bauchpanzer (Plastron) kommen.

Um den richtigen Feuchtegrad der unteren Sandschichten zu erreichen bzw. zu halten, sollte der noch unerfahrene Terrarianer täglich mit den Fingern bis in die feuchte Sandschicht graben, um den Feuchtigkeitsgehalt zu prüfen. Der Sand muß sich leicht feucht anfühlen, darf aber keineswegs durchnäßt oder schlammig sein. Nach einiger Zeit hat man genügend Erfahrung gesammelt und weiß genau, in welchen Zeitabständen man wieviel Wasser nachfüllen muß, um die gewünschte Substratfeuchte zu erzielen.

Viele Terrarianer haben das Problem, daß die selbstgegrabenen Höhlen ihrer Pfleglinge schon in kürzester Zeit wieder einstürzen. Hier gibt es jedoch einen kleinen Trick, der dies wirkungsvoll verhindert. Man mischt unter den feuchten Sand einfach etwas Tonpulver, das dann die Sandkörner bindet und besser zusammenhält. Wieviel Tonpulver im Einzelfall untergemischt werden muß, sollte jeder selbst ausprobieren, dies läßt sich nicht pauschal sagen. Man darf jedoch auch nicht zu viel davon einarbeiten, da der Sand dann beim Trocknen hart wie Zement wird.

Das Tonpulver selber erhält man, indem man eine ca. mandarinengroße Tonkugel an der Luft gut durchtrocknen läßt. Anschließend reibt man diese Tonkugel auf einer feinen Gemüsereibe, damit ein möglichst feinkörniges Pulver entsteht.

Kies

Kies kann nur für größere Reptilienarten aus trockenen und steinigen Gebieten als Terrariengrund verwendet werden. Auch an den Übergangsstellen vom Wasser- zum Landteil ist er zu empfehlen. Die Tiere können nach dem Baden darauf abtropfen und verkleben somit nicht vollständig mit Erde o.ä. Vorwiegend findet Kies aber als Bodengrund des Wasserteils in Aquaterrarien Verwendung. Er hat den Vorteil, daß er sehr dekorativ wirkt und bei Verunreinigungen ohne weiteres unter fließendem, heißem Wasser in einem Küchensieb gereinigt werden kann. Es kommt auch zu keiner Wassereintrübung, wenn die Reptilien in diesem Substrat wühlen.

Kies gibt es im Fachhandel in vielen verschiedenen Gesteinsarten und Körnungen, so daß für jeden Bedarf der richtige Kies erhältlich ist. Lavakies, der aus Bruchstücken von Lavagestein besteht, ist weniger geeignet. Vor allem Wasserschildkröten ziehen sich beim Laufen über dieses Material oft Verletzungen an Extremitäten und Panzer zu. Diese Verletzungen können sich dann im Wasser sehr schnell entzünden.

Bei einigen Reptilienarten muß sich sogar Kies in einer bestimmten Körnung an einer Stelle im Terrarium befinden, da die Tiere die kleinen Steinchen als Verdauungshilfe (Gastroliten) gelegentlich gezielt aufnehmen.

Blumenerde–Sand–Gemisch

Das am häufigsten für Feucht- und Regenwaldterrarien verwendete Bodensubstrat ist wohl ein Ge-

Verschiedene handelsübliche Bodensubstrate: Roter Terrariensand (links oben; Foto: M. Schmidt/P. Lammers)**, gepresste Terrarienerde in Ziegelform (rechts oben;** Foto: J. Rauh)**, Terrariensubstrat aus Pinienborke (links unten;** Foto: M. Schmidt/P. Lammers)**, Buchenholz-Räucherspäne (rechts unten;** Foto: M. Schmidt/P. Lammers)

misch aus Sand mit Torf oder Erde („Torf-Sand-Gemisch"). Aus Naturschutzgründen sollte man aber keinen echten Torf, der in den Mooren gestochen wird, verwenden, sondern auf ungedüngte Blumenerde aus dem Gartenfachhandel zurückgreifen. Aus diesem Grund verwende ich im folgenden den Begriff Blumenerde-Sand-Gemisch. Es wird in der Regel ein Mischungsverhältnis von 1:1 (Gewicht) gewählt.

Seit einiger Zeit bieten verschiedene Hersteller auch verwendungsfertige Terrarienerde in verschiedenen Mengen abgepackt an, die über den Terraristik-Fachhandel bezogen werden kann. Sie ist entweder lose in Plastikbeuteln verpackt oder als gepreßtes Brikett, das zuvor in einem Eimer Wasser aufgeschwemmt werden muß, erhältlich.

Das Blumenerde-Sand-Gemisch hat den Vorteil, daß es der natürlichen Walderde sehr ähnlich ist und auch die Feuchtigkeit gut hält. Dadurch wird die nötige hohe Luftfeuchtigkeit im Terrarium aufrechterhalten. Auch als Füllmaterial für die Eiablagebehälter oder als Zeitigungssubstrat für bestimmte Reptilieneier hat es sich bestens bewährt. Dieses Substrat muß jedoch immer feucht gehalten werden, da es in trockenem Zustand sehr stark staubt, was für die Gesundheit der Tiere auf Dauer nicht sehr zuträglich ist. Auch nimmt es nach vollständiger Austrocknung nur sehr schwer wieder Flüssigkeit auf. Ein weiterer Nachteil ist auch darin zu sehen, daß das Blumenerde-Sand-Gemisch bei unzureichender Behälterdurchlüftung schnell zu schimmeln beginnt, wenn Pflanzen- oder Futterreste nicht unverzüglich entfernt werden. Auch sind die Exkremente der Reptilien auf dem dunklen Substrat nur sehr schwer auszumachen. Bei größeren Arten muß dieser Bodengrund daher in kurzen Zeitabständen erneuert werden, da er im feuchtwarmen Terrarienklima schnell zu riechen beginnt. Der oft verwendete Kunstrasen ist aus demselben Grund weniger zu empfehlen, da er Urin ebenfalls aufsaugt und dadurch nur mit größerem Zeitaufwand hygienisch sauber zu halten ist. Der Rasen muß in der Badewanne eingeweicht und danach gründlich abgebraust werden. Bei größeren Echsenarten, die täglich Kot absetzen, ist diese aufwendige Reinigung des Kunstrasens daher in der Regel auch häufig notwendig. Bei Schlangen, bei

denen nur in größeren Zeitabständen ein Kotabsatz erfolgt, ist die Reinigung demnach weit weniger aufwendig und zeitraubend.

Die Einfülltiefe des Blumenerde-Sand-Gemisches ist von den Lebensgewohnheiten der betreffenden Reptilien abhängig. Bei baumbewohnenden Arten spielt sie eine eher untergeordnete Rolle; es muß den Reptilien jedoch die Möglichkeit zur Eiablage geboten werden. Ein sehr tiefer Bodengrund ist nur für grabende Reptilienarten wirklich erforderlich.

Das Blumenerde-Sand-Gemisch kann auch mit Fallaub oder Moosplatten bedeckt werden, was sehr interessant aussieht und bodenbewohnenden Reptilien die Möglichkeit bietet, sich in dieser Laubschicht zu verstecken oder nach Nahrung zu suchen. Allerdings sollte man darauf achten, daß man keine Zecken oder sonstigen Kleinlebewesen mit dem Laub in das heimische Terrarium einschleppt. Bevor sich das Laub durch die Umgebungsfeuchtigkeit bakteriell zu zersetzen beginnt, muß man es unbedingt austauschen.

Hobelspäne

Die im Zoofachhandel unter dem Namen „Kleintiereinstreu" angebotenen Hobelspäne, die bei der Haltung von Meerschweinchen, Goldhamstern und Mäusen Verwendung finden, werden in Veröffentlichungen von zahlreichen Terrarianern immer wieder als ideales Bodensubstrat für bestimmte Reptilienarten angesehen. Ich persönlich bin der Meinung, daß dieses Material in unseren Terrarien nichts zu suchen hat. Wie wir wissen, prüfen Schlangen und Echsen ihre Umgebung mit der Zunge. Bei diesem Züngeln kommt es immer wieder vor, daß das betreffende Tier dabei eines oder mehrere Holzstückchen ungewollt aufnimmt und verschluckt. Auch an einem Futterstück, wie zum Beispiel einem Fisch, kann dieses Substrat leicht hängenbleiben und dadurch zwangsläufig mit hinuntergeschluckt werden.

Da Holz von den Reptilien nicht verdaut werden kann, passiert ein solches Stück unverändert den Magen-Darm-Trakt (Intestinaltrakt). Nun ist es möglich, daß ein zu großes Holzstück in den Darmwindungen hängenbleibt, was zu einem tödlichen

Darmverschluß (Illeus) führen kann. Aus diesem Grund ist auch von dem Einsatz von Rindenmulch abzuraten.

Des weiteren kommt ein Reptil auf einem natürlichen Untergrund viel besser zur Geltung als auf Hobelspänen. Dieses Material ist zwar für Kleinsäuger und Nager bestens geeignet, paßt aber optisch nicht in ein Terrarium und bildet darüber hinaus für die gepflegten Reptilien eine potentielle Gefahr.

Räucherspäne

Räucherspäne sind gehäckselte, gröbere Holzstückchen, die in letzter Zeit immer häufiger als Terrariengrund Verwendung finden. Diese Späne werden normalerweise, wie der Name schon sagt, zum Räuchern von Fleisch und Fisch eingesetzt. Sie sind gröber und schwerer als die zuvor beschriebenen Hobelspäne. Die Gefahr des Verschluckens ist etwas geringer, aber bei großen Reptilienarten dennoch gegeben. Sie leisten jedoch zur Aufzucht junger Landschildkröten oder Schlangen sehr gute Dienste. Die einzelnen Stücke sind zu groß, um aus Versehen mit dem Futter verschluckt zu werden. Sie sind hygienisch und schnell auszuwechseln. Dies gilt auch für die Rindeneinstreu, welche speziell für den Terrarienbereich hergestellt wird. Für eine Dauerhaltung würde ich Räucherspäne, nicht zuletzt aus optischen Gesichtspunkten, jedoch nicht verwenden. Auch besitzt Holz die Eigenschaft, bei ständig hoher Luftfeuchtigkeit und Wärme mit der Zeit zu schimmeln und zu faulen, was jedoch für Kiefernspäne in geringerem Maß gilt.

Blähton oder Seramis

Die gebrannten Blähtonkugeln, die in der Hydrokultur zum Einsatz kommen, und das im Blumenhandel ebenfalls erhältliche Seramis-Granulat sind zur Haltung verschiedener Reptilienarten aus

Räucherspäne als Bodengrund für die Strumpfbandnatter *Thamnophis sirtalis sirtalis* Foto: M. Hallmen

feuchteren Gebieten bestens geeignet. Dieses Material birgt nicht das Risiko ungewollten Einschleppens von Kleinorganismen, ist ungiftig und speichert die Feuchtigkeit wie ein Schwamm. Dies kommt der Aufrechterhaltung einer hohen Luftfeuchtigkeit sehr zugute, ohne daß gleichzeitig der Bodengrund durchnäßt ist. Man kann die Kugeln oder das Granulat zusätzlich noch mit Moosplatten oder Laub abdecken, was sehr ansprechend und natürlich wirkt. Der Nachteil der großen Blähtonkugeln liegt darin, daß zwischen den einzelnen Kugeln große Hohlräume entstehen, in denen sich die Futterinsekten erfolgreich vor den Reptilien verstekcken können. Um dies wirkungsvoll zu vermeiden, kann man die Tonkugeln mit ungedüngter Blumenerde vermischen, wodurch die Entstehung solcher Zwischenräume unterbunden wird. Auch als Drainageschicht unter Blumenerde-Sand-Gemischen ist eine entsprechend hohe Blähtonschicht vorteilhaft.

Die beiden Bodensubstrate eignen sich unter anderem bestens zur Pflege von Phelsumen (Taggeckos) oder Anolis, aber auch vieler Schlangenarten. Bei der Haltung von Chamäleons ist jedoch Vorsicht geboten. Diese können mit der langen und klebrigen Zunge an dem porigen Material hängenbleiben und verenden dann qualvoll.

Gestaltung von Rück- und Seitenwänden

Ansprechende Rück- und Seitenwände verleihen einem Terrarium mit entsprechender Größe ein viel interessanteres Aussehen. So wirkt ein natürlich gestaltetes und eingerichtetes Terrarium im Wohnzimmer viel anziehender für Besucher als zum Beispiel ein Aquarium. Dies läßt sich auch in den Aquarien- und Terrarienhäusern in zoologischen Gärten bei genauem Hinsehen feststellen. Die einzelnen Terrarien und deren Insassen werden von den Zoobesuchern viel länger und intensiver betrachtet als die Aquarien und die Fische.

Unterschiedliche Rück- und Seitenwandgestaltung in einer Terrarienanlage Foto: H. Juschka

Des weiteren werden die Bewegungsmöglichkeiten in einem Terrarium um einiges vergrößert, wenn sich im Behälter Rück- oder Seitenwände befinden, an denen sich die Reptilien aufhalten können. Über die Möglichkeiten der Rück- und Seitenwandgestaltung ließe sich schon alleine ein Buch schreiben. Es sollen deshalb hier nur einige wenige Möglichkeiten, die dem Terrarianer zur Verfügung stehen, kurz vorgestellt werden. Zu detaillierteren Bauanleitungen kann man sich mit erfahrenen Terrarianern in Verbindung setzen, die gerne weitere Ratschläge für die ersten Versuche geben werden. Auch lassen sich im Terraristik-Fachhandel empfehlenswerte Bücher zu diesem Thema beschaffen, z.B. das Buch „Terrarien – Bau und Einrichtung" der Autoren HENKEL & SCHMIDT.

Die einfachste Lösung der Rück- und Seitenwandgestaltung ist das Anstreichen der Glasscheiben von außen mit blauer, grüner oder brauner Farbe. Dies ist zwar keine optimale Lösung, sieht aber zweifellos besser aus, als wenn die Tapete der dahinterliegenden Zimmerwand ständig durch das Terrarium zu sehen ist.

Eine etwas bessere, aber ebenfalls simple Methode ist das Bekleben der Scheiben von außen mit diversen, in der Aquaristik seit langem bekannten Fotorückwänden. Diese gibt es mittlerweile auch in den verschiedensten Terraristikmotiven wie Regenwald, Wüste, Felswand usw.

Auch die im Baumarkt erhältlichen geklebten Korkplatten für Korkböden oder -decken sind hierzu geeignet. Diese sollten jedoch ebenfalls nur außerhalb des Terrariums angebracht werden, da sich, je nach verarbeitetem Klebstoff, bei Erwärmung Dämpfe entwickeln können, die den Reptilien schaden. Auch können sich beim Besprühen Giftstoffe daraus lösen, die von den Tieren beim Auflecken der Wassertopfen mit aufgenommen werden und unter Umständen zu Vergiftungen (Intoxikationen) führen.

Sehr schön wirken auf die Terrarieninnenseite mit Aquariensilikon aufgeklebte dunkle Dachdek-

Preß- und Naturkorkplatten zur Rückwandgestaltung Foto: J. Rauh

kerkork-Platten, die es in verschiedenen Stärken im Fachhandel zu kaufen gibt. Die Platten bestehen aus gehäckselten, dunklen Korkstücken, die ohne Klebstoff, nur durch Zusammenpressen, miteinander verbunden wurden. Bei einem größeren Behälter kann man stärkere Korkplatten aufkleben und in diese dann mit einem Löffel oder einer Drahtbürste durch Kratzen ansprechende Strukturen einarbeiten. Baumbewohnende Echsenarten können gut an diesen Platten emporklettern und halten sich auch gerne an ihnen auf.

Auch aufgeklebte Naturkorkrückwände eignen sich für den Einsatz im Terrarium sehr gut und geben den Behälterwänden ein recht natürliches und dekoratives Aussehen. Dabei handelt es sich um ca. 5 mm starke und geklebte Korkplatten, auf die flache Naturkorkstücke aufgeklebt sind. Der verarbeitete Klebstoff ist nach derzeitigen Erkenntnissen für Reptilien völlig unbedenklich. Ich selbst verwende diese Platten seit Jahren in einigen meiner Terrarien ohne jegliche Probleme. Sie sind jedoch in der Anschaffung recht teuer.

Seit jüngster Zeit sind im Handel auch Kunststoffrückwände in sehr guter Qualität, aber auch zu recht hohen Preisen erhältlich. Diese Rückwände werden in verschiedenen Größen und Ausführungen angeboten. So sind beispielsweise Felsrückwände oder Baumstumpfausschnitte verblüffend originalgetreu lieferbar. Diese werden einfach passend für das jeweilige Terrarium bestellt und in die Terrarienrückscheibe eingepaßt. Bei sehr großen Terrarien besteht die Möglichkeit, mehrere solcher Kunststoffrückwände aneinanderzureihen. Sie lassen sich mit einer Säge auch leicht bearbeiten und sind somit für jede Terrariengröße verwendbar. Nun müssen nur noch die Umrisse mit Aquariensilikon abgedichtet werden, damit keine Futter- oder Terrarientiere dahinterkriechen können. Wichtig ist, daß bei Arbeiten am und im Terrarium nur Silikon auf Essigsäurebasis (z.B. der spezielle Aquariensilikon) verwendet wird. Dieser ist nach dem Aushärten völlig ungiftig. Normales Silikon oder gar Silikon mit keim- und pilztötenden Inhaltsstoffen aus dem Sanitärbereich darf auf gar keinen Fall eingesetzt werden.

Eine etwas aufwendigere, aber ebenfalls sehr ansprechende Terrarienrückwand kann man mittels Styropor oder Styrodur und Hartschaum herstellen. Dazu wird eine dickere Styropor- oder Styrodurplatte mit Silikon auf die Behälterrückwand aufgeklebt. Nach dem Aushärten wird die Platte mit einem Messer oder einem Löffel nach den Vorstellungen des Terrarianers grob vorbearbeitet. Danach hält man einen Lötbrenner oder Heißluftfön in einiger Entfernung auf diese Rückwand. Dadurch zieht sich die obere Schicht aufgrund der Hitze zusammen und die Rückwand erhält ein bizarres Aussehen sowie die erforderliche Festigkeit. Aber Vorsicht! Der Kunststoff darf dabei weder anbrennen noch verkohlen. Außerdem muß während der Arbeiten für eine ausreichende Belüftung gesorgt werden, da bei dieser Tätigkeit Dämpfe entstehen, die nicht unbedingt eingeatmet werden sollten.

Für eine noch gröbere Rückwandstruktur kann auf die Styroporplatte noch zusätzlich Hartschaum aufgetragen werden. Diesen gibt es in Baumärkten zum Ausschäumen von Tür- und Fensterrahmen. Auch dieser Schaum darf nur bei guter Lüftung verarbeitet werden, und auf eine vollständige Aushärtung ist unbedingt zu achten. In den noch feuchten Schaum können auch echte Steine, Wurzeln, Rindenstücke und Blumentöpfe eingearbeitet werden. Dadurch kann die fertige Rückwand später bepflanzt werden. Auch die Einarbeitung von Bachläufen in eine solche Rückwand ist problemlos möglich.

Nach dem Aushärten wird die Styropor- oder Schaumrückwand mit ungiftiger Farbe auf Wasserbasis im gewünschten Farbton gestrichen oder besprüht. Die handelsüblichen Abtönfarben sind in der Regel gut einsetzbar. Um ein noch natürlicheres Aussehen zu erzielen, kann man die Rückwand, solange die Farbe noch feucht ist, mit Sand, kleinen Steinchen, Erde, Rindenstückchen oder Faserteilchen bestreuen. Eine solche Rückwand ist zweifellos ein Schmuckstück in jedem Terrarium.

Einrichtungsgegenstände

Nicht allein der Ästhetik wegen ist das Einbringen von Einrichtungsgegenständen in das Terrarium erforderlich. Unter diesem Begriff versteht man nicht eine rein schmückende Dekoration, sondern in erster Linie für das Wohlbefinden der gepflegten Reptilienarten unentbehrliche Dinge wie Kletteräste oder Steinaufbauten, Wasserschalen und Unterschlupfmöglichkeiten. Durch geschickte Auswahl der Einrichtungsgegenstände ist das Terrarieninnere so zu gestalten, daß die betreffenden Reptilien ihre natürlichen Verhaltensweisen möglichst uneingeschränkt zeigen können. So muß zum Beispiel bei vielen Echsenarten durch eine geschickte Strukturierung eine Revierbildung unbedingt möglich sein. Weiterhin ist die Behältereinrichtung so zu wählen, daß zwischen mehreren Individuen nicht ständig Blickkontakt besteht. Rangniedrigeren Tieren müssen also ausreichend Rückzugsmöglichkeiten zur Verfügung stehen, um nicht ständig dem Druck des dominanten Tiers ausgesetzt zu sein. Dem ranghohen Exemplar ist hingegen ein exponierter Platz anzubieten, an dem es sich aufwärmen, die Umgebung beobachten oder imponieren und balzen kann.

Für baumbewohnende und kletternde Arten ist das Einbringen von geeigneten Kletterästen in entsprechenden Durchmessern notwendig: Der Durchmesser von Kletterästen sollte etwa dem Umfang der Terrarienbewohner entsprechen. Sehr geeignet sind Weinreben, die sehr dekorativ wirken und darüber hinaus äußerst beständig gegen Verrottung sind. Diese müssen jedoch vor dem Einbringen in das Terrarium gründlich unter heißem Wasser geschrubbt und gespült werden, da sie in der Regel mit Spritzmitteln behaftet sind. Des weiteren sind Äste von Obstbäumen und Fliederbüschen gut verwendbar. Benötigt man für größere Reptilien Kletteräste mit einem stärkeren Durchmesser, so sind Stämme oder dickere Zweige von Holunderbüschen sehr gut geeignet. Diese besitzen eine schöne grobe Borke, die im Terrarium sehr gut zur Geltung kommt.

Kletteräste für kleinere und leichte Reptilienarten können nach dem Zurechtschneiden im Terrarium einfach mit etwas Draht oder Schnur befestigt

Vollständig eingerichtetes Terrarium Foto: W. Schmidt

Dekowurzeln in allen erdenklichen Formen und Größen Foto: J. Rauh

werden. Bei größeren Arten müssen die nicht selten mehr als armdicken Äste mit Silikon fest und sicher verklebt werden. Noch besser ist es, wenn man die Möglichkeit hat, die Kletteräste im Behälter fest zu verschrauben. Es sollte nicht nur ein Kletterast vorhanden sein, sondern es empfiehlt sich, auch einige querverlaufende Äste anzubringen. Diese sind zum Sitzen oder Liegen für die Reptilien besser geeignet und werden von den Tieren bevorzugt angenommen. Auf keinen Fall dürfen diese unter dem Gewicht der Tiere herabstürzen, da dies zu Verletzungen führen kann. Eines ist daher sehr wichtig: die Terrarieneinrichtung auf Sicherheit auszulegen. Auf mindestens einen Kletterast richtet man einen Heizstrahler, damit sich die Reptilien darauf ausgiebig sonnen können. Darüber hinaus ist unbedingt auch darauf zu achten, daß sich die einzelnen Äste nicht gegenseitig schneiden. Hier entstehen ansonsten gefährliche Gabelungen, in denen die Tiere

ihre Schwänze oder Extremitäten einklemmen könnten. Diese Gefahr ist vor allem bei langschwänzigen Arten in hohem Maß gegeben.

Wurzeln sind zur Terrarieneinrichtung ebenfalls bestens geeignet. Von der Suche von Wurzeln im Wald ist jedoch abzuraten. Diese sind meist schon mehr oder weniger stark vermodert und enthalten Unmengen von Klein- und Kleinstlebewesen, die man sich dadurch in das heimische Terrarium einschleppt. Des weiteren beginnen sie im feuchten und warmen Terrarienklima sehr stark modrig zu riechen. Eine frischere Wurzel läßt sich jedoch gut verwenden, wenn sie zuvor gründlich gereinigt und ausgekocht wird.

Viel besser eignen sich aber die sogenannten Moorkienwurzeln, die in der Aquaristik Verwendung finden. Diese sind nahezu unverrottbar und gut zu reinigen und zu desinfizieren. Sie haben zwar einen recht hohen Anschaffungspreis, halten dafür aber sehr lange.

In Terrarien, in denen Reptilien aus steinigen und felsigen Regionen gepflegt werden sollen, ist der Einsatz von Steinen unverzichtbar. Am häufigsten werden zu diesem Zweck Sandsteine, Schieferplatten, Lavasteine und Tuffgestein verwendet. Wer jedoch auf das Gesamtgewicht seines Terrariums achten muß, der kann mit etwas Geschick auch aus Styropor und Hartschaum naturgetreue Aufbauten herstellen.

Wichtig ist, daß größere Steine und Steinaufbauten immer direkt auf der Grundplatte des Terrariums aufliegen und nicht auf dem eingefüllten Bodengrund. Die Tiere würden ansonsten beim Untergraben dieser Steine eingeklemmt oder erschlagen werden. Einzelne Steine, die man zu Steinaufbauten aufschichtet, sind auf jeden Fall durch Silikon oder Zement miteinander zu verbinden, damit sie unter keinen Umständen einstürzen und die Reptilien gefährden können.

Verstecke und Felsspalten müssen so angelegt sein, daß sie vom Pfleger jederzeit einzusehen und auch zu reinigen sind.

Die Bepflanzung

Eine Bepflanzung des Terrariums ist nur dann unbedingt erforderlich, wenn Pflanzen für die gepflegte Reptilienart zur Entfaltung ihres natürlichen Verhaltensspektrums und ihrer natürlichen Lebensweise unentbehrlich sind.

Die Bepflanzung eines Terrariums ist jedoch, sofern möglich, in jedem Fall empfehlenswert. Üppige Pflanzen im Feucht- oder Regenwaldterrarium schaffen Versteckplätze und die Möglichkeit einer Revierbildung. Außerdem sorgen sie für ein ansprechendes und natürliches Aussehen des Terrariums und für ein gutes Mikroklima.

Pflanzen sind aber auch ein guter Indikator für die Terrarienbeleuchtung. Wachsen sie üppig und weisen eine gesunde, dunkelgrüne Färbung auf, ist die Beleuchtung ausreichend. Bei einem eher spärlichen Pflanzenwachstum und Blättern mit fahler, hellgrüner Färbung wird das Terrarium zu schwach ausgeleuchtet, was man selbstverständlich so rasch wie möglich ändern sollte. Dies muß jedoch – je nach Art – nicht zwangsläufig etwas mit dem

Wohlbefinden der gepflegten Tiere zu tun haben.

Bei der Auswahl der Pflanzen ist eine ausführliche Beratung durch einen Blumenfachhändler und entsprechendes Literaturstudium vorteilhaft, damit sie für das vorgesehene Terrarienklima und die Terrariengröße auch geeignet und haltbar sind. Die Herkunft der verwendeten Pflanzen muß aber nicht unbedingt mit der Herkunft der gepflegten Tiere übereinstimmen.

Vor dem Einbringen der neu erworbenen Pflanzen in das Terrarium müssen diese unbedingt sorgfältig abgebraust werden, damit keine anhaftenden Düngemittel oder Insektizide die Terrarientiere gefährden.

Die Gewächse sollten nicht direkt in das Bodensubstrat des Terrariums eingepflanzt, sondern mit den Töpfen einfach hineingestellt werden. Ansonsten müssen die Pflanzen bei Reinigungsarbeiten oder beim Bergen von Gelegen jedesmal ausgegraben werden. Sind sie jedoch im Blumentopf, kann man sie schnell und problemlos aus- und einräumen.

Wie bereits erwähnt, ist ein Epiphytenast ein Schmuckstück in jedem Feucht- oder Regenwaldterrarium. Unter diesem Begriff versteht man einen Ast, der üppig mit verschiedenen Epiphyten (Aufsitzerpflanzen) bewachsen ist. Hierunter fallen unter anderem Gewächse wie Bromelien und Orchideen, aber auch Farne. Diese bindet man dann mit einem Stück Jutestoff (alter Kartoffelsack) oder einem Nylonstrumpf, in der Regel ohne Substrat, auf den vorgesehenen Ast. Die Pflanzen werden nicht gegossen, sondern erhalten ihre benötigte Flüssigkeit durch tägliches Besprühen mit Regenwasser oder abgekochtem Leitungswasser. Mit der Zeit wird der Stoff oder der Strumpf durch das feuchte und warme Terrarienklima spröde und fällt irgendwann von selbst ab. Nun haben sich die Pflanzen in der Zwischenzeit mit ihren Wurzeln so gut an der Rinde verankert, daß sie fest und sicher sitzen und keine zusätzliche Fixierung mehr benötigen.

Je älter ein solcher bepflanzter Ast wird, um so schöner und natürlicher wirkt er. Bei der richtigen Pflege haben sich die Gewächse bald üppig vermehrt, so daß der Ast fast vollständig überwuchert ist. Für den Ast sollte man Holz wählen, das gegen Feuchtigkeit möglichst unempfindlich ist. Alte

Weinreben leisten hierzu wieder beste Dienste. Am Stamm herabhängendes Dschungelgras rundet einen solchen Epiphytenast optisch ab.

Zur Bepflanzung des Wasserteils von Aquaterrarien stehen dem Terrarianer Aquarienpflanzen in einer breiten Auswahl zur Verfügung. Diese sind beim Kauf durch einen Streifen Blei zu einem kleinen Bündel zusammengehalten oder sitzen in einem kleinen Kunststofftopf. Vor dem Einsetzen muß man diesen Bleistreifen bzw. Topf entfernen. Auch sollte der untere Teil (etwa 2 cm) der Stiele oder Wurzeln, der meist etwas abgestorben und braun ist, entfernt werden, damit die Pflanzen bes-

ser anwachsen können. Anschließend drückt man das gesamte Bündel mit den Pflanzenstielen tief in den Bodengrund, damit die Pflanzen einen festen Halt haben und nicht bei jeder Berührung mit den Terrarientieren an der Wasseroberfläche treiben und erneut eingesetzt werden müssen. Oftmals empfiehlt es sich, bei der Haltung von Wasserschildkröten auf eine natürliche Bepflanzung völlig zu verzichten, da sie in kürzester Zeit vernichtet oder gefressen wird. Hier sind die zahlreichen künstlichen Aquarienpflanzen eine brauchbare Alternative.

Die Verwendung von Kakteen für Wüsten- und

Eine Bepflanzung macht das Terrarium nicht nur optisch attraktiver, sondern sorgt auch für ein besseres Terrarienklima. Foto: H. Juschka

Trockenterrarien ist in den meisten Fällen weniger ratsam, da sich die Reptilien an den spitzen Stacheln mitunter erhebliche Verletzungen zuziehen können. Zu empfehlen sind lediglich stachellose oder zumindest stachelarme oder weichstachelige Kakteenarten. Am besten geeignet für eine Bepflanzung dieses Terrarientyps sind die zahlreichen dickblättrigen Fleischpflanzen, die aus trockenen und wasserarmen Gegenden stammen. Auch hier wird Ihnen Ihr Blumenfachhändler gerne weiterhelfen.

Aber nicht bei allen Reptilienarten ist eine Bepflanzung überhaupt möglich bzw. empfehlenswert. So wird beispielsweise eine große und schwere Riesenschlange jegliche Vegetation in kürzester Zeit durch ihr Körpergewicht niederdrücken. Dasselbe gilt auch für große Leguane, welche die Terrarienbepflanzung mitunter auch als willkommene Erweiterung ihres Speiseplans ansehen. Auch Schildkröten vergreifen sich gerne an der grünen Terrarieneinrichtung, was bei giftigen Pflanzen auch zu schweren gesundheitlichen Beeinträchtigungen führen kann.

Wer aber bei der Pflege solcher Arten auf etwas Grün im Behälter nicht vollkommen verzichten möchte, kann echte Pflanzen entweder so einsetzen, daß sie von den Tieren unerreichbar sind (in Ampeln oder Blumenkästen an der Wand), oder auf Kunststoffpflanzen zurückgreifen. Auch in dieser Richtung hat sich das Angebot in letzter Zeit erheblich vergrößert. Ob man sich nun für Plastikpflanzen oder Pflanzen mit Textilblättern entscheidet, bleibt dabei jedem selbst überlassen. Allerdings ist Textil nicht unbedingt verrottungssicher, und die aufgeklebten Textilblätter lösen sich bei ständig hoher Luftfeuchtigkeit mit der Zeit ab.

Künstliche Gewächse haben darüber hinaus noch der Vorteil, daß sie keiner Pflege bedürfen und von den Futterinsekten nicht angeknabbert werden.

Unterschlupf- und Versteckmöglichkeiten

Unterschlupf- und Versteckmöglichkeiten sind für eine artgerechte und erfolgreiche Reptilienhaltung in einem Terrarium unentbehrlich. Hierzu sind viele

Naturkorkrinde wirkt im Terrarium sehr dekorativ und schafft geeignete Versteck- und Ruheplätze.
Foto: J. Rauh

Materialien geeignet und verwendbar. Dies reicht von einer einfachen Schachtel bis zu komplizierten Höhlensystemen im Bodengrund. Am häufigsten findet man gewölbte Korkrindenstücke oder halbierte Kokosnußschalen sowie umgedrehte Tonblumentöpfe in entsprechender Größe. Für Phelsumen (Taggeckos) haben sich dicke Bambusrohre, die mit einem Einschlupfloch versehen wurden, bestens bewährt. Diese werden von den Tieren auch zur Eiablage bevorzugt angenommen. Aber auch kleine Schlangenarten fühlen sich in diesen Röhren wohl.

An Baumstämmen lebende Echsenarten benötigen abstehende Rindenstellen, in die sie sich zur Ruhe hineinzwängen können. Für felsbewohnende Reptilienarten sind hierzu entsprechende Felsspalten beim Errichten der Felswände unbedingt einzuplanen. Für grabende Tiere leisten in den Bodengrund eingelassene Tonrohre gute Dienste, die dann zum Bau einer eigenen Höhle genutzt werden. Des weiteren können mit Hilfe von PVC-Rohren problemlos ganze unterirdische Gangsysteme vom Pfleger angelegt werden.

Sind dämmerungs- und nachtaktive Reptilien häufig am Tag unterwegs, ist dies in der Regel ein eindeutiges Zeichen für fehlende oder ungeeignete Unterschlupfmöglichkeiten.

Die Aufzählung von geeigneten Unterschlupf- und Versteckmöglichkeiten ließe sich noch beliebig fortsetzen. Jeder Terrarianer muß sich daher genau über die Lebensweise der gepflegten Arten informieren und die benötigten Rückzugsmöglichkeiten für die Reptilien anlegen bzw. bereitstellen.

Wasserbecken und Futterschalen

Ein mehr oder weniger großes Wasserbecken gehört zur Grundausstattung eines jeden Terrariums. Auch bei Arten aus Trocken- und Wüstengebieten, die normalerweise ihren Flüssigkeitsbedarf über die Nahrung decken und kein zusätzliches Trinkwasser aufnehmen, sollte eine kleine Wasserschale stets vorhanden sein. Es ist nicht auszuschließen, daß auch diese Tiere hin und wieder frisches Wasser zu sich nehmen, wenn auch nur in sehr geringen Mengen. Allerdings darf man die Wasserschalen für solche Arten nicht zu groß wählen, da Tieren aus extrem trockenen Regionen Wasser in dieser Form gänzlich unbekannt ist und sie deshalb darin ertrinken könnten.

Größere Wasserbecken können durch Abteilen eines entsprechend großen Terrarienbereiches hergestellt werden. Dazu klebt man einen Glasstreifen mit Aquariensilikon so in den Behälter ein, daß dadurch eine Trennung von Wasser- und Landteil entsteht. Nach Aushärten des Silikons versieht man den Landteil dann mit dem gewählten Bodensubstrat und füllt den Wasserteil mit Wasser auf. Es ist vorteilhaft, den Glasstreifen etwas zum Landteil hin geneigt in das Terrarium einzukleben und die Seite

Da viele Tiere Wasserschalen auch als Bademöglichkeit nutzen und in diesen auch mitunter Kot hinterlassen, ist eine regelmäßige Reinigung erforderlich. Foto: H. Werning

Herkömmliche Wasserschalen für den Terrarienbereich aus schwarzem Kunststoff und in Natursteinnachbildung
Fotos: J. Rauh

zum Wasser zusätzlich noch mit etwas Korkrinde oder einigen Steinen zu versehen. Dadurch wird den badenden Reptilien das Verlassen des Badebeckens erheblich erleichtert, wenn nicht sogar erst ermöglicht.

Bei großen Wasserbecken ist die Installation eines Ablaufes empfehlenswert, der einen Wasserwechsel erheblich erleichtert. Nichts ist mühsamer, als einen Beckeninhalt von 20 oder noch mehr Litern regelmäßig mit einem Becher leer schöpfen zu müssen.

Als kleinere Wasserbehälter lassen sich Kunststoffschalen sehr gut verwenden. Mittlerweile werden auch Wassergefäße aus Imitaten von verschiedenen Gesteinsarten (z.B. Granit- oder Sandsteinnachbildungen) angeboten, so daß man sie passend zur Behältereinrichtung auswählen kann. Auch Glas-, Ton- oder Metallschalen aus rostfreiem Edelstahl finden Verwendung. Diese stellt man einfach in den Behälter; der Inhalt muß täglich erneuert werden. Sehr wichtig ist, daß den Reptilien immer frisches und sauberes Trinkwasser zur Verfügung steht.

Die entleerten Wasserschalen werden unter fließendem, warmen Wasser ausgebürstet und gründlich gespült. Von Zeit zu Zeit müssen die zwangsläufig entstehenden Kalkablagerungen durch die Verwendung von fünfprozentigem Speiseessig entfernt werden. Nach mehrminütigem Einwirken der Essigsäure kann man die Kalkbeläge mühelos abbürsten. Diese Methode läßt sich auch zur Säuberung von kalkverschmutzten Terrarienscheiben anwenden. Essigsäure wirkt darüber hinaus noch des-

infizierend und ist für unsere Pfleglinge völlig ungefährlich, wenn sie nicht gerade getrunken wird; die Dämpfe sollten von den Tieren natürlich auch nicht eingeatmet werden.

Die Wasserschalen sollten auch hin und wieder durch geeignete Mittel desinfiziert und dadurch hygienisch gesäubert werden. Dies läßt sich ebenfalls mit Essig durchführen. Welche käuflichen Produkte sich zu diesem Zweck noch eignen, kann man bei einem sachkundigen Händler erfragen.

Die Futterschalen werden je nach Reptilienart einfach auf den Terrarienboden gestellt oder in einer gewissen Höhe im Terrarium installiert. Futterschalen sind, wie die Wasserschalen, auch in verschiedenen Größen und Materialien im Handel. Auch in der erwähnten Granit- oder Sandsteinnachbildung sind sie lieferbar. Sollen nicht nur tote Futtertiere oder vegetarische Kost, sondern auch lebende Futterinsekten wie Heimchen und Grillen in solchen Schalen angeboten werden, sollten diese über hohe und glatte Wände verfügen.

Befindet sich eine größere Anzahl von Reptilien gemeinsam in einem Terrarium, sollte man mehrere solcher Futterschalen an verschiedenen Plätzen aufstellen. Hierdurch ermöglicht man auch den rangniederen Tieren eine ausreichende Nahrungsaufnahme. Ansonsten würden diese ständig vom Alphatier von den Futterplätzen vertrieben, so daß eine ausreichende Nahrungsaufnahme auf die Dauer nicht möglich wäre.

Eine regelmäßige Reinigung und gelegentliche Desinfektion ist auch bei den Futterschalen unerläßlich, um Erkrankungen vorzubeugen.

Verschiedene Möglichkeiten der Beheizung

Wie bereits erläutert, sind Reptilien wechselwarme Lebewesen, die auf eine äußere Wärmequelle angewiesen sind, um ihre Aktivitäts- und Vorzugstemperaturen zu erreichen. Im natürlichen Lebensraum übernimmt diese Aufgabe die Sonne. Da die benötigte Mindesttemperatur, bei der die Reptilien aktiv werden, bei den meisten Arten über unserer gewöhnlichen Zimmertemperatur liegt, müssen wir die Terrarien unserer Pfleglinge auf die entsprechenden Temperaturwerte heizen.

Zu diesem Zweck stehen dem Terrarianer mittlerweile eine ganze Reihe von technischen Hilfsmitteln zur Verfügung, die hier im einzelnen kurz vorgestellt werden sollen.

Das Heizkabel

Eines der bekanntesten und am häufigsten eingesetzten technischen Hilfsmittel zum Erwärmen des Bodengrundes in Terrarien ist das Heizkabel. Dies gibt es im Handel in vielen verschiedenen Längen und Wattstärken, so daß sich eigentlich für jede Terrariengröße das passende Kabel finden läßt. Durch Heizkabel kann einerseits die Bodentemperatur auf die gewünschten Werte gebracht werden, andererseits die Raumtemperatur im Terrarium eingestellt werden. In Feuchtterrarien werden Heizkabel auch zur Erwärmung des feuchten Bodensubstrates verwendet, damit eine hohe Luftfeuchtigkeit

entsteht. Auch zur Schaffung der benötigten Temperaturen an vorgesehenen Eiablageplätzen sind sie sehr gut geeignet.

Beim Einsatz von Heizkabeln ist jedoch zu bedenken, daß die durch sie geschaffenen künstlichen Gegebenheiten genau umgekehrt zu den Verhältnissen in der Natur sind. Der Boden wird in der Natur von oben durch die Sonne erwärmt. Beim Graben im Substrat nimmt die Temperatur immer mehr ab, je tiefer das Tier gräbt. Im Terrarium nimmt die Temperatur nach unten hin jedoch immer weiter zu, da das Tier sich dem Heizkabel nähert. Bei einigen – besonders bei sonnenliebenden – Reptilienarten kann dies zu Problemen führen. Dies gilt insbesondere auch für trächtige Weibchen, die von diesem Temperaturverlauf so irritiert werden können, daß sie nach einiger Zeit möglicherweise ihre Grabtätigkeiten einstellen. Dies kann dann zu einer Legenot führen (siehe Kapitel 15).

Aus diesen Gründen kann vor allem für sonnenliebende Reptilien das Heizkabel nur einen Teil der Beheizung des Terrariums ausmachen. Um eine artgerechte Temperaturverteilung zu schaffen, muß es oft mit „natürlicheren" Strahlungsquellen (Spotstrahler u.a.) kombiniert werden.

Ein schwächeres Heizkabel kann direkt auf der Bodenplatte des Terrariums verlegt werden. Man legt es in Schlingen aus und schafft dabei verschiedene Temperaturbereiche. Werden die Schlingen enger gelegt, wird eine höhere Temperatur in diesem Bereich erreicht, als wenn sie in größeren Abständen angebracht sind. Unter den Versteck- und Rückzugsmöglichkeiten darf nicht geheizt werden. Die Schlingen des Heizkabels sollten sich nach Möglichkeit nicht schneiden oder übereinanderliegen. Schwächere Kabel können mit Klebe-

Durch eine geschickte Verlegung des Heizkabels werden verschiedene Temperaturbereiche geschaffen.

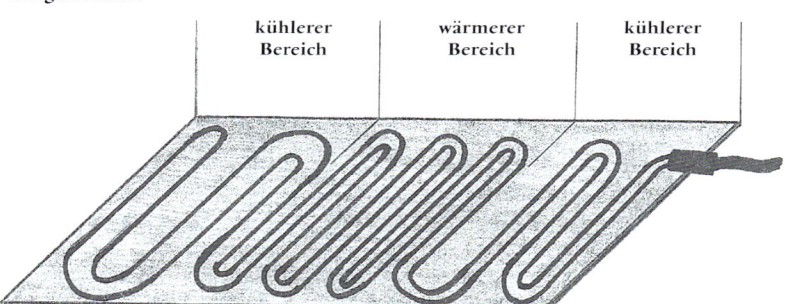

| kühlerer Bereich | wärmerer Bereich | kühlerer Bereich |

band oder Silikon fest auf dem Boden fixiert werden. Bei größeren, grabenden Reptilienarten muß das Kabel durch ein Drahtgitter vor Ausgrabung und Beschädigung geschützt werden.

Kommen Heizkabel mit hoher Leistung zum Einsatz, muß sich eine wärmedämmende Platte zwischen Glasboden und Kabel befinden. Diese verhindert, daß die Bodenscheibe des Terrariums aufgrund zu hoher Wärme zerspringt.

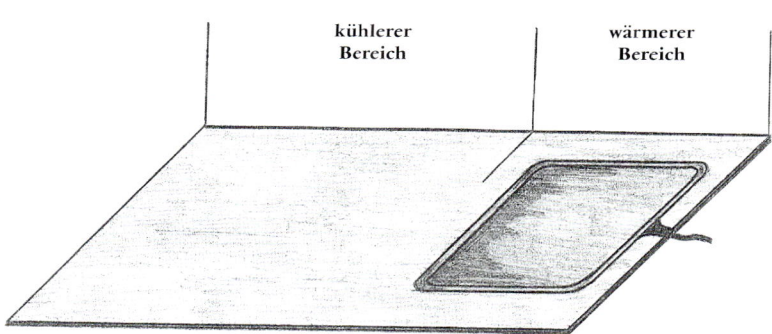

Die Heizmatte muß so verlegt werden, daß verschiedene Temperaturbereiche entstehen.

Ein Verlegen des Heizkabels unter dem Terrarium, wie man es gelegentlich sieht, ist nicht zu empfehlen. Bekanntlich ist Glas ein schlechter Wärmeleiter. Der Wärmeverlust, der auftritt bis der Bodengrund im Terrarium erwärmt ist, ist viel zu groß. Außerdem ist das Verlegen eines Heizkabels auf Styropor nicht ungefährlich und laut Herstellerangaben zu unterlassen; je nach Leistung des Kabels schmort es sich im Lauf der Zeit in das Styropor hinein.

Auf keinen Fall darf die Bodentemperatur den für die gepflegte Reptilienart verträglichen Wert überschreiten. Andernfalls kann es bei den Tieren zu Verbrennungen führen. Es ist auch nachgewiesen, daß eine bei Schlangen auftretende Unfruchtbarkeit aus einer zu warmen Haltung über einen längeren Zeitraum resultieren kann.

Sollte sich herausstellen, daß der Temperaturwert des Bodengrundes zu hoch ist, muß das Heizkabel entweder durch ein schwächeres ersetzt oder mit einem Thermostaten gekoppelt werden (siehe Kapitel 9).

Die Heizmatte

Heizmatten werden im Prinzip wie Heizkabel verwendet. Auch bei ihrem Einsatz darf nicht eine große Matte den gesamten Bodengrund gleichmäßig erwärmen, sondern es muß eine kleinere zum Einsatz kommen, damit es auch unbeheizte Stellen im Terrarium gibt. Heizmatten sind ebenfalls in verschiedenen Abmessungen und Wattstärken erhältlich.

Es gibt sie in zwei verschiedenen Ausführungen: zum einen für den Einsatz an Land (auch in feuchtem Bodengrund zugelassen und verwendbar), zum anderen für die Verwendung direkt im Wasser. Die für die Heizkabel getroffenen anderen Überlegungen treffen in gleicher Weise für Heizmatten zu.

Auch Heizmatten muß man vor Lageveränderungen und Beschädigungen durch die Terrarientiere mit einem Drahtgitter schützen. Im Gegensatz zu Heizkabeln werden Heizmatten gerne – trotz Wärmeverlust – unter dem Terrarium (z.B. in Styropor eingelassen) verlegt.

Heizsteine

Seit geraumer Zeit werden (z. B. unter den Warenbezeichnungen „Reptile Stone" oder „Rock Heater") sogenannte Heizsteine für den Terrarienbereich angeboten. Dabei handelt es sich um in Gips eingegossene und glasierte Heizelemente in unterschiedlichen Wattstärken in Form eines flachen Steins. Diese sind zwar zur Beheizung eines kompletten Terrariums ungeeignet, bieten aber kleineren Reptilienarten die Möglichkeit, sich auf ihnen auf ihre artspezifische Vorzugstemperatur aufzuwärmen. Ihr Einsatz kann daher für einige Reptilienarten erwogen werden. Auch hier stellt sich allerdings das Problem des „unnatürlichen" Temperaturverlaufs von unten nach oben: Um die Wirkung eines solchen Steins noch zu verbessern und den natürlichen Gegebenheiten anzupassen, sollte

Beheizbarer Stein Foto: J. Rauh

strahlern (Elstein-Strahler) angezeigt sein. Da sich der Wellenbereich der Infrarotstrahlen in einem Bereich befindet, der für uns Menschen nicht mehr sichtbar ist, bezeichnet man sie auch als Dunkelstrahler. Diese Dunkelstrahler gibt es in Stärken von 60 bis 250 Watt. Die dabei entstehende Wärmestrahlung ist enorm. Aus diesem Grund ist der Betrieb solcher Heizstrahler aus Sicherheitsgründen nur in Metall- oder Porzellanfassungen erlaubt.

Des weiteren müssen solche Heizelemente unbedingt durch einen stabilen Drahtkäfig gesichert werden. Die Reptilien könnten sich ansonsten erhebliche Verbrennungen zuziehen, die nicht selten tödlich enden. Wer einmal aus Versehen mit der Hand oder dem Arm an einen heißen Dunkelstrahler gelangte, wird die Wichtigkeit einer solchen Schutzvorrichtung schnell erkennen.

Darüber hinaus müssen die Strahler so ange-

Heizstrahler, der durch einen Drahtkorb die Terrarientiere vor Verbrennungen bewahrt.

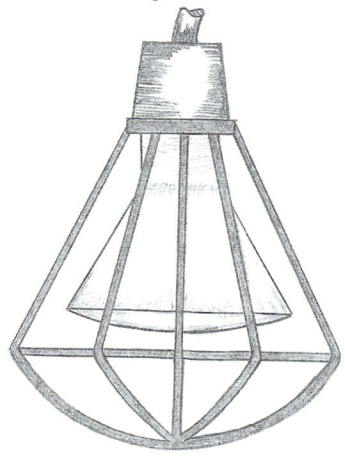

man über ihm zusätzlich noch einen schwachen Heizstrahler anbringen. Auch im natürlichen Biotop werden warme Steine und Felsen, auf denen sich die Reptilien aufhalten, von der Sonne intensiv bestrahlt.

Der Selbstbau eines solchen Heizsteins in Form eines in Gips eingegossenen Aquarienheizstabes ist zwar ebenfalls möglich, jedoch nicht unbedingt zu empfehlen. Aufgrund des zweckentfremdeten Einsatzes der elektrischen Elemente einer solchen Konstruktion übernehmen die Versicherungen bei eventuell auftretenden Unfällen (Zimmer- oder gar Wohnungsbrand), die nachweislich durch den Einsatz eines selbstgebastelten Heizelementes verursacht wurden, in der Regel keine Haftung. Aus diesem Grund rate ich, von solchen Experimenten Abstand zu nehmen. Auch das Anschließen von anderen elektrischen Terrarieneinrichtungen, wie zum Beispiel HQL-Strahlern, sollte man bei mangelnder Sachkenntnis lieber einem Fachmann überlassen. Dies dient der eigenen Sicherheit und der der Pfleglinge, da Stromunfälle mitunter unvorhersehbare Folgen nach sich ziehen können.

Infrarot–Wärmestrahler

Viele Reptilien, vor allem baumbewohnende und kletternde Arten, benötigen weniger die Bodenwärme als vielmehr eine entsprechende Strahlungswärme. Um diese im Terrarium zu erzeugen, kann unter Umständen der Einsatz von Infrarot-Wärme-

bracht sein, daß sie auf keinen Fall mit Spritzwasser in Berührung kommen. Ein Heizstrahler, der größere Mengen Spritzwasser abbekommt, kann dadurch unter Umständen zur Explosion gebracht werden und die Terrarieninsassen durch umherfliegende Splitter gefährden. Kleinere Wasserspritzer, wie sie beim Aussprühen des Terrariums entstehen, sind jedoch in der Regel harmlos.

Ein großer Nachteil solcher Dunkelstrahler ist in der fehlenden Lichtabgabe zu sehen. Viele Reptilien assoziieren eine vorhandene Wärmestrahlung mit Licht, wie dies ja auch bei der natürlichen Sonnenstrahlung der Fall ist. Die durch Elstein-Strahler verursachte „Entkopplung" von Licht- und Wärmestrahlung kann die Reptilien irritieren. Im schlimmsten Fall können sich diese Tiere sogar tödliche Verbrennungen unter dem Strahler zuziehen. Oft ist daher die Installation einer Reflektorbirne besser geeignet, da diese neben der gewünschten Wärmestrahlung auch zusätzlich Licht erzeugt. Wenn sich die erforderliche Temperatur im Terrarium mit anderen Heizelementen erreichen läßt, rate ich vom Einsatz eines Elstein-Strahlers ab.

Spotstrahler, Glühbirnen und Pflanzenlicht-Reflektorbirnen

Diese Strahler haben den Vorteil, daß sie neben der gewünschten Wärmestrahlung auch eine gewisse Menge Licht abgeben. Dies ist vor allem bei tagak-

tiven Reptilienarten aus Wüstengebieten von großer Wichtigkeit, da die Tiere auch in ihrem natürlichen Lebensraum einer hohen Lichtstrahlung ausgesetzt sind. Die meisten Strahler und Glühbirnen sind jedoch aufgrund ihrer geringen Lichtausbeute und ihrer hohen Wärmeentwicklung für sonnenliebende Arten nicht unbedingt als Terrarienbeleuchtung, sondern vielmehr als Wärmestrahler einsetzbar.

Auch diese Strahler sollten – besonders in Schlangenterrarien – außerhalb der Reichweite der Tiere angebracht oder mit einem Drahtkäfig versehen sein, um die Pfleglinge vor Verbrennungen zu bewahren. Gegen Spritzwasser sind sie bei weitem empfindlicher als die zuvor beschriebenen Dunkelstrahler. Schon ein kleiner Wassertropfen kann den dünnen Glaskolben zum Zerplatzen bringen. Darum muß man beim Aussprühen des Terrariums unbedingt darauf achten, daß die angebrachten Strahler keine Wasserspritzer abbekommen.

„Sonnenplatz" unter einem 60-W-Spotstrahler in einem Wüstenterrarium für Wüsten-Stachelleguane (*Sceloporus magister*, rechts) und Leopardleguane (*Gambelia wislizenii*) Foto: H. Werning

Verschiedene Möglichkeiten der Beleuchtung

Einer der wichtigsten Faktoren für eine erfolgreiche Haltung und Vermehrung vieler Reptilien ist neben Temperatur und Luftfeuchtigkeit die Beleuchtung.

Reptilien sind in der Natur, je nach Lebensweise und Lebensraum, sehr unterschiedlichen Lichtverhältnissen ausgesetzt. In der Terrarienhaltung müssen diese so naturgetreu wie möglich nachempfunden werden.

Um dies gewährleisten zu können ist es notwendig, daß man sich mit der Zusammensetzung des Lichtes vertraut macht. Denn Licht ist nicht gleich Licht. Das Sonnenlicht setzt sich aus vielen verschiedenen Lichtfarben (Spektralfarben) zusammen, die für unser menschliches Auge zum Teil sichtbar und zum Teil unsichtbar sind. Diese Spektralfarben sind: ultraviolett, violett, blau, grün, gelb, orange, rot und infrarot. Die Wellenlänge des Lichtes wird in Nanometern (nm; 1 nm = 10^{-9} m = 0,000000001 m) gemessen. Die Wellenlängen, die für uns Menschen sichtbar sind, liegen zwischen 380 und 780 nm. Sehr wichtig für das Wohlbefinden und die Gesunderhaltung in erster Linie tagaktiver Reptilienarten ist der Strahlungsbereich zwischen 280 und 315 nm, der als UV-B-Strahlung bezeichnet wird und für den Calciumstoffwechsel und die Bildung des Vitamins D_3 von großer Bedeutung ist.

Aber nicht nur die Zusammensetzung des Lichtes, sondern auch die Beleuchtungsintensität (Lichtstärke) spielt für eine artgerechte Reptilien-

Für die Haltung sonnenliebender Reptilien – wie viele Echsen und Schildkröten (hier die Rotbauch-Spitzkopfschildkröte (*Emydura subglobosa*)) – kommt der Terrarienbeleuchtung eine entscheidende Rolle zu.
Foto: H.-D. Philippen

haltung und erfolgreiche -nachzucht eine wichtige Rolle. Der Lichtstärke kommt für dämmerungs- und nachtaktive Reptilienarten, wie z. B. die meisten Geckos und viele Schlangen, eine eher untergeordnete Bedeutung zu. Hier hat die Beleuchtung lediglich die Aufgabe, einen merklichen Unterschied zwischen Tag und Nacht zu erzeugen, wofür eine normale Leuchtstoffröhre oder eine Glühlampe völlig ausreichend ist.

Anders verhält es sich jedoch bei der Pflege von tagaktiven und sonnenhungrigen Reptilien, vor allem aus Wüsten-, Steppen- und Savannenregionen. Hier muß eine möglichst helle Ausleuchtung des Terrariums auf jeden Fall gewährleistet sein, da sich das Licht positiv auf das vegetative Nervensystem und den gesamten Stoffwechsel der Tiere auswirkt. Viele Reptilienarten zeigen bei zu geringer Behälterbeleuchtung nicht mehr ihre natürliche prachtvolle Färbung. Nachzuchten, die unter zu dunklen Bedingungen aufgezogen wurden, erreichen meist nicht die natürliche Farbintensität, die Wildfänge derselben Art aufweisen. Auch zeigen die Reptilien bei unzureichender Beleuchtung oft nicht ihr volles natürliches Verhaltensspektrum, werden apathisch und fressen schlecht.

Bei einigen Arten gilt die jahreszeitliche Schwankung der Tageslänge und der Beleuchtungsintensität als einer der auslösenden Faktoren für den Fortpflanzungszyklus und somit für die Fortpflanzungsbereitschaft. Bei mangelnder und unzureichender Beleuchtung wird also ein Nachzuchterfolg mit Sicherheit ausbleiben.

Die Lichtstärke kann mit einem Luxmeter gemessen werden und wird in Lux (lx) angegeben. Als Beispiel sei nur erwähnt, daß schon in Mitteleuropa an wolkenlosen Sommertagen 100.000 lx, zum Frühjahr und Herbstanfang 35.000 lx und zum Winteranfang etwa 5.000 lx gemessen werden können. Es ist deshalb wichtig, daß man sich durch Spezialliteratur über die Lichtverhältnisse (Tageslänge, Lichtintensität), die im natürlichen Lebensraum der gepflegten Arten vorherrschen, genau informiert und dies bei der Haltung im Terrarium berücksichtigt. Dabei wird man schnell feststellen, daß viele Terrarianer ihre Terrarien viel zu schwach beleuchten.

Sehr wichtig ist der Einsatz von geeigneten Reflektoren, durch die sich die Lichtausbeute der verschiedenen Leuchtmittel erheblich verbessern läßt. Ohne solche Reflektoren geht ein sehr hoher Prozentsatz des freigesetzten Lichtes an die Umgebung verloren und steht so zur Ausleuchtung des Terrariums nicht mehr zur Verfügung. Als einfacher, aber doch sehr effektiver Reflektor für Leuchtstoffröhren dient ein entsprechend langes und in der Mitte in Längsrichtung geknicktes Stück Aluminiumfolie oder -blech, das einfach über die betreffende Röhre gelegt wird.

Für HQL- und HWL-Strahler eignen sich größere Tonblumentöpfe sehr gut, die man innen mit Alufolie auskleidet und in die anschließend der Leuchtkörper eingepaßt wird.

Nachfolgend soll nun auf die einzelnen Möglichkeiten der Terrarienbeleuchtung etwas näher eingegangen werden.

Leuchtstofflampen

Die wohl bekannteste und gebräuchlichste Terrarien- und Vivarienbeleuchtung stellt sicherlich die Leuchtstofflampe dar. Leuchtstofflampe sind in vielen verschiedenen Längen, Wattstärken und Lichtfarben im Fachhandel erhältlich, so daß für jede Terrariengröße geeignete Lampe zur Verfügung stehen.

Röhren aus Baumärkten, wie sie zur Zimmerbeleuchtung Verwendung finden, eignen sich nur für dämmerungs- und nachtaktive Reptilienarten oder in Kombination mit anderen Leuchtkörpern.

Seit jüngster Zeit werden Leuchtstofflampen im Handel angeboten, die speziell für die Terraristik entwickelt wurden. Diese eignen sich sehr gut für den Einsatz in kleineren Behältern. Sie geben auch einen gewissen Anteil an UV-A- und UV-B-Strahlen ab, die für die Tiere sehr wichtig sind. Allerdings muß man darauf achten, daß Leuchtkörper, die UV-Strahlung freisetzen, direkt in das Innere des Terrariums strahlen können, da die meisten Glassorten die ultravioletten Strahlen fast vollständig herausfiltern und somit die gewünschte Wirkung verhindern. Des weiteren ist zu beachten, daß die Reichweite der UV-Strahlen dieser Spezialleuchten (noch) nicht sehr groß ist und nur etwa 30 cm beträgt. Das bedeutet, daß in einer größeren Entfer-

Für Wüstenbewohner wie Dornschwanzagamen (*Uromastyx acantinura*) sollte man hochwertige Leuchtmittel wie HQI- oder HQL-Strahler verwenden. Foto: J. Rauh

nung von der Lampe keine UV-Strahlen mehr „ankommen". Außerdem nimmt der UV-Anteil dieser Lampen relativ schnell ab, so daß sie öfter ausgewechselt werden müssen. Da die technische Entwicklung auf diesem Sektor aber recht rasch voranschreitet, sollte man sich vor dem Kauf über die aktuellen Möglichkeiten und Leistungsdaten der angebotenen Produkte gründlich informieren.

Für größere Terrarien sind Leuchtstofflampe als alleinige Lichtquelle meist nicht mehr ausreichend. Hier müssen entweder sehr viele Lampen zum Einsatz kommen, oder es empfiehlt sich eine Kombination mit HWL-, HQL-, HQI- oder Halogenstrahlern.

Leuchtstofflampen selbst erzeugen beim Betrieb nur eine geringe Erwärmung, lediglich das zum Betrieb erforderliche Vorschaltgerät entwickelt mitunter eine enorme Wärme. Diese kann man sich zunutze machen, indem man das Vorschaltgerät einfach unter einem anderen Terrarium anbringt und somit in vielen Fällen eine zusätzliche Bodenheizung überflüssig wird (aber Vorsicht: keine eigenmächtigen Elektroinstallationen vornehmen!). Das Vorschaltgerät sollte aber auf einer Metallplatte und nicht auf Holz installiert sein. Es darf auch nicht mit anderen brennbaren oder hitzeunbestän-

digen Materialien wie Styropor oder Kunststoff in Berührung kommen, damit kein Brand entsteht. Die allgemeinen Sicherheitsregeln für Elektroinstallationen sind unbedingt zu beachten!

Um im Terrarium einen Sonnenaufgang bzw. -untergang künstlich nachzuahmen, kann man einen sogenannten automatischen Dimmer installieren, der für ein langsames Ansteigen bzw. Abfallen der Lichtintensität sorgt. Der Sonnenaufgang bzw. -untergang in der Natur zieht sich ja bekanntlich über mehrere Stunden hin und geht nicht schlagartig vonstatten. Dies gibt den Tieren die Möglichkeit, sich am Abend in Ruhe auf ihre Schlafplätze zu begeben oder am Morgen langsam aufzuwachen und die Wärmequelle aufzusuchen.

Normalerweise gewöhnen sich die Tiere aber recht schnell an die veränderten Verhältnisse und suchen rechtzeitig vor dem Abschalten der Beleuchtung ihre Schlafplätze auf.

HWL-, HQI- und HQL-Strahler

HWL-, HQI- und HQL-Strahler (Hochdruck-Gasentladungslampen) sind zur Terrarienbeleuchtung sehr gut geeignet, da sie viel Wärme abgeben und somit auch gleichzeitig als Wärmestrahler fungieren. Sie erzeugen ein sehr helles, weißes Licht, haben eine gute Lichtausbeute und geben darüber hinaus auch UV-Strahlen ab. Ein weiterer Vorteil dieses Strahlertyps liegt in seiner hohen Lebensdauer. Aufgrund der hohen Wärmeentwicklung ist ein gewisser Mindestabstand zu den Tieren erforderlich, weshalb sich ihr Einsatz auf größere Terrarien (ab ca. 1 m Höhe) beschränkt. Die Lampen müssen durch Drahtkäfige geschützt sein, damit sich die Tiere nicht an ihnen verbrennen.

Da es sich um Strahler handelt, ist jedoch eine gleichmäßige Beleuchtung des Terrariums sehr schwierig, weshalb sich eine Kombination mit Leuchtstoffröhren empfiehlt.

Während sich HWL-Strahler ohne Vorschaltgerät betreiben lassen, ist für den Betrieb von HQL- und HQI-Strahlern ein solches erforderlich. Diese Strahler dürfen aus Sicherheitsgründen nur mit Porzellan- oder Metallfassungen betrieben werden. Wie man Stecker, Vorschaltgerät und HQL- oder HQI-Strahler fachgerecht anschließt, zeigt der nachfolgende Plan.

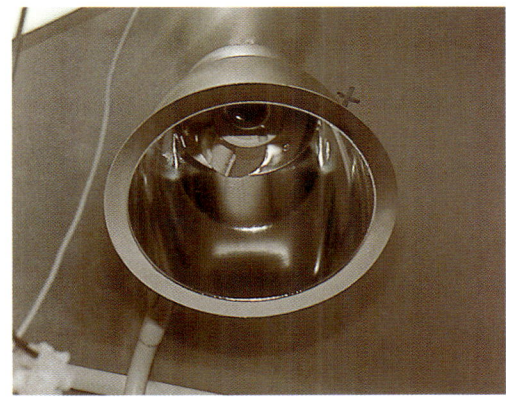

Mit Reflektor versehene, im Terrarium installierte Fassung für eine HQL-Lampe Foto: H. Juschka

Die Vorschaltgeräte können wieder zur Beheizung anderer Terrarien herangezogen werden. Für jeden HQL- oder HQI-Strahler ist ein eigenes Vorschaltgerät notwendig. Es dürfen auf keinen Fall mehrere Lampen über ein einziges Vorschaltgerät geschaltet werden.

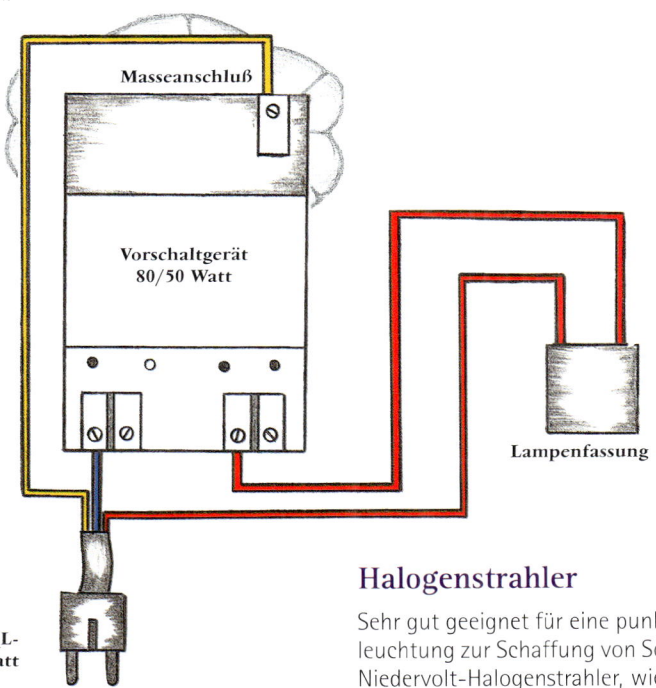

Anschluß eines HQL-Strahlers mit 80 Watt Leistung.

Halogenstrahler

Sehr gut geeignet für eine punktuelle intensive Beleuchtung zur Schaffung von Sonneninseln sind die Niedervolt-Halogenstrahler, wie sie zur Zimmerbeleuchtung in Baumärkten zu haben sind. Als ausschließliche Beleuchtung eignen sie sich nur für kleine Behälter, ansonsten ist eine Kombination mit Leuchtstoffröhren erforderlich. Auch Halogenstrahler geben einen gewissen Teil an ultravioletter Strahlung ab. Da diese UV-Strahlung für den Einsatz im Wohnbereich normalerweise unerwünscht ist, sind bei neueren Ausführungen die Birnen durch eine dünne Glasscheibe geschützt. Diese muß vorher entfernt werden, damit man die UV-Strahlung für die Reptilien nutzen kann.

Niedervolt-Halogenstrahler können nur mit einem speziellen Trafo betrieben werden, der die Netzspannung von 230 Volt auf eine Betriebsspannung von 12 Volt drosselt. Auch dieser Trafo erwärmt sich bei längerem Betrieb sehr stark, wodurch er sich ebenfalls für den zusätzlichen Einsatz als Heizung eignet.

UV-Strahler

Wie eingangs bereits erwähnt wurde, ist ultraviolette Strahlung für viele tagaktive Reptilienarten aktivitäts- und stoffwechselfördernd. Ist keine Freilandhaltung der Reptilien möglich, bei der sie ungefiltertes Sonnenlicht genießen können, sollte man seine sonnenhungrigen Pfleglinge von Zeit zu Zeit einer künstlichen UV-Bestrahlung aussetzen.

Am geeignetsten hierfür ist der 300 Watt starke UV-Strahler „Ultra-Vitalux" der Firma Osram. Als baugleiches Modell kann ebensogut auch der 300-W-Strahler „Radium Sanolux" verwendet werden. Solche UV-Strahler geben sowohl Strahlung im UV-B- als auch im UV-A-Bereich ab. UV-B-Strahlen sind für den Reptilienkörper zur Bildung des Vitamins D_3 unentbehrlich, das wiederum eine wichtige Rolle im Calciumstoffwechsel spielt. Ohne dieses Vitamin ist das zugefütterte Calcium für den Organismus nicht verfügbar und wird ungenutzt wieder ausgeschieden. Dadurch kommt es auf Dauer zu einem Calciummangel in den Knochen (vor allem bei der Aufzucht von Jungtieren), und es entsteht eine Rachitis. Hierbei werden die Knochen aufgrund der Entkalzifizierung weich und biegsam. Diese Krankheit führt ohne sofortige Gegenmaßnahmen zu schweren Verkrüppelungen und schließlich zum Tod des betroffenen Tieres (s. Kapi-

tel 15). UV-A-Strahlen sind hingegen für die Pigmentbildung der Haut verantwortlich. Bei dämmerungs- und nachtaktiven Arten spielt die UV-Strahlung so gut wie keine Rolle, da die Tiere ja erst aktiv werden, wenn die Sonne bereits untergegangen ist.

Beim Einsatz eines UV-Strahlers sollten die Reptilien langsam an die Strahlung gewöhnt werden. Man beginnt mit einer Bestrahlungsdauer von einer Minute und erhöht die Dosis täglich ein wenig, bis nach zwei Wochen eine Bestrahlungszeit von ca. 10 Minuten erreicht wird. Eine Bestrahlungszeit von 10 Minuten ein- bis zweimal wöchentlich ist für adulte Tiere völlig ausreichend. Jungtiere sollte man dreimal wöchentlich für etwa 10 Minuten bestrahlen. Bei vielen sonnenhungrigen Reptilien der Wüsten und Steppen sollte die tägliche Bestrahlungsdauer bis zu einer Stunde betragen. Eine zu lange Bestrahlungsdauer schadet aber den Tieren mehr als sie nützt.

Es ist aber die Einbrennzeit des UV-Strahlers zu bedenken, die mehrere Minuten betragen kann (aus den technischen Angaben des Strahlers zu ersehen). Die angegebenen Zeiten müssen also als „Nettozeiten" nach erfolgter Einbrennphase verstanden werden. Erst nach Einhalten dieser Einbrennzeit gibt der Strahler die gewünschte Strahlung in der optimalen Zusammensetzung ab.

Bei der UV-Bestrahlung ist unbedingt darauf zu achten, daß der Abstand zwischen Strahler und Tier mindestens 80 cm beträgt, damit es nicht zu Verbrennungen kommt. Auch Reptilien können durch zu lange und zu intensive UV-Bestrahlung, wie wir Menschen auch, an Hautkrebs erkranken. Bei zu intensiver UV-Bestrahlung kommt es zudem leicht zu Augenproblemen.

Viele andere Autoren sind der Meinung, daß bei einer ausreichenden Vitamin-D_3-Versorgung auf eine zusätzliche UV-Bestrahlung verzichtet werden kann. Dies ist wohl richtig, doch sollte man die positive Wirkung der UV-Strahlen auf die Aktivität und das Allgemeinbefinden der Tiere nicht unterschätzen. Des weiteren wirken ultraviolette Strahlen auch appetitanregend und stimulierend für die Fortpflanzungsbereitschaft und sollten meiner Meinung nach daher von gewissenhaften Pflegern unbedingt regelmäßig eingesetzt werden.

Verschiedene Strahlertypen für Beleuchtungs- und Heizzwecke:
Halogen-Spotstrahler (links oben); HQL-Birne (rechts oben); Spotstrahler (Mitte links); Elsteinstrahler (Mitte rechts); Infrarot-Heizbirne (links unten); UV-Strahler „Osram Ultra-Vitalux", 300 W (rechts unten)
Fotos: M. Schmidt/P. Lammers

Messen und Steuern des Terrarienklimas

Da Reptilien wechselwarme Lebewesen sind, ist das richtige Terrarienklima für eine erfolgreiche und artgerechte Haltung von Vertretern dieser Tiergruppe eine der wichtigsten Voraussetzungen. Um die für die jeweils gepflegte Reptilienart angemessene Temperatur und Luftfeuchtigkeit messen und regeln zu können, sind einige technische Hilfsmittel erforderlich. Daher müssen in jedem Terrarium die nötigen Meßinstrumente wie Thermometer und Hygrometer vorhanden sein. Ohne diese Hilfsmittel ist es unmöglich, Veränderungen von Temperatur und Luftfeuchtigkeit rechtzeitig zu erkennen und die Pfleglinge sofort durch entsprechende Gegenmaßnahmen vor gesundheitlichen Schäden zu bewahren. Diese Situation kann sehr schnell eintreten, wenn beispielsweise der Thermostat nicht mehr einwandfrei funktioniert, der Behälter überhitzt oder wenn ein Heizelement ausfällt und die Temperatur in für die Reptilien schädliche Bereiche absinkt. Es läßt sich also bereits an solchen „Kleinigkeiten" wie das Fehlen oder Vorhandensein geeigneter Meßinstrumente ein gewissenhafter Terrarianer erkennen.

Das Thermometer

Ein Thermometer ist ein Meßinstrument, das zum Messen von Temperaturen dient. Es wird in verschiedenen Ausführungen (mechanisch oder digital) und in unterschiedlichen Meßbereichen im Handel angeboten. Für unsere Zwecke sind Thermometer mit einem Meßbereich bis 40 °C ausreichend. Nur in Wüstenterrarien können die Werte noch darüber hinausgehen, jedoch nur direkt im Strahlungsbereich einer Heizlampe. Die Lufttemperatur steigt auch hier niemals über 40 °C an.

Sehr gut bewährt haben sich Thermometer mit digitaler Meßwertanzeige, da sie meist eine höhere Genauigkeit besitzen als mechanische Instrumente mit Zeigeranzeige.

Zum Messen der Lufttemperatur wird das Thermometer etwa im zweiten Drittel der Terrarienhöhe an der Behälterrückwand angebracht. Meist verfügen die Meßinstrumente über einen Streifen doppelseitigen Klebebandes an der Rückseite, was ein einfaches Anbringen ermöglicht. Bevor man Tiere in ein neues Terrarium einsetzt, sollte man ein weiteres Thermometer an anderen Stellen im Behälter aufstellen, um zu prüfen, ob die notwendigen Temperarturbereiche auch vorhanden sind. Bei einigen Arten kann auch die Bodentemperatur für eine erfolgreiche Pflege entscheidend sein.

Zum Messen der Strahlungswärme unter einem Heizstrahler verwendet man ein Aquarienthermometer mit Alkoholsäule, dessen unterer Teil schwarz angestrichen wurde.

Digitales (links) und analoges (rechts) Thermo-/Hygrometer Foto: J. Rauh

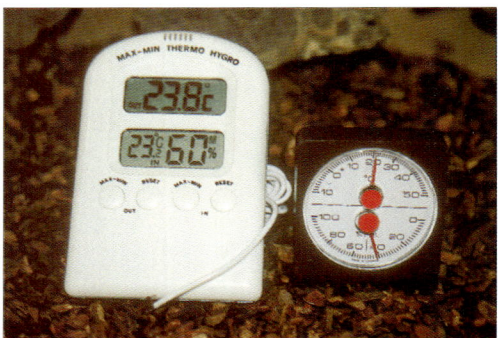

Das Hygrometer

Ein Hygrometer ist ein Meßinstrument, das zum Messen der Luftfeuchtigkeit dient. Wie auch das Thermometer wird es in digitaler und mechanischer Ausführung angeboten. Der Meßbereich beginnt bei 0 % und endet bei 100 % relativer Feuchte. Bei einem Wert von 100 % ist der Sättigungsgrad der Luft mit Wasser erreicht. Diese Sättigung ist temperaturabhängig. Bei höheren Temperaturen kann die gleiche Menge Luft mehr Wasser aufnehmen als bei niedrigeren – daher der Begriff „relative Feuchte".

Aufgrund der in der Regel höheren Meßgenauigkeit sind Digitalhygrometer vorteilhafter als mechanische Meßinstrumente.

Zum Ermitteln der relativen Luftfeuchtigkeit im Terrarium wird das Hygrometer im oberen Behälterbereich am besten an der Rückwand befestigt. Auch hier sollte vor dem Einsetzen der Tiere ein zweites Hygrometer an verschiedenen Stellen im Terrarium aufgestellt werden, um auch die Luftfeuchtigkeit in Schlupfwinkeln, zwischen Pflanzen usw. ermitteln zu können.

Ein mechanisches Hygrometer kann im Laufe der Zeit an Meßgenauigkeit verlieren. Aus diesem Grund verfügen solche Instrumente über eine Justierschraube in der Gehäuserückseite, an der bei Bedarf die Anzeige wieder reguliert werden kann. Um die Genauigkeit eines Hygrometers zu überprüfen, wickelt man es für ca. 10 Minuten in ein feuchtes Tuch ein und legt es an einen wärmeren Platz im Zimmer. Danach sollte es etwa 98 % anzeigen. Bei zu starker Abweichung von diesem Wert muß es mittels Schraubenzieher an der Justierschraube nachreguliert werden.

Der Thermostat

Bei der Verwendung eines Heizelementes, das für die Erwärmung eines bestimmten Terrariums eine zu hohe Leistung besitzt und dieses bei Dauerbetrieb über den für die gepflegten Reptilien erträglichen Temperaturwert aufheizen würde, ist der Einsatz eines Thermostaten erforderlich. Dieser wird mit dem Netzstecker des Heizelementes gekoppelt. Am Gehäuse des Thermostaten befindet sich ein Drehschalter, an dem nun die gewünschte Temperatur eingestellt werden kann. Überwacht wird diese durch einen Temperaturfühler, der in das Terrarium geleitet und an der Stelle angebracht wird, an der die gewählte Temperatur vorherrschen soll. Steigt nun die Behältertemperatur über den eingestellten Wert, schaltet der Thermostat das gekoppelte Heizelement ab. Es können – je nach Bauart – auch mehrere Heizelemente über einen Thermostaten geschaltet werden.

Thermostate gibt es mittlerweile in vielen verschiedenen Ausführungen. Für welche man sich entscheidet, hängt von den Ansprüchen der gepflegten Reptilienart und von der Dicke des Geldbeutels ab. Die Temperaturschwankung (Regelge-

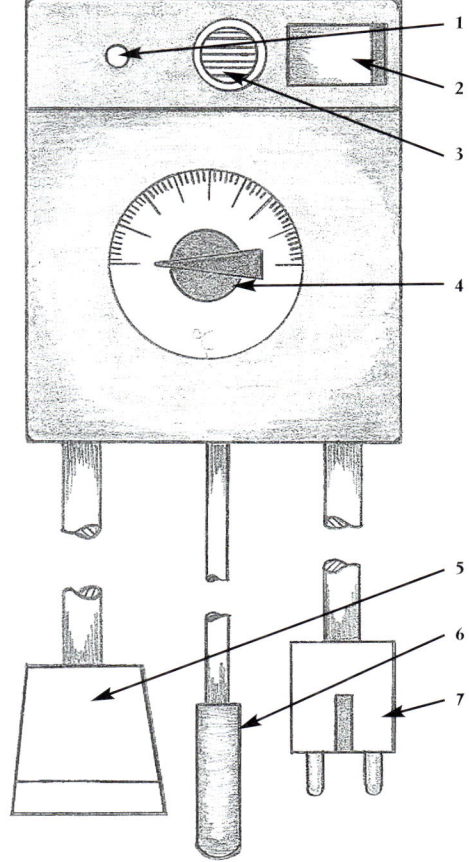

Thermostat:
1 Leuchtdiode
2 Kippschalter
3 Fotozelle
4 Temperaturwahlschalter
5 Dose für den Netzstecker des Heizelementes
6 Temperaturfühler
7 Netzstecker

nauigkeit) eines solchen Gerätes ist für den Einsatz im Terrarium von untergeordneter Wichtigkeit. Hier können auch Temperaturschwankungen von +/- 1 °C und mehr problemlos hingenommen werden. Wird der Thermostat jedoch zur Eizeitigung verwendet, sollte er eine Temperaturschwankung von +/- 0,1 °C nicht wesentlich überschreiten.

Da die meisten Reptilienarten nachts kühler gehalten werden müssen als am Tag, ist der Einsatz eines Thermostaten mit Nachtabsenkung sinnvoll. Dies ist aber nur dann erforderlich, wenn die Raumtemperatur in dem Raum, in dem das Terrarium steht, auf Werte abfällt, die für die Tiere schädlich sind; sonst genügt es, während der Nacht einfach alle Heizelemente abzustellen.

Es gibt Thermostate, die über eine baulich bedingte Nachtabsenkung verfügen. Diese Geräte sind in Ausführungen mit Nachtabsenkungen von 2, 5, 8 und 10 °C erhältlich. Es ist also beim Kauf wichtig zu wissen, welche Absenkung für die gepflegte Reptilienart erforderlich ist. Bei Einbruch der Dunkelheit wird durch eine Fotozelle die Nachtabsenkung aktiviert.

Eine komfortablere Lösung stellen Geräte dar, die über zwei Schaltkreise verfügen. Bei ihnen kann man Tag- und Nachttemperatur getrennt voneinander einstellen. Der Thermostat kann später auch für andere Arten Verwendung finden, die abweichende Ansprüche an die Nachtabsenkung der Temperatur stellen.

Ein Nachteil, der von einer zu genauen Temperaturregelung und der daraus resultierenden Gleichförmigkeit der Haltungsbedingungen ausgeht, muß jedoch ebenfalls erwähnt werden. Wenn die Reptilien über einen längeren Zeitraum ständig denselben Tag- und Nachttemperaturen ausgesetzt und keine Schwankungen vorhanden sind, kann dies zu gesundheitlichen Problemen führen. Bei solch monotonen Temperaturbedingungen kommt es u. U. zu Erkrankungen wie Pneumonien (Lungenentzündungen) oder Stomatitis ulcerosa (Maulfäule). Meist treten diese Erkrankungen aus für den Pfleger unerklärlichen Gründen immer wieder auf. Oft führt erst eine Veränderung der Temperaturbedingungen zu einer dauerhaften Gesundung. Abhilfe schafft hier neben der tageszeitlichen die Einführung einer jahreszeitlichen Rhythmik.

Der Luftbefeuchter

Zur Aufrechterhaltung einer hohen Luftfeuchtigkeit in größeren Feuchtterrarien ist meist ein Aussprühen des Behälters mittels Pflanzenspritze nicht mehr ausreichend. Hier wird der Einsatz eines Luftbefeuchters erforderlich.

Für kleinere Terrarien bis etwa einem Kubikme-

ter Rauminhalt eignen sich die im Fachhandel erhältlichen Ultraschall-Luftbefeuchter. Diese sind mir bisher in zwei Ausführungen bekannt. Bei der einen wird ein kleiner Vernebler (Durchmesser eines Fünfmarkstücks) direkt in das Wasserbecken des Terrariums gestellt, dessen Inhalt dann zur Luftbefeuchtung genutzt wird. Bei der zweiten Ausführung handelt es sich um einen externen Vernebler mit separatem 4-Liter-Vorratsbehälter.

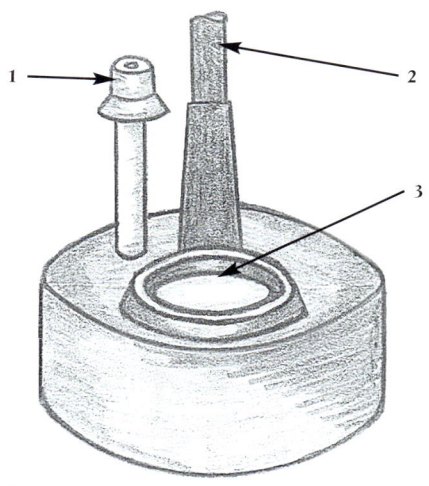

Mini-Ultraschallvernebler:
1 Wasserstandsprüfer
2 Netzzuleitung
3 Membran

Das Funktionsprinzip ist für beide Vernebler gleich. Der Apparat versetzt mit Hilfe von Tönen, die im Ultraschallbereich liegen, eine Membran in Schwingung. Durch diese Schwingung wird das Wasser in winzig kleine Tröpfchen (Nebel) zerstäubt, die somit für eine Erhöhung der Luftfeuchtigkeit sorgen. Der entstandene Wasserdampf ist kühl und stellt somit auch keine Gefahr für die gepflegten Reptilien dar. Die Vernebler sollten durch eine Zeitschaltuhr in gewissen Abständen zu- und abgeschaltet werden, da ein Dauerbetrieb meistens nicht nötig ist. Ansonsten würde das gesamte Terrarium in große Nebelschwaden eingehüllt.

Zur Befeuchtung mehrerer Kubikmeter Luft in Großterrarien oder Gewächshäusern eignen sich die handelsüblichen Raumluftbefeuchter sehr gut.

Eine weitere Möglichkeit, in größeren Terrarien Nebel und die damit verbundene hohe Luftfeuchtigkeit zu erzeugen, bieten die Bewässerungssysteme für Pflanzen, wie sie von der Firma Gardena angeboten werden. Eine Pumpe, die an die Wasserleitung angeschlossen wird, ist mit einer programmierbaren Zeitschaltuhr ausgestattet. Hier kann man den Zeitpunkt der „Regengüsse" und deren Dauer (mindestens eine Minute) individuell einstellen. Von dieser Pumpe wird nun eine Hauptleitung in das Terrarium gelegt und an der Decke befestigt. Das freie Ende der Hauptleitung wird verschlossen, damit hier kein Wasser ablaufen kann und in der Leitung der nötige Druck entsteht. Nun werden in die Leitung in gewissen Abständen Löcher gebohrt. In diese Löcher schraubt man die ausgewählten Zerstäuber oder Tropfer, für deren dauerhaften Halt etwas Sekundenkleber nötig ist.

Die im Handel erhältlichen Zerstäuber erzeugen einen feinen Wassernebel, wie er auch bei der Verwendung einer Pflanzenspritze entsteht. Welcher Zerstäuber sich am besten eignet, ist vom Einbau, dem Terrarium und den gepflegten Tieren abhängig und muß individuell entschieden werden.

Für den Bau einer Beregnungsanlage eignen sich die sogenannten Tropfer sehr gut. Diese werden ebenfalls in verschiedenen Ausführungen angeboten. Der Unterschied liegt in der Tropfenmenge, die diese Tropfer in einer bestimmten Zeit abgeben.

Die Pumpen, Schläuche, Zerstäuber und Tropfer der Firma Gardena sind in Baumärkten und größeren Gartencentern zu haben. Hier bekommt man vom Fachhändler auch weitere Informationen über die Installation einer solchen Bewässerungsanlage.

Für empfindlichere Bewohner von Regenwaldterrarien, z. B. der Chondropython (*Morelia viridis*), empfiehlt sich der Einsatz von Luftbefeuchtern oder Beregnungsanlagen, um die nötige Feuchtigkeit zu erzielen. Foto: M. Schmidt

Die Zeitschaltuhr

Ein schon fast banales, aber doch außerordentlich wichtiges Gerät zur Steuerung der Klima- und Beleuchtungsverhältnisse im Terrarium ist die Zeitschaltuhr. Mit ihrer Hilfe werden Beleuchtung, Heizung und Sprüh- oder Nebelanlagen des Terrariums oder der Terrarienanlage zu bestimmten Zeiten ein- und wieder abgestellt. Sie ist damit ein unentbehrlicher Bestandteil der Terrarientechnik. Durch Kombination mehrerer Zeitschaltuhren läßt sich das gesamte Terrarienklima den Bedürfnissen der Tiere entsprechend perfekt austarieren. Dabei können über das Jahr wechselnde Anforderungen – wie eine unterschiedliche Tageslichtlänge – durch gelegentliches Umprogrammieren problemlos erfüllt werden.

Zeitschaltuhren sind in zahlreichen Modellen auf dem Markt, von recht einfachen mechanischen Geräten, die lediglich das Ein- und Ausstellen der an sie angeschlossenen Geräte zu verschiedenen Zeiten erlauben, bis hin zu digitalen Schaltuhren, die die Einstellung vieler Schaltintervalle, unterschiedlicher Intervallzeiten (bis zu einer Minute) sowie von Wochen- oder Monatsprogrammen ermöglichen.

altung von Reptilien im Terrarium

Allgemeines zur Reptilienhaltung

Es ist sehr wichtig, sich zunächst darüber im klaren zu sein, daß für die Reptilienhaltung ein hohes Maß an Sachkenntnis und Fachwissen erforderlich ist. Ohne dieses Fachwissen ist es nicht möglich, Reptilien zu halten, artgerecht unterzubringen oder zu ernähren, geschweige denn zur Fortpflanzung zu bringen. Reptilien kann man sich nicht einfach aus einer Laune heraus anschaffen, nur weil man gerade bei einem Routinebesuch im Zoofachgeschäft um die Ecke eine schöne Echse, Schlange oder Schildkröte entdeckt hat, oder weil ein schön eingerichtetes Terrarium das heimische Wohnzimmer noch besser zur Geltung bringt. Leider wird dies oft nicht berücksichtigt (auch nicht vom Zoofachhändler) und vorschnell wahllos eingekauft (und verkauft). Oft kennt der Käufer nicht einmal den Namen der Tiere, die er soeben erstanden hat, oder nur einen deutschen Phantasienamen.

Zur Haltung eines Kaninchens, eines Goldhamsters oder eines Meerschweinchens genügt es, das Tier in einen entsprechenden Käfig zu setzen und ihm regelmäßig Futter und Wasser anzubieten. Der Halter braucht also so gut wie keine Sachkenntnis, um die Tiere über viele Jahre hinweg erfolgreich zu pflegen. Verfügt man darüber hinaus noch über ein männliches und ein weibliches Tier, klappt es mit der üppigen Nachzucht von ganz alleine, ohne das Zutun des Halters. Viele Besitzer eines Süßwasseraquariums haben sich dieses als Zimmerschmuck und zur Beruhigung angeschafft, wissen aber häufig nicht, welche Fische überhaupt in ihrem Becken schwimmen oder wo deren natürliches Verbreitungsgebiet liegt. Diese Fische werden nach dem schönen Aussehen beim Händler ausgewählt und unabhängig von ihren eigentlichen Biotopen in einem Gesellschaftsaquarium zusammengesetzt. Ge-

Bei der Anschaffung von Jungtieren sollte der Käufer sich im klaren sein, daß sich die Haltungsansprüche der Tiere bezüglich der Terrarienabmessung mit der Zeit sehr stark ändern können. So wird man für diese *Boa constrictor* in ein paar Jahren ein recht großes Becken benötigen. Foto: M. Schmidt

füttert wird oft ausschließlich mit Flockenfutter. Die meisten Arten vertragen dies mehr oder weniger gut und lassen sich auch unter miserablen Bedingungen längere Zeit hältern.

Diese Situation ist in der Terraristik jedoch undenkbar. Es ist nicht möglich, Reptilien mit völlig verschiedenen Klimabedürfnissen in einem Behälter zusammen unterzubringen und zu meinen, daß es den Tieren dabei auch noch gut geht. Auch die Ernährung mit nur einer Futtersorte ist nicht möglich. Daß Reptilien, die so untergebracht werden, jämmerlich zugrunde gehen, steht außer Frage. In welchem Zeitraum dies geschieht, hängt letztendlich von der Anpassungsfähigkeit und Robustheit der betreffenden Arten ab. Weniger anspruchsvolle Exemplare lassen sich dann ein Jahr oder vielleicht sogar länger am Leben erhalten, ohne daß es ihnen jedoch jemals richtig gut geht. Sehr anspruchsvolle und hochspezialisierte Arten sterben bei unsachgemäßer Unterbringung meist schon innerhalb weniger Wochen oder Monate. An eine Vermehrung ist unter diesen Bedingungen nicht zu denken. Auch wenn man zweifellos ein Pärchen einer Art besitzt, bedeutet dies nicht zwangsläufig eine erfolgreiche Nachzucht. Die meisten Reptilien pflanzen sich nur unter optimalen Haltungsbedingungen mit dem entsprechenden Fachwissen und Engagement des Halters fort. Eine regelmäßig gelingende Vermehrung von Terrarientieren ist daher der beste Beweis für eine richtige und artgerechte Unterbringung und Pflege. Die wichtigsten Voraussetzungen für eine erfolgreiche Reptilienpflege sind neben der erwähnten Kompetenz des Pflegers noch die Größe, Form und Einrichtung des Terrariums sowie dessen Beleuchtung, Temperatur, Feuchtigkeit und Belüftung.

Durch „Schwarze Schafe", die sich Reptilien aus Geltungsbedürfnis anschaffen, über keinerlei Sachkenntnis verfügen und die Tiere häufig aus Unwissenheit oder Bequemlichkeit unter erbärmlichen Bedingungen „gefangenhalten", gerät die Terraristik in Mißkredit, und es wird von ebenfalls ahnungslosen und übertreibenden Tierschützern die Meinung vertreten, daß exotische Tiere bei Privatpersonen nicht artgerecht gepflegt werden können. Die vielen tausend Spezialisten und Liebhaber, die sich hervorragend mit ihren Pfleglingen auskennen,

Bei richtiger Pflege ist die Griechische Landschildkröte (*Testudo hermanni boettgeri*) ein auch für Anfänger gut zu haltendes Reptil. Foto: W. Schmidt

diese bis zu ihrem Höchstalter bei bester Gesundheit pflegen und über viele Generationen nachzüchten, werden dabei nicht berücksichtigt. Ich kenne Privatpersonen, die über Terrarienanlagen verfügen, bei denen sogar ein Zoo neidisch würde.

Es ist sehr wohl möglich, mit dem erforderlichen Fachwissen Reptilien artgerecht in privaten Terrarien zu halten, was die vielen Vermehrungserfolge der letzten Zeit unverkennbar belegen. Es werden immer wieder herausragende Nachzuchterfolge verschiedener Arten durch das unermüdliche Engagement von Privatpersonen verzeichnet, mitunter sogar Erstnachzuchten, die zuvor noch nie unter Terrarienbedingungen geglückt sind. Des weiteren gibt es zahlreiche Arten, die ohne die Hilfe von zoologischen Gärten und versierten Privatpersonen aufgrund von Biotopzerstörung, Bejagung oder Umweltverschmutzung bereits ausgerottet wären.

Wer in einem Zoofachgeschäft oder bei einem Reptilienhändler ein Tier entdeckt, das er gerne bei sich zu Hause pflegen möchte, der sollte sich auf jeden Fall bei einem kompetenten Verkäufer ausführlich beraten lassen. Ein verantwortungsbewußter Händler wird einem unerfahrenen Neuling auch nicht sofort ein Tier verkaufen, sondern zuerst die geeignete Literatur empfehlen. Hier kann sich der Neuling mit den Bedürfnissen der Reptilien vertraut machen und sich auch ein geeignetes Tier auswählen. Ist das Literaturstudium abgeschlossen und weiß man, welche Reptilienart man halten möchte, kann man sich im Fachhandel das richtige Terrarium und das nötige Zubehör besorgen. Der Behälter wird aufgestellt, den Bedürfnissen entsprechend eingerichtet und in Betrieb genommen. Das Terrarium wird nun so geführt, als wenn sich bereits Tiere darin befinden würden. Ist nach ein bis zwei Wochen alles in Ordnung und sind Temperatur und Luftfeuchtigkeit wie gefordert, können die Reptilien bedenkenlos eingesetzt werden.

Vergesellschaftung oder Einzelhaltung?

Grundsätzlich ist eine Vergesellschaftung mehrerer Reptilienarten in einem entsprechend großen Terrarium möglich. Man muß jedoch unbedingt darauf achten, daß die vergesellschafteten Tiere ungefähr dieselben Ansprüche an die Terrarieneinrichtung und das Terrarienklima stellen. Sie dürfen auch in der Größe nicht allzu verschieden oder gar potentielle Freßfeinde sein. So zeigen beispielsweise Echsen normalerweise eine angeborene Angst gegenüber Schlangen, so daß eine gemeinsame Haltung unmöglich ist.

Auf keinen Fall dürfen Schildkröten mit anderen Reptilien, wie Echsen oder Schlangen, in einem Terrarium zusammengesetzt werden, sondern nur mit ihresgleichen. Schildkröten scheiden nämlich in vielen Fällen Amöben (*Entamoeba invadens*) aus, ohne selbst an der durch diese Einzeller hervorgerufenen Amöbiasis zu erkranken. Nimmt aber eine Echse oder eine Schlange diese gefährlichen Krankheitserreger auf, verendet sie innerhalb weniger Wochen. Eine Behandlung gegen Amöben wäre bei klinisch gesunden Schildkröten unsinnig, da sie u. U. sogar zur normalen Darmflora gehören.

Sehr gut ist die gemeinsame Haltung von tag- und nachtaktiven Reptilienarten möglich. Wenn die tagaktiven Arten munter sind, befinden sich ihre nachtaktiven Terrariengenossen schlafend in ihren Schlupfwinkeln. Bei Einbruch der Dunkelheit ist dies genau umgekehrt, so daß jeder Art während ihrer Aktivitätszeit das gesamte Terrarium im Prinzip alleine zur Verfügung steht. Dabei ist natürlich zu beachten, daß den Tieren Versteckplätze zur Verfügung stehen, wo sie wirklich ungestört schlafen können.

Obwohl eine gemeinsame Haltung mehrerer Arten in einem ausreichend großen Terrarium in der Regel gut möglich ist, empfehle ich trotzdem die getrennte Unterbringung. Dies bedeutet, daß für jede gepflegte Reptilienart ein eigens dafür eingerichteter Behälter erforderlich ist. Dies bringt natürlich einen höheren Platzbedarf für unser Hobby mit sich, dafür hat aber jede Art ihr Terrarium, in dem die für sie günstigsten Bedingungen vorherrschen. Auch erhöht sich bei der nach Arten getrennten Haltung die Chance auf eine erfolgreiche Nachzucht um ein Vielfaches. Die Tiere haben dann mehr Ruhe für ihre Balz- und Paarungsaktivitäten sowie für die spätere Eiablage oder die Geburt der Jungtiere. Es kann auch vorkommen, daß andere Arten beim Graben die Gelege beschädigen oder auffressen.

Es gibt aber auch Reptilienarten, die aufgrund ihres natürlichen Verhaltens nur einzeln unterzubringen sind und nicht einmal mit artgleichen Geschlechtspartnern vergesellschaftet werden dürfen. Diese Arten lassen sich dann nur zu Paarungs- und Fortpflanzungszwecken unter Aufsicht zusammenbringen. Bei den Echsen sind hier vor allem viele Chamäleons zu nennen. Nur die wenigsten Arten lassen sich das ganze Jahr über paarweise pflegen. Auch viele Schlangen sind in der Natur Einzelgänger, die man auch im Terrarium separat halten sollte. Bei reptilienfressenden Arten wie einigen Königsnattern ist dies sogar ein Muß, wenn man nicht eines Tages eine unangenehme Überraschung erleben möchte – wenn nämlich statt zwei schlanken Tieren eines Morgens nur noch ein dickes vorzufinden ist. Auch bei Exemplaren, die schon seit Jahren gemeinsam leben, ist dieses Risiko nicht ganz auszuschließen. Auch viele Wasserschildkröten sind sehr unverträglich und aggressiv, so daß auch hier eine Einzelhaltung zu empfehlen ist.

Was tun im Urlaub?

Sicherlich stellt sich dem reiselustigen Leser die Frage, wie es mit der Versorgung seiner Pfleglinge im Urlaub aussieht. Am günstigsten ist es selbstver-

Sollte der Halter dieses Dreihornchamäleons (*Chamaeleo jacksonii*) länger verreisen, braucht er eine Person, die sich auf diesem Gebiet versteht, um eine gute Versorgung des Tieres über diesen Zeitraum sicherzustellen.
Foto: M. Schmidt/P. Lammers

ständlich, wenn man einen Verwandten, Nachbarn oder Hobbykollegen hat, der die Tiere während des Urlaubsaufenthaltes gewissenhaft versorgt. Wenn dies jedoch nicht der Fall sein sollte, gibt es noch eine zweite Lösung, mit der Sie Ihren Tierbestand unbeschadet über Ihre ein- bis zweiwöchigen Ferien bringen können. Hierzu müssen Sie die Reptilien aber einige Zeit auf die bevorstehende Abwesenheit vorbereiten.

Während ein Ausbleiben der Fütterung für zwei bis drei Wochen bei Schlangen kein Problem darstellt, ist dies bei vielen Echsen und Schildkröten nicht so einfach. Handelt es sich um europäische Landschildkröten, die im Freiland untergebracht sind und in deren Gehege Futterpflanzen wie Klee oder Löwenzahn wachsen, muß man sich auch um sie während des Urlaubs keine großen Sorgen machen. Echsen und Schildkröten, die man in Zimmerterrarien hält, werden vor dem Urlaub gut gefüttert, so daß sie ein gewisses Fettpolster anlegen. Während des Urlaubsaufenthaltes wird die Temperatur im Behälter um einige Grade (meist auf Zim-

mertemperatur) abgesenkt. Dadurch reduziert sich der Stoffwechsel und somit der Energieverbrauch. So überstehen gesunde und gut genährte Terrarientiere eine solche Zeitspanne unbeschadet. Vorsicht ist aber bei Jungtieren und reinen Pflanzenfressern geboten. Diese sollten von einer Person Ihres Vertrauens wenigstens alle zwei Tage gefüttert werden, um nicht zu sehr abzumagern. Auch frisches Trinkwasser muß immer zur Verfügung stehen. Bei einem längeren Urlaub kommen Sie um eine sachkundige Urlaubsvertretung nicht herum.

Diese Urlaubsvertretung muß man auch mit den technischen Einrichtungen und eventuellen Besonderheiten einzelner Individuen vertraut machen. Nur so ist es möglich, bei auftretenden Problemen während Ihrer Abwesenheit Abhilfe zu schaffen.

In einigen Reptiliengeschäften kann man seine Tiere auch zur Urlaubspflege abgeben. Dies ist aber durch das Umsetzen mit einigem Streß für das Tier verbunden. Inwieweit der jeweilige Händler kompetent und zuverlässig genug ist, muß jeder für sich selbst entscheiden.

Ernährung

Eine artgerechte und ausgewogene Ernährung unserer Pfleglinge ist in der Terraristik für einen guten Haltungs- und Vermehrungserfolg Voraussetzung. Nur so lassen sich Reptilien über viele Jahre oder sogar Jahrzehnte hinweg gesund und fit erhalten und erfolgreich nachzüchten. Der Qualität des angebotenen Futters muß unsere ganze Aufmerksamkeit geschenkt werden. Es müssen alle für die Tiere notwendigen Substanzen, wie Vitamine, Mineralstoffe und Spurenelemente, in ausreichender Menge darin enthalten sein. Es dürfen auf keinen Fall Pflanzenschutzmittel oder sonstige Toxine im Futter eingelagert sein, da Reptilien schon bei kleinsten Spuren solcher Stoffe mit heftigen Vergiftungserscheinungen reagieren können.

Einseitige Ernährung ist für unsere Tiere auf Dauer sehr schädlich und darum unbedingt zu vermeiden. Darüber hinaus kann es passieren, daß einzelne Individuen eine Vorliebe für ein bestimmtes Futter entwickeln und mit der Zeit alle anderen Futtersorten verschmähen. Eine Umgewöhnung ist dann nur durch langwierige und zeitaufwendige Anstrengungen von einem erfahrenen Pfleger möglich. Der Speiseplan muß so abwechslungsreich wie möglich gestaltet werden. Es nützen die besten Haltungsbedingungen nichts, wenn die Nahrungszusammenstellung nicht stimmt.

Von was ernähren sich Reptilien?

So unterschiedlich wie die Lebensräume und die Lebensgewohnheiten der einzelnen Reptilienfamilien, -gattungen und -arten sind, so unterschiedlich ist auch ihr natürliches Nahrungsspektrum.

Es gibt Reptilienarten, die sich omnivor ernähren; das bedeutet, daß sie so ziemlich alles fressen,

Krötenechsen (hier: *Phrynosoma solare*) sind Nahrungsspezialisten und sollten trotz ihres attraktiven Aussehens auf keinen Fall von Anfängern gekauft werden. Foto: H. Werning

Verschiedene Futtertiere für insektivore Reptilinarten

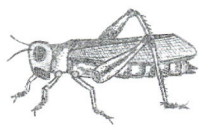  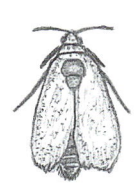   

Wanderheuschrecken   **Heimchen**   **Wachsmotte mit Raupe**   **Mehlwurm mit Puppe**

was sie bewältigen, verschlucken und verdauen können. Hierzu zählen einige Echsen- und Schildkrötenarten. Ihre Ernährung unter Terrarienbedingungen stellt daher in der Regel kein Problem dar. Im Gegensatz dazu gibt es aber auch sogenannte Nahrungsspezialisten, die sich in ihrem natürlichen Lebensraum auf ein ganz bestimmtes Futter spezialisiert haben und sich vorwiegend – oder sogar ausschließlich – davon ernähren. Hierunter fallen zum Beispiel die Vertreter der Gattung *Phrynosoma* (Krötenechsen), die sich auf den Verzehr von Ameisen spezialisiert haben, oder die ebenfalls zur Familie der Leguane (Iguanidae) zählenden und auf den Galápagosinseln beheimateten Meerechsen (*Amblyrhynchus cristatus*), die sich fast ausschließlich von Algen ernähren. Diese werden von den Leguanen unter Wasser tauchend abgegrast. Auch bei den Schlangen findet man Nahrungsspezialisten, die beispelsweise nur andere Reptilienarten fressen oder – wie im Fall der Eierschlangen (*Dasypeltis* spec.) – ausschließlich Eier verzehren.

Eine Haltung von Nahrungsspezialisten mit „ausgefallenen" Ansprüchen ist nicht oder nur von erfahrenen Pflegern möglich. Anfängern ist von der Anschaffung solcher Tiere auf jeden Fall strikt abzuraten.

> Reptilien kann man aufgrund ihrer Ernährungsweise in drei Gruppen einteilen: carnivor (fleischfressend), herbivor (pflanzenfressend) und omnivor (allesfressend). Die Grenzen zwischen diesen Ernährungsformen sind allerdings fließend. Auch herbivore Arten nehmen zur Abwechslung, als Jungtiere oder in der Trächtigkeit tierische Nahrung zu sich, während andererseits manche Fleischfresser gerne hin und wieder pflanzliche Nahrung fressen.

Carnivor ernähren sich alle Panzerechsen- sowie alle Schlangenarten (wobei sich einige Arten ausschließlich von Eiern ernähren), viele Wasserschildkröten- und die meisten Echsenarten. Sie fressen in der Natur alle möglichen Insekten, Schnecken, Würmer, Fische, Vögel und Säugetiere. Ein sehr gutes Futter für insektenfressende Arten im Terrarium ist das Wiesenplankton. Unter diese Bezeichnung fallen alle Insektenarten, die bei einem Kescherzug durch das hohe Gras erbeutet werden. Man muß darauf achten, daß die Futtertiere nicht mit Giften in Berührung gekommen sind und auch keine gespritzten Pflanzen verzehrt haben. Auf keinen Fall darf man Wiesenplankton in Naturschutzgebieten keschern, da dort die Entnahme aller Tiere und Pflanzen strikt verboten ist. Auch sonst darf man keine geschützten Insektenarten verfüttern. Eine gewisse Grundkenntnis über gefährdete Wirbellose ist beim Selbstfang des Futters also unabdingbar, damit man unbeabsichtigt gekescherte Opfer wieder freilassen kann.

Wichtige Nährstoffe, die nur in pflanzlicher Nahrung zu finden sind, werden von den carnivoren Reptilien sekundär über den Mageninhalt der Futtertiere aufgenommen.

Überwiegend herbivor ernähren sich einige Echsen wie beispielsweise *Iguana iguana* (Grüner Leguan), die als geschlechtsreife Tiere fast nur pflanzliche Nahrung zu sich nehmen. Ausnahmen bilden trächtige Weibchen oder Jungtiere, die aufgrund ihres erhöhten Proteinbedarfs zusätzlich tierische Nahrung benötigen. Am bekanntesten unter den pflanzenfressenden Reptilien sind zweifellos die Landschildkröten. Geeignetes Futter stellen ungespritzte und ungedüngte wildwachsende Gräser und Kräuter dar. Es können Löwenzahn (Blätter und

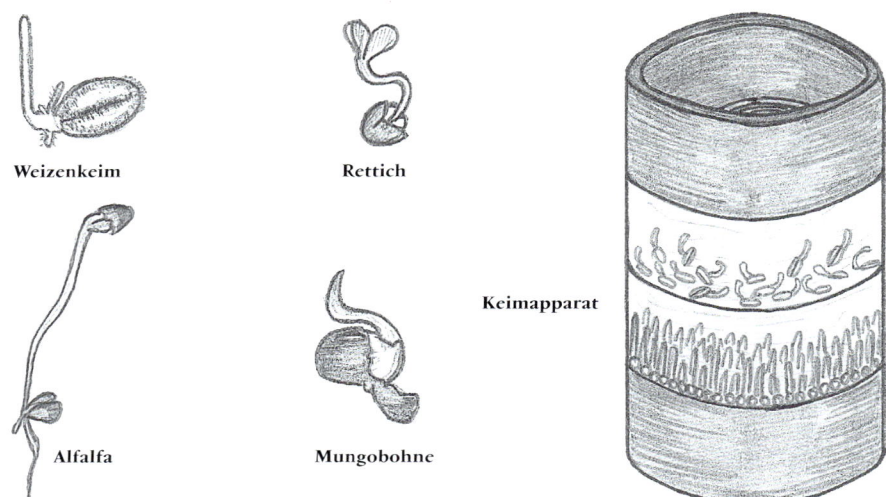

Weizenkeim

Rettich

Keimapparat

Alfalfa

Mungobohne

Nicht nur in den Wintermonaten stellen Keimlinge und Sprossen eine ideale Erweiterung des Speiseplans für pflanzenfressende Reptilienarten dar. Sie lassen sich sehr effektiv und preiswert in Keimapparaten erzeugen.

sen wie beispielsweise *Iguana iguana* (Grüner Leguan), die als geschlechtsreife Tiere fast nur pflanzliche Nahrung zu sich nehmen. Ausnahmen bilden trächtige Weibchen oder Jungtiere, die aufgrund ihres erhöhten Proteinbedarfs zusätzlich tierische Nahrung benötigen. Am bekanntesten unter den pflanzenfressenden Reptilien sind zweifellos die Landschildkröten. Geeignetes Futter stellen ungespritzte und ungedüngte wildwachsende Gräser und Kräuter dar. Es können Löwenzahn (Blätter und Blüten), Gänseblümchen, Breit- und Spitzwegerich, Klee, Melde, Vogelmiere, Taubnesseln, Römersalat, Kopfsalat, Feldsalat und vieles mehr gereicht werden. Des weiteren eignet sich unbehandeltes Gemüse wie geriebene Karotten, Rettich, Kraut, Kohl, Paprika, Tomaten usw. Auch Früchte sind für diese Reptilien wegen ihres hohen Vitamingehaltes sehr wichtig. Große Mengen an Vitamin C (Ascorbinsäure) enthalten beispielsweise Zitrusfrüchte wie Orangen, Mandarinen und Zitronen. Darüber hinaus eignen sich Äpfel, Birnen, Bananen, Pflaumen, Kiwi, Feigen, Kaktusfrüchte, Pfirsiche, Erdbeeren, Himbeeren, Kirschen, Johannisbeeren, Ananas und vieles mehr. Ein sehr gutes Futter – nicht nur für die Wintermonate – sind Keimlinge und Sprossen, die sich sehr preiswert in den käuflichen Keimapparaten erzeugen lassen.

Wichtige überwiegend herbivore Reptilien:

Echsen: *Iguana* spec. (Grüne Leguane); *Sauromalus* spec. (Chuckwallas); *Dipsosaurus dorsalis* (Wüstenleguan); *Corucia zebrata* (Wickelschwanzskink)

Schildkröten: Testudinidae (Landschildkröten); *Morenia* (Pfauenaugen-Sumpfschildkröten)

Die omnivore Ernährungsweise ist eine Mischung zwischen den beiden erstgenannten. Die Angehörigen dieser Gruppe verzehren sowohl pflanzliche als auch tierische Nahrung. Hierzu zählen viele Schildkröten- und einige Echsenarten. Bei vielen Arten kann entweder der herbivore oder der omnivore Teil überwiegen. Arten, die nur gelegentlich Pflanzen oder Fleisch zu sich nehmen, werden im allgemeinen nicht zu dieser Gruppe gerechnet.

Wichtige omnivore Reptilien:

Echsen: *Uromastyx* spec. (Dornschwanzagamen); *Tiliqua* spec. (Blauzungen- u. Tannenzapfenskinke); *Ctenosaura* spec. (Schwarze Leguane); *Cyclura* spec. (Nashornleguane); *Pogona* spec. (Bartagamen); diverse *Rhacodactylus*-Arten (Neukaledonische Riesengeckos)

Schildkröten: Emydidae (Sumpfschildkröten); *Terrapene* spec. (Dosenschildkröten); diverse *Trachemys*- und *Pseudemys*-Arten (Schmuckschildkröten)

Richtiges Füttern

Pflanzenfressende Reptilien müssen täglich (mit gelegentlichen Fastentagen) gefüttert werden, während der Abstand zwischen den Fütterungen bei Fleischfressern unter anderem von der Futterart und der Aktivität der Tiere abhängt. So werden adulte Schlangen etwa alle ein bis zwei Wochen gefüttert. Riesenschlangen überstehen nach einer üppigen Mahlzeit Fastenperioden von vier Wochen oder sogar mehreren Monaten unbeschadet. Es sind Fälle bekannt, in denen einzelne Individuen weit mehr als ein Jahr kategorisch die Nahrungsaufnahme verweigerten, ohne Schaden davonzutragen. Heranwachsende Jungschlangen sollten jedoch wenigstens einmal wöchentlich ausreichend Nahrung erhalten.

Panzerechsen müssen ebenfalls nur in größeren Zeitabständen gefüttert werden. Je nach Art sollte der Abstand zwischen den einzelnen Fütterungen ein bis vier Wochen betragen. Jungtiere müssen je nach Alter in Abständen von drei bis acht Tagen Nahrung erhalten. Dies ist auch bei fleischfressenden Großechsen wie Waranen der geeignete Fütterungsrhythmus. Insektenfressenden Echsenarten bietet man alle zwei bis drei Tage ausreichend Nahrung an.

Eine Grundregel für die Reptilienfütterung lautet, daß Reptilien ausreichend ernährt, aber stets leicht hungrig sein sollten. Ein Problem bei der Terrarienhaltung ist nämlich die Gefahr der Überfütterung und der damit verbundenen Verfettung. Dies ist nicht weiter verwunderlich, wenn man sich einmal die Umstände vor Augen führt, unter denen unsere Pfleglinge in ihrem natürlichen Lebensraum auf Futtersuche gehen.

Dem Fang eines Futtertieres geht oft eine Reihe von Aktivitäten voraus, die das betreffende Tier eine Menge Energie und damit Fettreserven kosten. Zuerst muß sich das Reptil auf die Suche nach einem geeigneten Futtertier machen, sofern es sich nicht gerade um einen Lauerjäger handelt. Hat es dann ein passendes Opfer erspäht, so muß es dieses auch noch erfolgreich erbeuten. Nicht selten hüpft, kriecht oder rennt die auserkorene Mahlzeit kurz vor dem Zupacken davon, und die Suche beginnt von vorn.

Im Terrarium hingegen herrschen ganz andere Voraussetzungen. Der Pfleger setzt in gewissen Zeitabständen Futtertiere in ausreichender Menge

Eine Grüne Wasseragame (*Physignathus cocincinus*) verschlingt eine Maus. Foto: H. Werning

in das Terrarium ein. Diese können aufgrund des eingeschränkten Raumangebotes von den Reptilien recht schnell erbeutet werden.

Auch die Flucht vor Prädatoren (Freßfeinden) entfällt im Terrarium. Viele Echsenarten, besonders aus Gebieten mit starken Schwankungen des Nahrungsangebotes, sind darauf programmiert, in Zeiten mit üppigem Nahrungsangebot so viel Futter wie möglich aufzunehmen. Hierdurch werden Fettreserven angelegt, die das Überleben in Hungerperioden ermöglichen.

Aus diesen Gründen kommt es unter Terrarienbedingungen häufig zu Verfettungen. Dies führt zu einer stark reduzierten Fortpflanzungsbereitschaft und auf die Dauer zu einer Fettleber, die später unweigerlich zum Tod führt, da ein solches Organ mit der Zeit seine Arbeit nicht mehr verrichten kann. Deshalb sollte der Pfleger den Ernährungszustand seiner Tiere unbedingt regelmäßig durch Wiegen kontrollieren, um im Bedarfsfall rechtzeitig eine Fastenpause einzuleiten.

Nagetiere oder Vögel werden den Reptilien entweder lebend oder abgetötet angeboten. Bei der Verfütterung von lebenden Nagern ist es wichtig, daß man die Tötung und den Verzehr durch das Reptil aufmerksam beobachtet. Nager, die nach einer Stunde noch immer nicht gefressen wurden, müssen unbedingt aus dem Terrarium entfernt werden. Auf keinen Fall dürfen sie über Nacht im Behälter bleiben. Sie stellen nämlich eine nicht zu unterschätzende Gefahr für die Terrarientiere dar. Es kann durchaus vorkommen, daß eine Schlange von den scharfen Zähnen einer Maus oder einer Ratte erheblich verletzt oder sogar getötet wird.

Sicherer ist die Verfütterung abgetöteter Nagetiere oder Eintagsküken. Diese werden einfach im Terrarium auf den Boden gelegt, worauf die Tiere visuell oder olfaktorisch (über den Seh- oder den Geruchssinn) auf das Futter aufmerksam werden und es schließlich verzehren. Jedoch bei weitem nicht alle Reptilienarten sind an bewegungslose, tote Futtertiere zu gewöhnen. Um sie ihnen dennoch anbieten zu können, bewegt man das tote Futtertier mit einer langen und nicht spitzen Pinzette oder einer Greifzange hin und her. Oft fallen die Reptilien auf diese Täuschung herein und erbeuten die scheinbar lebendigen Futtertiere. Eine Fütterung aus der bloßen, ungeschützten Hand ist nicht zu empfehlen, da viele größere Reptilien tiefgehende und schlecht heilende Wunden verursachen können, wenn sie beim Zustoßen aus Versehen die Hand des Pflegers erwischen.

Fische kann man ebenfalls lebend in einem Wasserbecken oder tot verfüttern. In der Regel müssen auch tote Fische mittels Pinzette oder Greifzange bewegt werden, um sie verfüttern zu können.

Insekten werden entweder frei im Terrarium angeboten oder dem Reptil mit einer Pinzette direkt vorgeworfen. Dies ist zwar oft nur bei eingewöhnten Exemplaren möglich, bietet jedoch die Mög-

Gezielte Fütterung eines Geckos von der Pinzette.

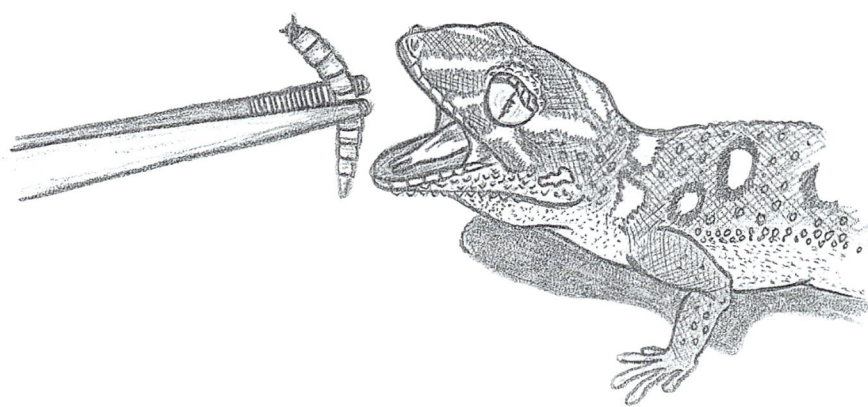

lichkeit der individuellen Überwachung der aufgenommenen Futtermenge. Heimchen oder Grillen können die Dekorationspflanzen stark anknabbern oder die verdiente Nachtruhe des gestreßten Terrarianers mit ihrem unermüdlichen Gezirpe zunichte machen. In mir selbst brach in dieser Situation schon unzählige Male der Jagdinstinkt durch, so daß ich ganze Nächte, mit einer Taschenlampe ausgerüstet, vor dem betreffenden Terrarium dem „Übeltäter" auflauerte.

Für sehr langsame, junge, kränkliche oder etwas ungeschickte Pfleglinge kann man den Heimchen oder Grillen vor dem Einsetzen in den Behälter die Sprungbeine am Sprunggelenk mit einer Pinzette quetscher, damit sie nicht mehr weghüpfen, sondern nur laufen können.

Mehlwürmer oder Schwarzkäferlarven (*Zophobas*) sollten in einer flachen Schale in das Terrarium gestellt werden, aus der sie nicht entweichen können.

Fruchtfliegen (*Drosophila*) oder Ameisen werden in einer kleinen Dose mit kleiner Öffnung in das Terrarium eingebracht. Die Reptilien lauern den aus der Öffnung nacheinander austretenden Insekten auf und erbeuten sie dann meist sofort.

Pflanzliche Nahrung, wie Salat, Löwenzahn, Klee usw., legt man einfach an einer Stelle im Terrarium in einer Futterschale aus. Diese Stelle sollte nach Möglichkeit nicht beheizt sein, damit die Pflanzen-

teile länger frisch bleiben. Man kann sie aber auch in einer Art Vase in den Behälter stellen, aus der die Tiere sie frisch abweiden können.

Gemüse und Obst wird gerieben oder anderweitig mundgerecht zerkleinert in einem Futternapf angeboten. Dieser kann ebenfalls auf den Terrarienboden gestellt oder für baumbewohnende Echsen in einer gewissen Höhe im Geäst angebracht werden. Manche Echsen – z. B. einige Grüne Leguane – fressen oft nur dann ausreichend, wenn sich das Futter in höheren Bereichen befindet. Es sollten stets mehrere Futtersorten untereinander gemischt werden, damit die Tiere auch Früchte oder Pflanzen fressen, die sie sonst ablehnen würden. Man kann auch etwas gekochten Reis, Rosinen, Trockenfrüchte (ungeschwefelt), Haferflocken o.ä. beimischen.

Nur zur Erweiterung des vegetarischen Speiseplans ist auch das Trockenfutter für pflanzenfressende Reptilien sehr zu empfehlen, das von verschiedenen Herstellern angeboten wird. Seit Jahren verwende ich für die Vermehrung und Aufzucht Grüner Leguane das Echsen-Mineral-Spezialfutter der Firma Roswal mit sehr gutem Erfolg. Es ist zwar in der Anschaffung etwas teuer, aber nach meinen Erfahrungen sein Geld wert. Es handelt sich hierbei um kleine Preßlinge (Pellets), die ich mit einer Pflanzenspritze leicht anfeuchte und unter das zerkleinerte Pflanzenfutter mische. Es wird von meinen Tieren sehr gerne genommen. Als Alleinfutter

Futterinsekten kann man entweder fertig verpackt im Terraristik-Fachhandel kaufen oder in den Sommermonaten auf unbelasteten Wiesen mit einem Kescher selbst fangen.

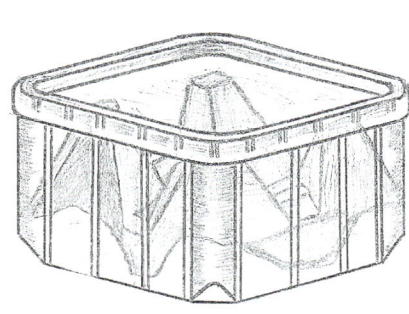

ist es jedoch – wie alle anderen Fertigfutterprodukte auch – nicht geeignet.

Futterbeschaffung

Die Futterbeschaffung stellt heutzutage eigentlich kein großes Problem mehr dar, kann man doch im gut sortierten Fachhandel so ziemlich alles bekommen, um seinen Pfleglingen ein möglichst breitgefächertes Nahrungsangebot zu sichern.

Für insektivore Reptilien gibt es Heimchen, Grillen, Wanderheuschrecken, Wachsmaden, Frucht- und Stubenfliegen und deren Maden, Schaben, Mehlwürmer, Schwarz- und Rosenkäferlarven – um nur die bekanntesten zu nennen – zu kaufen. Diese Futtertiere können vom Terraristikhändler bequem per Abonnement bezogen werden. Ein Problem stellen jedoch die sehr kalten und sehr heißen Monate des Jahres dar, in denen die Futterinsekten nicht selten verendet beim Verbraucher eintreffen, weil sie den lebensfeindlichen Transporttemperaturen trotz guter Verpackung nicht immer standhalten können. Auch Zoogeschäfte, die Futterinsekten anbieten, haben zu diesen Jahreszeiten dasselbe Problem. Oft bekommt man dann im weiteren Umkreis keinerlei passendes Futter für seine Tiere. Hier ist eine eigene Futtertierzucht die beste Sicherheit, um auch in Notfällen immer ausreichend Futtertiere vorrätig zu haben.

Futternager wie Mäuse, Ratten, Meerschweinchen oder sogar Kaninchen können ebenfalls im Fachhandel lebend oder gefroren in verschiedenen Größen gekauft werden. Futterfische oder Küken sind hingegen meist nur gefroren erhältlich. Lebend können sie von entsprechenden Erzeugerbetrieben (z. B. Hühnerfarmen) erworben werden.

Darüber hinaus sind eine ganze Menge Fertig- und Trockenfuttermittel auf dem Markt, die von verschiedenen Herstellern angeboten werden, die aber nur als wertvolle Ergänzung des Speiseplans und nicht als Hauptfutter dienen sollten.

Futtertierzucht

Wer über die nötige Zeit und den nötigen Platz verfügt, sollte einige seiner Futtertiere selbst züchten. Dies hat den Vorteil, daß man die Qualität der Futtertiere selbst bestimmen kann, indem man für eine abwechslungs- und vitaminreiche Ernährung sorgt. Auch ist der Terrarianer in der kalten und heißen Jahreszeit vor Lieferschwierigkeiten der Insektenfarmen sicher. Ein finanzieller Vorteil ergibt sich bei der Eigenzucht jedoch nur dann, wenn sehr große Futtermengen benötigt werden und diese auch wirklich effektiv gezüchtet werden können. Bei gut laufenden Futtertierzuchten wird oft Überschuß produziert. Diesen kann man dann zu einem fairen Preis auch an andere Hobbykollegen abgeben. Vorteilhaft ist, wenn sich mehrere Terrarianer zusammenfinden, von denen jeder ein anderes Futtertier züchtet. So steht einem durch Tausch immer ein abwechslungsreiches Futterangebot zur Verfügung.

Im folgenden sollen nun einige Futtertiere vorgestellt werden, die sich ohne übermäßigen Zeitaufwand vom Terrarianer halten und züchten lassen. Eine ausführliche und komplette Aufführung der Haltungs- und Vermehrungsbedingungen der einzelnen Arten würde den Rahmen dieses Buches sprengen. Deshalb seien hier nur die grundlegenden und wichtigsten Informationen zu diesem Thema zusammengefaßt. Wer sich intensiver mit der Futtertierzucht beschäftigen möchte, kann auf die entsprechende Fachliteratur zurückgreifen. Empfehlenswert ist das umfassende Werk von FRIEDERICH & VOLLAND (s. Kapitel 21).

Heimchen (*Acheta domesticus*) und Grillen (*Gryllus* spec.)

Beschreibung: Diese Insekten besitzen eine typische Grillenform, einen kompakten Körper, einen rundlichen Hinterleib, lange und kräftige Sprungbeine und derbe Deckflügel. Heimchen (*Acheta domesticus*) sind hellbraun gefärbt und zeigen eine dunkle Sprenkelung. Die Größe der Heimchen beträgt ungefähr 20–25 mm, die der Zweifleckgrille (*Gryllus bimaculatus*) 30–35 mm.

Geschlechtsunterschiede: Weibchen sind meist größer und kräftiger gebaut und mit einem langen Eilegestachel (Ovipositor) am Hinterleib (Abdomen) ausgestattet.

Entwicklungszeiten: Die Zeitigungsdauer der Eier beträgt bei 30–33 °C ca. 9–10 Tage, die Larven sind nach etwa vier Wochen ausgewachsen.

Heimchen (*Acheta domesticus*) Foto: J. Rauh

Lebensdauer: 10–13 Wochen

Behälter: Sehr gut eignen sich für die Grillenzucht die bekannten Kunststoffterrarien mit Deckel. Sie müssen in der Höhe so bemessen sein, daß die Insekten beim Öffnen des Deckels nicht so leicht herausspringen können. Mehrere Behälter sind vorteilhaft, da man so die verschiedenen Größen separat unterbringen kann. Die Größe des Behälters richtet sich nach der Anzahl der Tiere, die darin gehalten werden sollen. Als Bodenfüllung verwendet man Sand oder Hobelspäne. Darüber legt man wahllos verteilte und übereinanderliegende Eierkartons, die den Grillen Versteckmöglichkeiten bie-

ten und die Lauffläche erheblich vergrößern. Zur Eiablage muß sich eine entsprechend große Kunststoffwanne im Zuchtbehälter befinden, die etwa 5 cm hoch mit feuchtem Sand oder einem Blumenerde-Sand-Gemisch gefüllt ist. Eine Beleuchtung ist bei der Grillenzucht nicht nötig, da es sich um nachtaktive Insekten handelt. Jedoch sind zu einer erfolgreichen Vermehrung Temperaturen von etwa 30 °C einzuhalten, die z. B. mit einem Heizkabel oder einer Heizmatte erzielt werden können. Wenn man die Eiablagebehälter wöchentlich in einen separaten Behälter überführt, schlüpfen die Jungen dort, und man hat in jedem Behälter etwa gleich große und gleichaltrige Futterinsekten. Zur Tränkung eignet sich ein feuchtes Stück Schaumstoff. In normalen Wasserschalen ertrinken die Tiere.

Futter: Als Futter kann man den Grillen verschiedene Salate, Karotten, Äpfel, Birnen, Zitrusfrüchte, Paprika und vieles mehr reichen. Kopfsalat darf hingegen auf keinen Fall verwendet werden. Es besteht die Gefahr, daß Grillen und Heimchen, die Kopfsalat gefressen haben, nach ein bis zwei Tagen sterben. Des weiteren muß den Tieren auch ständig Trockenfutter in Form von Haferflocken, Pellets oder Hunde- und Katzentrockenfutter zur Verfügung stehen. Letzteres ist aufgrund seiner enthaltenen Vitamine und Mineralstoffe, die später den Reptilien zugute kommen, besonders gut geeignet.

Grillen (*Gryllus* spec.)
Foto: N. Nadolny

Ägyptische Wanderheuschrecke (*Locusta migratoria*)
Foto: J. Rauh

Ägyptische Wanderheuschrecke (*Locusta migratoria*)

Beschreibung: Da Größe und Färbung der Wanderheuschrecken temperatur- und nahrungsabhängig sind, ist eine genaue Beschreibung sehr schwierig. Sie haben eine heuschreckentypische Körperform und weisen verschiedene Braun-, Grau- oder Gelbtöne auf. Sie besitzen kräftige Sprungbeine und Flügel und erreichen in der Regel eine Größe zwischen 4 und 6 cm. Sie treten in der Natur stellenweise in riesigen Schwärmen auf und fressen dann ganze Landstriche kahl.

Geschlechtsunterschiede: Weibchen werden deutlich größer als Männchen (ca. 1–2 cm). Männchen verfärben sich darüber hinaus mit zunehmendem Alter gelblich.

Entwicklungszeiten: Bei Temperaturen von 30–35 °C tagsüber und ca. 18–20 °C nachts schlüpfen die Heuschreckenlarven nach 12–16 Tagen und sind nach etwa 30 Tagen ausgewachsen.

Lebensdauer: 6–8 Wochen

Behälter: Zur Vermehrung von Wanderheuschrecken sind spezielle Zuchtkästen erforderlich. Diese verfügen über mehrere große Gazeflächen. Für eine kleine Zucht eignet sich ein Kasten von 40 x 30 x 30 cm, der aus Spanplatten hergestellt wurde. Eine ausführliche Bauanleitung solcher Kästen findet sich in dem bereits angesprochenen Buch von FRIEDERICH & VOLLAND. Zur Wanderheuschreckenzucht ist auch eine Beleuchtung erforderlich, da es sich um tagaktive Insekten handelt, die für ihre Fortpflanzungsaktivitäten Licht benötigen. Wie bei den Heimchen und Grillen muß auch für Heuschrecken ein Ablagebehälter für die Eier zur Verfügung stehen. Dieser sollte jedoch mindestens 8 cm tief sein.

Futter: Die anfängliche Fütterung von Wanderheuschrecken stellt ein Problem dar. Die Tiere vertragen keine krasse Futterumstellung. Aus diesem Grund sollte man neue Heuschrecken, die man zur Zucht erworben hat, nur mit Keimweizen füttern. Keimweizen stellt auch später noch die geeignetste Futtersorte für die Insekten dar, so daß man die Tiere überwiegend damit ernähren sollte. Des weiteren kommen Haferflocken, Pellets sowie Hunde- und Katzentrockenfutter in Frage. Gemüse, Äpfel, Birnen, Löwenzahn und Maisblätter kann man ihnen

Argentinische Schabe (*Blaptica dubia*)
Foto: M. Schmidt/P. Lammers

ebenfalls anbieten.

Argentinische Schabe (*Blaptica dubia*)

Beschreibung: Die Schaben sind glänzend schwarzbraun gefärbt und an jeder Seite eines Körpersegments befindet sich ein heller Fleck. Der Flügelansatz der Männchen und die Flügelstummel der Weibchen sind von rotbrauner Färbung. Die Schaben erreichen eine Länge von etwa 4 cm bei einer Breite von ca. 2 cm. Vorsicht: Viele Schaben (allerdings nicht die hier angeführte Argentinische Schabe) sind Hausschädlinge, die sich nach dem Entweichen blitzartig in der Wohnung vermehren können. Dies kann sich im schlimmsten Fall zu einer Plage entwickeln, der man nur mit viel Mühe wieder Einhalt gebieten kann. Bei der Zucht und beim Verfüttern dieser Insekten sollte also sehr sorgfältig vorgegangen werden, damit keine Tiere entweichen.

Geschlechtsunterschiede: Männchen sind flach gebaut und besitzen Flügel, während die Weibchen etwas dicker und flügellos sind.

Entwicklungszeiten: Bei 28–32 °C sind die Schaben nach etwa 7–10 Wochen ausgewachsen.

Lebensdauer: 1–1,5 Jahre

Behälter: Dicht schließende Kunststoffbecken sind am besten geeignet. Als Einrichtung dienen wieder mehrere Lagen von Eierkartons (wie für Heimchen bereits beschrieben). Eine Bodenfläche sollte zur Fütterung frei bleiben. Für die Schabenzucht ist keine Beleuchtung erforderlich, da die Tiere sehr lichtscheu sind. Ein Bodengrund ist ebenfalls überflüssig.

Futter: Als Futter eignen sich Haferflocken, Pellets, Hunde- und Katzentrockenfutter, Flockenfutter für Fische, Weizenkeime, Löwenzahn, Salat, Karotten, Äpfel, Birnen usw. Bei ausreichend flüssigkeitshaltiger Nahrung erübrigt sich eine zusätzliche Trinkwasserversorgung.

Kleine Wachsmotte (*Achroea grisella*), Große Wachsmotte (*Galleria mellonella*)

Beschreibung: Die Kleine Wachsmotte erreicht eine Körperlänge von 7–9 mm und eine Flügelspannweite von etwa 18–20 mm. Die Motten besitzen dunkelgraue, silbrig glänzende Deckflügel und einen hellgelben und behaarten Kopf. Ihre Raupen sind bis zu 16 mm lang und 3 mm dick.

Die Große Wachsmotte erreicht eine Länge von 10–15 mm und eine Flügelspannweite von 25–35 mm. Sie besitzt hellbraun marmorierte Deckflügel. Die Raupen erreichen 23–28 mm Länge und 4–6 mm Dicke.

Geschlechtsunterschiede: Der Hinterleib der Weibchen ist deutlich länger und dicker.

Entwicklungszeiten: Bei 27–28 °C erreichen die Raupen nach 18–25 Tagen ihre volle Größe. Das Einspinnen in den Kokon dauert zwei Tage. Die folgende Puppenruhe erstreckt sich nochmals über weitere 12 Tage. Es ist alle 6–8 Wochen mit einer neuen Generation zu rechnen.

Lebensdauer: 10–14 Tage, in Ausnahmefällen bis drei Wochen

Behälter: Zur Wachsmottenzucht sind verschließbare Glasgefäße ab einem Volumen von einem Liter am besten geeignet. Holz oder dünner Kunststoff wird von den Raupen zerfressen. Zur Belüftung verwendet man feinste Drahtgaze (höchstens 0,4 mm Maschenweite), da die frischgeschlüpften Räupchen sonst entweichen können. Die Einrichtung der Zuchtgefäße besteht aus dem Futter, auf das man Eierkartons oder ähnliches stellt. Dort verpuppen sich die Raupen, und den weiblichen Motten dienen sie zur Eiablage. Die Zuchtgefäße müssen dunkel und warm aufgestellt sein.

Futter: Als Futter werden alte Bienenwaben, die man sich von Imkern besorgen kann, oder Kunstfutter verwendet. Wie ein solches Kunstfutter selber hergestellt wird, kann man der erwähnten Spezialliteratur entnehmen. Wem diese Herstellung zu aufwendig ist, kann das Futter auch vakuumverpackt im Terraristik-Fachhandel erwerben. Es wird entweder zwischen den Fingern oder mittels einer Gemüsereibe zerkleinert und zerkrümelt. Danach füllt man es 3–4 cm hoch in den Behälter ein und gibt die Motten oder die Raupen hinzu.

Essigfliegen (*Drosophila* spec.)

Große Wachsmotte (*Galleria mellonella*)
Foto: J. Rauh

Essigfliegen (*Drosophila* spec.)
Foto: J. Rauh

Beschreibung: Essigfliegen erreichen Körpergrößen zwischen 2 und 3,5 mm Gesamtlänge. Flugunfähige Varianten sind den flugfähigen stets vorzuziehen. Sie können nicht so leicht entweichen und werden von den Reptilien schneller erbeutet. Auffallend sind die leuchtend hell- bis weinroten Augen der Fliegen. Die Körperfärbung ist je nach Art hellbraun mit glänzend gelbem oder rotbraunem Hinterleib (*Drosophila melanogaster*), oder mittel- bis dunkelbraun (*Drosophila hydei* und *D. funebris*).

Geschlechtsunterschiede: Die beiden letzten Körpersegmente bei *D. melanogaster* sind beim Männchen schwarz, während beim Weibchen nur das Endsegment eine schwarzbraune Färbung aufweist. Bei *D. funebris* und *D. hydei* ist die Körperoberseite der Männchen fast schwarzbraun; am Vorderrand eines jeden Körpersegmentes ist eine helle, schmale Bänderung zu sehen. Des weiteren findet sich ein heller Streifen längs der Körpermitte auf dem Hinterleib. Die Weibchen sind auch aufgrund ihres prallen Hinterleibes von den Männchen gut zu unterscheiden.

Entwicklungszeiten: Bei 20–22 °C schlüpfen die Maden nach 1–2 Tagen, nach etwa 15 Tagen kann man mit der nächsten Generation rechnen. Bei *D. hydei* dauert die Entwicklung etwa doppelt so lange.

Lebensdauer: 8–10 Wochen

Behälter: Zur Zucht von Essigfliegen eignen sich kleinere Gläser von 0,5 Liter Inhalt am besten. Auf den Boden der Gläser wird 2 cm hoch der Futterbrei eingefüllt. Auf diesen Futterbrei legt man etwas Holzwolle oder ein Stück Eierkarton, an dem sich die Fliegen aufhalten und die Maden verpuppen können. Zum Verschließen der Behälter wird ein etwa 20 cm langes Stück Nylonstrumpf verwendet. Dieses wird über das Glas gezogen und mit Gummiringen festgehalten. Das offene Ende wird einfach verdreht. Zum Herausfangen von Fliegen wird nun das offene Ende des Strumpfes über ein zweites Glas gezogen. Da die Fliegen immer in Richtung Licht wandern, ist es günstig, das Zuchtglas abzudunkeln und das Entnahmeglas etwas unter das Licht zu halten. Man kann das Fliegenglas aber auch einige Zeit in den Kühlschrank stellen. Die Tiere fallen so in eine Kältestarre, und man kann problemlos mit ihnen hantieren, ohne daß sie davon-

krabbeln oder -fliegen. Etwas Licht ist für eine erfolgreiche Essigfliegenzucht erforderlich.

Futter: Die Anzahl der Rezepte für den geeigneten Futterbrei ist unüberschaubar groß. Jeder Züchter schwört auf sein eigenes Rezept. Einige Vorschläge können der genannten Spezialliteratur entnommen werden. Wie für Wachsmotten gibt es Futterbrei auch für Fruchtfliegen im Fachhandel zu kaufen. Er wird in Pulverform angeboten und kann in der benötigten Menge frisch angerührt werden.

Mäuse und Ratten

Beschreibung: Mäuse erreichen eine Gesamtlänge von 15–20 cm und ein Gewicht von 40–60 g. Etwa die Hälfte der Körperlänge entfällt auf den unbehaarten Schwanz.

Ratten hingegen werden 40–45 cm lang und 500–700 g schwer. Auch bei ihnen entfällt ungefähr die Hälfte der Gesamtlänge auf den Schwanz. Am geläufigsten für Futterzwecke sind die weißen Albinoformen der Mäuse und Ratten, die zu Laborzwecken gezüchtet werden.

Geschlechtsunterschiede: Adulte Weibchen sind an ihren Zitzen gut zu erkennen, bei den Männchen fallen die Hoden auf. Mit etwas Übung läßt sich das Geschlecht schon an noch unbehaarten Jungtieren bestimmen.

Entwicklungszeiten: Die Geschlechtsreife wird bei Mäusen im Alter von 4–6 Wochen, bei Ratten

Halbwüchsige Weiße Maus Foto: M. Schmidt/P. Lammers

Ratte Foto: N. Nadolny

im Alter von 5–9 Wochen erreicht. Die Tragzeit beträgt bei Mäusen 18–24 Tage und bei Ratten etwa 3 Wochen. Geeignet sind Zuchtgruppen von einem Männchen und 3 bis 5 Weibchen. Nach spätestens einem Jahr muß man sie gegen junge Tiere austauschen, damit die Zucht ohne Leerlauf weitergeht.

Lebensdauer: 1–3 Jahre (Mäuse), 3 Jahre (Ratten)

Behälter: Für die Zucht von Mäusen und Ratten sind die dafür entwickelten Makrolon-Wannen am geeignetsten. Ihre Größe richtet sich nach der Anzahl der Tiere, die darin untergebracht werden sollen. Als Bodensubstrat werden Hobelspäne verwendet, die man etwa 2 cm hoch in die Wannen einfüllt. Eine regelmäßige Säuberung der Behälter ist zur Gesunderhaltung der Tiere unbedingt erforderlich. Am besten bringt man die Nager im Keller oder in einem Gartenhaus unter, da besonders der Urin der männlichen Tiere sehr stark riecht. Eine Tränkflasche mit stets frischem Wasser vervollständigt die Behältereinrichtung.

Futter: Als Futter bietet man am besten Pellets an, die man einfach in den Futterkorb des Wannendeckels gibt. Ebenso eignen sich alle Getreidesorten, Maiskolben, trockenes Brot, Knäckebrot, Corn Flakes, Karotten, Salat, Löwenzahn usw.

Vitamine und Mineralstoffe

In der Natur ernähren sich unsere Pfleglinge viel abwechslungsreicher als im Terrarium. Auch die Qualität der wildwachsenden Futterpflanzen und der wildlebenden Futtertiere ist erheblich höher. Die Reptilien nehmen in der Natur alle notwendigen Vitamine, Mineralstoffe und Spurenelemente in ausreichender Menge über das tägliche Futter auf. Eine solche ausgewogene Ernährung ist trotz eifriger Bemühungen und abwechslungsreicher Fütterung im Terrarium nicht erreichbar. Deshalb muß das Futter vor dem Verfüttern regelmäßig mit entsprechenden Präparaten versehen werden. Besonders bei den Vitaminen ist eine genaue Dosierung erforderlich, da bei einigen, wie den Vitaminen A oder D, eine Überdosierung ebenso schädlich ist wie eine Unterversorgung.

Vitamine sind organische Stoffe, die vom Körper nicht, oder zumindest nicht in ausreichender Menge, selbst gebildet werden. Die für Reptilien wichtigsten Vitamine seien im folgenden kurz angeführt.

Vitamin A: Dieses Vitamin ist unter anderem für die Neubildung der Haut und die Förderung der Schleimhautfunktion zuständig. Ein Mangel an diesem Vitamin kann Häutungsschwierigkeiten, Hautschäden und Hauterkrankungen hervorrufen. Bei einer Überversorgung hingegen kommt es zu verfrühten Häutungen in sehr geringen Zeitabständen. Des weiteren werden durch Vitamin-A-Mangel Augenentzündungen, Augenschäden oder sogar Blindheit hervorgerufen. Lidödeme sind vor allem bei Wasserschildkröten ein charakteristisches Bild. Auch bei der Erhaltung der Fruchtbarkeit spielt Vitamin A eine Rolle.

Vitamin B: Dieses Vitamin kommt in einigen Untergruppen vor. Ein Mangel an Vitamin B und seinen Untergruppen führt zu Wachstumsstörungen, Hauterkrankungen, Stoffwechselstörungen, Verdauungsstörungen und zu Erkrankungen des Nervensystems (z. B. Zitterkrampf). Auch Paresen (Lähmungen) besonders der Hinterextremitäten, Krämpfe, Abmagerung und Hämorrhagien (Blutungen) der Magen-Darm-Schleimhaut können auftreten. Bei Tieren, welche die Nahrungsaufnahme verweigern, wirkt die orale Gabe von Vitamin B appetitanregend und fördert den Energieumsatz.

Vitamin C (Ascorbinsäure): Vitamin C stärkt das Immunsystem gegenüber Infektionskrankheiten und wirkt wachstumsfördernd sowie abschirmend vor Infektionskrankheiten. Darüber hinaus ist es für die Knochen- und Knorpelbildung förderlich.

Vitamin D: Dieses Vitamin kommt ebenfalls in Untergruppierungen vor. Für den Reptilienkörper ist vor allem das Vitamin D_3 von großer Bedeutung. Es ist für den Knochenaufbau unentbehrlich. Da dieses Vitamin nur in Verbindung mit Calcium und Phosphor von Nutzen ist, muß eine ausreichende Versorgung mit diesen Stoffen ebenfalls gewährleistet sein (siehe unten). Ein Mangel führt zu Rachitis bei Jungtieren bzw. Osteoporose bei Adulti. Bei Schildkröten äußert sich eine Rachitis bzw. ein Mineralstoffmangel durch höckerige Aufwölbungen des Rückenpanzers. Der Panzer selbst ist aufgrund der Demineralisierung weich und läßt sich mehr oder weniger stark mit den Fingern eindrükken und verformen. Des weiteren treten Osteomalazie und Osteodystrophia fibrosa auf. Auch Paresen (Lähmungen) der Extremitäten werden als Folge eines Vitamin-D-Mangels angesehen. Eine Überversorgung ist ebenfalls unbedingt zu vermeiden, da sie zu Einlagerungen von Calcium in den Blutgefäßwandungen führt, wodurch diese hart, unelastisch und brüchig werden.

Vitamin E: Fördert die Fruchtbarkeit und die Schlupffähigkeit der Embryonen und unterstützt die Entwicklung der Muskulatur, der Drüsen und des Nervensystems.

Vitamin K: Dieses Vitamin ist zur Erhaltung der Blutgerinnungsfähigkeit, der Stabilität und Dichtheit der Blutgefäße notwendig.

Bei den Mineralstoffen und Spurenelementen handelt es sich um anorganische Stoffe, die für den Körper zur Aufrechterhaltung aller Lebensfunktionen ebenfalls unentbehrlich sind. Als Mineralstoffe werden solche Stoffe bezeichnet, die vom Organismus in größeren Mengen benötigt werden. Diese sind: Calcium, Kalium, Natrium, Phosphor, Magnesium, Chlor und Schwefel.

Stoffe, die für den Körper nur in geringen Spuren notwendig sind, nennt man demnach Spurenelemente. Zu ihnen zählen: Eisen, Zink, Kobalt, Jod, Kupfer, Mangan, Silicium, Molybdän und Fluor.

Eine Kragenechse (*Chlamydosaurus kingii*) erhält ein Vitaminpräparat mittels Einwegspritze. Foto: J. Rauh

Die in der Terrarienpraxis bedeutsamsten Mineralstoffe sind Calcium und Phosphor. Bei ihnen
kommt es auch auf das richtige Mengenverhältnis
an. Auf ein Teil Phosphor sollten 1,2 bis zwei Teile
Calcium entfallen (bei Landschildkröten 1,5–2).
Gleichzeitig sollte Calcium etwa 1,4–2 % der Trok-
kensubstanz des Futters einnehmen (DENNERT
1999a). Ein unausgewogenes Calcium/Phosphor-
Verhältnis ist oft Ursache für Erkrankungen.

Man muß Vitamine, Mineralstoffe und Spurenelemente im Wechsel oder kombiniert anbieten.
Bekannte und geeignete Mineralstoff-Spurenele-
mente-Präparate sind u.a.: Nekton-MSA, Korvimin
ZVT (enthält auch Vitamine) und Reptical. Geeignete Multivitaminpräparate in Pulverform sind unter
anderem: Korvimin ZVT, Nekton-Rep, Terravit und
Reptolife. Auch viele andere Präparate können geeignet sein. Vor dem Einsatz muß man sich auf jeden Fall die Zusammensetzung des Produkts genau
ansehen.

Als Faustregel für die Anwendung von Vitamin-
und Mineralstoffpräparaten wird oft eine Messer-
spitze davon täglich über das Futter gegeben. Um
Problemen durch Fehldosierungen vorzubeugen,
empfiehlt sich aber eine genaue Dosierung sowohl
der Vitamine als auch der Mineralstoffe. Hierzu ist
allerdings umfangreiche Information nötig. Man
muß die Vitamin- und Mineralstoffgehalte der Futtermittel ebenso wie das Bedürfnis der Reptilien an
diesen Stoffen kennen und dann berechnen, wieviel
von welchem Präparat dem Futter zugegeben werden sollte. Leider sind die Kenntnisse über die Er-
nährungsansprüche vieler Reptilien noch lücken-
haft oder fehlen ganz; zudem sind sie für Laien oft
schwer zugänglich. Informationen über die Inhaltsstoffe vieler pflanzlicher Futtermittel können aus
der ökotrophologischen Literatur für Menschen
entnommen werden, die z. T. auch in preiswerten

populärwissenschaftlichen Übersichten vorliegen
(z. B. Hopfenzitz 1990). Umfangreiche und praxiso-
rientierte Ausführungen zur richtigen Ernährung
europäischer Landschildkröten finden sich in einem
zweiteiligen Artikel von CAROLIN DENNERT (1999a,
1999b); ein Buch dieser Autorin zum Thema ist in
Vorbereitung. Viele grundlegende Informationen
finden sich auch in dem Buch „Der Grüne Leguan"
von KÖHLER (1998).

Zusätzlich zur oben beschriebenen Anreiche-
rung des Futters sollte Calcium in natürlicher Form
(Eierschalenstückchen, Muschelgrit) im Terrarium
angeboten werden, so daß die Reptilien es nach Belieben selbst aufnehmen können. Viele Arten (z.B.
Landschildkröten) machen davon gerne Gebrauch
und können ihren Calciumstoffwechsel somit selbst

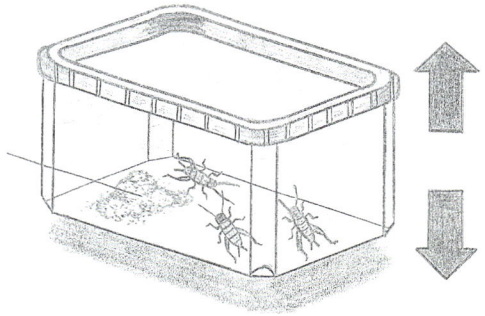

**Einstäuben von Futterinsekten mit Vitamin- oder Min-
eralpräparaten.**

beeinflussen.

Lebende Futterinsekten werden vor dem Verfüttern „aufgewertet", indem man etwas Vitamin-
und/oder Mineralstoffpulver gemeinsam mit den
Futterinsekten in eine Dose gibt und diese ver-
schließt. Die Dose wird nun kurz durchgeschüttelt,
wodurch die Insekten mit dem Präparat bepudert
werden. Anschließend werden diese sofort verfüttert.

Zur Anwendung über das Trinkwasser sind flüssige Vitaminpräparate geeignet. Zu ihnen gehören
u.a. Multi-Mulsin, Multibionta oder Reptisol. Sie
werden in das Wasser der Trinkschale oder in das
Sprühwasser geträufelt, wodurch sie von den Tieren beim Trinken aufgenommen werden. Eine Dosierung ist so aber unmöglich.

Eine bessere Möglichkeit ist die direkte Verabreichung mittels Pipette. Hierzu verdünnt man das Multivitaminpräparat mit etwas Wasser und befeuchtet damit die Maulregion der Tiere. Nach einigen Abwehrreaktionen beginnen viele Echsen, besonders Geckos und Chamäleons, das Präparat von der Pipette zu lecken. Flüssige Vitamine kann man abgetöteten Futtertieren wie Mäusen, Ratten, Eintagsküken oder Fischen auch mittels Einwegspritze in die Bauchhöhle injizieren.

Junge und heranwachsende Tiere haben einen höheren Vitamin- und Mineralstoffbedarf als ihre erwachsenen Artgenossen. Dasselbe gilt auch für trächtige Weibchen, die in ihrem Körper Eier heranbilden. Aus diesem Grund muß man bei ihnen auf eine ausreichende Versorgung mit diesen Stoffen besonders gewissenhaft achten.

Neben den „künstlichen" Methoden der Vitamin- und Mineralstoffversorgung durch entsprechende Präparate ist es natürlich von größter Wichtigkeit, unseren Reptilien bereits qualitativ möglichst hochwertiges Futter anzubieten. Deswegen müssen schon die Futtertiere durch abwechslungsreiche, hochwertige Ernährung ausreichend mit Vitaminen versorgt sein, so daß die Reptilien beim Fressen des Futtertiers die darin enthaltenen Vitamine mit aufnehmen. Bei Futtertieren aus der eigenen Zucht ist dies leicht möglich. Gekaufte Futterinsekten müssen über einige Tage vor dem Verfüttern gehalten und durch eine vitaminreiche Ernährung „aufgewertet" werden. Vor allem bei Mehlwürmern ist eine längere Haltung und Fütterung vor dem Verfüttern empfehlenswert. Sie werden beim Händler oft nur mit Zeitungspapier ernährt und stellen in diesem Zustand für unsere Pfleglinge natürlich eine wenig wertvolle Nahrung dar.

Was von Fertigfutter zu halten ist

In letzter Zeit sind zahlreiche Fertigfuttermittel für Terrarientiere von verschiedenen Herstellern auf den Markt gekommen. Grundsätzlich ist gegen deren Verwendung nichts einzuwenden, solange diese nur der Abwechslung und nicht als Hauptfutter dienen. Die Herstellerangaben „als Hauptfutter geeignet" sollte man als gewissenhafter Liebhaber nicht ohne Skepsis zur Kenntnis nehmen. Dies ist nur für solche „Terrarianer" interessant, die sich ihre Tiere nur aus Geltungsbedürfnis halten, aber für Futterbeschaffung und artgerechte Pflege ihrer Reptilien möglichst keine Zeit aufwenden wollen.

Wenn man sich nur einmal das natürliche Nahrungsspektrum eines Grünen Leguans (Iguana iguana) vergegenwärtigt, so wird man schnell feststellen, daß die Bedürfnisse dieser Großechse auf die Dauer nicht durch irgendwelche Pellets befriedigt werden können. Es ist einfach nicht möglich, ein Futter für Reptilien zu kreieren, das den Bedürfnissen aller Arten gerecht wird und auch noch von allen Arten gefressen wird. Ein Allround-Futter, wie das in der Aquaristik verwendete Flockenfutter, wird es in der Terraristik darum wohl nie geben. Hinzu kommt die einheitliche Konsistenz des Fertigfutters. Die zahlreichen Futtertiere und -pflanzen in der Natur weisen eine völlig unterschiedliche Beschaffenheit auf, der Organismus der Tiere ist darauf eingestellt. Es ist also zu befürchten, daß die dauerhafte Ernährung mit einem immer gleich beschaffenen Futter (sei es feucht-matschig oder trocken) zu Erkrankungen führt.

Ich selbst verwende seit Jahren mit großer Zufriedenheit ein Fertigfutter – aber nicht als Alleinfutter. Ich mische es leicht angefeuchtet unter die herkömmlichen Futterkomponenten. Dieses Futter kommt bei mir lediglich in der Urlaubszeit in erhöhtem Maß zum Einsatz, da ich meiner Urlaubsvertretung nicht zumuten möchte, täglich frische Gräser und Kräuter zu sammeln. Auch während der Trächtigkeit bekommen die Weibchen meiner Reptilien verstärkt proteinreiches Trockenfutter zugefüttert, damit der erhöhte Proteinbedarf gedeckt wird. Die insektenfressenden Arten werden jedoch wie gewohnt gefüttert.

Schon länger im Handel sind Fertigfuttermittel für Wasserschildkröten. Diese weisen z. T. erhebliche Unterschiede in der Zusammensetzung und Qualität auf. Die Erfahrungen mit diesem Futter sind insgesamt recht positiv, jedoch dürfen auch Schildkröten keinesfalls ausschließlich mit einem Fertigfutter ernährt werden. Als regelmäßiger Bestandteil des Nahrungsspektrums ist es aber durchaus empfehlenswert.

Vorsicht ist bei der hauptsächlichen Verfütterung von Dosenfeuchtfutter geboten, das mittlerweile für verschiedene Reptilienarten in den USA hergestellt und auch bei uns in Deutschland vertrieben wird. Im Fall des Leguanfutters handelt es sich um einen puddingartig verfestigten Futterbrei, der aus allen möglichen pflanzlichen Zutaten besteht. Man schneidet davon ein entsprechend großes Stück ab und zerdrückt es mit einer Gabel in kleine Stückchen. Da der Grüne Leguan aber vorwiegend blattfressend ist, stellt eine ausschließliche Fütterung mit Brei sicherlich keine artgerechte Ernährung dieser Echsen dar. Gegen eine gelegentliche Verwendung dieses Futters ist jedoch ebenfalls nichts einzuwenden. Meist muß man die Tiere aber erst langsam an den etwas eigentümlichen Geruch gewöhnen. Hierzu mischt man kleinere Mengen unter eine Futtersorte, die von den Leguanen gerne genommen wird, und erhöht die Menge bei jeder weiteren Fütterung. Das Fertigfutter kann man zum Beispiel in den Wintermonaten einmal wöchentlich reichen, wenn weniger frische Futterpflanzen zur Verfügung stehen.

Eine weitere sehr gute Einsatzmöglichkeit ist die Verwendung bei der Zwangsfütterung von stark abgemagerten und geschwächten Pflanzenfressern. Es kann, zu einem feinen Brei zerstampft, mittels Injektionsspritze und Schlauchsonde direkt in den Magen des betreffenden Reptils eingebracht werden. Aufgrund seiner Konsistenz wird es in der Regel sehr gut von den geschwächten Tieren verdaut. Auch ein eventuelles Beimischen von Medikamenten ist gut möglich.

DENNERT (1999b) weist darauf hin, daß es keine festgeschriebenen Regeln zur Angabe der Inhaltsstoffe bei Futtermitteln für Terrarientiere gibt. In einer Untersuchung stellte sie fest, daß die Deklarationstreue einiger Produkte sehr gering war. Das bedeutet, daß das jeweilige Futtermittel eine andere Zusammensetzung aufwies, als auf der Packung angegeben.

Zwangsfütterung

Bei Erkrankungen, ungünstigen Haltungsbedingungen oder neu erworbenen Reptilien (vor allem Wildfängen) kann es zu einer anhaltenden Nahrungsverweigerung kommen. Ein Reptil, das länge-

re Zeit keine Nahrung zu sich nimmt und deutlich an Gewicht verliert, muß zwangsgefüttert werden. Man sollte sich jedoch davor hüten, vorschnell zu dieser Maßnahme zu greifen, da eine Zwangsernährung mit sehr viel Streß für das betroffene Tier verbunden ist. Des weiteren legen einige Reptilienarten physiologische Fastenperioden ein, die vollkommen normal sind und keine Gegenmaßnahmen erforderlich machen.

Bevor man sich für eine Zwangsfütterung entscheidet, sollte man die Haltungsbedingungen überprüfen. Oft ist nur ein falsches Terrarienklima die Ursache für eine Nahrungsverweigerung (Inappetenz, Anorexie). Auch die Verwendung anderer Futtersorten oder die Bestrahlung mit UV-Licht kann den Freßreiz wieder auslösen. Eine UV-Bestrahlung sollte jedoch nur bei Exemplaren angewendet werden, die sich noch in guter körperlicher Verfassung befinden, denn die UV-Strahlen regen

Bei derart kräftigen Tieren wie diesen Dunklen Tigerpython (*Python molurus bivittatus*) gestaltet sich eine Zwangsfütterung natürlich besonders schwierig und erfordert fachmännische Hilfe. Foto: D. Rössel

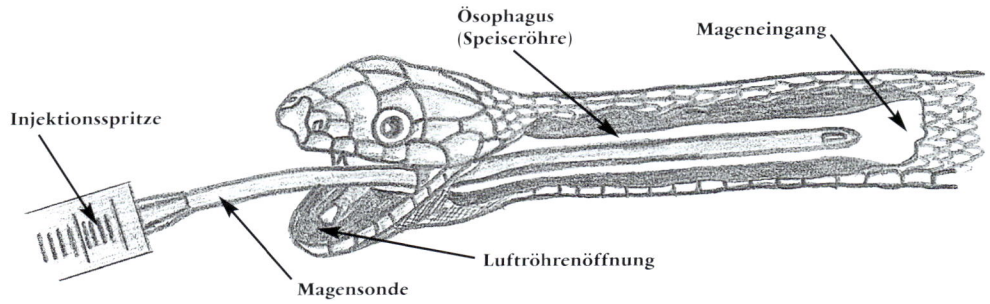

Ösophagus
(Speiseröhre)

Mageneingang

Injektionsspritze

Luftröhrenöffnung

Magensonde

Ernährung einer Schlange mittels Magensonde und flüssiger Nahrung, wie Boviserin oder Amynin.

den Stoffwechsel stark an, was zwangsläufig einen höheren Energiebedarf zur Folge hat – die letzten Fettreserven würden bei geschwächten Tieren unnötig schnell aufgebraucht. Eine weitere Möglichkeit ist die orale (in das Maul) Gabe von appetitsteigernden Medikamenten wie Vitamin-B-Präparaten.

Sollten alle diese Versuche erfolglos bleiben, ist das Tier vermutlich erkrankt. Man sollte deshalb rechtzeitig eine Kotprobe an eine geeignete Untersuchungsstelle einschicken, wo sie parasitologisch untersucht wird. Gleichzeitig muß man das Tier einem reptilienkundigen Tierarzt vorstellen, der die entsprechenden Untersuchungen durchführt und eine Behandlung einleitet.

Wann eine Zwangsfütterung nötig wird, ist am Zustand des Reptils zu erkennen: Es ist dann stark abgemagert, hat ein fahles Schuppenkleid und benimmt sich mehr oder weniger apathisch (teilnahmslos) oder asthentisch (kraftlos). Die Augen liegen tief in den Höhlen, und Rippen sowie Bekkenknochen stehen deutlich hervor. Die Schwanzwurzel der Echsen ist eingefallen. Meist nehmen solche Individuen auch keine Flüssigkeit mehr zu sich und sind zudem stark ausgetrocknet (exsikkotisch). Dies macht die orale oder besser parenterale (per Injektion) Gabe von physiologischer Elektrolytlösung (30 ml pro kg Körpergewicht am Tag) erforderlich. Ein Flüssigkeitsmangel ist daran zu erkennen, daß das Schuppenkleid blaß und fahl wirkt, die Muskulatur weich und degeneriert ist und eine gebildete Hautfalte nur zögerlich verstreicht.

Reptilien, die sehr stark abgemagert sind und lange Zeit keine Nahrung mehr aufgenommen ha-

ben, müssen zunächst unbedingt mit flüssiger Nahrung wie Boviserin oder Amynin (beides in Apotheken erhältlich) ernährt werden. Man sollte lieber mehrmals täglich kleinere Mengen verabreichen, da sie leichter und besser verdaut werden. Als Richtdosierung sind 8–15 ml pro kg Körpergewicht anzusehen. Bei Pflanzenfressern findet auch Babynahrung, wie z. B. Alete, Verwendung. Für den Anfang ist hierfür die Sorte „Karotte" sehr gut geeignet.

Schlangen müssen zur Zwangsfütterung unmittelbar hinter dem Kopf festgehalten werden. Der restliche Körper wird unter den Arm geklemmt oder leicht auf einen Tisch gedrückt. Bei großen Schlangen sind mehrere Personen zum Festhalten erforderlich. Bei den Echsen werden die Vorderextremitäten an den Körper, die Hinterextremitäten an den Schwanz angelegt und so festgehalten. Handelt es sich um große Exemplare, wird der lange und kräftige Schwanz zwischen die Beine oder unter den Arm geklemmt. Meist sind jedoch weitere Helfer notwendig.

Schildkröten ziehen sich beim Ergreifen in aller Regel in den schützenden Panzer zurück, was ein großes Problem darstellt. Man muß darum versuchen, den Kopf zu fassen und ihn mit Daumen und Zeigefinger so zu fixieren, daß ein Zurückziehen nicht mehr möglich ist. Auf jeden Fall ist darauf zu achten, daß man die Tiere auf keinen Fall dabei verletzt.

Als erstes zieht man die entsprechende Menge Nahrung in einer Injektionsspritze auf, an der eine Magensonde oder der Schlauch eines Endotrachealtubus (aus der Apotheke in verschiedenen Stärken erhältlich) mit geeignetem Durchmesser befestigt wurde. Nun öffnet man das Maul des Reptils mit einem Holz- oder Kunststoffspatel (kein Metall!) vorsichtig, indem man den Spatel seitlich in einen Mundwinkel zwängt. Das Tier wird zu diesem Zeitpunkt am besten von einer zweiten Person festgehalten. Für große und wehrhafte Exemplare sind dazu gegebenenfalls mehrere Helfer notwendig. Bei Echsen, die eine Kehlwamme (Kehlsack; Hautlappen in der Kehlregion mancher Echsenarten) aufweisen, kann das Maul auch durch vorsichtigen stetigen Zug daran geöffnet werden.

Jetzt wird ein Holzstab oder ein Gummischlauch quer durch das Maul über die Zunge gelegt, um ein Schließen zu verhindern. Nun macht man die Magensonde durch Eintauchen in Boviserin (Rinderserum, aus der Apotheke) gleitfähig und führt diese vorsichtig über die Zunge hinweg in die Speiseröhre (Ösophagus) ein. Dies muß äußerst vorsichtig und gefühlvoll geschehen, damit keine Verletzungen verursacht werden. Die Sonde muß ohne Widerstand in der Speiseröhre hinabgleiten. Man kann sie bis in den Magen einführen, doch genügt meist ein Hinunterschieben bis auf Höhe der Schulterblätter. Jetzt wird der Futterbrei langsam und vorsichtig in den Magen gedrückt. Anschließend wird die Sonde wieder behutsam herausgezogen. Das

Tier darf nun das Maul wieder schließen, der Kopf muß jedoch noch für etwa eine Minute hochgehalten und Kehle und Hals des Reptils leicht massiert werden. Dies dient dazu, daß die flüssige Nahrung nicht mehr zurück und vielleicht sogar in die Luftröhre (Trachea) läuft, sondern vollständig hinabgeschluckt wird.

Nach etwa einer Woche, eventuell sogar schon früher, beginnt man langsam, dem Patienten feste Nahrung zu geben. Für pflanzenfressende Reptilien können kleingeschnittener Löwenzahn, Salat, Früchte, geriebene Karotten o.ä. verwendet werden. Insektenfressern werden abgetötete kleine Heimchen, Grillen und Wachsmaden gegeben, die man zuvor durch Eintauchen in Boviserin oder Ei gleitfähig macht. Fleischfressenden Arten können abgetötete und gleitfähig gemachte Mäuse, Ratten, Eintagsküken oder Fische angeboten werden.

Hierzu wird das Maul des Tieres geöffnet und

Abschließend sei jedoch erwähnt, daß die Zwangsfütterung bei unsachgemäßer Durchführung nicht ungefährlich für das Tier ist. Unerfahrene Terrarianer sollten eine Zwangsfütterung erst von erfahrenen Hobbykollegen oder einem Tierarzt durchführen lassen, bis sie selber über die notwendige Sachkenntnis verfügen.

Zwangsfütterung bei *Testudo kleinmanni* Foto: J. Wiechert

Die Anschaffung eines Reptils

Heutzutage ist es nicht sehr schwierig, an Reptilien zu gelangen. Ein weitaus größeres Problem ist der Zustand der angebotenen Tiere und die fachliche Kompetenz der Händler. Ein Großteil der Verkäufer betreibt den Handel in erster Linie aus kommerziellen Gesichtspunkten. Das Wohlergehen und die artgerechte Unterbringung sind für sie häufig von untergeordneter Wichtigkeit. Nur ein ganz geringer Prozentsatz der sogenannten „Fachhändler" verfügt auch tatsächlich über umfangreiche Kenntnisse, was diese Tiergruppe anbelangt. Oft wissen die Händler nicht einmal die Namen der Tiere, die sie zum Kauf anbieten, ohne auf einem Spickzettel oder der Preisliste des Lieferanten nachschauen zu müssen. Viele Verkäufer haben meines Erachtens mit Sicherheit noch nie ein Fachbuch aufgeschlagen, geschweige denn darin gelesen. Diese Situation ist sehr traurig, aber entspricht leider der Realität. Deshalb sollen im folgenden einige Punkte, die beim Reptilienkauf beachtet werden müssen, abgehandelt werden.

Überlegungen vor dem Kauf

Nachfolgend möchte ich einige Punkte vorstellen, die jeder für sich selbst beantworten sollte, bevor er sich ein Reptil in sein Haus holt.

- Verfüge ich bereits über ausreichende Kenntnisse, die es mir ermöglichen, mein Wunschreptil zeit seines Lebens artgerecht unter bringen und ernähren zu können? Verfüge ich bereits über ein artgerecht eingerichtetes Terrarium?
- Habe ich mir die Anschaffung eines Reptils auch gut überlegt, da ich für dieses Hobby zwangsläufig einen großen Teil meiner Freizeit opfern muß (oder ist es nur ein vorüber gehender Wunsch, und ich interessiere mich nächste Woche schon wieder für etwas ganz anderes)?
- Bin ich mir darüber im klaren, daß Anschaf-

fung und Unterhaltung eines Terrariums und dessen technischer Einrichtungen mitunter hohe Kosten zur Folge haben? Auch die Reptilien können, je nach Art, einen nicht unerheblichen Betrag kosten. Die laufenden Futterkosten sind ebenfalls einzuplanen.
- Sind alle Familienmitglieder (Ehepartner, Eltern, Kinder) mit der Haltung von Reptilien einverstanden? Niemand sollte Ekel oder sogar Angst vor diesen Tieren zeigen. Vor allem vor der Haltung von Schlangen und größeren Echsen sind in dieser Hinsicht oft intensive Überzeugungsgespräche innerhalb der Familie erforderlich.
- Habe ich alle rechtlichen Voraussetzungen zur Haltung der Tiere erfüllt?
- Bin ich mir darüber im klaren, daß die Haltung bestimmter Reptilienarten auch Gefahren mit sich bringen kann? Eine Riesenschlange ab 3 m Länge kann einen Erwachsenen nicht nur schwer verletzen, sondern sogar umbringen (dies ist jedoch in Deutschland noch nie passiert). Echsen können kratzen, mit dem Schwanz schlagen oder durch ihr kräftiges Gebiß tiefgehende Fleischwunden verursachen.

Haben Sie alle Fragen für sich mit „ja" beantwortet, steht nun der Anschaffung der Reptilien nichts mehr im Wege. Hier stellt sich aber bereits die nächste Frage:

Wo kaufe ich ein Reptil?

Prinzipiell ist der Kauf von Reptilien kein allzu großes Problem. Viele größere Zoohandlungen verfügen mittlerweile über eine Reptilienabteilung, in der man Tiere bekommen kann. Manchmal sind Zooabteilungen großer Kaufhäuser zu Schauzwecken mit Reptilien ausgestattet. Leider ist der Allgemeinzustand vieler im Handel angebotener Tiere alles andere als gut. Auch die Verkäufer verfügen oft nur über dürftige oder gar keine Sachkenntnis. Nicht selten werden die Reptilien unter falschen

Nach Möglichkeit sollte man versuchen, Nachzuchten zu erwerben. Eine solche Gruppe kleiner Bartagamen (*Pogona vitticeps*) bereitet bei der Aufzucht auch viel Freude. Foto: M. Lepper

Bedingungen (Wüstentiere im Regenwaldterrarium usw.) oder in völlig verdreckten Behältern mit viel zu großem Besatz untergebracht. Aus diesem Grund sollte man sich das Geschäft, in dem man seine Reptilien kaufen möchte, vorher sehr gut anschauen und das Fachwissen des Händlers in einem Gespräch testen. Viele Verkäufer versuchen ihren Mangel an Sachkenntnis durch pausenloses Reden wettzumachen. Mit ein wenig Grundwissen merkt man aber sofort, welch ein Unsinn einem da oft erzählt wird. In einem solchen Fall sollte man dem Händler noch einen schönen Tag wünschen und auf den Kauf eines Tieres bei ihm verzichten. Zoohandlungen, von denen man der Meinung ist, daß die Reptilien nicht artgerecht untergebracht sind oder der Verkäufer nicht die notwendige Sachkenntnis besitzt, sollte man auf jeden Fall meiden. Einen solchen Tierhandel darf man als Tierfreund unter gar keinen Umständen durch einen Einkauf unterstützen, trotz Mitleid für die Opfer der schlechten Bedingungen.

In terraristischen Fachzeitschriften sind zahlreiche Anzeigen von Terraristik-Fachgeschäften zu finden, die vorwiegend Versandhandel betreiben. Größeren Anbietern sollte man vor einem Kauf einen Besuch abstatten, um sich einen Überblick über die Haltungsbedingungen zu verschaffen. Man darf sich nur von solchen Händlern Tiere per Versand schicken lassen, von denen man weiß, daß sie ausschließlich gute Qualität liefern und zuverlässig sind. Man sollte sich mit einem unbekannten Händler auf jeden Fall zuerst telefonisch in Verbindung setzen, um Einblicke in die Haltungsbedingungen und seine Qualifikation zu bekommen. Gewissenhafte Händler werden auf die löchernden Fragen eines Kunden gerne eingehen und ihm mit Rat und Tat zur Seite stehen. Kleinere Anbieter, die nebenberuflich mit Tieren und Zubehör handeln, verfügen oft nur über kleine Geschäftsräume und betreiben vorwiegend Versandhandel oder bieten dem Kunden eine Selbstabholung nach Absprache.

> Auf jeden Fall muß man versuchen, an Nachzuchttiere zu gelangen, da sich diese oft in einem weitaus besseren Zustand befinden als Wildfänge. Gerade Anfänger vefügen zudem nicht über die nötigen Kenntnisse, um angeschlagene Importtiere einzugewöhnen und gesundzupflegen. Darüber hinaus sollte man den Fang von Tieren in den natürlichen Lebensräumen nicht unnötig unterstützen (unter bestimmten Bedingungen kann die Naturentnahme aber dem Natur- und Artenschutz auch dienen).

Eine sehr gute und günstige Möglichkeit, gesunde Nachzuchten zu bekommen, ist der Weg über entsprechende Terrarienvereine. Die Mitglieder der „Deutschen Gesellschaft für Herpetologie und Terrarienkunde e.V." (DGHT) erhalten vierteljährlich das sog. „Anzeigen Journal". Dort können die Mitglieder ihre Nachzuchttiere zum Verkauf anbieten. Auch in den Kleinanzeigen terraristischer Zeitungen wie der REPTILIA werden Nachzuchten angeboten.

Eine weitere Alternative wäre die Nachfrage in zoologischen Gärten. Diese geben hin und wieder überzählige Nachzuchten an interessierte und sachkundige Terrarianer ab.

Ganz egal, woher man nun seine Reptilien bezieht, man sollte sich auf jeden Fall genug Zeit nehmen, um die Tiere zu beobachten. Auch die Anlagen des Händlers oder Züchters sollten auf Sauberkeit und artgerechte Einrichtung genauestens inspiziert werden. Kranke oder krank erscheinende Reptilien dürfen auf keinen Fall (auch nicht aus Mitleid) gekauft werden – auch wenn einem der Verkäufer einen Preisnachlaß einräumt.

Was beim Kauf eines Reptils zu beachten ist

Worauf beim Kauf eines Reptils besonders zu achten ist, um keine unangenehmen Überraschungen zu erleben, wird in den folgenden Punkten kurz zusammengefaßt. Es muß jedoch erwähnt werden, daß es eine hundertprozentige Sicherheit nicht gibt. Selbst der erfahrenste Reptilienhalter ist vor einer Fehleinschätzung des Gesundheitszustandes eines neuen Pfleglings nicht sicher. Durch genaue Beobachtung und Inspektion der Tiere läßt sich dieses Risiko jedoch auf ein Minimum senken.

Wie sieht das Terrarium bzw. die Terrarienanlage des Verkäufers aus?
- Artgerechte Einrichtung?
- Sauberkeit?
- Frischwasser vorhanden?
- Richtiges Klima?
- Überbesetzung?
- Sind kranke oder gar tote Tiere mit gesunden in einem Terrarium?

Ein derartig offensichtlich krankes Tier wie dieser Fächerfingergecko (*Ptyodactylus hasselquistii*) sollte man auf keinen Fall kaufen, auch nicht aus Mitleid. Foto: M. Schmidt/P. Lammers

Wie sieht es mit der Sachkenntnis des Händlers aus?
- Kann er hilfreiche Tips geben?
- Kann er mir bei Problemen weiterhelfen?
- Macht er mich auf besondere Bedürfnisse aufmerksam, oder versucht er mit allen Mitteln, etwas zu verkaufen?

Wie ist der Allgemeinzustand des Reptils? Ist dieser gut, so sollten die folgenden Fragen mit „ja" beantwortet werden können:
- Ist der Ernährungs- und Hydrationszustand (Flüssigkeitshaushalt des Tiers, nicht ausgetrocknet) gut? So dürfen z. B. die Schwanzwurzelknochen oder gar die Wirbelsäule nicht unter der Haut herausragen.
- Nimmt das Tier aufmerksam seine Umgebung wahr?
- Weist es auch keine Geschwüre, nässende Wunden oder sonstige Hautveränderungen auf?
- Liegt eine Schlange zusammengerollt (normal) im Terrarium? Ausgestreckt daliegende, sich nicht bewegende Tiere sind oft krank.
- Züngelt das Tier, sobald sich in seiner Umgebung etwas verändert (außer Schildkröten und Panzerechsen)?
- Haben die Extremitäten eine normale Stellung und werden sie auch nicht nachgezogen?

- Sind Wirbelsäule, Knochen oder Panzer hart? Sie dürfen weder weich noch verformbar sein.
- Ist das Maul geschlossen und ohne Schleim?
- Sind die Nasenlöcher frei von Belägen (bei einigen Echsen sind Salzkristalle an den Nasenlöchern allerdings ganz normal)?
- Sind die Augen klar und unverklebt?
- Ist die Kloake geschlossen und frei von Verkrustungen?
- Versucht das Tier zu flüchten oder sich zu wehren, wenn es aus dem Terrarium genommen werden soll? Tiere in einem schlechten Zustand lassen sich oft ohne Gegenwehr ergreifen.
- Zieht sich eine Schildkröte bei Belästigung in ihren Panzer zurück? Kranke Tiere bleiben oft „ausgestreckt" liegen.

Wann muß auf den Kauf nicht unbedingt verzichtet werden?
- Bei Schönheitsfehlern wie regenerierten Schwänzen, alten verheilten Wunden, fehlenden, aber verheilten Zehen usw.
- Bei geringem Befall mit Ektoparasiten wie Milben und Zecken
- Bei leichten Deformierungen von Panzer, Wirbelsäule oder Extremitäten, die das Tier jedoch nicht behindern. Dies sind Anzeichen einer früheren Rachitis, die zum Stillstand gebracht wurde. Knochen und Panzer müssen aber wieder ihre normale Festigkeit aufweisen.

Verpackung und Heimtransport

Hat man nun das Tier gefunden, das den Vorstellungen entspricht, wird es vom Verkäufer aus dem Terrarium genommen und verpackt. Schlangen und größere Echsen werden normalerweise in Leinenbeuteln verstaut. Da die Leinenbeutel des Händlers oft schon mehrfach benutzt wurden und die Gefahr einer Ansteckung mit Krankheiten besteht, sollte man nach Möglichkeit seinen eigenen Leinensack mitbringen. Kleinere Echsen und Schildkröten kommen meist in Heimchen- oder Grillendosen mit etwas Haushaltspapier. Dieses wird bei Wasserschildkröten zusätzlich angefeuchtet, damit die Tiere bei einer längeren Reise nicht austrocknen. Grundsätzlich ist darauf zu achten, daß jedes Tier einzeln verpackt wird.

Für den Heimtransport legt man die Leinensäckchen oder die Dosen am besten in eine Styroporschachtel. Hier sind die Reptilien vor Zugluft und größeren Temperaturschwankungen geschützt. Es können während der Autofahrt auch keine schweren Gegenstände auf die Tiere hinabfallen und sie gefährden.

Im Winter muß man zusätzlich eine mit warmem Wasser gefüllte Wärmflasche in die Styroporschachtel legen, damit die Temperatur nicht zu stark absinkt.

Für den Transport werden die Reptilien meist in Leinensäckchen untergebracht. Um die Tiere vor zu großen Klimaschwankungen zu schützen, werden die Säckchen in eine Styroporbox gelegt. Im Winter kann zusätzlich eine Wärmflasche notwendig sein.

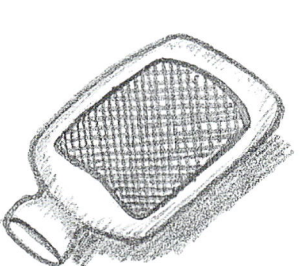

Wärmflasche **Leinensäckchen** **Styroporbox**

Quarantäne und Eingewöhnung

Einrichtung des Quarantäneterrariums

Unter Quarantäne versteht man die Haltung von kranken oder neu erworbenen Tieren in einem eigens dafür eingerichteten Behälter unter hygienischen Bedingungen. Sie dient der genauen Beobachtung einzelner Individuen und erleichtert die Durchführung diagnostischer und therapeutischer Maßnahmen. Darüber hinaus schützt sie die übrigen Reptilien des Bestandes vor einer eventuellen Ansteckung durch den Neuling.

Eine Quarantäne ist für jedes neu erworbene Tier unbedingt und konsequent durchzuführen. Hier kann auch die Nahrungsaufnahme und das Verhalten des Neuzugangs genauestens überwacht werden. Von unschätzbarer Wichtigkeit ist eine Quarantäne, wenn ein neues Tier später zu eingesessenen und gesunden Pfleglingen in ein Terrarium gesetzt werden soll. Wird hier die Quarantäne versäumt oder nicht fachgerecht durchgeführt, besteht die Gefahr, daß die anderen Reptilien ebenfalls erkranken. Nun muß nicht nur ein Tier, sondern gleich mehrere Exemplare (oder im Extremfall der gesamte Reptilienbestand) behandelt werden. Bei ernsteren Erkrankungen kann man unter Umständen wertvolle Tiere oder den gesamten Bestand verlieren.

Sehr gut geeignet als Quarantäneterrarium sind Kunststoffterrarien mit passendem Deckel, die es in verschiedenen Größen zu kaufen gibt. Sie lassen sich ineinander stapeln, wenn sie nicht mehr gebraucht werden, und benötigen deshalb nur wenig Platz zu ihrer Aufbewahrung. Der einzige Nachteil von Kunststoffbehältern liegt darin, daß sie sehr schnell zerkratzen und durch die Anwendung von Desinfektionsmitteln mit der Zeit eintrüben.

Heizung und Beleuchtung erfolgen im Quarantäneterrarium wie in den Kapiteln 6–9 beschrieben. Den Bedürfnissen der jeweiligen Art muß entsprochen werden.

Die Einrichtung eines Quarantäneterrariums beschränkt sich auf die unbedingt erforderlichen Gegenstände. Dies wären: ein Blumentopf oder ein gewölbtes Stück Korkrinde als Versteckplatz, Kletteräste sowie eine Futter- und eine Wasserschale. Als Bodengrund dient Fließ- oder Zeitungspapier, da man es schnell erneuern kann, sobald es verschmutzt ist. Für grabende Arten wird eine Schicht Papierschnitzel eingebracht. Auf jeden Fall müssen alle Einrichtungsgegenstände leicht zu desinfizieren oder zu erneuern sein.

Eine tägliche Reinigung von Futter- und Wasserschalen mit heißem Wasser ist zu gewährleisten. Die Desinfektion des kompletten Terrariums und seiner Einrichtung muß mit einem evtl. Therapieplan abgestimmt werden.

Alle Instrumente, wie beispielsweise Pinzetten, dürfen nur im Quarantänebecken zum Einsatz kommen. Die übrigen Terrarientiere dürfen auf keinen Fall

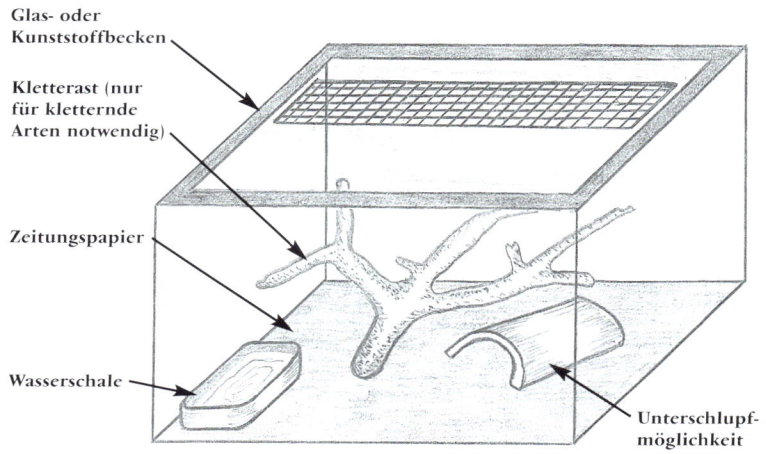

Zweckmäßig und übersichtlich eingerichtetes Quarantäneterrarium. Zur Beheizung kommen Heizmatten, Heizkabel oder Heizstrahler in Frage.

Glas- oder Kunststoffbecken

Kletterast (nur für kletternde Arten notwendig)

Zeitungspapier

Wasserschale

Unterschlupfmöglichkeit

damit gefüttert werden. Man muß auch darauf achten, daß keine Futtertiere (oder sonstiges Futter) aus dem Quarantäneterrarium an andere Reptilien verfüttert werden. Jedes Futter muß entfernt und vernichtet werden, wenn es nicht gefressen wurde. Es ist auch darauf zu achten, daß keine Futtertiere aus dem Quarantänebehälter entweichen und in andere Terrarien gelangen können. Aus diesem Grund sollte das Quarantäreeterrarium

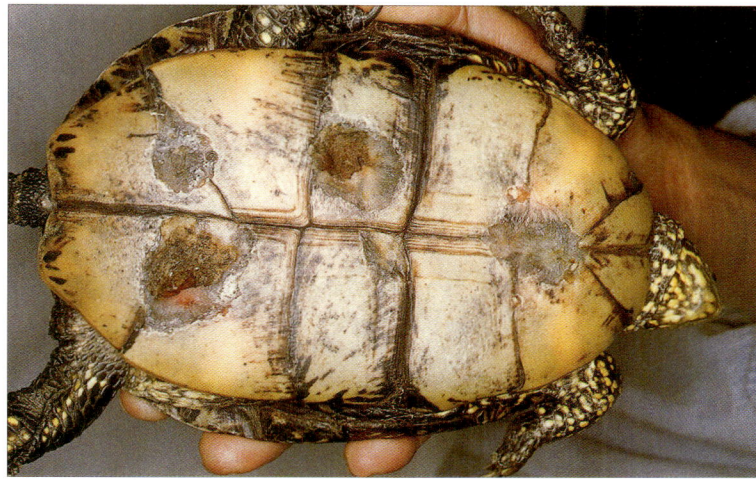

Nicht nur Neuzugänge, sondern auch erkrankte Tiere (wie diese durch eine Bakterien- und Hefeinfektion an Panzernekrose leidende Europäische Sumpfschildkröte (*Emys orbicularis*)) müssen in Quarantäne gehalten werden. Foto: J. Wicchert

am besten in einem separaten Raum aufgestellt sein.

Fachgerechte Durchführung der Quarantäne

Die Quarantäne muß unbedingt für mindestens zwei Monate fachgerecht durchgeführt werden, damit ein sicheres Ergebnis erreicht wird.

Der erste Schritt bei der Durchführung einer Quarantäne ist die genaue und intensive Beobachtung des neu erworbenen oder erkrankten Tiers. Es muß auch auf einen Befall mit Ektoparasiten wie Milben oder Zecken geachtet werden. Milben kann man am besten mit einer Lupe an weichen und geschützten Hautstellen entdecken – dies sind beispielsweise Augenlider oder Hautfalten. Bei einem Befall mit Milben ist sofort eine Behandlung einzuleiten, da sie sich unter Terrarienbedingungen rasch ausbreiten und auf andere Terrarientiere übergreifen. Des weiteren ist die Nahrungs- und Flüssigkeitsaufnahme zu überwachen.

Der erste Kot, den die Tiere absetzen, muß zur parasitologischen Untersuchung an eine Untersuchungsstelle eingesandt werden (s. Kapitel 20). Bei einem positiven Ergebnis („positiv" bedeutet in diesem Fall, daß Parasiten gefunden wurden) ist sofort

eine entsprechende Behandlung einzuleiten. Wirksame und für Reptilien verträgliche Medikamente werden dem Halter von der Untersuchungsstelle schriftlich mitgeteilt. Die Medikamente können dann über einen Tierarzt bezogen werden, mit dem auch der Therapieplan durchgesprochen wird.

Ist die erste Kotuntersuchung negativ (was in diesem Falle gut ist, da keine Parasiten nachgewiesen werden konnten), so schickt man jeweils im Abstand von etwa einer Woche zwei weitere Proben an das Labor, die ebenfalls negativ ausfallen müssen. Dies ist erforderlich, da nicht zwangsläufig bei jedem Kotabsatz Parasiten oder deren Eier ausgeschieden werden. So kann das erste Untersuchungsergebnis einen negativen Befund liefern, obwohl das betreffende Reptil dennoch mit Parasiten infiziert ist.

Sind nun nach drei negativen Kotuntersuchungen tatsächlich keine Parasiten nachzuweisen, und zeigt das Tier kein ungewöhnliches Verhalten, nimmt ausreichend Flüssigkeit und Nahrung zu sich und setzt festen Kot ab, kann man es nach Ablauf der Quarantänezeit in das eingerichtete Terrarium setzen.

Sollte es jedoch einen kränklichen oder matten Eindruck machen oder nicht richtig fressen, muß man den Patienten einem reptilienkundigen Tierarzt vorstellen, der ihn gründlich untersucht und die erforderlichen Schritte einleitet. Die Quarantänezeit verlängert sich in einem solchen Fall natürlich entsprechend.

Sollen zu einem eingefahrenen Landschildkrötenbestand Neuzugänge gesetzt werden, ist besondere Vorsicht angesagt. Die Gefahr, eine tödlich verlaufende Herpesinfektion einzuschleppen, ist leider immer gegeben. WIECHERT (2000) empfiehlt, neuerworbene Schildkröten mindestens ein Jahr in Quarantäne zu halten; vor und nach der Überwinterung sollte das Blutbild auf Herpesviren getestet werden.

Kotuntersuchung

Bei der Kotuntersuchung wird der Kot des Reptils auf eventuell vorhandene Parasiten – wie Würmer oder Einzeller – untersucht. Die Probe wird hierzu in einem geeigneten Labor unter dem Mikroskop analysiert, um Parasiten, Parasitenstadien oder Parasiteneier erkennen und bestimmen zu können. Der Kot kann auch zur bakteriellen Untersuchung herangezogen werden, was bei einer prophylaktischen Untersuchung jedoch wenig Sinn macht. Es

sind bei Reptilien bisher keine Bakterien bekannt, die bei Vorhandensein unbedingt zu einer Erkrankung führen. Eine bakteriologische Untersuchung ist also erst dann erforderlich und sinnvoll, wenn Bakterien als Auslöser eines bestimmten Krankheitsbildes vermutet werden.

Zur Untersuchung eignet sich nur frisch abgesetzter Kot. Ausgetrocknete oder mehrere Tage alte Proben liefern kein verläßliches Ergebnis mehr. Im günstigsten Fall wird der Kot zur Untersuchung sofort nach dem Absetzen entnommen. Bei Proben, die einige Zeit auf einem Bodengrund wie Torf oder Erde gelegen haben, besteht die Gefahr, daß Parasiten aus dem Kot in das Substrat abwandern oder umgekehrt.

Der möglichst frische Kot wird aus dem Terrarium entnommen und in ein Kotröhrchen gefüllt. Dieses kann man sich bei einem Tierarzt besorgen. Es eignen sich aber auch andere dicht schließende Gefäße wie Filmdöschen sehr gut. Damit die Probe auf dem Weg zum Labor nicht austrocknet, gibt man einige Tropfen frisches Wasser oder 0,9-prozentige NaCl-Lösung (isotonische Kochsalzlösung) hinzu. Die Probe wird sofort an eine geeignete Untersuchungsstelle gebracht oder geschickt. Einige entsprechende Adressen finden sich im 20. Kapitel.

Die Kosten einer parasitologischen Kotuntersuchung belaufen sich je nach Labor derzeit (Stand 1999) auf ca. 15–30 DM. Sobald die Untersuchungen abgeschlossen sind, erhält der Pfleger ein Schreiben, auf dem die durchgeführten Untersuchungen und die Untersuchungsergebnisse aufgelistet sind. Darüber hinaus wird ein ausführlicher Therapieplan (falls erforderlich) mitgeschickt.

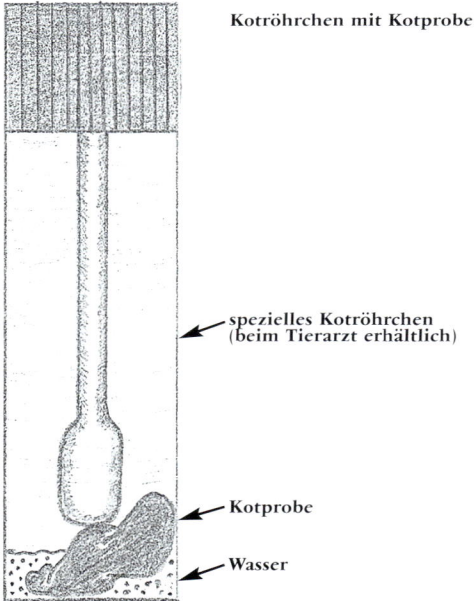

Kotröhrchen mit Kotprobe

**spezielles Kotröhrchen
(beim Tierarzt erhältlich)**

Kotprobe

Wasser

Erste Fütterung

Selbstverständlich kann man es kaum erwarten, einem neu erworbenen Reptil das erste Mal Futter anzubieten, um zu prüfen, ob es auch futterfest ist. Man sollte sich jedoch damit noch etwas gedulden und dem Tier die Möglichkeit geben, sich an seine neue Umgebung zu gewöhnen. Frisches Trinkwasser muß jedoch von Anfang an zur Verfügung stehen.

Pflanzenfressern kann man bereits am nächsten Tag etwas Grünzeug anbieten, während die Fleisch- oder Insektenfresser erst nach etwa zwei Tagen ihr erstes Futter erhalten. Auf keinen Fall darf man den Neuzugängen zuviel Nahrung geben. Meist wurden die Reptilien durch Transporte und Zwischenhälterungen über einen längeren Zeitraum unzureichend ernährt. Auf eine allzu große Futtermenge ist ihr Organismus nicht eingestellt, so daß es im schlimmsten Fall zu einem Kreislaufzusammenbruch kommen kann. Man füttert deshalb die Tiere lieber täglich mit kleineren Mengen und gewöhnt sie so langsam wieder an die optimale Futtermenge.

Geht ein neu erworbenes Reptil nicht sofort an das angebotene Erstfutter, so ist das noch kein Grund zur Sorge. Entweder hat es einfach noch keinen Hunger, fühlt sich in der neuen Umgebung noch fremd und unsicher, oder es ist ganz einfach mit dem angebotenen Futter nicht zufrieden. Aus diesem Grund ist es nötig, alle erdenklichen Futtersorten durchzuprobieren. Von insektenfressenden Echsen werden meist Mehlwürmer als Erstnahrung problemlos angenommen. Man sollte jedoch darauf achten, daß anfangs nur frisch gehäutete Würmer verfüttert werden.

Ist ein Neuzugang artgerecht untergebracht und halbwegs gesund, wird er in den nächsten Tagen selbständig geeignetes Futter annehmen. Bei Reptilien, die beim Kauf in einem guten Ernährungszustand waren, gibt es in dieser Hinsicht in aller Regel weniger Probleme.

Sollte ein Tier jedoch über einen längeren Zeitraum die Nahrungsaufnahme verweigern und deutlich an Gewicht verlieren, wird eine Zwangsfütterung unumgänglich. Gleichzeitig sollte man es einem reptilienkundigen Tierarzt vorstellen.

Eingewöhnung nach der Quarantäne

Ist die Quarantänezeit vorüber und das betreffende Reptil soweit gesund, kann es in sein endgültiges Terrarium gesetzt werden. Soll es alleine in ein eigenes Terrarium einziehen, sind eigentlich keine besonderen Eingewöhnungsmaßnahmen erforderlich. Man sollte es lediglich in der ersten Zeit in Ruhe lassen und möglichst wenig im Behälter hantieren, damit es sich langsam mit den neuen Gegebenheiten vertraut machen kann. Bei sehr schreckhaften Echsen (z. B. Basilisken) kann in der ersten

Zeit ein Abhängen der Frontscheiber mit einem Leinentuch erforderlich sein. Ansonsten springen die lebhaften Echsen bei jeder Bewegung vor dem Terrarium ihrem Fluchtreflex gehorchend gegen die Scheiben, an denen sie sich mitunter beträchtlich verletzen können.

Anders verhält es sich, wenn der Neuling zu alteingesessenen Artgenossen dazugesellt werden soll. Die eingewöhnten Exemplare dulden den „Eindringling" oft nicht in ihrem Revier und versuchen, ihn mit Angriffen zu vertreiben. Deshalb ist es unerläßlich, die Tiere in der ersten Zeit genau zu beobachten. Eine Möglichkeit, diesem Problem aus dem Weg zu gehen, ist, das Terrarium völlig neu einzurichten und alle Tiere danach gleichzeitig wieder einzusetzen. Nun sind alle Insassen in dem umstrukturierten Behälter fremd, so daß sie neue Reviere bilden müssen und niemand „Heimvorteile" hat.

Bei größeren Reptilien ist ein Zusammenführen im Zimmer gut möglich. Das Zimmer ist eine für alle Tiere fremde Umgebung. Setzt man die betreffenden Reptilien täglich eine gewisse Zeit frei im Zimmer zusammen, haben sie die Möglichkeit, sich aneinander zu gewöhnen, bevor sie in einem gemeinsamen Terrarium miteinander untergebracht werden.

Des weiteren ist eine gute Strukturierung der Terrarieneinrichtung nötig, damit jedes Tier ein eigenes Revier bilden kann. Für rangniedrigere Tiere muß man Versteckplätze schaffen, in denen sie sich bei Bedarf vor dominanten Terrariengenossen zurückziehen können. Das Aufstellen mehrerer Futterschalen stellt eine ausreichende Nahrungsversorgung aller Terrarieninsassen sicher.

Sollte ein Tier jedoch immer wieder von dominanteren (kräftigeren, durchsetzungsstärkeren) Individuen gejagt, gebissen oder vom Futter vertrieben werden, ist ein rasches Eingreifen des Pflegers unerläßlich. Das betroffene Tier hält dem psychischen Druck meist nicht lange stand, frißt dann nicht mehr und versucht, sich den ganzen Tag in abgelegene Winkel zu verkriechen.

Hier kommt man um eine getrennte Haltung der betreffenden Exemplare meist nicht mehr herum. Sollte es sich um ein Männchen und ein Weibchen einer Art handeln, kann man sie in Zukunft nur zu Paarungszwecken unter Aufsicht zusammenführen.

Fortpflanzung und Vermehrung von Reptilien

Der Vermehrung von Reptilien im Terrarium kommt eine immer größer werdende Bedeutung zu. Viele Arten sind durch die Zerstörung ihrer natürlichen Lebensräume in ihrem Fortbestand mehr oder weniger stark gefährdet. Wir Terrarianer können durch erfolgreiche Nachzuchten zu ihrer Erhaltung ein wenig beitragen. Darüber hinaus können wir das Interesse für diese Tiere wecken und wichtige biologische Informationen sammeln, die für den Erhalt in der Natur von großer Bedeutung sind.

Bei den meisten Reptilien ist die Anzahl der Tiere, die für die Terraristik gefangen werden, eine der geringeren Ursachen für ihre Gefährdung. Wenn man sich einmal vor Augen hält, wie viele Tiere täglich der Umwelt- und Biotopzerstörung zum Opfer fallen und wie viele Tierarten dadurch unwiederbringlich ausgerottet werden, bevor sie überhaupt entdeckt wurden, wird schnell klar, daß Wildfänge für die Terrarien der Liebhaber nur in einem verschwindend geringen Umfang zu der traurigen Situation vieler Arten beitragen.

Zur Auslösung der Paarungsbereitschaft sind gewisse Faktoren Voraussetzung, die der Pfleger genau kennen muß, um bei seinen Nachzuchtbemühungen erfolgreich zu sein. Diese sind bei manchen Arten die Überwinterung oder eine Ruhephase während Trocken- oder Hitzeperioden, bei anderen Veränderungen der Licht-, Temperatur- oder Luftfeuchtigkeitsverhältnisse – um nur einige zu nennen. Das Studium geeigneter Spezialliteratur und das Lesen aller verfügbaren Veröffentlichungen über die gepflegten Arten ist deshalb Voraussetzung für einen Zuchterfolg.

Auf die wichtigsten und grundlegenden Voraussetzungen bei der erfolgreichen Vermehrung von Reptilien soll im folgenden eingegangen werden.

Geschlechtsunterschiede

Die wichtigste Voraussetzung zur Vermehrung ist normalerweise, ein Männchen und ein Weibchen einer Art zu besitzen. Bei wenigen Echsenarten finden wir jedoch eine Jungfernzeugung (Parthenogenese). Die Weibchen dieser Arten (oder bestimmter Populationen der Art) sind in der Lage, befruchtete Gelege abzusetzen, ohne sich jemals mit einem Männchen gepaart zu haben. Am bekanntesten für diese Art der Fortpflanzung sind wohl der Jungferngecko (*Lepidodactylus lugubris*) sowie mehrere Arten der Rennechsen (*Cnemidophorus* spec.).

Eine genaue Geschlechtsbestimmung bei Reptilien ist nicht immer einfach. So ist die sichere Unterscheidung der Geschlechter bei den meisten Arten erst mit Erreichen der Geschlechtsreife möglich.

Bei einigen Reptilienarten unterscheiden sich die Geschlechter durch Unterschiede in ihrer Gestalt (Geschlechtsdimorphismus): in der Größe, durch unterschiedliche Schwanzlängen, eine Delle im Bauchpanzer oder Kehlscheiben, Hautlappen, Nasenhörner oder Rückenkämme. Bei anderen Arten sind Männchen und Weibchen unterschiedlich gefärbt (Geschlechtsdichromatismus).

Echsen und Schlangen verfügen über ein paariges Begattungsorgan. Es befähigt die Tiere zu einer inneren Befruchtung. Die beiden Hemipenes (Einzahl: Hemipenis) sind wie ein Schlauch ausgebildet und liegen im Ruhezustand umgestülpt in den Hemipenistaschen ventral (unterseits) des Schwanzansatzes. Zur Begattung wird nur der Hemipenis eingeführt, welcher der weiblichen Kloake am nächsten ist. Zur besseren Verankerung bei der Kopulation verfügen die Hemipenes über wirkungsvolle Widerhaken.

Schildkröten und Panzerechsen besitzen hingegen nur einen einfachen Penis, der dem der Säugetiere vergleichbar ist. Eine Harnröhre ist in diesem Organ aber nicht vorhanden, es dient lediglich Fortpflanzungszwecken.

Bei den Brückenechsen ist überhaupt kein Penis ausgebildet. Bei der Paarung preßt das Männchen seine Kloakenöffnung fest an die des Weibchens, um eine Befruchtung zu erreichen.

Bei den Schlangen ist die Schwanzwurzel der Männchen durch die Hemipenes meist verdickt. Die relative Schwanzlänge ist bei den Männchen meist größer. Darüber hinaus sind erwachsene Schlan-

Hemipenes

Bei den Echsen ist die Geschlechtsbestimmung geschlechtsreifer Tiere in vielen Fällen einfacher als bei den Schlangen. Die Männchen vieler Echsenarten verfügen über Kehlsäcke, Rücken-, Bauch- oder Hinterhauptstacheln sowie vergrößerte Hautsegel oder Nasenhöcker. Diese Merkmale sind bei weiblichen Tieren geringer ausgeprägt oder überhaupt nicht vorhanden.

Die Schwanzbasis ist bei den Männchen ebenfalls meist deutlich verbreitert. Die beiden Auswölbungen, die durch die Hemipenes hervorgerufen werden, sind oft deutlich zu erkennen. Bei größeren Echsen ist im Zweifelsfall auch eine Sondierung möglich.

Bei vielen männlichen Echsen sind vergrößerte Femoral- und/oder Präanalporen zu erkennen. Die Femoralporen (Schenkelporen) befinden sich an der Unterseite der Oberschenkel, die Präanalporen (Afterporen) sitzen vor der Kloake. Direkt hinter der

genweibchen in der Regel größer und kräftiger gebaut als ihre männlichen Artgenossen.

Eine relativ sichere Methode, die auch die Geschlechtsbestimmung bei Jungschlangen ermöglicht, ist das Sondieren, das aber auf jeden Fall nur mit ausreichender Erfahrung ausgeführt werden darf. Die Methode verlangt sehr viel Sachkenntnis und Einfühlungsvermögen. Bei unsachgemäßer Durchführung dieser Untersuchung kann die Schlange erheblichen Schaden nehmen. Bevor man sich selbst an die Sondierung heranwagt, muß man sich die Prozedur mehrfach von einem erfahrenen Terrarianer oder Tierarzt zeigen lassen.

Bei der Sondierung wird eine Knopfsonde mit geeignetem Durchmesser vorsichtig in die Kloake eingeführt, nachdem sie mit Glycerin gleitfähig gemacht wurde. Die Sonde wird nun behutsam in Richtung der Schwanzspitze (kaudal) bewegt. Bei einem männlichen Tier läßt sich die Knopfsonde relativ weit einführen, da man sich mit der Sonde in einem umgestülpten Hemipenis befindet. Bei den weiblichen Tieren hingegen kann die Sonde deutlich weniger weit eingeführt werden. Dabei ist allerdings zu beachten, daß weibliche Reptilien ebenfalls über paarige Geschlechtsorgane, die Hemiclitores, verfügen. Dadurch kann es u. U. zu Fehlinterpretationen bei der Sondierung kommen. Die oft behauptete „absolute" Sicherheit ist auch durch das Sondieren nicht zu erzielen.

Geschlechtsbestimmung bei Schlangen mittels Knopfsonde.

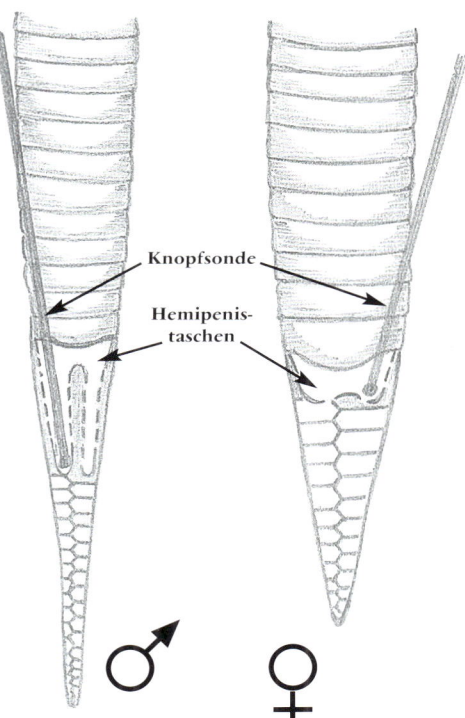

Knopfsonde

Hemipenis-
taschen

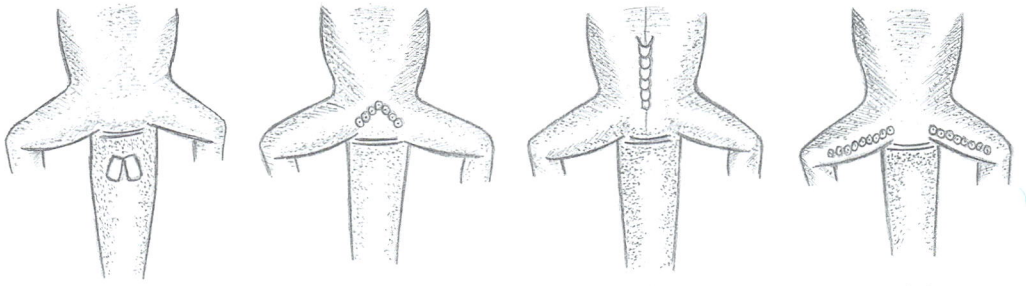

| Postanalschuppen | Präanalporen | Nabelporen | Femoralschuppen (Schenkelporen) |

Verschiedene Erkennungsmerkmale männlicher Echsen (modifiziert nach Bech & Kaden 1990)

Geschlechtsunterschiede bei der Rotwangen-Schmuckschildkröte (*Trachemys scripta elegans*)

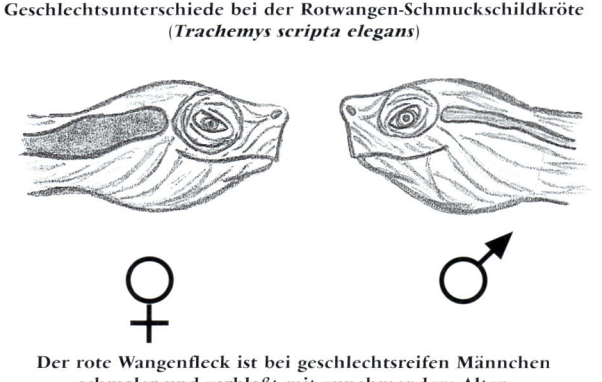

Der rote Wangenfleck ist bei geschlechtsreifen Männchen schmaler und verblaßt mit zunehmendem Alter.

Geschlechtsunterschiede bei Schmuckschildkröten

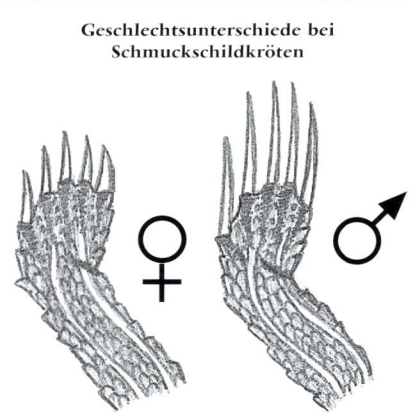

Geschlechtsunterschiede bei Schildkröten (modifiziert nach Wilke 1989)

Schwanz kürzer
Kloakenöffnung nahe Schwanzwurzel
Plastron plan bis konvex

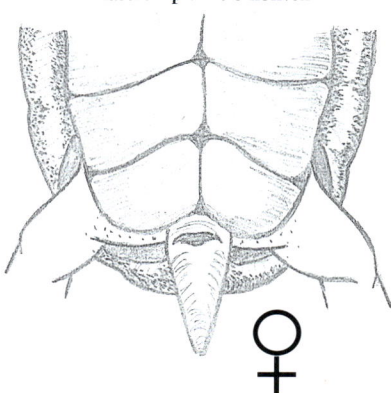

Schwanz länger
Kloakenöffnung weiter von Schwanzwurzel entfernt
Plastron konkav

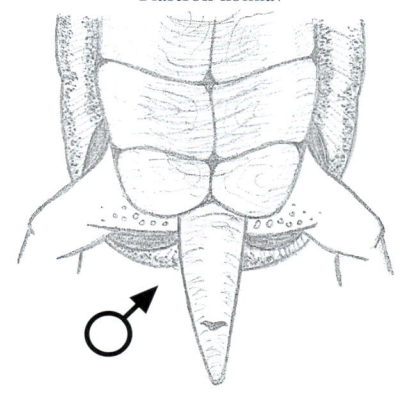

Kloake (also in Richtung Schwanz) sind bei männlichen Exemplaren einiger Echsenarten vergrößerte Postanalschuppen ausgebildet. Bei manchen Arten sind auch vergrößerte Nabelschuppen bei den Männchen zu finden.

Bei Panzerechsen wird ein Finger in die Kloake eingeführt und so der Penis ertastet. Dies ist jedoch erst bei Tieren ab einer bestimmten Größe möglich.

Die Schildkrötenmännchen bleiben meist deutlich kleiner als die Weibchen und besitzen einen längeren und dickeren Schwanz. Die Kloakenöffnung ist bei ihnen oft weiter vom Schwanzansatz entfernt als bei weiblichen Tieren. Des weiteren ist der Bauchpanzer (Plastron) bei den Männchen häufig nach innen gewölbt, bei den Weibchen dagegen flach oder sogar leicht nach außen gewölbt. Beim Absetzen von Kot und Urin tritt hin und wieder der Penis aus der Kloakenöffnung der Männchen aus. Bei Jungschildkröten ist eine Geschlechtsbestimmung unmöglich.

Diese Aufzählung möglicher Geschlechtsmerkmale ließe sich noch beliebig fortsetzen. Aus diesem Grund muß man sich vor der Anschaffung von Terrarientieren über die Geschlechtsunterschiede der jeweiligen Art genau informieren, um auch tatsächlich die richtigen Geschlechter auswählen zu können.

Auslösende Faktoren für die Fortpflanzung

Um Reptilien in Fortpflanzungsstimmung zu bringen, sind bei vielen Arten auslösende Faktoren für den Fortpflanzungszyklus nötig. Außerhalb der Fortpflanzungszeit beachten sich die Geschlechter oft gegenseitig nicht. Die Keimdrüsen (Gonaden), also Hoden (Testes) und Eierstöcke (Ovarien), sind außerhalb der Fortpflanzungszeit verkleinert und inaktiv. Zur Anregung der Tätigkeit der Keimdrüsen sind bestimmte Faktoren notwendig, die je nach Herkunft der Reptilien unterschiedlich sind.

Bei Reptilien aus den gemäßigten und subtropischen Breiten wird der Fortpflanzungszyklus in der Regel durch die Überwinterung bestimmt. Die langsam absinkenden Temperaturen und die Abnahme der Tageslänge vorher sowie der langsame Anstieg der Temperatur und der Sonnenscheindauer danach sind als auslösende Faktoren anzusehen.

Arten aus den heißen Trockengebieten der Erde halten in der heißesten und trockensten Zeit des Jahres eine Hitzestarre bzw. einen Trockenschlaf. Im Anschluß daran erfolgen meistens die Paarungen.

Für die Bewohner vieler tropischer Regionen ist der Wechsel zwischen Regen- und Trockenzeit als Auslöser für die Fortpflanzung anzusehen; wesentliche jährliche Temperaturänderungen gibt es in diesen Lebensräumen oft nicht.

Um seine Tiere erfolgreich vermehren zu können und die richtigen Paarungsauslöser zu kennen, ist es auch bei diesem Thema wieder unumgänglich, sich aus der spezielleren Literatur die benötigten Informationen zu beschaffen.

Tropische Reptilienarten sind häufig das ganze Jahr über fortpflanzungsfähig, da in ihrer Heimat ständig günstige Verhältnisse zur Inkubation der Eier vorherrschen. Auch das Nahrungsangebot für die Schlüpflinge bleibt weitgehend konstant. Bei Reptilienarten aus den gemäßigten Zonen erfolgt hingegen oft nur eine einzige Eiablage im Jahr. Diese findet zu der Zeit statt, in der die Inkubationsbedingungen für die Eier am günstigsten sind. Dieser einjährige Reproduktionszyklus wird auch im Terrarium durch die „Innere Uhr" streng eingehalten. So finden beim selben Terrarianer die Paarungen und die Eiablage oft jedes Jahr ungefähr zur gleichen Zeit statt.

Die Überwinterung

Bei Reptilien, die in der Natur eine Winterruhe einlegen, muß diese unbedingt auch im Terrarium eingehalten werden. Nur so ist es möglich, die Tiere über Jahre hinweg gesund zu erhalten und eine Nachzucht wahrscheinlicher werden zu lassen. Man darf jedoch nur gesunde und kräftige Exemplare einer Winterruhe unterziehen. Kranke und schwächliche Tiere müssen unbedingt bei normalen Temperaturen im Terrarium weiter gepflegt werden. Sollte sich ihr Zustand in den nächsten Wochen wieder normalisieren, kann man eine Winterruhe auch noch etwas verspätet einleiten. Auch Jungtiere sollten bei vielen Arten im ersten Lebensjahr aus Sicherheitsgründen noch keine Winterruhe unter

„harten" Bedingungen halten. Gerade in diesem zarten Alter könnten dadurch Verluste entstehen. Eine kühlere Haltung während der Wintermonate ist jedoch auch bei ihnen gut möglich und wirkt sich positiv auf Gesundheit und Vitalität aus.

Während der Winterruhe stellen die Reptilien ihren Organismus auf „Sparflamme". Der Stoffwechsel wird erheblich verringert, und die Anzahl der Herzschläge und Atemzüge pro Minute sinkt wesentlich. Wie wenig Energie unsere Pfleglinge während der Überwinterungsphase verbrauchen, wird beim Wiegen der erwachten Tiere deutlich: Ein gesundes und richtig überwintertes Reptil verliert während dieser Zeit nur unwesentlich an Gewicht.

Grundsätzlich unterscheidet man bei Reptilien zwischen einer Winterruhe und einer Winterstarre. Die Winterstarre finden wir bei Tieren aus den gemäßigten Breiten, z. B. unseren heimischen Reptilien. Hierbei ziehen sie sich zu Beginn der kalten Jahreszeit in frostgeschützte Überwinterungsquartiere zurück oder vergraben sich im Boden. Bei sinkenden Temperaturen verfallen sie in einen Starrezustand, aus dem sie erst im Frühjahr, bei steigenden Temperaturen, wieder erwachen.

Bei der Winterruhe, wie sie viele Reptilien aus subtropischen Gebieten halten, fallen die Tiere in keinen Starrezustand, sondern sind einfach nur sehr inaktiv. An wärmeren Wintertagen unterbrechen sie aber auch hin und wieder kurzzeitig diese Ruhephase, bewegen sich, gönnen sich außerhalb ihres Schlupfwinkels sogar ein Sonnenbad, nehmen Flüssigkeit oder evtl. sogar Nahrung zu sich.

Für eine Überwinterung unserer Reptilien gibt es mehrere Möglichkeiten. Egal für welche Methode man sich entscheidet, es muß auf jeden Fall eine sorgfältige Vorbereitung erfolgen. Die Temperaturen müssen über einen längeren Zeitraum langsam abgesenkt werden, damit sich die Tiere auf die bevorstehende Ruhepause vorbereiten können. Zum Aufwachen nach der Überwinterung wird dann anschließend in umgekehrter Reihenfolge vorgegangen.

Mindestens eine Woche vor der Überwinterung werden die Pfleglinge nicht mehr gefüttert. In dieser Zeit sollte man sie zweimal für jeweils etwa 10 Minuten in lauwarmem Wasser baden, damit sie ihren Darm vollständig entleeren. Ansonsten kann es

während der Winterruhe zu Fäulnisprozessen im Darm kommen, woran die Tiere unter Umständen verenden.

Als Überwinterungssubstrat wird Erde, Sand, Laub o.ä. in entsprechender Höhe angeboten. Dieses Substrat muß man immer leicht feucht (aber keinesfalls naß!) halten, damit die Reptilien während der Überwinterung nicht austrocknen. Wasserschildkröten überwintern bei entsprechender Temperatur schlafend unter Wasser.

Die Überwinterungstemperaturen können je nach Art zwischen 3 und 18 °C liegen. Auf keinen Fall dürfen sie unter den Gefrierpunkt absinken, da die Tiere sonst Schaden nehmen oder erfrieren. Man kann seine Reptilien nun entweder im Terrarium, im Keller (oder einem anderen kühlen Raum) oder im Freiland erfolgreich überwintern.

Überwinterung im Terrarium

Bei der Überwinterung im Terrarium muß ein Bodengrund in entsprechender Höhe vorhanden sein, damit sich die Tiere tief genug eingraben können. Dieser ist ständig leicht feucht, aber nicht naß zu halten. Darüber hinaus muß sich das Terrarium in einem Raum befinden, in dem die entsprechenden Temperaturen für eine artgerechte Überwinterung herrschen. Ist es zu warm, kommen die Reptilien nicht zur Ruhe und laufen oder kriechen im Behälter umher.

Alle Heizelemente – und in der Regel auch die Beleuchtung – werden während dieser Zeit abgeschaltet. Bei vielen Arten, die eine Winterruhe (keine -starre) einlegen, empfiehlt es sich, die Beleuchtung für einige Stunden am Tag anzulassen und sogar eine Möglichkeit zum gelegentlichen Sonnenbad zu schaffen. Auch in der Natur gibt es im Winter in den Subtropen warme Tage, an denen die Tiere zum Vorschein kommen.

Überwinterung im Keller

Sollte das Terrarium in einem Zimmer aufgestellt sein, in dem die Temperaturen nicht auf den geforderten Wert abfallen, ist eine Überwinterung im Keller oder einem anderen entsprechend kühlen Raum erforderlich. Dazu kann man entweder das komplette Terrarium für diese Zeit im Keller aufstellen oder die Reptilien in ausreichend große Überwinterungsdosen überführen. Dies sind einfache Kunststoffbecken, die mit einer geeignet hohen Substratschicht gefüllt werden. Zuunterst sollte eine mehrere Zentimeter hohe Drainageschicht aus gröberem Kies oder Blähtonkugeln eingebracht werden. Durch ein Rohr, das bis in diese Drainageschicht reicht, kann man das Substrat bei Bedarf indirekt nachfeuchten, man muß aber unbedingt darauf achten, daß es nicht zu naß wird. Auf die obere Substratschicht legt man eine flache Steinplatte, unter die sich die Tiere zurückziehen.

Für Landschildkröten füllt man am besten eine Holzkiste mit Erde. Darüber gibt man eine dickere Laubschicht. Anschließend stellt man die Kiste mit der Schildkröte bei entsprechender Temperatur in den Keller. Die gewölbten Keller älterer Häuser sind dafür am besten geeignet. Meine Landschildkröten überwintern dort bereits seit über 20 Jahren, ohne daß Probleme oder Ausfälle zu verzeichnen wären.

Die Kiste wird nun noch mit Drahtgaze verschlossen, damit keine Nager eindringen können, die die Reptilien unter Umständen an- oder sogar auffressen könnten.

In den Kellern neuerer Häuser ist die Temperatur für Landschildkröten fast immer zu hoch. Ist kein geeigneter Raum zu finden, kann die Überwinterung in einem Kühlschrank bei 3–9 °C empfohlen werden. Diese Überwinterungsmethode läßt sich auch bei Schlangen oder Echsen mit entsprechendem Temperaturbedürfnis anwenden.

Wenn es im Frühling wieder wärmer wird, kommen die im Keller überwinterten Reptilien von allein wieder an die Oberfläche gekrochen. Alternativ kann man die Überwinterungsdosen für ein bis zwei Tage in einen Raum mit Zimmertemperatur stellen, bis die Tiere erwachen und wieder zum Vorschein kommen. Damit ist die Überwinterung beendet, und man kann die Tiere nach einem lauwarmen Bad wieder in ihr normales Terrarium setzen. Die Temperaturen müssen jedoch langsam wieder auf

Eine Europäische Landschildkröte, die sich zur Überwinterung in ein Substrat aus Kies und Sphagnum eingräbt. Foto: T. Holfert

die normalen Werte ansteigen, damit die Tiere über einen längeren Zeitraum die Möglichkeit haben, sich wieder daran zu gewöhnen.

Überwinterung im Freiland

Eine Überwinterung im Freiland ist bei Reptilienarten unserer Breiten ebenfalls möglich. Bei dieser Art der Überwinterung ist die Gefahr, Tiere zu verlieren, jedoch oft weitaus höher als bei den zuvor genannten Methoden. Sie wird bei Reptilien angewandt, die sowieso das ganze Jahr über im Freiland gehalten werden. Das Freilandterrarium muß so eingerichtet und strukturiert sein, daß eine natürliche Überwinterung der gepflegten Exemplare möglich ist. In sehr kalten Wintern kommt es jedoch leider immer wieder vor, daß Tiere, die sich nicht tief genug vergraben haben, erfrieren. Zum Schutz davor sollte man bei extrem kalter Witterung die Überwinterungsplätze durch Aufbringen von Stroh oder anderen wärmeisolierenden Materialien schützen.

Eine weitere Gefahr stellen Nagetiere dar, die die schlafenden Reptilien an- oder sogar auffressen können.

Zur Überwinterung europäischer Landschildkröten im Freiland wird wie folgt vorgegangen:

In dem Freilandterrarium befindet sich normalerweise ein Häuschen, in das sich die Schildkröten bei schlechter Witterung zurückziehen können. Genau unter diesem Häuschen graben wir ein mindestens 80 cm tiefes Loch aus (dies geht natürlich nur, wenn es in dieser Tiefe noch kein Grundwasser gibt, was aber für die meisten Standorte gegeben ist). In dieses Loch stellt man einen engmaschigen Drahtkorb, der das Eindringen von Nagern wirkungsvoll verhindert. Nun füllen wir das Loch mit einem lockeren Gemisch aus Walderde und Laub auf. Die oberen 20 cm werden ausschließlich mit leicht angefeuchtetem frischen Laub bedeckt. Innerhalb dieses schützenden Drahtkorbes werden die Schildkröten sich zur Überwinterung vergraben. Sobald dies geschehen ist, verschließen wir das Loch mit

Überwinterung europäischer Landschildkröten im Freiland.

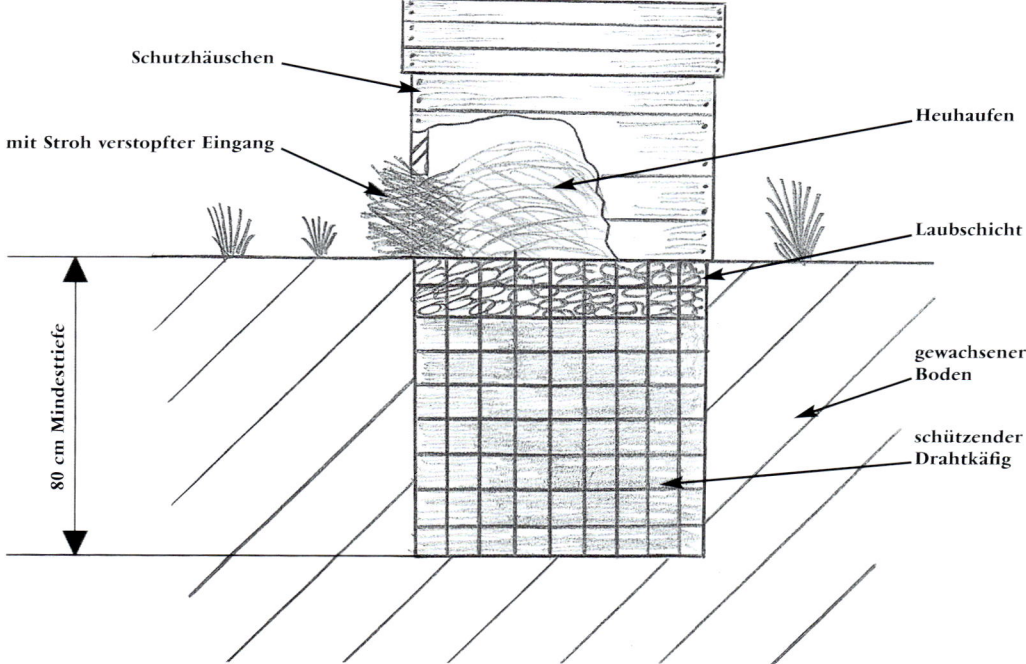

Schutzhäuschen

Heuhaufen

mit Stroh verstopfter Eingang

Laubschicht

80 cm Mindesttiefe

gewachsener Boden

schützender Drahtkäfig

einem Deckel, der ebenfalls aus feinmaschiger Drahtgaze gefertigt ist. Darüber legt man einen Laubhaufen, und das darüberstehende Häuschen wird mit Stroh verschlossen. Nun haben wir alles getan, um den Überwinterungsort unserer Schildkröten so sicher wie möglich zu machen. Jetzt müssen sich die Tiere nur noch selbst genügend tief vergraben, um nicht bei extrem kalter Witterung dem Bodenfrost zum Opfer zu fallen. Wenn nun im Frühjahr die Temperaturen wieder ansteigen, kommen die Schildkröten immer weiter an die Oberfläche. Sobald sie unter dem Gazedeckel zum Vorschein kommen, wird dieser entfernt. Ab jetzt halten sich die Tiere an kalten oder regnerischen Tagen in ihrem mit Heu oder Stroh gefüllten Schutzhäuschen auf. Bei wärmenden Sonnenstrahlen sind sie schon außerhalb zu beobachten und nehmen mitunter sogar die erste Nahrung auf.

Balz- und Imponierverhalten

Insgesamt finden sich bei den Reptilien eine Vielzahl höchst unterschiedlicher Verhaltensweisen als Vorbereitung zur Paarung, die dazu dienen, daß die Partner sich finden und in Paarungsstimmung versetzt werden. Dabei spielen neben optischen Reizen – wie dem vorteilhaften Präsentieren des eigenen Körpers, oft in Verbindung mit Körperanhängen oder Prachtfärbungen – auch akustische (z. B. Geckostimmen), chemische (z. B. Pheromone) und Berührungsreize (z. B. „Anstoßen" des Partners) eine Rolle.

Bei den Schlangen finden sich die Geschlechter in erster Linie mit Hilfe von Sexualduftstoffen

Balzendes Rotkehlanolis-Männchen (*Anolis carolinensis*) Foto: M. Schmidt

(Pheromone). Die Tiere bezüngeln sich dann gegenseitig und führen Paarungsspiele aus. Dabei sucht das Männchen Körperkontakt zum Weibchen, das durch Zucken des Körpers und vibrierende Schwanzbewegungen darauf reagiert. Die Männchen einiger Arten fechten während der Werbung gegeneinander sogenannte Kommentkämpfe aus. Hierbei umschlingen sie sich gegenseitig und versuchen, den vorderen Körperbereich des Nebenbuhlers zu Boden zu drücken. Zu gegenseitigen Beschädigungen oder Verletzungen kommt es dabei in der Regel nicht.

Auch bei den Echsen spielen Pheromone eine gewisse Rolle, aber es sind zudem viele visuelle Reize des Balz- und Imponierverhaltens zu finden. Um nur einige wenige Beispiele zu nennen: Anolismännchen präsentieren kopfnickend ihre leuchtend farbige Kehlscheibe, die mit Hilfe des verlängerten Zungenbeins aufgestellt wird. Männliche Leguane und Agamen imponieren ebenfalls kopf-

Kommentkampf zweier Natternmännchen.

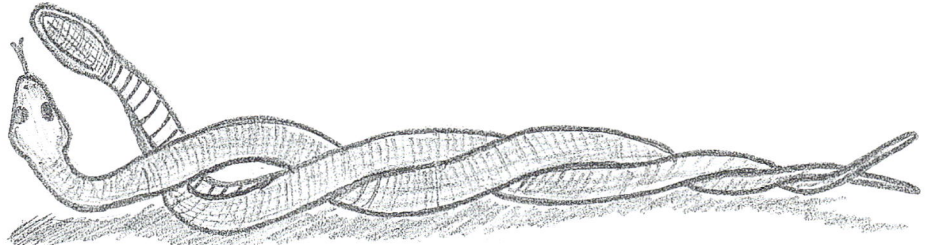

Durch Bisse und Rammstöße veranlassen männliche Griechische Landschildkröten (*Testudo hermanni*) ihre Weibchen, zur Paarung stehenzubleiben und sich in den Panzer einzuziehen.

nickend oder mit anderen Körperbewegungen (z. B. „Liegestützen") ihren Geschlechtspartnern, viele Arten präsentieren dabei ihre Prachtfarben. Agamen führen zusätzlich noch kreisende Bewegungen mit den Vorderextremitäten aus.

Bei den dämmerungs- und nachtaktiven Geckos machen die Männchen durch Rufen auf sich aufmerksam.

Bei den Landschildkröten bringen die Männchen ihre Weibchen durch heftige Rammstöße und Bisse in die Extremitäten dazu, stehenzubleiben. Danach versucht das Männchen, auf das Weibchen aufzureiten und die Paarung durchzuführen. Viele Wasserschildkrötenmännchen schwimmen um das Weibchen herum oder umwerben es z. B. durch ritualisierte Beinbewegungen.

Die Paarung

Bei der Paarung der Echsen beißt sich das Männchen meist im Nacken oder in der Flanke des Weibchens fest.

Maurische Landschildkröten (*Testudo graeca*) bei der Paarung
Foto: W. Schmidt

Der Schwanz wird unter den der Partnerin geschoben, und ein Bein wird über die Schwanzwurzel des Weibchens gelegt. Zur eigentlichen Begattung führt das Männchen einen Hemipenis in die Kloake des Weibchens ein. Nach der Kopulation säubert das Männchen den Hemipenis mit der Zunge und zieht ihn dann wieder vollständig in die Hemipenistasche zurück.

Bei den Schlangen hält sich das männliche Tier durch Umschlingen am Weibchen fest. Es sucht Kloakenkontakt und führt dann einen Hemipenis ein. Bei einigen Arten wird zusätzlich ein Nackenbiß gesetzt. Da sich die Schlangen aufgrund ihres Körperbaus nicht aneinander festhalten können, helfen die artspezifisch mit Dornen und Widerhaken ausgestatteten Hemipenes bei der Verankerung in der weiblichen Geschlechtsöffnung. Wie bei den Echsen auch, erigiert nur der Hemipenis, der der weiblichen Kloake am nächsten ist.

Das Landschildkrötenweibchen wird von dem Männchen durch heftige Rammstöße zum Stehenbleiben veranlaßt. Danach klettert das Männchen von hinten auf den Rücken der Partnerin, und es kommt zur Kopulation. Auch Wasserschildkröten paaren sich durch „Aufreiten".

Die Dauer einer Kopulation ist von Reptilienart zu Reptilienart sehr unterschiedlich und kann wenige Sekunden bis zu vielen Minuten und sogar Stunden dauern. Auch die Anzahl der Begattungen innerhalb einer Paarungssaison variiert sehr stark. So kommt es bei manchen Arten zu nur einer Kopulation, bei anderen zu mehreren, oft sogar mit unterschiedlichen Männchen. Die reifen Eizellen werden in den Eileitern befruchtet.

Manchen Reptilienweibchen ist eine Spermaspeicherung möglich. Der Samen kann über einen längeren Zeitraum für eine

Teppichchamäleons (*Furcifer lateralis*) bei der Paarung Foto: W. Schmidt

spätere Befruchtung gespeichert werden, wenn die Bedingungen für eine Trächtigkeit günstiger sind oder wenn kein Männchen für eine weitere Paarung zur Verfügung steht. Dieses Phänomen nennt man Amphigonia retardata.

Die Trächtigkeit

Nach der erfolgreichen Begattung beginnt die Trächtigkeit der Weibchen. Ihre Dauer ist von Reptilienart zu Reptilienart sehr unterschiedlich. Auch das Terrarienklima und der Ernährungszustand spielen dabei eine wesentliche Rolle.

Trächtige Weibchen fressen viel mehr und nehmen mit fortschreitender Trächtigkeit deutlich an Umfang zu. In dieser Zeit sollten sie so viel Futter erhalten, wie sie aufnehmen können. Auf eine ausreichende Vitamin- und Mineralstoffversorgung ist unbedingt zu achten. Deswegen muß während der Trächtigkeit besonders abwechslungsreich gefüttert werden. Das spätere Schlupfergebnis ist auch abhängig vom Ernährungszustand und der Vitamin- und Mineralstoffversorgung des Weibchens.

Kurz vor der Eiablage zeichnen sich die Eier bei Echsen und Schlangen meist deutlich an den Flanken und der Bauchunterseite ab. Bei Schildkröten kann man sie ertasten, indem man in die Panzeröffnungen der Hinterbeine faßt.

Die Eiablage

Eine gewisse Zeit vor der Eiablage (oder Geburt) nehmen die Weibchen vieler Reptilienarten keine

Röntgenaufnahme einer trächtigen Schildkröte
Foto: P. Hufschmidt

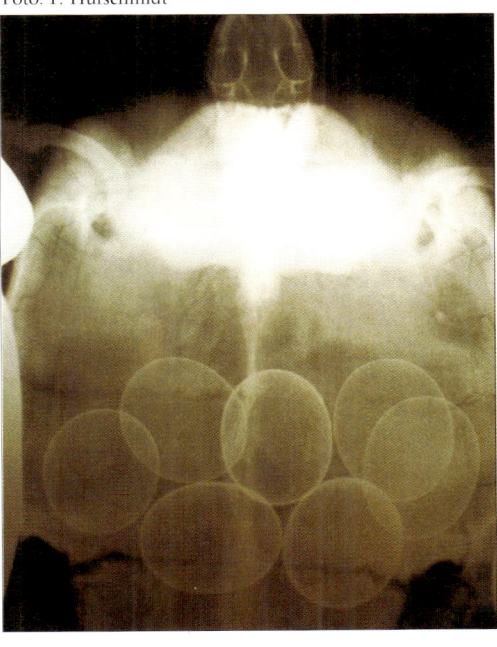

Nahrung mehr zu sich. Das Gelege nimmt nun den gesamten Bauchraum in Anspruch, so daß für einen gefüllten Magen kein Platz mehr ist. Wenige Tage vor der Eiablage wird das Weibchen unruhig und läuft oder kriecht pausenlos umher. Zu diesem Zeitpunkt ist es nämlich auf der Suche nach einem geeigneten Eiablageplatz, an dem sich das Gelege optimal entwickeln kann. Es werden vom Weibchen an vielen Stellen „Probegrabungen" durchgeführt, bis es einen Platz gefunden hat, der seinen Vorstellungen gerecht wird.

Aus diesem Grund muß man unbedingt darauf achten, daß eine geeignete Eiablagestelle im Terrarium vorhanden ist. Wenn dies nicht der Fall sein sollte, kommt es häufig zu einer psychogenen Legenot. Dies bedeutet, daß das betreffende Weibchen seine Eier aufgrund eines fehlenden Ablageplatzes nicht ablegen kann und das Gelege im Körper zurückhält, also überträgt. Unbehandelt führt eine Legenot unweigerlich zum Tod.

Für Echsen, Schlangen und Schildkröten, die ihre Eier im Boden vergraben, muß Bodensubstrat in entsprechender Höhe im Terrarium vorhanden sein. Viele Arten nutzen zur Eiablage die Blumentöpfe der Terrarienpflanzen oder setzen ihr Gelege unter flachen Steinen ab. Einige Großechsen wie Grüne Leguane und Schwarze Leguane benötigen zur Eiablage unbedingt ein künstliches Höhlensystem (Eiablagekiste), ohne das es fast immer zur Legenot

kommt. Viele Warane und Tejus vergraben ihr Gelege in der Natur in Termitenbauten, wo die Termiten für die optimalen Entwicklungsbedingungen sorgen. Auch sie benötigen unter Terrarienbedingungen normalerweise entsprechende künstliche Höhlen.

Will man selbst den Eiablageplatz bestimmen, damit man das Gelege später nicht mühsam suchen muß, kann man eine Eiablageschale in das Terrarium stellen, die mit dem geeigneten Substrat gefüllt ist. Der Rest des Terrarienbodens wird mit flachen Steinen o.ä. abgedeckt. Nun ist das Weibchen gezwungen, in der vorbereiteten Schale sein Gelege abzusetzen. Man muß jedoch dafür sorgen, daß dort auch die entsprechenden Bedingungen vorherrschen, da das Gelege ansonsten in kürzester Zeit absterben würde (oder das Weibchen dort erst gar nicht ablegt, wodurch es zur Legenot kommen kann). Die von manchen Terrarianern praktizierte Unsitte, die trächtigen Weibchen in ein separates Ablageterrarium zu setzen, birgt aufgrund des durch den Ortswechsel bedingten Stresses die Gefahr einer Legenot. Sollte es nötig sein, dem Weibchen zur Eiablage größere Ruhe zu gönnen, sollten die anderen Mitbewohner aus dem Terrarium genommen und separat gehalten werden.

Für einige Schlangen- und Echsenarten, die ihre Gelege beispielsweise in hohlen Bambusrohren absetzen, müssen diese rechtzeitig vor der Ablage in

Kornnatter (*Elaphe guttata*) bei der Eiablage Foto: T. Schmidt

den Behälter eingebracht werden. Viele Taggecko-arten (*Phelsuma* spec.) kleben ihre Eier einfach an einer geeigneten Stelle an die Terrarienscheiben oder an Einrichtungsgegenstände. Panzerechsen bauen ein Nest, in das sie ihre Eier absetzen.

Eine erfolgte Eiablage erkennt man häufig an den sichtlich eingefallenen Flanken des Muttertie-res.

Nicht alle Reptilienarten sind eierlegend (ovi-par). Manche Echsen- und Schlangenarten sind ei-lebendgebärend (ovovivipar) oder lebendgebärend (vivipar).

Bei der Ovoviviparie entwickeln die Embryos sich zwar „normal" in Eiern, diese werden aber vom Weibchen nicht abgelegt, sondern bleiben bis kurz vor dem Schlupf im Körper der Mutter. Die Eier weisen eine sehr dünne Kalkschale oder eine durch-sichtige, häutige Schale auf und werden erst abge-setzt, wenn die Jungtiere bereits voll entwickelt sind. Diese schlüpfen dann während oder kurz nach der Eiablage, so daß für den Beobachter der Ein-druck einer Geburt entsteht. Die Ovoviviparie kommt oft bei Arten vor, die in den kühleren Regio-nen unserer Erde leben, in denen durch die Umge-bungstemperaturen abgelegte Eier nur geringe oder keine Schlupfergebnisse bringen würden. Be-finden sich die Eier jedoch während ihrer Entwick-lung im Mutterleib, kann das Muttertier durch Thermoregulation (Sonnenbaden etc.) für eine gün-stige Inkubationstemperatur sorgen. Auch die Feuchtigkeitsverhältnisse können ein Grund für die Ovoviviparie sein.

Einige Reptilienarten, wie z. B. der Wickel-schwanzskink (*Corucia zebrata*), haben eine „echte" Viviparie entwickelt. Bei ihnen ist der Embryo wäh-rend seiner Entwicklung mit dem Stoffwechsel der Mutter verbunden, während die Embryos in den Ei-ern oviparer oder ovoviviparer Arten keine direkte Verbindung mit diesem haben.

Aufbau und Entwicklung eines Reptilieneies

Die reife Eizelle (Ovozyte) gelangt durch Platzen der Follikelwand (Ovulation) frei in die Leibeshöhle des Weibchens. Durch eine trichterförmige Öffnung (Tube) wandert sie dann in den Eileiter. Hier findet auch die Befruchtung statt, nach der bereits die ersten Zellteilungen beginnen. Danach bilden sich die schützende Eiklarschicht (Albuminschicht) und die Eimembran. Einige Tage danach bildet sich die äußere Kalkschicht durch Kalkkristalle, die sich auf der Eimembran ablagern.

Die Schale der Reptilieneier ist je nach Anord-nung und Stärke der Kalkkristalle hartschalig oder pergamentartig weichschalig. Die Eischale weist an einigen Stellen winzige Poren auf, durch die Gas- und Wasseraustausch zwischen Ei und Umgebung stattfinden.

Auffällig ist die große Dottermasse des Reptili-eneies. Kurz vor dem Schlupf wird der noch unver-brauchte Dotterrest in die Leibeshöhle des Jungtiers eingelagert. Von ihm kann der Schlüpfling dann noch zehren. Erst wenn dieser Vorrat verbraucht ist, nimmt das Jungtier selbständig die erste Nahrung zu sich.

Ein wesentlicher Unterschied zwischen einem Reptilien- und einem Vogelei besteht darin, daß dem Reptilienei die Hagelschnüre (Chalazen) feh-len. Diese sorgen beim Vogelei dafür, daß der Em-bryo beim Drehen des Eies immer wieder in diesel-be Lage gebracht wird. Beim Reptilienei hingegen wächst der Embryo an der Oberseite des Eies fest. Wird nun die Lage des Eies nachträglich geändert, kann es vorkommen, daß der Embryo vom Dotter gequetscht oder überlagert wird. Dies führt zu ei-ner Fehlentwicklung oder sogar zum Absterben des Embryos. Aus diesem Grund ist eine Lageverände-rung der Eier beim Bergen und Überführen in den Brutapparat unbedingt zu vermeiden. Deshalb wird die Oberseite eines jeden Eies mit einem weichen Bleistift durch ein kleines Kreuz markiert, bevor man es in die Hand nimmt. So kann man sicher sein, das Ei immer wieder in die richtige Position le-gen zu können. Filzschreiber dürfen zur Markierung jedoch nicht zum Einsatz kommen, da diese Gift-stoffe enthalten, die ein Absterben der Eier zur Fol-ge haben könnten.

Befruchtete weichschalige Eier weisen meist ei-ne deutlich sichtbare Keimscheibe auf. Deren Fär-bung ist rosa bis violett; sie ist oft durch die noch feuchte Schale gut zu erkennen. Außerdem sind unbefruchtete Eier (im Terrarianerslang oft „Wachseier" genannt) meist kleiner als befruchtete und nicht so prall. Sie besitzen eine schmierige, klebrige Oberfläche und sind in trockenem Zustand meist gelblich gefärbt, während befruchtete Eier weiß erscheinen.

Bei hartschaligen Reptilieneiern ist meist nicht sofort erkennbar, ob sie befruchtet sind oder nicht. Frisch abgelegte Eier wirken beim Durchleuchten in der Regel gelblich. Erst nach mehreren Tagen beginnen sich die ersten rosa Blutgefäße abzuzeichnen, was ein sicheres Zeichen dafür ist, daß sich das Ei entwickelt.

Unbefruchtete oder abgestorbene Eier müssen so schnell wie möglich entfernt werden. Meist beginnen sie zu riechen und schimmeln. Sie stellen daher für die anderen Eier eine Gefahr dar. Ist man sich nicht ganz sicher, ob ein Ei abgestorben oder unbefruchtet ist oder nicht, sollte man es getrennt von den anderen weiter zeitigen.

Um die Entwicklung der Eier von Zeit zu Zeit zu überwachen, kann man sie durchleuchten. Dazu wird eine Taschenlampe von hinten gegen das Ei gehalten, oder das Ei wird auf ein Stück Karton gelegt, in das zuvor ein Loch geschnitten wurde, das etwas kleiner ist als der Durchmesser des Eies, und von unten durchleuchtet. Man muß unbedingt darauf achten, daß die Lichtquelle nicht zu viel Wärme abgibt und das Ei dadurch schädigt. Es darf aber bei dieser Untersuchung auch nicht zu sehr abkühlen oder gar verdreht werden. Richtig ausgeführt, hat die Durchleuchtung keinen negativen Einfluß auf die Entwicklung des Embryos oder das spätere Schlupfergebnis. Ein unnötiges Herumhantieren mit den Eiern muß jedoch unterbleiben, da sich dies mitunter negativ auf die Entwicklung auswirkt.

Während der Entwicklung des Embryos bilden sich mehrere schützende Fruchthüllen um diesen. Die wichtigsten sind das Amnion, die Allantois und das Chorion. Die Amnionhülle umgibt den gesamten Embryo während seiner Entwicklung. In ihr befindet sich die Amnionflüssigkeit, die den Embryo schützt. Im Allantoissack (Harnsack) werden die Ausscheidungen der Nieren aufgefangen, so daß dieser im Laufe der Embryonalentwicklung beträchtlich wächst.

Ab einem bestimmten Entwicklungsstadium zeigt der Embryo beim Durchleuchten die ersten Bewegungen. Weichschalige Eier nehmen während

der Inkubation durch Flüssigkeitsaufnahme aus der Umgebung und dem Substrat deutlich an Umfang zu. Bei hartschaligen Eiern ist dies aufgrund der unflexiblen Beschalung nur sehr begrenzt möglich.

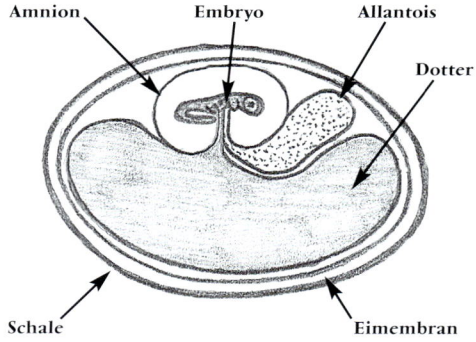

Aufbau eines Reptilieneies

Das Bergen und Überführen der Eier in den Brutapparat

Da sich Reptiliengelege im Terrarium nur in den seltensten Fällen zufriedenstellend entwickeln, müssen die Eier nach der Ablage in einen Brutapparat (Inkubator) überführt werden, in dem die richtigen Bedingungen herrschen. In der Natur sind die Gelege nach der Ablage in der Regel sich selbst überlassen. Die Brutfürsorge endet bei den meisten Arten mit der Auswahl eines geeigneten Ablageortes.

Eine Brutpflege ist nur bei wenigen Reptilienarten bekannt. Hierzu gehören Krokodile und einige Echsen- und Schlangenarten (z. B. Pythons). Bei den Krokodilen umfaßt die Brutpflege nicht nur das Bewachen der Gelege, es wird sogar Schlupfhilfe geleistet. Die Jungtiere werden danach behutsam im Maul zum Wasser getragen.

Weitere Formen der Brutpflege bei Reptilien stellen das Auslesen von verdorbenen Eiern sowie die Regulation von Temperatur und Feuchtigkeit dar. Bei den Pythons ist das Erbrüten der Gelege charakteristisch. Das Weibchen umschließt hierbei das gesamte Gelege mit seinen Körperschlingen. Einige Pythons regulieren sogar die Inkubationstemperatur, indem sie durch Muskelzuckungen eine Temperaturerhöhung von einigen Graden über die

Beim Bergen eines Geleges (wie hier von *Testudo graeca*) ist äußerste Vorsicht geboten. Die Markierungen auf den Eioberseiten sollen ein unbeabsichtigtes Wenden verhindern. Foto: W. Schmidt

Umgebungstemperatur bewirken.

Nach dem Schlupf oder der Geburt sind die meisten Reptilien sofort auf sich alleine gestellt.

Hat man seinen Tieren eine Eiablageschale in das Terrarium gestellt, kann man diese evtl. mit den Eiern komplett in den Inkubator überführen. Sind die Eier frei im Bodengrund abgelegt worden, müssen sie vorsichtig gesucht werden, was bei größeren Behältern oft sehr viel Zeit in Anspruch nimmt. Hierzu werden zuerst alle Dekorationsgegenstände wie Steine oder Wurzeln entfernt, damit man leichter arbeiten kann. Wenn möglich, entfernt man auch die Elterntiere während dieses Zeitraums aus dem Terrarium.

Nun macht man sich mit einem weichen Pinsel auf die Suche nach dem Gelege. Bei Arten, die ihre Eier sehr tief vergraben, entfernt man zuerst mit einem Löffel einen Großteil des Substrates. Jetzt wird mit dem Pinsel das Gelege vorsichtig freigelegt, und anschließend markiert man die Eioberseiten mittels eines weichen Bleistiftes durch ein Kreuz. Beim Suchen und Markieren der Eier muß man sehr behutsam vorgehen. Vor allem hartschalige Eier besitzen oft eine sehr dünne Schale, die bei unsachgemäßem Umgang schnell Schaden nimmt. Bei hartschaligen Eiern, die komplett mit Substrat beklebt sind (z. B. die Eier des Wundergeckos *Teratoscincus scincus*), kann man in der Regel keine direkte Markierung mit einem Bleistift vornehmen. Um die Eier dennoch zu markieren, schabe ich mit einem Messer eine Bleistiftmine ab und erhalte dadurch ein feines Pulver. Dieses streue ich als einen kleinen Punkt auf die Eioberseite. So kann das Ei völlig gefahrlos markiert werden.

Als nächstes werden die Eier in Brutdosen untergebracht. Die Eier müssen mit einigem Abstand zueinander in das Substrat in der Brutdose gelegt werden, so daß sie sich nicht – trotz der Volumenzunahme während der Inkubation – gegenseitig berühren. Als Brutdosen kann man z. B. leere Heimchendosen verwenden, die mit einem geeigneten Substrat gefüllt sind.

Am häufigsten wird hierzu Vermiculit oder Perlite verwendet. Es handelt sich hierbei um Tonminerale, die als Isolier- und Dämmstoffe für den Hausbau Verwendung finden. Auf keinen Fall dürfen sie irgendwelche Zusatzstoffe enthalten. Am besten bezieht man das Inkubationssubstrat vom Terraristik-Fachhandel. Das Granulat darf nicht zu fein gewählt werden, damit es auch ausreichend mit Sauerstoff durchströmt und von frisch geschlüpften Reptilienbabys nicht aus Versehen gefressen wird. Es wird nach den für das jeweilige Gelege erforderlichen Bedingungen angefeuchtet oder trocken einige Zentimeter hoch in die Brutdose eingefüllt. Als weitere Substrate kommen Blumenerde-Sand-Gemische, Torfmoos, reiner Sand und Schaumstoffschnitzel in Frage. Die Wahl des geeigneten Substrates und dessen richtige Feuchtigkeit hängen von den Bedürfnissen des jeweiligen Geleges, wesentlich aber auch von der „Glaubensauffassung" des Halters ab.

Die Eier bettet man etwa zu 1/3 in das Substrat ein. Eier, die miteinander verklebt sind, werden gemeinsam in die Brutdose gelegt. Ein Trennen der verklebten Eier ist meist ohne eine Beschädigung nicht möglich.

Anschließend wird die Brutdose mit dem Deckel verschlossen; eine Belüftung der Brutdose muß aber (z. B. durch kleine Luftlöcher) gewährleistet sein. Die Brutdose wird dann in den Inkubator gestellt.

Eier, die an Einrichtungsgegenstände oder Terrarienscheiben angeklebt sind, lassen sich nicht schadlos ablösen. Falls möglich, können sie mit den Einrichtungsgegenständen in den Brutapparat gebracht werden. Sollte dies nicht möglich sein oder sind die Gelege an den Scheiben festgeheftet, müssen sie zur Zeitung im Terrarium verbleiben. Sie werden vor Beschädigungen durch Terrarieninsassen und zum Schutz der schlüpfenden Jungtiere durch ein Drahtgitter (z. B. Teesieb) geschützt.

Gelege von Reptilienarten, die Brutpflege betreiben (Pythons), können beim Weibchen belassen werden. Sicherer ist jedoch in jedem Fall die künstliche Zeitung in einem geeigneten Inkubator.

Inkubation

Als Inkubation bezeichnet man das Erbrüten der Eier. Die Zeit, die der Embryo im Ei von der Eiablage bis zum Schlupf zu seiner vollständigen Entwicklung benötigt, nennt man Inkubationszeit. Die Inkubationszeit ist von Reptilienart zu Reptilienart sehr unterschiedlich. So gibt es Arten, deren Jungtiere bereits wenige Tage nach Absetzen des Geleges schlüpfen, weil der größte Teil ihrer Embryonalentwicklung bereits stattgefunden hat, während das Ei sich noch im Mutterleib befand. Andere Arten wiederum haben eine Inkubationszeit von über einem Jahr. Bei vielen Arten schlüpfen die Jungtiere im Durchschnitt jedoch nach etwa 60–90 Tagen. Hierbei spielt die Inkubationstemperatur eine wesentliche Rolle. Höhere Temperaturen beschleunigen, niedrigere verzögern die Embryonalentwicklung.

Bei einigen Reptilienarten (z.B. verschiedene Chamäleons) legt der Embryo eine physiologische Keimruhe bei sehr niedrigen Temperaturen ein.

Auch käufliche Brutapparate, wie die „Kunstglucke" der Fa. Jäger, haben sich bei vielen Terrarianern gut bewährt. Foto: J. Rauh

Wird dies bei der künstlichen Zeitung im Brutapparat nicht berücksichtigt, ist ein Ausbleiben des Schlupferfolges zu erwarten.

Ein weiteres Phänomen, das beim Erbrüten von Reptiliengelegen zu beachten ist, ist die temperaturabhängige Geschlechtsausprägung (TAGA). Dies bedeutet, daß bei bestimmten Temperaturen überwiegend weibliche oder männliche Tiere schlüpfen. Bei vielen Schildkrötenarten entwickeln sich bei höheren Temperaturen mehr Weibchen als Männchen, während es sich bei etlichen Echsen und Krokodilen genau umgekehrt verhält. Eine weitere Möglichkeit ist, daß bei hohen oder tiefen Temperaturen mehr weibliche Tiere schlüpfen und im mittleren Temperaturbereich mehr Männchen. So kann der Terrarianer also über die Inkubationstemperatur das gewünschte Geschlechtsverhältnis bereits im voraus beeinflussen. Für viele Arten liegen noch keine gesicherten Erkenntnisse über die TAGA vor.

Der Terrarianer muß sich aufgrund der sehr unterschiedlichen Gegebenheiten bei den verschiedenen Reptilienarten unbedingt durch spezielle Fachliteratur über die Besonderheiten seiner Pfleglinge informieren. Er benötigt genaue Daten über Inkubationstemperatur, Substrat- und Luftfeuchtigkeit sowie eventuell einzuhaltende Keimruhen. Ein sehr zu empfehlendes Werk zu diesem Thema ist das Buch „Inkubation von Reptilieneiern" von G. KÖHLER, in dem die Brutdaten von über 1400 Reptilienarten und -unterarten übersichtlich zusammengestellt sind.

Um Reptiliengelege erfolgreich zu inkubieren, gibt es zahlreiche Möglichkeiten. Die primitivste Methode ist, die Brutdose mit den Eiern in einer warmen Ecke des Zimmers aufzustellen. Dies kann beispielsweise ein Fenstersims über einem Heizkörper oder der Beleuchtungskasten eines Terrariums sein. Die Temperaturen dürfen in der Nacht verständlicherweise nicht unter die für die jeweiligen Gelege erträglichen Werte absinken. Diese einfache Methode ist aber nur für die Gelege weniger, sehr anspruchsloser Arten anwendbar und erfolgreich.

In den meisten Fällen ist zum Bebrüten ein beheizter Inkubator erforderlich, in dem die benötigten Klimawerte exakt eingestellt werden können.

Es gibt im Fachhandel zahlreiche Brutapparate, die sich für die Erbrütung von Reptiliengelegen eignen. Am bekanntesten für den „Privatbedarf" sind wohl die „Kunstglucken" der Firma Jäger, die in verschiedenen Ausführungen hergestellt werden. Ihr zentraler Bestandteil ist eine runde Styroporwanne, die der Aufnahme der einzelnen Brutdosen dient. Darüber ist ein transparenter Kunststoffdeckel angebracht, in den das Heizelement und der Thermostat eingebaut sind. Diese werden mechanisch (Bimetall) oder elektronisch gesteuert. Solche käuflichen Brutapparate sind in der Regel in der Anschaffung recht preiswert, von langer Lebensdauer, zuverlässig und haben sich in den letzten Jahren bei vielen Terrarianern bestens bewährt.

Für Terrarianer mit höchsten Ansprüchen gibt es die großen Motorbrüter der Firma Grumbach. Dies sind Geräte für den professionellen Einsatz. Ihr Kaufpreis liegt daher auch um 1.000 DM und darüber. Die erwärmte Luft wird über einen Ventilator in die Brutkammer geblasen, so daß im gesamten Brutapparat eine konstante Temperatur und Luftfeuchtigkeit herrscht.

Wem die Anschaffung eines käuflichen Inkubators zu teuer ist oder wer individuelle Vorstellungen verwirklichen möchte, der kann sich mit etwas handwerklichem Geschick ein geeignetes Gerät auch selbst bauen. Die Aufführung einer genauen Bauanleitung für einen Motorbrüter würde hier jedoch zu weit führen. Dazu sei wieder auf die erwähnte Spezialliteratur von G. Köhler (1997) verwiesen.

Im folgenden sollen zwei einfache Möglichkeiten des Inkubatorbaus unter Zuhilfenahme eines Aquariums (Aquarienmethode) vorgestellt werden.

Erste Möglichkeit – Flächenbrüter (nach Rauh 1995):

Hierzu benötigen wir folgende Gegenstände:
- 1 Glas- oder Kunststoffaquarium (mind. 30 Liter Volumen)
- 1 Heizkabel oder Heizmatte (ab etwa 20 Watt Leistung)

Inkubator (modifiziert nach Rauh 1995)

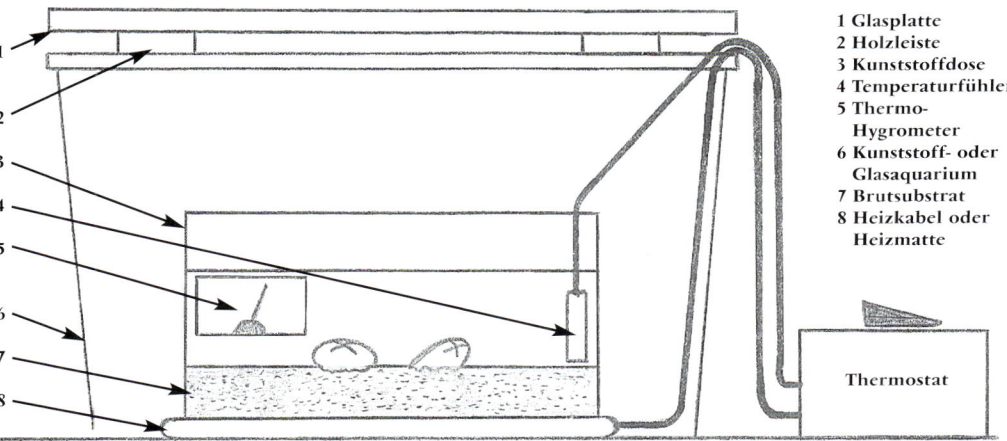

1 Glasplatte
2 Holzleiste
3 Kunststoffdose
4 Temperaturfühler
5 Thermo-
  Hygrometer
6 Kunststoff- oder
  Glasaquarium
7 Brutsubstrat
8 Heizkabel oder
  Heizmatte

Thermostat

- 1 Thermostat mit Temperaturfühler (Regelgenauigkeit mind. +/- 0,5 °C)
- 1 Glasplatte
- 1 Styroporplatte (1–1,5 cm Dicke)
- 1 durchsichtige Brutdose aus Kunststoff
- 1 Thermometer
- 1 Hygrometer
- 2 Holzleisten (Dicke 3–5 mm)

Das Aquarium wird auf die Styroporplatte gestellt, um es vor unnötigem Wärmeverlust nach unten abzusichern. Im Aquarium selbst wird nun das Heizkabel oder die Heizmatte ausgelegt und mit Klebeband vor dem Verrutschen gesichert. Auf das Heizelement stellt man die Brutdose mit dem Brutsubstrat und dem Gelege. In die Brutdose werden zuvor einige kleine Löcher gebohrt, um einen geringen Gasaustausch zu gewährleisten. Jetzt wird der Thermostat mit dem Heizelement gekoppelt und der Temperaturfühler in der Brutdose bei den Eiern untergebracht. Ebenfalls in die Brutdose kommen noch ein Thermometer und ein Hygrometer, um die Klimaverhältnisse überwachen zu können. Die benötigte Inkubationstemperatur wird am Thermostat eingestellt. Als nächstes legt man die beiden Holzleisten quer über das Aquarium und hierauf die erwähnte Glasplatte. Da die Glasplatte aufgrund der Leisten nicht ganz aufliegt, ist der nötige Gasaustausch sichergestellt.

Zweite Möglichkeit (Aquarienmethode):

Hierzu benötigen wir folgende Gegenstände:
- 1 Glas- oder Kunststoffaquarium (mind. 30 Liter Inhalt)
- 1 Aquarienheizstab
- 1 Thermostat mit Temperaturfühler (Regelgenauigkeit mind. +/- 0,5 °C)
- 1 Glasplatte
- 1 Styroporplatte (1–1,5 cm Dicke)
- 1 durchsichtige Brutdose aus Kunststoff
- 1 Thermometer
- 1 Hygrometer
- 1 Holzleiste (Dicke 3–5 mm)
- 2 Backsteine

Das Aquarium plazieren wir wieder auf der Styroporplatte. Nun stellt man die beiden Backsteine auf die Bodenscheibe. Darauf plazieren wir die Brutdose mit dem Substrat und den Eiern. Auf einen separaten Deckel wird hier verzichtet. Dann füllen wir das Aquarium so weit mit Wasser auf, bis die Backsteine nur noch etwa einen Zentimeter über den Wasserspiegel reichen. In das Wasser legt man den Aquarienheizstab und koppelt ihn mit dem Thermostaten. Der Temperaturfühler wird wieder in die Brutdose zu dem Gelege gelegt, ebenso ein Thermometer und ein Hygrometer. Bei dieser Ausführung legen wir nur eine Holzleiste quer über

Inkubator (Aquarienmethode)

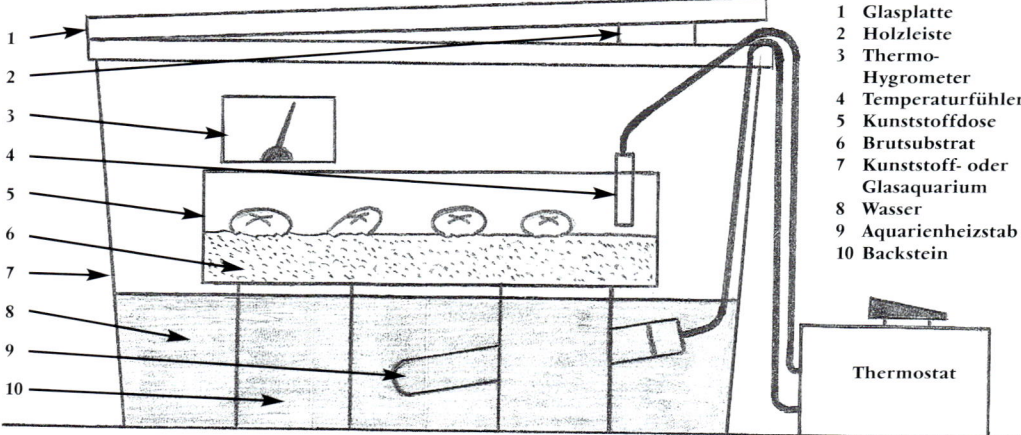

1 Glasplatte
2 Holzleiste
3 Thermo-Hygrometer
4 Temperaturfühler
5 Kunststoffdose
6 Brutsubstrat
7 Kunststoff- oder Glasaquarium
8 Wasser
9 Aquarienheizstab
10 Backstein

das Aquarium. Dadurch liegt die Glasplatte schräg, und das Kondenswasser läuft ab. Wassertropfen, die auf die Eier treffen, könnten diese schädigen.

Die letzte Methode eignet sich besonders gut für Gelege, die eine hohe Luftfeuchtigkeit benötigen. Durch die Erwärmung des Wassers liegt diese stets bei nahezu 100 % relativer Feuchte. Um den Wärmeverlust des Brutapparates einzudämmen, kann man das Aquarium vollständig mit Styroporplatten ummanteln.

Während der gesamten Inkubationszeit müssen Temperatur, Luft- und Substratfeuchtigkeit so gehalten werden, wie es das betreffende Gelege für eine optimale Entwicklung benötigt. Ein Auskühlen oder Überhitzen ist ebenso zu vermeiden wie ein Austrocknen oder Vernässen.

Einmal pro Woche sollte der Deckel der Brutdose für einige Sekunden abgenommen werden, um einen vollständigen Luftaustausch zu gewährleisten. Sinkt die Luft- oder Substratfeuchtigkeit zu stark ab, muß man bei Bedarf nachfeuchten. Auf keinen Fall darf man mit einer Blumenspritze Wasser über Gelege und Substrat versprühen, da die Eier nicht direkt mit Wasser in Berührung kommen dürfen. Am günstigsten ist eine indirekte Befeuchtung. Hierzu wird ein Kunststoffrohr in das Brutsubstrat eingegraben und bis zum Boden geführt. Das nachgefüllte Wasser verteilt sich dadurch gleichmäßig in den unteren Substratschichten. Die direkte Umgebung der Eier wird dadurch indirekt nachgefeuchtet. Auch mit einer Injektionsspritze kann man Wasser in die untere Substratschicht einbringen, ohne daß Flüssigkeit mit den Eiern direkt in Berührung kommt. Man kann das Wasser auch einfach vorsichtig an den Wänden der Brutdose herablaufen lassen.

Im Lauf der Entwicklung abgestorbene und verdorbene Eier müssen so schnell wie möglich entfernt werden, damit sie die gesunden Eier nicht gefährden.

Schlupf bzw. Geburt der Jungtiere

Nach der erfolgreichen und abgeschlossenen Embryonalentwicklung folgt der Schlupf oder die Geburt des nun vollständig entwickelten und lebens-

Für jeden Terrarianer ist es natürlich ein besonderer Moment, beim Schlupf seiner Zöglinge wie dieser Maurischen Landschildkröte (*Testudo graeca graeca*) dabeizusein. Foto: P. Hufschmidt

Gerade geschlüpftes Jungtier der Griechischen Landschildkröte (*Testudo hermanni*) Foto: W. Schmidt

fähigen Jungtiers.

Hartschalige Eier lassen sich zu diesem Zeitpunkt nicht mehr durchleuchten, da der Reptilienembryo jetzt den gesamten Eiinnenraum einnimmt. Die Eischale selbst wirkt gräulich bis dunkel.

Bei weichschaligen Reptilieneiern kündigt sich der Schlupf durch Einfallen und Schwitzen der Eier an. Auf der Eischale befinden sich dann kleine Flüssigkeitstropfen, die an niedergeschlagenen Tau erinnern.

Die Jungtiere vieler Panzerechsen beginnen kurz vor dem Schlupf, quiekende und pfeifende Laute von sich zu geben. Dadurch wird das Muttertier auf die Situation aufmerksam und beginnt im Nesthügel die Eier und die bereits geschlüpften Babys auszugraben.

Ein schwieriger und kritischer Moment ist für das Jungtier das Öffnen der Eischale von innen, um sich aus der Eihülle zu befreien und den nun benötigten Sauerstoff atmen zu können. Zu diesem Zweck haben Reptilien bei ihrer Entwicklung im Ei einen Eizahn oder eine Eischwiele ausgebildet. Hierbei handelt es sich um zwei völlig unterschiedliche Entwicklungen. Die Eischwiele (Eihöcker) ist ein verhorntes Gebilde auf der Oberhaut (Epidermis), das im Schnauzenbereich während der Entwicklung angelegt wurde. Sie hat mit einem Zahn nicht das geringste zu tun. Eischwielen sind bei den Schlüpflingen der Schildkröten, Krokodile und Brückenechsen zu finden.

Beim Eizahn hingegen handelt es sich tatsächlich um einen oder zwei echte, nach vorn gerichtete Zähne, deren Form von Art zu Art variiert. Eizähne sind bei den Schlüpflingen der Echsen und Schlangen ausgebildet.

Mit Hilfe von Eizahn oder Eischwiele wird beim Schlupfvorgang die Eischale aufgeschlitzt oder aufgesägt. Sobald diese eröffnet wurde, stecken die Reptilienbabys ihre kleinen Köpfchen heraus, um von nun an selbständig zu atmen. Viele Arten verlassen aber das Ei nicht sofort vollständig, sondern verbleiben für einige Stunden (oder sogar mehr als einen Tag) in dieser Lage, bis sich der Dotterrest vollständig in die Leibeshöhle eingelagert hat. Da Eizahn oder Eischwiele nun ihren Zweck erfüllt haben, fallen sie bald nach dem Schlupf ab.

Viele Geckoarten häuten sich unmittelbar nach dem Schlupf das erste Mal. Für sie stellt zu feines Vermiculit eine große Gefahr dar. Geckos verzehren ihre alte Haut in der Regel. So kann es passieren, daß an der noch feuchten Haut einige Vermiculitkörnchen haften bleiben und von dem Jungtier zwangsläufig mitgefressen werden. Dies kann zu einer Darmverstopfung führen, die tödlich endet.

Direkt nach dem Schlupf nimmt man die Jungtiere aus dem Brutbehälter heraus und überführt sie in ein artgerecht eingerichtetes und klimatisiertes Aufzuchtterrarium. Sollte ein Schlüpfling noch einen sehr großen Dotterrest aufweisen, oder hat sich der Nabel noch nicht geschlossen, so läßt man das Jungtier so lange im Brutapparat, bis sich der Nabel geschlossen hat und der Dotterrest abgeschnürt wurde. Man setzt das Junge dazu in eine mit feuchtem Toilettenpapier ausgekleidete Kunststoffdose und stellt diese zurück in den Inkubator.

Bei unzureichender Ernährung oder Vitamin- und Mineralstoffmangel des Muttertiers kommt es immer wieder vor, daß die Jungtiere in den Eiern zu schwach sind, um diese selbständig öffnen und verlassen zu können. Sie sterben dann meist voll entwickelt darin ab, da sie ersticken. Auch falsche Inkubationsbedingungen können zu einer Schlupfunfähigkeit der Reptilienbabys führen. Es kommt sogar vor, daß sich bei einigen Tieren kein Eizahn oder keine Eischwiele gebildet hat und sie deshalb schlupfunfähig sind.

Ist der physiologische Schlupftermin überschritten, liegt der Gedanke nahe, die Eier manuell zu öffnen, um die Jungen zu befreien. Man sollte aber keinesfalls vorschnell zu dieser Lösung greifen, da zu früh geöffnete Eier meist lebende Jungtiere enthalten, die noch nicht überlebensfähig sind und bald darauf sterben. Erst wenn der Schlupftermin wesentlich überschritten wurde, sollte man ein Ei aus dem Gelege vorsichtig mittels Pinzette und/oder Schere öffnen, um den Entwicklungszustand zu überprüfen. Das gleiche gilt, wenn ein Großteil der Jungtiere eines Geleges bereits geschlüpft ist und sich die Jungtiere aus den verbliebenen Eiern wahrscheinlich nicht selbst befreien können. Findet man ein voll entwickeltes, aber abgestorbenes Jungtier im Ei vor, müssen die anderen unverzüglich geöffnet werden, um eventuell noch lebende Tiere zu retten. Ist das Jungtier jedoch noch nicht lebensfähig, müssen die restlichen Eier normal weiter gezeitigt werden.

Muß man tatsächlich Schlupfhilfe leisten, sollte man die Jungtiere aber auf keinen Fall vollständig aus dem Ei holen. Bei hartschaligen Eiern wird etwa

Frisch geschlüpfter Dünnfingergecko (*Stenodactylus sthenodactylus*) Foto: J. Rauh

das obere Drittel der Schale vorsichtig mittels Pinzette weggebrochen; bei den weichschaligen wird mit einer kleinen Schere vorsichtig ein Längsschnitt über die gesamte Eilänge ausgeführt. Mit zwei Pinzetten zieht man die Eiränder so zurecht, daß ein kleiner Spalt entsteht. Meist strecken die Kleinen schon kurz nach Eröffnen der Eischale ihren Kopf durch diese Öffnung ins Freie, um selbständig zu atmen. Sollte dies in den nächsten Minuten jedoch nicht geschehen, muß der Pfleger dafür sorgen, daß der Kopf frei liegt, um dem Jungtier die Atmung zu ermöglichen.

Nach dieser Manipulation der Eischale verlassen die Reptilienbabys in der Regel ihre Eihüllen von selbst, nachdem sie ihren Dotterrest vollständig resorbiert haben.

Wie bereits erwähnt, sind nicht alle Reptilienarten ovipar (eierlegend), sondern es gibt auch ovovivipare (eilebendgebärende) und vivipare (lebendgebärende) Arten. Bei ihnen findet die komplette Embryonalentwicklung im Mutterleib statt. Die Jungtiere schlüpfen während oder kurz nach der Geburt aus den transparenten Eihüllen. Auch bei ihnen ist ein Eizahn ausgebildet, dieser ist jedoch nur rudimentär von Bindegewebe bedeckt und somit funktionslos.

Man nimmt die Jungtiere sofort nach der Geburt aus dem Terrarium der Adulti, da es bei vielen Arten vorkommt, daß diese ihrem Nachwuchs nachstellen.

Aufzucht der Jungtiere

Haben die Reptilienbabys ihren Dottersackrest vollständig abgeschnürt und ist der Nabelbereich verschlossen, können sie in spezielle Aufzuchtterrarien gesetzt werden. Für viele Arten eignen sich zur Aufzucht kleine Kunststoffterrarien, in denen die Jungtiere einzeln untergebracht werden, damit man die Nahrungsaufnahme besser kontrollieren kann. Viele Arten sind untereinander so aggressiv, daß eine Gemeinschaftshaltung unmöglich wäre. Wer aber seine Nachzuchttiere unbedingt gemeinsam unterbringen möchte, muß ihnen ein entsprechend großes Aufzuchtterrarium anbieten. Mit zunehmendem Alter werden zumindest die Männchen der meisten Arten untereinander sehr unverträglich, so

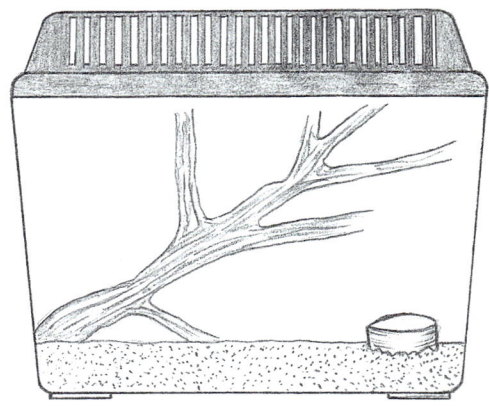

Kunststoffterrarium zur Aufzucht von Jungtieren

gut geeignet. Die Behälter werden nur mit dem Nötigsten eingerichtet. Die Klimaverhältnisse werden wie bei den Alttieren eingestellt. Man kann die Nachzuchten auch bei maximal 2–4 °C höheren Temperaturen halten. Auf keinen Fall dürfen die Aufzuchtbehälter überheizt werden, wie dies von manchen Züchtern bisweilen praktiziert wird. Dies führt zwar zu einem beschleunigten Wachstum der Jungtiere, es machen sich aber bald die negativen Auswirkungen dieser Unsitte bemerkbar. Die Tiere sind meist nicht so aktiv und weisen oft rachitische Erscheinungen auf.

Man sollte seine Nachzuchttiere auch keinen extremen Klimabedingungen aussetzen. Auf die Durchführung einer Überwinterung unter „harten" Bedingungen ist im ersten Lebensjahr zu verzichten. Man sollte aber die Reptilienbabys, die auch in der Natur eine Winterruhe kennen, für einige Wochen bei kühleren Temperaturen pflegen, was ihnen sehr gut bekommt.

Beheizen kann man die Aufzuchtbehälter, indem man sie nebeneinander auf ein schwaches Heizkabel stellt, das für die nötigen Temperaturen sorgt. Die Luftfeuchtigkeit wird durch Besprühen mit ei-

daß sie spätestens zu diesem Zeitpunkt getrennt werden müssen.

Es gibt jedoch auch Reptilienarten, die im natürlichen Lebensraum als Jungtiere in Gruppen leben. Diese sollte man dann auch im Terrarium gemeinsam unterbringen. Dies gilt zum Beispiel für den Grünen Leguan (*Iguana iguana*). Es ist nachgewiesen, daß in Gruppen gehaltene Jungtiere besser und schneller wachsen als ihre einzeln untergebrachten Artgenossen. Auch die gemeinsame Aufzucht von gleich großen Schildkröten ist normalerweise problemlos möglich. Bei Wasserschildkröten ist während der Fütterung unbedingt darauf zu achten, daß sich die Tiere in ihrem „Freßwahn" nicht ineinander verbeißen. Dies gilt auch für gemeinsam aufgezogene Schlangenbabys wie Strumpfbandnattern (*Thamnophis* spec.). Hier ist eine Trennung der Individuen zur Fütterung vorteilhaft.

Zur Aufzucht vieler Reptilien sind Kunststoffterrarien

Junge Grüne Wasseragame (*Physignathus cocincinus*) Foto: H. Werning

ner Pflanzenspritze reguliert. Für tagaktive und sonnenliebende Arten ist eine ausreichende Beleuchtung unbedingt erforderlich. Auch eine regelmäßige UV-Bestrahlung ist bei ihnen notwendig. Dabei ist aber darauf zu achten, daß sich die Kleinterrarien nicht überhitzen! Werden aber z. B. Taggeckos (*Phelsuma* spec.) während ihrer Aufzucht zu dunkel und ohne UV-Licht gehalten, erreichen sie nie die Farbintensität ihrer in der freien Natur lebenden Artgenossen.

Sehr wichtig ist bei der Reptilienaufzucht eine optimale und ausreichende Versorgung mit Vitaminen und Mineralstoffen. Das Futter wird daher immer abwechselnd einmal mit einem Vitamin-, das andere Mal mit einem Mineralstoffpräparat angereichert. Nicht nur die Pflanzenfresser, sondern auch die Insektenfresser werden während der Aufzucht täglich ausreichend mit Futter versorgt. Fleischfresser erhalten ein- bis zweimal in der Woche ausreichend Nahrung. Nur so ist eine optimale Entwicklung der Jungtiere gewährleistet. Werden sie zu kalt aufgezogen oder unzureichend ernährt, bleiben sie im Wachstum und in der Entwicklung stark zurück und erreichen nie ihre mögliche Körperlänge.

Der Zeitpunkt der ersten Nahrungsaufnahme ist von Art zu Art und sogar von Individuum zu Individuum sehr unterschiedlich.

Vor allem Schlangen nehmen erst nach der ersten Häutung, die oft frühestens eine Woche nach dem Schlupf stattfindet, die erste Nahrung zu sich. Ihnen wird also auch erst zu diesem Zeitpunkt das erste Mal Futter angeboten. Alle Reptilienbabys zehren nach dem Schlupf bzw. nach der Geburt von ihrem Dotterrest, der kurz vor dem Ausschlüpfen in die Leibeshöhle aufgenommen wurde. Sie nehmen somit erst nach Verbrauch dieses Vorrates Futter zu sich.

Sollten einzelne Tiere nach längerer Zeit noch immer kein Futter annehmen, müssen alle erdenklichen Futtersorten durchprobiert werden, um den Appetit des betreffenden Tieres zu wecken. Sollte dies jedoch nicht zum Erfolg führen, muß man eine Zwangsernährung in Erwägung ziehen. Diese stellt bei Jungtieren aufgrund ihrer geringen Körpergröße und ihrer Empfindlichkeit ein großes Problem dar. Aus diesem Grund sollte man die Zwangsfütterung nur von einem sehr erfahrenen Terrarianer durchführen lassen, um das Risiko so gering wie möglich zu halten. Viele Schlangenbabys, auch der populären Kornnatter (*Elaphe guttata*), sind oft hartnäckige Futterverweigerer. Zum Zwangsfüttern von Natternbabys ist mittlerweile eine in den USA entwickelte Spritze in Deutschland auf den Markt gekommen. Sie nennt sich „Pinky Pump" und ist für etwa 250,- DM zu haben. Diese hat sich bei vielen Anwendern recht gut bewährt und als sehr hilfreich herausgestellt.

Die „Pinky Pump" ist mittlerweile schon einige Zeit auf dem deutschen Markt erhältlich.
Foto: M. Schmidt/P. Lammers

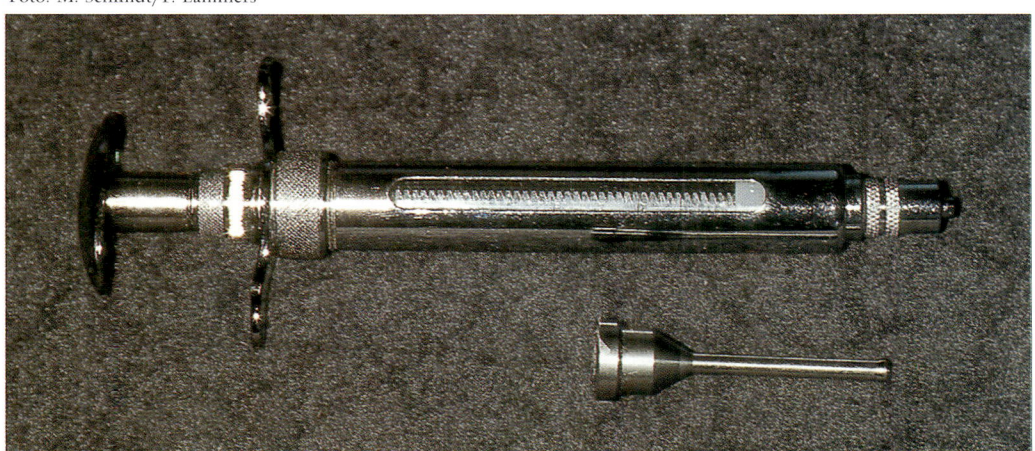

Reptilienkrankheiten

Es ist besonders wichtig, eine ausreichende Kenntnis der häufigsten Erkrankungen unserer Terrarientiere zu haben. Ein unerfahrener Halter stellt eine Erkrankung meist erst dann fest, wenn es so gut wie zu spät ist. Reptilien zeigen im Anfangsstadium einer Erkrankung meist keine nennenswerten Veränderungen im Verhalten. Aus diesem Grund erscheinen die Tiere für den Laien oft erst dann krank, wenn sie bereits apathisch (teilnahmslos), stark abgemagert und mit geschlossenen Augen auf dem Boden liegen. Der überwiegende Teil der praktizierenden Tierärzte hat von der Diagnose und der Behandlung von Reptilienkrankheiten noch keine oder zumindest keine ausreichenden Kenntnisse. Kann ein erfahrener Tierarzt in vielen Fällen allgemeine Erkrankungen noch behandeln, ist er in der Regel bei speziellen Reptilienkrankheiten oder gar chirurgischen Eingriffen an Vertretern dieser Tiergruppe meist mit seinem „Latein" am Ende. Es gibt in der Bundesrepublik nur wenige Spezialisten auf diesem Gebiet der Tiermedizin, die im Notfall dem Terrarianer weiterhelfen könnten. In der Regel handelt es sich um Tierärzte, die sich privat ebenfalls mit Reptilien beschäftigen und/oder an herpetologischen Forschungseinrichtungen tätig sind (siehe Kapitel 20).

Oft muß der Terrarianer weite Strecken zurücklegen, um sein Tier in fachlich kompetente Hände geben zu können. Ein schwerkrankes und stark geschwächtes Tier überlebt die Strapazen einer solchen Reise möglicherweise nicht. Auch läßt eine Behandlung in diesem Krankheitsstadium nur noch wenig Aussicht auf Erfolg.

Aus diesen Gründen ist es also sehr wichtig, daß der engagierte Terrarianer über ein Mindestmaß an reptilienmedizinischen Kenntnissen verfügt, um eine beginnende Erkrankung bereits frühzeitig zu erkennen und gegebenenfalls die ersten Behandlungsschritte einleiten zu können. Das Tier muß für die Fahrt zum Tierarzt zumindest transportfähig sein.

Auch soll dieser Abschnitt dem Pfleger helfen, kleinere Behandlungen selber durchzuführen, um hierfür keinen Tierarzt in Anspruch nehmen zu müssen. Dieser Buchabschnitt soll jedoch nicht dazu verleiten, alle Behandlungen oder gar Operationen selbst durchzuführen. Auf keinen Fall darf der Terrarianer versuchen, mit allen ihm verfügbaren Medikamenten eine ihm unbekannte Erkrankung zu behandeln. Bei schwereren Erkrankungen oder ausbleibendem Behandlungserfolg muß unbedingt ein Tierarzt zu Rate gezogen werden, auch wenn eine längere Fahrt damit verbunden ist. Es handelt sich schließlich um schmerzempfindliche Lebewesen, die einen Anspruch auf eine fachgerechte medizinische Betreuung haben, wie jedes andere Tier oder wir Menschen auch. Wer ein schwerkrankes Reptil vor sich liegen sehen kann, ohne dessen Leiden mitzufühlen, und ihm gar eine bestmögliche Behandlung durch einen sachkundigen Tierarzt verwehrt, der sollte den Gedanken, Tiere zu halten, so weit wie möglich von sich weisen.

> Laut Tierschutzgesetz dürfen chirurgische Eingriffe nur von einem ausgebildeten Tierarzt durchgeführt werden. Auch die Verabreichung von antibiotischen Medikamenten darf nur nach Absprache mit einem Veterinärmediziner erfolgen. Wer dies mißachtet, der muß mit einer Anzeige und einer gerechtfertigten Strafe rechnen.

Reptilien als Überträger von Krankheiten (Zoonosen)

Reptilien kommt als Überträger von Krankheiten auf den Menschen, sog. Zoonosen, so gut wie keine Bedeutung zu.

Endoparasiten (Innenparasiten), wie sie bei Reptilien häufig vorkommen, sind auch beim Menschen bekannt, jedoch handelt es sich dabei um andere Arten, die in der Regel nicht auf den Menschen übertragbar sind.

Einzeller (Protozoen), wie beispielsweise Amöben, kommen auch beim Menschen vor. Die Art *Entamoeba invadens*, die bei Reptilien zu finden ist, kann aber nicht auf den Pfleger übertragen werden.

Für einige Krankheitserreger sind sogenannte Zwischenwirte erforderlich, damit sie von einem Lebewesen auf das andere übertragen werden können. So konnte beispielsweise bei Importtieren bereits der Malariaerreger im Blut von Reptilien nachgewiesen werden. Ohne den geeigneten Zwischenwirt, in diesem Fall die Malariamücke (diese kommt in unseren Breiten nicht vor), ist auch diese gefährliche Erkrankung auf gar keinen Fall auf den Terrarianer übertragbar.

Salmonellen, wie sie bei Reptilien (vor allem Schildkröter) natürlich vorkommen, wurden hingegen schon von Tieren auf den Pfleger übertragen. Besonders gefährdet sind hier kleine Kinder, die man sowieso unbedingt von Reptilien fernhalten sollte.

Gewöhnt man sich an, vor und nach jedem Kontakt mit Reptilien die Hände mit warmem Wasser und Seife zu reinigen, braucht man sich keine Sorgen über eine eventuelle Ansteckungsgefahr zu machen.

Erste Hilfe bei Reptilien

Erkrankte Reptilien nehmen oft keine Nahrung und meist auch keine Flüssigkeit mehr zu sich. Sind sie bereits stark abgemagert und exsikkotisch (ausgetrocknet), müssen sie so schnell wie möglich flüssige Nahrung in Form von Amynin oder Babynahrung mittels einer Magensonde erhalten. Hierbei gibt man mehrmals täglich kleinere Mengen (8–15 ml/kg KG = 8–15 ml pro kg Körpergewicht) (KÖHLER 1996). Um den Flüssigkeitshaushalt zu normalisieren und die Nierenperfusion (Durchströmung) sicherzustellen, gibt man den Tieren entweder oral (in das Maul) täglich 30 ml/kg KG (KÖHLER 1996) einer physiologischen Elektrolytlösung, oder man spritzt diese den Tieren subcutan (unter die Haut). Hierbei muß man sich als unerfahrener Neuling unbedingt von einem erfahrenen Terrarianer mit entsprechenden Kenntnissen oder von einem Tierarzt helfen lassen, bis man weiß, wo und wie die Injektion fachgerecht durchgeführt wird.

Verbrennungen werden mit 0,9-prozentiger phy-

Ist man Besitzer mehrerer Terrarien, kann der Pfleger im Falle einer Erkrankung eines Tieres bei mangelnder Vorsicht sehr schnell zum ungewollten Krankheitsüberträger werden. Foto: M. Schmidt

siologischer Kochsalzlösung gereinigt und mit Lebertransalbe abgedeckt. Bei großflächigen Verbrennungen ist unverzüglich ein Tierarzt aufzusuchen.

Schürf-, Biß- oder Schnittwunden sowie Schnauzen-, Schwanz- oder Krallenverletzungen müssen sofort mit 0,9-prozentiger Kochsalzlösung gereinigt und mit 70-prozentigem Alkohol oder einer Betaisodona-Lösung desinfiziert werden. Ansonsten kann es zu Entzündungen oder Abszeßbildungen kommen. Die betreffenden Wunden werden täglich neu desinfiziert, bis sie vollständig abgeheilt sind. Kommt es zu Entzündungen oder Abszessen, muß ein Tierarzt die weitere Behandlung durchführen. Bei kleineren Biß- oder Schnittverletzungen werden die Wundränder nach Reinigung und Desinfektion adaptiert (zusammengefügt). Größere Wunden müssen von einem Tierarzt genäht werden. Meist ist eine örtliche Betäubung mittels eines Vereisungssprays erforderlich.

Bei schweren Bissen in die Arme von Echsen kann es vorkommen, daß eine Arterie oder gar die Hauptschlagader verletzt oder sogar vollständig durchtrennt wird. Hier ist ein sofortiges, überlegtes und gezieltes Handeln des Pflegers notwendig, um das Leben des verletzten Exemplars retten zu können. Ein Tier mit einer solch schweren Verletzung kann bereits nach einer Minute so viel Blut verloren haben, daß es an den unmittelbaren Folgen stirbt. Der Pfleger muß sofort unter stetigem Druck mit dem Daumen die Wunde so verschließen, daß kein Blut mehr austritt. Nun wird ein Stück Verbandmull auf die Wunde gelegt und diese sofort wieder abgedrückt. Danach wickelt man eine (wenn vorhanden: elastische) Binde stramm um das verletzte Glied. Diesen Verband muß man so stramm anlegen, daß kein Blut mehr aus der Wunde austreten kann, man aber andererseits die Extremität nicht abschnürt, was ein Absterben zur Folge hätte. Nun muß man sich mit dem Tier sofort in eine tierärztliche Praxis begeben.

Ektoparasiten

Bei den Außenparasiten, die auf Reptilien zu finden sind, handelt es sich vor allem um Milben und Zecken. Bei frisch importierten Wasserschildkröten und Panzerechsen sind mitunter auch Blutegel zu finden. Ektoparasiten sind vor allem bei Wildfängen sehr häufig. Sie schädigen den Wirt durch Blutentzug und können gefährliche Krankheiten übertragen. Darüber hinaus stören sie das betreffende Tier, da sich dieses ständig scheuert, um die lästigen Parasiten loszuwerden.

Milben

Als erstes sind bei den Ektoparasiten die Milben zu nennen, die häufig an Reptilien parasitieren und sich unter Terrarienbedingungen sehr rasch ausbreiten. Sie greifen auch auf benachbarte Terrarien über und können somit in kürzester Zeit den gesamten Bestand befallen. Die winzigen Tierchen halten sich jedoch nicht ausschließlich auf den Reptilien auf, sondern verstecken sich vor allem auch in der Einrichtung.

Die am häufigsten anzutreffende Milbenart ist die Schlangenmilbe (*Ophionyssus natricius*). Diese Parasiten halten sich vorwiegend an weicheren Hautstellen – wie an der Schwanzunterseite oder in den Gelenkbeugen – auf. Bei Schlangen verteilen sie sich mehr oder weniger über den gesamten Körper. Um die weniger als einen Millimeter messenden Tierchen überhaupt entdecken zu können, bedient man sich am besten einer Lupe und betrachtet die Reptilienhaut gegen die Schuppenrichtung. Bürstet man das Reptil mit einer Zahnbürste über einem weißen Blatt Papier, so kann man darauf die Milben selbst oder – unter der Lupe – Milbenkot ausmachen.

Zur Behandlung von Milbenbefall wird immer noch von einigen Terrarianern der Einsatz des Präparates Neguvon empfohlen. Dieses führte jedoch schon des öfteren zu Todesfällen bei Reptilien, weshalb man darauf verzichten sollte. Besser geeignet sind Insektenstrips mit dem Wirkstoff Dichlorvos (KÖHLER 1996). Diese sind jedoch ebenfalls nicht ganz unbedenklich, weshalb man seine Tiere immer genau beobachten muß, um Vergiftungserscheinungen rechtzeitig zu erkennen. Als Dosierung empfiehlt PHILLIPS (1986) einen 2,1 cm breiten Baygon-Insektenstrip pro Kubikmeter Terrarienvolumen. Dieser wird in einem kleinen Drahtkäfig so im Terrarium aufgehängt, daß ihn die Reptilien auf keinen Fall erreichen.

Die Behandlung wird eine Woche lang durchge-

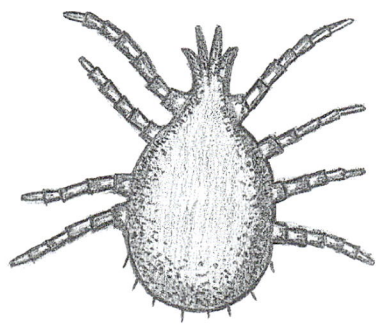

Milbe

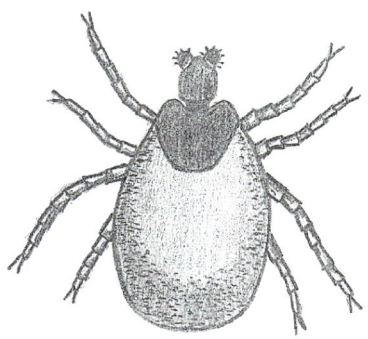

Zecke

führt. Dabei muß man überprüfen, ob die Milben auch wirklich sterben, ansonsten muß man höher dosieren. Nach dieser Woche wird die Behandlung für eine Woche unterbrochen, um sie danach nochmals für eine weitere Woche fortzusetzen. Während der Behandlung muß der Bodengrund aus dem Terrar um entfernt werden, damit sich die Milben nicht dorthin zurückziehen können. Das Trinkwasser sollte in dieser Zeit mittels Pipette angeboten oder zumindest zweimal täglich gewechselt werden. Die Giftstoffe können sich nämlich darin

niederschlagen und die Reptilien gefährden.

Pflegt man neben Reptilien noch Insekten, Vogelspinnen oder Skorpione im selben Raum, muß man diese während der Behandlung unbedingt aus dem Zimmer entfernen, da sie sonst ebenfalls sterben.

Zecken

Zecken sind in der Regel nur bei Wildfängen zu finden. Sie bohren sich ebenfalls an weicheren Stellen in die Haut des Wirtes, wo sie sich mit Blut prall

Eine Bartagame (*Pogona vitticeps*) mit starkem Milbenbefall im Augenbereich Foto: J. Wiechert

saugen. Eine vollgesaugte Zecke kann über einen Zentimeter Durchmesser erreichen. Um sie zu entfernen, bestreicht man sie mit Alkohol und entfernt sie mit einer behutsamen Drehbewegung mit einer Pinzette oder Zeckenzange. Hierbei muß darauf geachtet werden, daß auch der komplette Kopf der Zecke mit entfernt wird. Würde dieser im Fleisch verbleiben, könnte er zu einer Entzündung führen. Nach dem Entfernen der Zecke wird die Bißstelle mit Betaisodona-Lösung desinfiziert. In der Regel sind keine weiteren Maßnahmen erforderlich.

Blutegel

Blutegel finden sich manchmal an frisch importierten Wasserschildkröten oder Panzerechsen. Es handelt sich hierbei um wurmähnliche Weichtiere mit zum Teil beträchtlicher Länge. Sie saugen sich mit ihrem großen Maul an einem Wirt fest und verursachen mit ihren Mundwerkzeugen eine mercedessternähnliche Wunde, durch die sie Blut saugen. Meist fallen die Egel von selbst ab, wenn sie genügend Blut aufgenommen haben. Man kann sie aber auch durch Beträufeln mit Alkohol oder einer kleinen Prise Salz zum Loslassen bewegen. Die Saugstelle wird mit Betaisodona-Lösung desinfiziert und verheilt normalerweise problemlos.

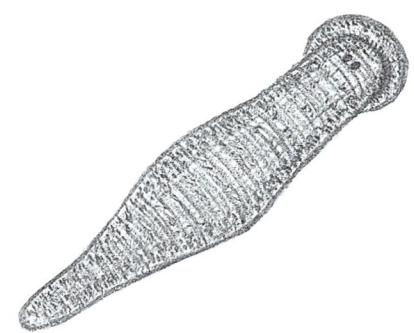

Blutegel

Endoparasiten

Bei Reptilien kennt man eine Unmenge von verschiedenen Innenparasiten. Auch hier sind wieder vor allem Importtiere betroffen. Es ist nahezu unmöglich, ein Wildfangtier zu erwerben, das völlig parasitenfrei ist. Auf eine Aufzählung der verschiedenen Parasitenarten und deren Behandlung soll hier verzichtet werden. Das Vorhandensein von Endoparasiten wird bei der Kotuntersuchung während der Quarantäne festgestellt. Die jeweilige Untersuchungsstelle bestimmt die vorgefundenen Parasiten und legt Art und Dauer der Behandlung sowie die geeigneten und verträglichen Medikamente fest. Dies wird dem Halter auf dem Postweg umgehend mitgeteilt. Zur Durchführung der Behandlung kann er sich an einen Tierarzt oder an die Untersuchungsstelle selbst wenden.

Zu den Einzellern (Protozoen) unter den Endoparasiten gehören beispielsweise: Amöben (Wechseltierchen), Flagellaten (Geißeltierchen), Ciliaten (Wimperntierchen) usw.

Zu den Würmern zählen unter anderem: Ascariden (Spulwürmer), Cestoden (Bandwürmer), Strongyloiden (Hakenwürmer), Rhabditiden (Lungenwürmer), Capillarien (Haarwürmer) usw.

Bakterielle Erkrankungen

Auch bei Reptilien können Bakterien unter ungünstigen Umständen zu Erkrankungen mit unterschiedlichen Schweregraden führen. Eine bakterielle Kotuntersuchung bei klinisch gesunden Tieren ist jedoch wenig sinnvoll, da derzeit keine Bakterien bekannt sind, die bei Vorhandensein auch unbedingt eine Erkrankung hervorrufen (KÖHLER 1996). Dies bedeutet also, daß in einem Reptil auch Bakterien wie Salmonellen vorhanden sein können, ohne daß das betreffende Tier eine Erkrankung davonträgt. Erst wenn das Immunsystem des Reptils anderweitig (durch Erkältung, Ortswechsel, falsche Haltung usw.) geschwächt wird, kann es zu krankhaften Veränderungen durch vorhandene Bakterien kommen.

Wenn sich tatsächlich pathogene (krankhafte) Veränderungen einstellen, ist eine bakteriologische Untersuchung sinnvoll und aussagekräftig. Hierbei wird direkt vom krankhaften Bereich eine Probe entnommen (Abstrich). Diese wird unverzüglich in ein entsprechendes Labor eingesandt, wo sie auf einem Nährboden ausgestrichen wird. Bei Temperaturen zwischen 30 und 35 °C wachsen die Kolonien

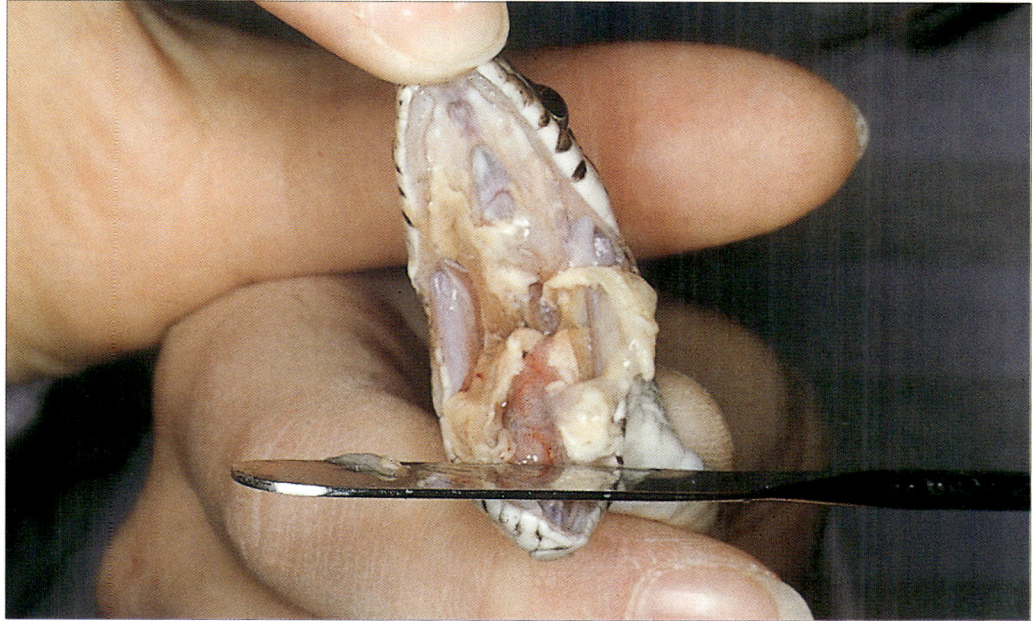

Stark fortgeschrittene Maulfäule bei einer Schlange Foto: J. Wiechert

binnen 24 Stunden. Danach werden diese bestimmt, und es wird ein sogenannter Resistenztest durchgeführt.

Bei einem Resistenztest werden verschiedene antibakterielle Wirkstoffe (Antibiotika) getestet, ob sie bei den vorliegenden Bakterien ansprechen oder ob diese resistent sind. Zur Behandlung wird nun ein Medikament ausgewählt, das einen Wirkstoff enthält, der im Labor die Bakterien besiegte.

Zur Behandlung von bakteriellen Erkrankungen eignen sich Antibiotika und Antiseptika. Antiseptika (z.B. Betaisodona-Lösung) sind nur äußerlich, beispielsweise bei bakteriellen Hautveränderungen, anwendbar.

Es sei an dieser Stelle eindringlich vor unüberlegtem und willkürlichem Einsatz antibiotischer Medikamente gewarnt. Erst nach einem abgeschlossenen Resistenztest dürfen sie zum Einsatz kommen. Werden Antibiotika in falscher Dosierung oder nicht genügend lange verabreicht, kommt es zu Resistenzen bei den Erregern. Das Tier stirbt letztendlich an einer an sich harmlosen bakteriellen Infektion, weil kein Medikament mehr anspricht.

Bei einer Antibiotikabehandlung werden auch Bakterien der normalen Darmflora, die für die Verdauung wichtig sind, mit zerstört. Man spricht hierbei von einer Dysbakterie.

Es darf kein Antibiotikum zum Einsatz kommen, wenn es nicht von einem Tierarzt verordnet und als wirksam befunden wurde. Die Dauer einer Antibiotikabehandlung beträgt normalerweise 7–10 Tage.

Maulfäule (Stomatitis ulcerosa)

Eine der häufigsten bakteriellen Erkrankungen bei Reptilien in Terrarienhaltung stellt sicherlich die Maulfäule (Stomatitis ulcerosa) dar. Sie tritt vorwiegend bei Schlangen auf. Hierbei handelt es sich um eine schwere Entzündung der Mundschleimhäute mit Schwellungen, käsigen Belägen und Ausfluß. Einer Maulfäule geht immer eine Mundschleimhautentzündung (Stomatitis) voraus. Dabei preßt das betroffene Tier schleimigen Speichel durch das leicht geöffnete Maul. Die Mundschleimhäute sind stark gerötet.

Bereits in diesem Stadium sollte die Krankheit

fachgerecht und gezielt behandelt werden, da dann die Heilungschancen noch sehr hoch sind. Die Mundschleimhäute sollten nun täglich mehrmals mit dreiprozentiger Wasserstoffperoxyd-Lösung mittels Wattestäbchen eingepinselt werden, bis die Symptome wieder vollständig verschwunden sind. Zur Unterstützung kann man ein Antibiotikum und eine einmalige Vitamin-C-Gabe verabreichen.

Wird die Mundschleimhautentzündung nicht behandelt, geht sie sehr schnell in die eigentliche Maulfäule über, und es bilden sich eitrige und käsige Beläge auf den Mundschleimhäuten. In fortschreitendem Stadium kann man die Erkrankung sogar riechen. Die Maulfäule kann sich auch auf Speiseröhre (Ösophagus), Magen und Darm ausbreiten, wo sie mitunter erhebliche Folgeerkrankungen hervorruft. Auch Zahnwurzeln und Kieferknochen werden in Mitleidenschaft gezogen. Zur Behandlung muß sofort ein Resistenztest durchgeführt werden, um ein geeignetes Medikament auswählen zu können. Die befallenen Schleimhäute müssen täglich mit dreiprozentiger Wasserstoffperoxyd-Lösung bestrichen und die käsigen Beläge mit einem Wattestäbchen entfernt werden. Je weiter die Krankheit unbehandelt fortschreitet, um so geringer sind die Heilungsaussichten.

Ausgelöst wird die Maulfäule durch Sekundärinfektionen bei Verletzungen der Mundschleimhaut, monotonen Haltungsbedingungen, Hygienemangel, falschen Haltungsbedingungen, Vitamin-C-Mangel usw. Verantwortlich sind Bakterien wie *Aeromonas*, *Pseudomonas*, *Proteus* und *Citrobacter*, um nur einige zu nennen.

Lungenentzündung (Pneumonie)

Die Lungenentzündung gehört wie die Mundfäule zu den häufigsten Erkrankungen von im Terrarium gehaltenen Reptilien. Auch für diese Krankheit sind Schlangen prädestiniert. Die Tiere atmen mit mehr oder weniger geöffnetem Maul unter unnormal lauten, zischenden bis rasselnden Atemgeräuschen. Aus Nase und Maul treten schleimige Absonderungen (Exsudat) aus, und meistens ist die Luftröhre (Trachea) gerötet. Schlangen zeigen bei dieser Erkrankung oft eine unnormale Körperhaltung, indem sie den Kopf und den ersten Körperabschnitt

verdreht halten. Es wird auch ein starkes Aufblähen des vorderen Körperdrittels beobachtet. Eine große Gefahr bei der Lungenentzündung ist die Bildung von Pfropfen aus Fibrin-Entzündungssekret. Diese verschließen dann große Teile der Bronchialäste und führen so zum Erstikkungstod. Fibrin ist der Stoff, der für die Blutgerinnung verantwortlich ist.

Um Untersuchungsmaterial für den Resistenztest zu erhalten, wird ein Trachealabstrich (Luftröhrenabstrich) vom Tierarzt durchgeführt. Bei einem Trachealabstrich wird ein Wattestäbchen etwas in die Luftröhre des erkrankten Tieres eingeführt. Die Erreger der Erkrankung bleiben daran haften und sind somit für eine Bakterienkultur verwendbar. Begleitend zur Antibiotikabehandlung wird Ascorbinsäure (Vitamin C) verabreicht. Das erkrankte Tier hält man in dieser Zeit am günstigsten bei trockener Wärme. Dämpfe von ätherischen Ölen sowie Bestrahlungen mit Infrarotlicht wirken sich ebenfalls positiv auf die Heilung aus. Um der Bildung von Fibrinpfropfen entgegenzuwirken, kann Heparin intramuskulär injiziert werden.

Wie die Mundfäule wird auch die Lungenentzündung durch monotone und unhygienische Haltungsbedingungen, Streß, zu kalte Haltung usw. begünstigt. Verantwortlich sind hierbei Bakterien der *Aeromonas*- und *Pseudomonas*-Gruppe, aber auch Mycobakterien und *Pneumococcus* wurden vereinzelt differenziert.

Magen-Darm-Entzündung (Gastro-Enteritis)

Nicht selten tritt als Begleiterscheinung einer Maulfäule eine Entzündung der Magen- und Darmschleimhaut auf. Hierbei kommt es zum Erbrechen von halbverdauter Nahrung und zum Absetzen von breiigem, schleimigem und übelriechendem Kot, mit oft blutigen und schleimigen Beimengungen. Nicht selten wird auch die betroffene Schleimhaut beim Kot- oder Urinabsatz mit ausgeschieden. Kot oder Schleimhaut werden zur bakteriologischen Untersuchung herangezogen. Auch ein in die Kloake eingeführtes Wattestäbchen erfüllt in der Regel diesen Zweck. Beim Abtasten (Palpieren) der Bauchregion ist meist ein starker Abwehrreflex der Bauchmuskulatur wahrzunehmen.

Zur Behandlung wird das geeignete Antibiotikum verabreicht, das über den Resistenztest ermittelt wurde. Verantwortlich für dieses Krankheitsbild sind Bakterien wie *Pseudomonas*, *Aeromonas* und *Proteus*.

Pilzerkrankungen (Mykosen)

Pilze breiten sich im feuchtwarmen Terrarienklima rasch aus, weshalb eine sofortige Behandlung der betroffenen Tiere angezeigt ist. Meist handelt es sich um Hautpilze (Dermamykosen). Diese machen sich im Anfangsstadium durch abgespreizte und bräunlich verfärbte Schuppen, besonders an der Bauchseite, bemerkbar. Sie können sich rasch ausbreiten und großflächige, nässende Stellen bilden. Hier ist die sofortige Entnahme eines Hautgeschabsels des befallenen Bereiches für eine mykologische Untersuchung notwendig. Wie Bakterien wachsen auch Pilze auf den entsprechenden Nährböden und können so vom Fachmann genau bestimmt werden.

Das befallene Gewebe muß so weit abgetragen werden, bis gesundes zum Vorschein kommt. Nun wird der freigelegte Bereich mit einem Antiseptikum (z. B. Betaisodona-Lösung) bestrichen und desinfiziert. Danach behandelt man mit einer antimykotischen Salbe weiter, deren Wirkstoff sich beim Resistenztest als wirksam herausgestellt hat. Die Hautstellen dürfen nicht durch einen Verband abgedeckt werden, sondern müssen offen bleiben, damit sie abtrocknen können. Die betroffenen Reptilien werden in einem Quarantänebecken bei trockener Wärme untergebracht. Bevor man die Tiere wieder in ihr altes Terrarium zurücksetzt, muß dieses sorgfältig desinfiziert und antimykotisch behandelt werden.

Es kommen jedoch auch Mykosen der inneren Organe (Systemmykosen) vor. Im Kot können bei der gezielten Untersuchung mitunter Pilzsporen nachgewiesen werden. Systemmykosen können in den meisten Fällen nicht erfolgreich behandelt werden. Die Prognose ist hier vorsichtig bis ungünstig zu stellen. Man sollte jedoch auf jeden Fall eine Therapie mit antimykotischen Medikamenten versuchen (KÖHLER 1996). Man muß sich in jedem Fall auf eine sehr langwierige Behandlung einstellen.

Auch Pilze wirken sich nur dann schädigend und pathogen auf den Organismus aus, wenn er bereits durch falsche Haltung, Streß, unhygienische Unterbringung oder anderweitige Erkrankungen geschwächt ist.

Nahrungsverweigerung (Anorexie)

Der häufigste Grund, warum verzweifelte Terrarianer um Rat bitten, ist die Verweigerung der Nahrungsaufnahme eines ihrer Terrarientiere. Einer Anorexie kann jedoch keine spezielle Krankheit zugeordnet werden, so daß man auf Anhieb keine gezielte Diagnose stellen kann. Eine Nahrungsverweigerung kann so viele Gründe haben, daß sich darüber ein eigenes Buch füllen ließe.

Der häufigste Grund ist jedoch in einer falschen Unterbringung der Reptilien zu sehen. Meist läßt sich die Nahrungsverweigerung durch eine Optimierung der Haltungsbedingungen beheben. Auch eine einseitige Ernährung kann zur Folge haben, daß das betreffende Tier irgendwann das Futter verschmäht. Ein abwechslungsreicher

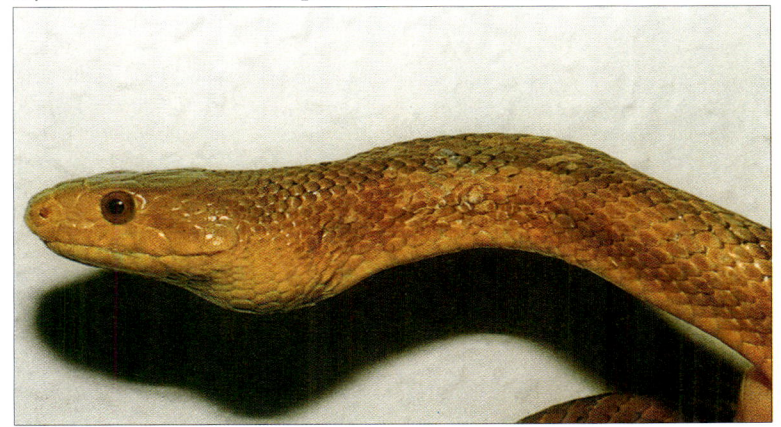

Mykose bei einer Erdnatter (*Elaphe obsoleta*) Foto: J. Wiechert

Speiseplan kann dieses Problem wirkungsvoll verhindern. Auch Sie würden ihren Appetit irgendwann verlieren, wenn Sie wochenlang immer dasselbe essen müßten, selbst wenn es sich dabei eigentlich um Ihr Leibgericht handelte.

Viele Reptilienarten legen auch physiologische Ruheperioden ein, während der nicht gefressen wird, oder stellen einfach so für einige Wochen die Futteraufnahme ein, ohne daß sie deshalb krank wären. Bei anderen Arten fressen die Männchen während der Paarungszeit kaum noch oder gar nicht mehr.

Um den Appetit der Tiere wieder anzuregen, kann man ein Vitamin-B-Präparat über mehrere Tage hinweg oral verabreichen. Meist fressen sie danach wieder selbständig.

Hat man damit jedoch keinen Erfolg, oder wirken die Tiere auch im Aussehen oder Verhalten krank, muß unbedingt ein sachkundiger Tierarzt aufgesucht werden, der eine genaue Diagnose stellt und die entsprechende Behandlung einleitet.

Häutungsschwierigkeiten

Häutungsschwierigkeiten liegen vor, wenn sich Hautreste bei einer Häutung nicht lösen. Bleiben diese zu lange auf der Reptilienhaut, kann es zwischen alter und neuer Haut zu Problemen mit Bakterien kommen. Löst sich die alte Haut am Schwanz oder an den Zehen nicht vollständig ab, kann es passieren, daß diese Körperteile dadurch so eingeschnürt werden, daß sie langfristig absterben.

Aus diesem Grund ist es notwendig, daß der Pfleger verbliebene Häutungsreste rechtzeitig manuell entfernt. Hierbei wird das betreffende Reptil für etwa 10 Minuten in lauwarmem Wasser gebadet, damit die Hautreste aufweichen. Man kann aber auch etwas Salatöl auf die betroffenen Stellen aufbringen, um die Haut anzulösen. Sind die Hautfetzen gut aufgeweicht, lassen sie sich in der Regel problemlos mit einer Pinzette anheben und entfernen.

Häutungsschwierigkeiten sind in den meisten Fällen auf eine zu trockene Haltung der Tiere, zumindest während der Häutung, zurückzuführen. Sobald sich bei den Tieren eine Häutung ankündigt, sollte man durch Besprühen für eine etwas höhere

Luftfeuchtigkeit sorgen, bis der Häutungsvorgang abgeschlossen ist.

Aber auch ein Mangel an Vitamin A kann für Häutungsschwierigkeiten verantwortlich sein. Daher ist eine ausreichende Vitaminversorgung der Terrarientiere sicherzustellen.

Eine Strumpfbandnatter (*Thamnophis sirtalis*) mit Häutungsschwierigkeiten Foto: M. Hallmen

Rachitis

Bei der Rachitis (Knochenerweichung) handelt es sich um eine Stoffwechselstörung, der ein Vitamin-D- und in der Regel auch ein Mineralstoffmangel zugrunde liegen. Hierbei kommt es bei Jungtieren zu einer unzureichenden Kalzifizierung der Knochen, wodurch sie weich und biegsam werden. Bei adulten Exemplaren wird diese Erkrankung als Osteomalazie bezeichnet. Am Anfang weisen die Knochen (bei Schildkröten auch der Panzer) eine etwas stärkere Elastizität und Biegsamkeit auf. In fortgeschrittenem Stadium kommt es zu irreparablen Deformierungen von Knochen der Extremitäten und der Wirbelsäule. Auch Schädel- und Unterkieferknochen sind betroffen, so daß erkrankte Tiere meist nicht mehr in der Lage sind, Nahrung aufzunehmen. Diese Erkrankung ist nicht heilbar, man kann sie lediglich im Anfangsstadium zum Stillstand bringen. Bereits vorhandene Knochendeformationen lassen sich aber nicht mehr rückgängig machen. Tiere, die starke Wirbelsäulenverkrüm-

Bei dieser Bartagame (*Pogona vitticeps*) hat die Rachitis zu einer extremen Deformierung geführt. Foto: M. Schmidt/P. Lammers

mungen aufweisen oder anderweitig an den Folgen einer Rachtis leiden, müssen vom Tierarzt euthanasiert (eingeschläfert) werden.

Um eine Rachitis zum Stillstand zu bringen, muß man dem erkrankten Tier gezielt Vitamin D_3 und Mineralstoffe (vor allem Calcium) verabreichen. Das Calcium kann vom Reptilienkörper nur in Verbindung mit Vitamin D_3 verwertet werden. Unterstützend ist eine regelmäßige UV-Bestrahlung zu gewährleisten. UV-Strahlen sind zur Bildung des Vitamins D_3 im Reptilienkörper unentbehrlich.

Die Fortpflanzungsfähigkeit wird durch eine Rachitis nicht beeinträchtigt, so daß auch von „geheilten" Tieren gesunde Nachzuchten zu erzielen sind.

Darm- und Penisvorfall (Prolaps)

Hin und wieder kommt es bei Reptilien vor, daß der Darm mehr oder weniger weit aus der Kloakenöffnung austritt. Hierbei handelt es sich um einen Darmvorfall, der einer sofortigen Behandlung bedarf. Auf keinen Fall darf das vorgefallene Darmstück austrocknen. Daher wird ein feuchtes Stück Verbandmull angelegt und sofort ein Tierarzt aufgesucht. Dieser wird zuerst versuchen, das ausgetretene Stück zu reponieren (in seine ursprüngliche und natürliche Position zurückmassieren). Sollte ihm dies richt gelingen, oder ist der Darmabschnitt

bereits geschädigt, ist die Amputation dieses Abschnittes unumgänglich.

Zum Beispiel nach der Paarung kann es auch passieren, daß ein Männchen sein Begattungsorgan nicht oder nicht mehr vollständig in die Kloake zurückziehen kann. Man spricht hier von einem Penisvorfall. Dabei gilt dasselbe wie bei einem Darmvorfall: Feuchthalten und sofort einen Tierarzt aufsuchen. Auch hier wird zunächst versucht, den vorgefallenen Penis manuell zu reponieren; wiederum muß bei Nichtgelingen amputiert werden. Dies hat bei Echsen und Schlangen keinen Einfluß auf die Fortpflanzungsfähigkeit, da sie ja über ein paariges Begattungsorgan verfügen – mit dem verbliebenen Hemipenis können sie weiterhin eine erfolgreiche Begattung vornehmen. Bei Schildkröten und Panzerechsen bedeutet der Verlust des Penis aber leider auch zwangsläufig den Verlust der Fortpflanzungsfähigkeit.

Darmvorfall bei einem Grünen Hundskopfschlinger (*Corallus caninus*). Foto: P. Schu

Brüche (Frakturen)

Durch Unfälle im Terrarium kann es zu Knochenbrüchen (Frakturen) kommen. Diese betreffen vor allem die Extremitätenknochen sowie die Rippen. Eine Rippenfraktur ist meist äußerlich nicht zu erkennen und auch nicht weiter schlimm, sofern die gebrochene Rippe nicht gerade auf innere Organe drückt oder diese sogar verletzt. Sie heilt normalerweise sehr gut aus, ohne daß irgendwelche medizinischen Maßnahmen erforderlich wären. Bei verheilten Rippenfrakturen ist oft eine harte Vorwölbung durch die Haut zu ertasten, die durch die Kallusbildung (Neubildung von Knochengewebe) entstanden ist.

Frisch importierte Chamäleons weisen oft erhebliche Rippenverletzungen auf. Diese entstehen, wenn die Fänger die festgeklammerten Tiere unter Gewaltanwendung von Ästen lösen.

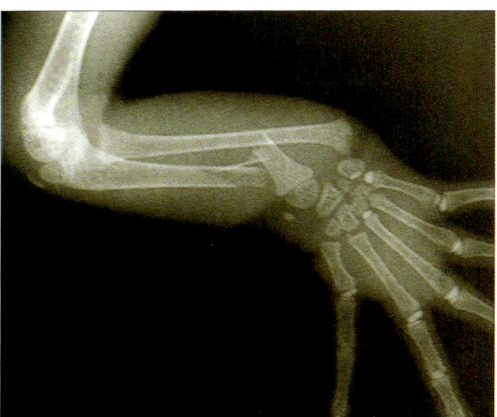

Röntgenaufnahme eines Grünen Leguans (*Iguana iguana*) mit Fraktur Foto: J. Wiechert

Frakturen der Extremitätenknochen entstehen zum Beispiel bei Sprüngen gegen Scheiben oder bei Abstürzen. Bei Reptilien sind alle üblichen Behandlungen von Knochenbrüchen durchführbar, wie sie bei anderen Tiergruppen angewandt werden. Die völlige Ausheilung dauert jedoch etwas länger als bei Vögeln oder Säugetieren.

Lediglich bei sehr kleinen Tieren stellt die Behandlung eine Schwierigkeit dar. Mit etwas Geduld läßt sich aber auch hier in den meisten Fällen eine

praktikable Lösung finden. Ich selbst habe sogar schon eine doppelte Fraktur beider Unterschenkelknochen (Tibia und Fibula) bei einem Dünnfingergecko (*Stenodactylus sthenodactylus*) durch Anbringen einer entsprechenden Schiene aus dünnem Karton erfolgreich behandelt. Durch den Biß eines anderen Tieres wurden beide Knochen, einmal knapp unter dem Knie und einmal knapp über dem Fußgelenk, frakturiert. Es ist wohl erwähnenswert, daß der Unterschenkel des betreffenden Tieres nur etwa 1 cm lang war und die beiden Knochen zusammen nur einen Bruchteil des Durchmessers einer Stecknadel hatten. Nach 7 Wochen waren die Fragmente wieder fest zusammengewachsen, und das Tier erfreute sich wieder bester Gesundheit – ohne den geringsten Bewegungsverlust.

Knochenbrüche äußern sich durch Nachziehen oder unnormale Stellung von Extremitäten und Bewegungsunlust. Beim Abtasten kann man die Bruchstelle dann meist erfühlen. Nun legt man einen strammen, aber nicht zu festen Verband an, damit die Bruchstelle geschient ist. Bei kleinen Arten wird die Extremität mit einem nicht zu stark klebenden Pflaster, wie Leukoplast, stramm umwickelt. Nach 6–7 Wochen ist die Fraktur normalerweise ausgeheilt, und das Pflaster kann entfernt werden. Mit größeren Arten geht man nach dem Fixieren auf jeden Fall zum Tierarzt, um die betreffende Stelle röntgen und fachgerecht versorgen zu lassen. Nur in seltenen und schweren Fällen sind chirurgische Maßnahmen erforderlich.

Bei der Behandlung von Frakturen ist darauf zu achten, daß die Tiere immer bei der optimalen Temperatur gehalten werden, um eine rasche Kallusbildung zu ermöglichen. Da für das Knochengewebe Calcium erforderlich ist, sollte dies während der Heilung in Verbindung mit Vitamin D_3 reichlich verabreicht werden. Auch eine regelmäßige UV-Bestrahlung wirkt sich positiv aus. Darüber hinaus bringt man die betreffenden Reptilien in kleineren Terrarien unter, in denen sie sich nur eingeschränkt bewegen können. Dadurch erreicht man eine gewisse Ruhigstellung des gebrochenen Körperteils. Auch sind viele Exemplare in zu großen Behältern aufgrund ihrer Verletzung nicht in der Lage, sich selbständig ausreichend Futter zu fangen.

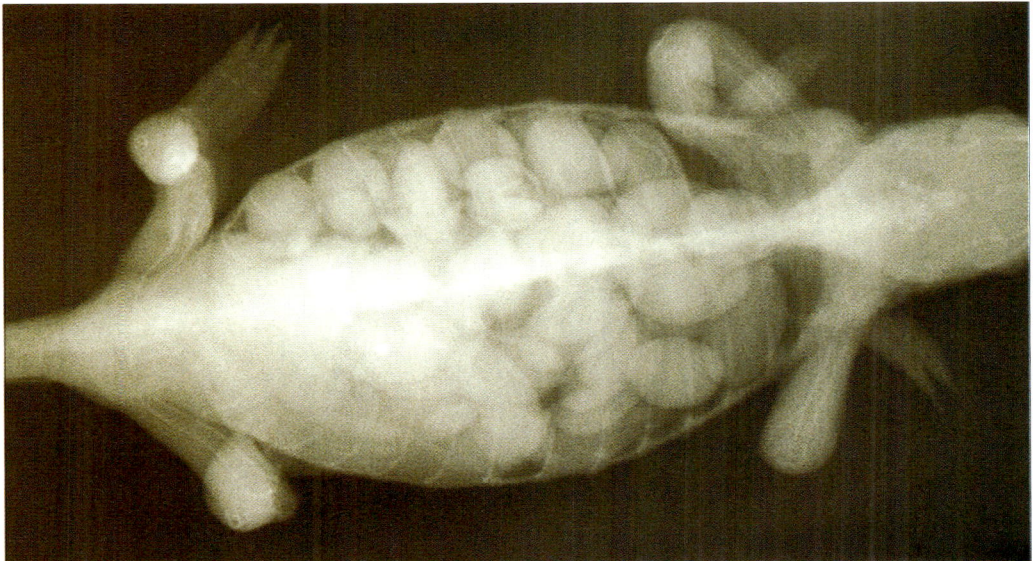

Röntgenaufnahme von einem an Legenot leidenden Jemenchamäleon (*Chamaeleo calyptratus*) Foto: J. Wiechert

Legenot

Unter Legenot versteht man, wenn ein Weibchen ablagereife Eier nicht ablegen kann. Es gibt zwei Formen: die psychogene Legenot und die akute Legenot.

Die psychogene Legenot kommt bei in Gefangenschaft gehaltenen Reptilien häufig vor, wenn keine geeigneten Eiablageplätze im Behälter vorhanden sind. Sie ist psychischen Ursprungs und hat ein Zurückhalten der Eier im Mutterleib zur Folge.

Von einer akuten Legenot spricht man, wenn die Eier aufgrund von Anomalien (Übergröße, Deformationen usw.), Krankheit oder Mangelerscheinungen des Muttertieres nicht abgelegt werden können.

Die Gelege werden demnach übertragen. Da die Eier bereits mit einer festen Schale versehen sind, können sie nicht mehr resorbiert werden, beginnen sich zu zersetzen, verkäsen und verkleben mit den Eileitern. Innerhalb weniger Wochen stirbt das betreffende Weibchen dann an einer eitrigen Eileiterentzündung, meist in Verbindung mit einer Peritonitis (Bauchfellentzündung).

Eine Legenot macht sich im Anfangsstadium dadurch bemerkbar, daß das Weibchen wochenlang gräbt, ohne jedoch das Gelege abzusetzen. Ein sehr deutliches Zeichen dafür ist, wenn es seine Grabtätigkeiten beendet, ruhiger wird und eventuell sogar wieder zu fressen beginnt. Gerade dann wird es kritisch, und ein sofortiges Handeln wird erforderlich. Durch eine Röntgenaufnahme muß sichergestellt werden, daß das Weibchen auch tatsächlich trächtig ist. Handelt es sich um eine psychogene Legenot, werden dem Tier 1–5 I.E./kg KG des wehenfördernden Hormons Oxytocin intramuskulär von einem Tierarzt verabreicht. 10–15 Minuten zuvor erfolgt eine parenterale Calciumgabe von 50 mg/kg KG i.m. (KÖHLER 1996).

In der Regel beginnt das Weibchen dann nach etwa 1–3 Stunden mit der Eiablage. Sollte dies nicht der Fall sein, muß die Behandlung nach 24 Stunden wiederholt werden.

Eine Zeitigung der übertragenen Gelege ist meist nutzlos, da die Eier bereits abgestorben sind und eine schleimige und klebrige Oberfläche aufweisen.

Sollte eine akute Legenot vorliegen, die Oxytocin-Behandlung nicht ansprechen, oder bereits eine Eileiterentzündung aufgetreten sein, ist eine chirurgische Behandlung unumgänglich, um das Leben des Weibchens zu retten.

Für Anfänger geeignete Arten: Echsen

Für Anfänger geeignete Arten

Wie bereits am Anfang dargestellt, soll hier bewußt darauf verzichtet werden, eine große Zahl als Terrarientiere geeignete Reptilien vorzustellen. In diesem Buch wollte ich vielmehr das terraristische Grundwissen, das für den interessierten Einsteiger in das Hobby erforderlich ist, ausführlicher und verständlicher behandeln, als dies in vielen anderen Büchern der Fall ist.

Inzwischen gibt es über nahezu jede Reptiliengruppe – bis hin zu Monographien zu einzelnen Arten – Bücher, in denen die für die Haltung dieser Tiere erforderlichen Informationen ausführlicher dargestellt werden, als dies im Rahmen eines Grundlagenbuches möglich und sinnvoll ist. Wer sich für die Haltung einer bestimmten Reptilienart interessiert, muß sich vor der Anschaffung mit geeigneter Spezialliteratur gründlich informieren! Eine Zusammenstellung (ohne Bewertung; Stand Juli 2000) der deutschsprachigen Literatur zu einzelnen Gruppen der Terrarientiere findet sich in Kapitel 21. Die terraristischen Zeitschriften (Kapitel 20) informieren zudem in ihren Buchbesprechungen über Neuerscheinungen, und spezialisierte Buchhandlungen oder Zoohändler werden gerne über das aktuelle Angebot auf dem Buchmarkt informieren.

Nachfolgend gebe ich grundlegende Haltungsempfehlungen für einige leicht zu haltende (oder besonders häufig gehaltene und beliebte) Reptilienarten. Diese Arten sind problemlos erhältlich und meiner Meinung nach für den interessierten, sachkundigen und verantwortungsbewußten Einsteiger gut geeignet, oder sie werden (wie Grüner Leguan, Königspython oder Falsche Landkarten-Höckerschildkröte) oft auch an Anfänger verkauft, auch wenn dies nicht immer sinnvoll erscheint. Zudem repräsentieren sie die wichtigsten den Anfänger häufig interessierenden Reptiliengruppen. Natürlich ist eine solche Auswahl subjektiv, mancher erfahrene Terrarianer wird „seine" Art vermissen, andere werden über einige der vorgestellten Tiere die Stirn runzeln. Die hier aufgeführten Arten verstehen sich letztlich nur als Anregungen, um die ersten Pfleglinge für den Einstieg in die Terraristik zu finden. Auf andere häufig gehaltene Arten wird – mit Literaturempfehlungen – hingewiesen.

Die folgenden Artenbeschreibungen sind lediglich als Grundorientierung zu verstehen, wenn sie i.d.R. auch so ausführlich sind, daß die Tiere mit den Informationen dieses Buches erfolgreich gehalten und vermehrt werden können. Doch auch für die Pflege dieser „Anfängertiere" empfehle ich das Studium weiterführender Literatur, bei den „schwierigeren" Arten unter ihnen weise ich darauf auch explizit hin. Um seine Tiere artgerecht und optimal über viele Jahre hinweg pflegen und vermehren zu können, ist es grundsätzlich sinnvoll, alle verfügbaren Berichte und Veröffentlichungen über die gepflegten Arten zu lesen, um stets auf dem neuesten Stand zu bleiben.

In den Artenbeschreibungen wird – soweit für die jeweilige Art verfügbar – auf das Gutachten „Mindestanforderungen an die Haltung von Reptilien" (im weiteren kurz „Mindestanforderungen") Bezug genommen. Zur rechtlichen Relevanz dieses Gutachtens siehe Kapitel 3. Die in dem Gutachten angegebenen Maße beziehen sich bei Echsen auf die Kopf-Rumpf-Länge, bei Schlangen auf die Gesamtlänge und bei Schildkröten auf die Panzerlänge. Um die Maße für das Terrarium (Länge x Breite x Höhe, kurz L x B x H) zu errechnen, nimmt man die jeweilige Länge der Tiere und multipliziert sie mit den im Gutachten angegebenen Werten. Will man z. B. ein Paar Echsen mit einer Kopf-Rumpf-Länge von 10 cm pflegen, und findet sich im Gutachten die Größenangabe „4 x 3 x 4", so muß das Terrarium eine Länge von mindestens 4 x 10 cm, eine Breite von mindestens 3 x 10 cm und eine Höhe von mindestens 4 x 10 cm haben, also 40 x 30 x 40 cm messen.

Wer Reptilien pflegen möchte, die nicht in diesem Buch vorgestellt werden, sollte sich neben der weiterführenden Fachliteratur auch unbedingt die „Mindestanforderungen" besorgen. Sie können

Großer Madagaskar-Taggecko
(*Phelsuma madagascariensis grandis*) Foto: M. Schmidt/P. Lammers

über die DGHT (siehe Kapitel 18) bezogen werden.

Wer sich einen gründlichen Überblick über die gängigsten Terrarientiere verschaffen möchte, dem sei das Werk „Die Terrarientiere" von G. NIETZKE empfohlen. Im zweiten Band werden die terraristisch relevanten Schildkröten- und Echsen-, im dritten die Schlangenarten ausführlich und mit allen wichtigen Informationen dargestellt. Auch andere allgemein-terraristische Bücher bieten solche Überblicke – zur langfristigen Haltung und Vermehrung der einzelnen Arten reichen die in den „kleineren" Übersichtsbüchern gegebenen Hinweise aber im allgemeinen nicht aus.

Echsen

Wie schon zu Beginn des Buches dargestellt, sind die Echsen eine sehr artenreiche und vielgestaltige Unterordnung der Reptilien, die nahezu alle Lebensräume besiedelt haben. Die folgenden Arten repräsentieren die wichtigsten im Terrarium gepflegten Familien, nämlich Geckos (Gekkonidae), Leguane (Iguanidae), Agamen (Agamidae), Chamäleons (Chamaeleonidae) und Skinke (Scincidae).

Auch Vertreter anderer Echsenfamilien werden gerne im Terrarium gehalten, besonders Warane (Varanidae), Echte Eidechsen (Lacertidae) und Schienenechsen (Teiidae).

Einen Überblick über die terraristisch relevanten Echsenarten bieten neben dem schon erwähnten Band 2 von G. NIETZKES „Die Terrarientiere" vor allem auch die Bücher „Echsen" (2 Bände) von M. ROGNER und „Vermehrung von Terrarientieren: Echsen" von R. BECH & U. KADEN.

Großer Madagaskar-Taggecko – *Phelsuma madagascariensis grandis* GRAY, 1870

Beschreibung: Der Große Madagaskar-Taggecko erreicht eine Gesamtlänge von maximal 30 cm und eine Kopf-Rumpf-Länge bis 15 cm. Er ist nicht nur ein auch vom Anfänger besonders gut zu pflegendes, sondern auch sicher eines der farbenprächtigsten und attraktivsten Terrarientiere. Die Grundfärbung der Geckos ist ein kräftiges Grün, auf dem Rücken finden sich zahlreiche größere, rote Flecken, die auch zu Querbändern verschmelzen können. Die meisten Individuen zeigen eine rote V-Zeichnung auf dem Kopf sowie zwei halbmondförmige, rote Flecken hinter den Augen. Es gibt aber auch einfarbig grüne Tiere, nur eine rote Linie zwischen Nase und Augen ist immer vorhanden. Die Unterseite ist weißlich gefärbt.

Geschlechtsunterschiede: Geschlechtsreife Männchen haben deutlich ausgeprägte Präanofemoralporen und sind somit leicht von den Weibchen zu unterscheiden.

Verbreitung: Im Norden Madagaskars

Lebensraum: Diese anpassungsfähigen Geckos leben an Stämmen von Bäumen, an Bananenstauden und in Gemäuern.

Aktivitätszeit: Tagaktiv

Klimabedürfnis: 25–29 °C am Tag (lokal 35–38 °C), 20–23 °C in der Nacht. Die relative Luftfeuchtigkeit muß nachts durch abendliches Besprühen auf 80–100 % ansteigen. Ein Absinken der relativen Feuchte am Tag ist unschädlich.

Haltung und Vermehrung: *Phelsuma madagascariensis* ist – wie alle Taggeckos der Gattung *Phelsuma* – in Anhang II des WA und in Anhang B der EU-Artenschutzverordnung aufgeführt (siehe Kapitel 3).

Der große Madagaskar-Taggecko ist ein ideales Terrarientier: Er ist farbenprächtig, tagaktiv, wird zutraulich, ist leicht zu pflegen und zur Vermehrung zu bringen sowie problemlos als Nachzucht erhältlich.

Die „Mindestanforderungen" für *Phelsuma* schreiben für ein Pärchen Terrarienmaße vom 6- x 6- x 8-fachen (L x B x H) der Kopf-Rumpf-Länge der Tiere vor, für jedes weitere Tier sollten 15 % der Grundfläche hinzukommen. Männchen können nicht miteinander vergesellschaftet werden. Auch Weibchen tragen untereinander Rivalitäten aus, doch können sie bei ausreichendem Platzangebot zusammen gepflegt werden. Für eine Zuchtgruppe (1,2) des Großen Madagaskar-Taggeckos sind Terrarien mit den Maßen von etwa 80 x 80 x 100 cm erforderlich.

Als Bodensubstrat wird ein Blumenerde-Sand-Gemisch verwendet. Zur weiteren Einrichtung dienen großblättrige Pflanzen, Äste und vor allem dikkere Bambusrohre, die häufig auch zur Eiablage genutzt werden. Auf eine lichtstarke Beleuchtung ist unbedingt zu achten, sonst zeigen die Tiere nicht ihre attraktivsten Farben.

Innerhalb einer Legeperiode kann ein Weibchen normalerweise bis zu sechs Gelege, bestehend aus je zwei hartschaligen Eiern, absetzen. Es ist von Weibchen berichtet worden, die bis zu 12 Gelege in einem Jahr produziert haben. Die meistens angeklebten Eier werden mit dem Untergrund in einen Brutapparat überführt oder (geschützt durch einen Drahtkorb o.ä.) im Terrarium belassen. Bei 25 °C Inkubationstemperatur schlüpfen die jungen Taggekkos nach 60–65 Tagen. Die Luftfeuchtigkeit muß während der Inkubation bei 65–75 % liegen. Die Jungtiere zeigen eine von den Eltern unterschiedliche Färbung. Die roten Flecken sind in der Relation größer, auf Rücken und Schwanz sind dunkle Bänder und Flecken zu erkennen. Die Schwanzuntersei-

te ist gelblich. Die Jungen können bereits im Alter von 9–10 Monaten die Geschlechtsreife erreichen und färben sich bis dahin um.

Ernährung: Wirbellose wie Heimchen, Grillen, Fliegen, Wachsmaden und –motten, Falter, gelegentlich auch Honig, Babynahrung und zerdrückte Banane. Phelsumen sollten nicht zu häufig und nicht zu reichhaltig gefüttert werden, sie neigen unter Terrarienbedingungen zur Verfettung. Geschlechtsreifen Tieren sollten pro Fütterung nur 1–2 Futtertiere angeboten werden, außerdem sollte an 1–2 Tagen in der Woche nicht gefüttert werden. Die süße Zusatzkost wird nur zur Abwechslung in unregelmäßigen Abständen angeboten.

Literatur und andere Arten: Die anderen Unterarten von *Phelsuma madagascariensis* eignen sich ebenfalls gut für das Terrarium, werden aber seltener gehalten.

Die farbenprächtigen Taggeckos der Gattung *Phelsuma* gehören zu den am häufigsten im Terrarium gepflegten Tieren. Mehrere *Phelsuma*-Arten sind für den sachkundigen Anfänger gut geeignet und auch nicht allzu schwer zur Vermehrung zu bringen. Beim Kauf muß auf die gesetzlichen Bestimmungen geachtet werden, da alle *Phelsuma*-Arten geschützt sind (Washingtoner Artenschutzübereinkommen, EU-Artenschutzverordnung).

Besonders empfehlenswert für den an Taggekkos interessierten Terrarianer ist das Buch „Faszinierende Taggeckos – die Gattung *Phelsuma*" von G. Hallmann, J. Krüger & G. Trautmann.

Leopardgecko – *Eublepharis macularius* Blyth, 1854

Beschreibung: Leopardgeckos erreichen eine Gesamtlänge von 22–25 cm, maximal bis zu 30 cm. Die Kopf-Rumpf-Länge beträgt etwa 14–20 cm. Ihre Gestalt ist durch den großen Kopf und den kurzen, rundlichen und fleischig verdickten Schwanz recht auffällig. Als Vertreter der Lidgeckos verfügen sie – im Gegensatz zu den meisten anderen Geckos – über Augenlider.

Der deutsche Name deutet bereits auf die leopardenartige Färbung hin: Auf der gelblichen Grundfärbung finden sich rundliche, dunkle Flekken. Inzwischen werden zahlreiche Farbformen des

Leopardgeckos gezielt gezüchtet. Die Unterseite ist einheitlich weißlich gefärbt.

Die Jungtiere zeigen eine vollkommen andere Zeichnung als ihre Eltern. Sie haben auf Körper und Schwanz 8–9 große, dunkle Querbinden, die restlichen Partien sind strohgelb gefärbt. Auf dem Schwanz und hinter dem Kopf sind weiße Querstreifen zu sehen, weiße Flecken befinden sich auch auf dem Kopf. Ansonsten sind Kopf und Hals dunkelbraun.

Geschlechtsunterschiede: Die Männchen sind durch ausgeprägte Reihen von je 9–14 winklig angeordneter Präanalporen deutlich zu erkennen, außerdem haben sie einen insgesamt kräftigeren Körperbau und einen breiteren Kopf.

Verbreitung: Irak, Iran, Afghanistan, Nordwest-Indien, Pakistan

Lebensraum: Trockene bis halbtrockene, vorwiegend steppenartige Gebiete, Felswüsten sowie dünn bewachsenes Grasland

Aktivitätszeit: Dämmerungs- und nachtaktiv. Den Tag verbringen diese Bodenbewohner unter Steinen oder in Erdhöhlen. Erst mit Einbruch der Dämmerung werden sie aktiv und gehen auf Futtersuche.

Klimabedürfnis: Die Temperatur sollte am Tag etwa bei 25–30 °C liegen. Ein Heizstrahler, der eine Stelle im Terrarium auf 35–40 °C erwärmt, ist empfehlenswert. Nachts ist ein Rückgang auf Zimmertemperatur (20–22 °C) erforderlich. Alle zwei bis drei Tage wird das Terrarium am Abend mit lauwarmem Wasser übersprüht, so daß eine hohe Luftfeuchtigkeit von über 70 % entsteht. Am Tag sollte sie jedoch niedriger liegen.

Haltung und Vermehrung: Der Leopardgecko gehört zu den am häufigsten gepflegten, besonders hübschen und leicht zu vermehrenden Echsen überhaupt: Er ist ein ideales „Anfängertier".

Am besten hält man die Tiere in Zuchtgruppen aus einem Männchen und zwei bis vier Weibchen. Mehrere Männchen lassen sich nicht zusammen unterbringen. Nach den „Mindestanforderungen" sind für ein Paar Terrarien mit den Mindestmaßen des 4- x 3- x 2-fachen (L x B x H) der Kopf-Rumpf-Länge der Tiere vorgeschrieben, für jedes weitere Tier sind 15 % auf die Grundfläche zuzuschlagen. Für ein Paar wären also Terrarienmaße von etwa 60 x 45 x 30 cm erforderlich, für 1,4 Tiere müßte das Terrarium ca. 90 x 65 x 30 cm messen.

Eine flache Wasserschale muß den Tieren stets zur Verfügung stehen. Als Bodengrund eignet sich Sand, der in den unteren Schichten stets leicht feucht gehalten wird. Das Terrarium wird mit Steinaufbauten und Korkrindenstücken so eingerichtet,

Leopardgecko (*Eublepharis macularius*) Foto: M. Schmidt/P. Lammers

daß ausreichend Versteckmöglichkeiten entstehen. Zur Dekoration können Pflanzen der Trockengebiete eingebracht werden.

Eine Winterruhe dient dem Wohlergehen der Tiere und wirkt stimulierend auf die Fortpflanzungsbereitschaft. Hierzu werden die Temperaturen für 1–3 Monate auf 15–18 °C (auch niedrigere Temperaturen werden vertragen) gesenkt. Die Paarungen beginnen nach der Beendigung der Winterruhe im Frühjahr.

Die Weibchen vergraben nach der Trächtigkeit ihre beiden weichschaligen, 28 x 15 mm großen Eier in feuchteren Stellen des Bodengrunds. Auch im Terrarium befindliche Blumentöpfe werden zur Eiablage gerne angenommen.

Bei einer Inkubationstemperatur von 26–30 °C sowie einer relativen Luftfeuchtigkeit von 70–80 % schlüpfen die Jungtiere nach 35–65 Tagen. Das Geschlechterverhältnis der Schlüpflinge ist von den Bruttemperaturen abhängig. Beim Schlupf messen die kleinen Leopardgeckos ca. 70–85 mm. Sie werden am besten einzeln in kleinen Kunststoffterrarien unter den gleichen Bedingungen wie ihre Eltern gepflegt. Die Aufzucht ist problemlos. Die Jungtiere richten sich bei Belästigung auf, bilden einen Buckel und reagieren mit lautem Fauchen. Nach 1–1,5 Jahren sind sie geschlechtsreif, die Männchen messen dann etwa 15, die Weibchen 12 cm. Bei richtiger Pflege haben Leopardgeckos eine Lebenserwartung von 15–20 Jahren.

Ernährung: Insekten wie Heimchen, Grillen, Heuschrecken, Mehlwürmer, *Zophobas*-Larven, Wachsmaden sowie nestjunge Mäuse. Wenn die Leopardgekkos ihre Futtertiere erkannt haben und ihnen auflauern, windet sich ihr Schwanz katzenähnlich hin und her.

Literatur und andere Arten: Speziell über Leopardgeckos ist ein Buch „Leopardgeckos" von F.W. HENKEL, M. KNÖTHIG & W. SCHMIDT erschienen.

Auch andere bodenbewohnende Geckoarten sind beliebte Terrarientiere, z. B. der Westafrikanische Krallengecko *Hemitheconyx caudicinctus*, die Wundergeckos *Teratoscincus* oder die Bogenfingergeckos *Cyrtodactylus*. Sie sind aber allesamt etwas anspruchsvoller in der Pflege. Auch für Anfänger geeignet ist der Madagassische Bodengecko *Paroedura pictus*. Gute Informationen über die Pflege dieser und anderer Geckoarten findet man in den Büchern „Geckos" von F. W. HENKEL & W. SCHMIDT, „Geckos der Welt – alle Gattungen" von H. RÖSLER und „Geckos" von H. SEUFER.

Dünnfingergecko – *Stenodactylus sthenodactylus* LICHTENSTEIN, 1823

Beschreibung: Der Dünnfingergecko erreicht eine Gesamtlänge von 9–11 cm und eine Kopf-Rumpf-Länge von 5–6 cm. Dieser kleine Gecko hat einen relativ gedrungenen Körperbau und einen schlanken Schwanz. Die Tiere zeigen eine Netzzeichnung aus verschiedenen Brauntönen.

Geschlechtsunterschiede: Die Männchen sind an den vergrößerten Hemipenistaschen gut zu erkennen, die Weibchen sind zudem größer und kräftiger gebaut.

Verbreitung: Nördliches Afrika, südwestliches Asien

Lebensraum: Steinige und trockene Halbwüstengebiete mit größeren Sandflächen

Aktivitätszeit: Dämmerungs- und nachtaktiv

Klimabedürfnis: Am Tag sind Temperaturen zwischen 26 und 30 °C (lokal bis 35 °C) erforderlich, nachts sollten die Werte auf 18–22 °C zurückgehen. Die Luftfeuchtigkeit sollte nicht über 50 % am Tag steigen. In der Nacht muß sie jedoch bei 60–80 % liegen.

Haltung und Vermehrung: In den „Mindestanforderungen" ist *Stenodactylus* nicht explizit erwähnt, sinngemäß sind aber wohl die Regeln für bodenbewohnende Geckos der Trockengebiete anzuwenden. Demnach braucht man für ein Paar ein Terrarium, das das 4- x 3- x 2-fache (L x B x H) der Kopf-Rumpf-Länge der Tiere mißt; für jedes weitere Tier sind 15 % auf die Grundfläche zu addieren. Ich empfehle aber zur Pflege und Vermehrung dieser interessanten und lebhaften Geckos für ein Paar ein Terrarium mit den Maßen 60 x 30 x 30 cm (L x B x H).

Als Bodengrund verwendet man feinen Sand, der etwa 10 cm hoch eingefüllt wird und der in den unteren Schichten stets etwas feucht sein muß. Dieser wird mittels Heizkabel leicht erwärmt. Ein zusätzlicher Wärmestrahler, der für die lokale Temperaturerhöhung auf 35 °C sorgt, ist empfehlenswert.

Die Versteckmöglichkeiten bleiben unbeheizt. Als Einrichtung dienen eine kleine Wasserschale, gewölbte Korkrindenstücke sowie Steine und Wurzeln.

Nach einer vier- bis sechswöchigen Winterruhe bei 15–18 °C beginnen die Tiere mit ihren Paarungsaktivitäten. Es werden ein bis zwei hartschalige, 11 x 8 mm messende Eier im feuchten Sand vergraben. Die Inkubation erfolgt bei 28–30 °C und 60–80 % Luftfeuchtigkeit. Bei diesen Werten schlüpfen die 35 mm großen Jungtiere nach 60–70 Tagen. Die Aufzucht mit kleinsten Futtertieren gelingt problemlos.

Um die Nahrungsaufnahme besser kontrollieren zu können, ist eine Einzelaufzucht in kleinen Plastikterrarien angebracht.

Ernährung: Wirbellose wie Heimchen, Grillen, Wachsmaden, Wachsmotten, Fliegen, Mehlwürmer, Spinnen usw. Auf eine ausreichende Versorgung mit Vitaminen und Mineralstoffen – vor allem bei der Aufzucht der Jungtiere – ist unbedingt zu achten, da Dünnfingergeckos sehr anfällig für rachitische Erscheinungen sind.

Literatur und andere Arten: Ein ausführlicher Haltungsbericht ist bei RAUH (1995) zu finden.

Zahlreiche weitere Geckoarten – wie z. B. der Gattung *Hemidactylus* – eignen sich hervorragend auch für Anfänger in der Terraristik. In der Regel ist im Handel und bei Privatzüchtern eine große Artenauswahl problemlos erhältlich. Über die spezifi-

schen Bedürfnisse der jeweiligen Art muß man sich aber selbstverständlich gründlich in der weiterführenden Fachliteratur informieren. Hierzu sind vor allem drei Bücher zu empfehlen: „Geckos" von F. W. HENKEL & W. SCHMIDT, „Geckos der Welt – alle Gattungen" von H. RÖSLER und „Geckos" von H. SEUFER.

Jungferngecko, Schuppenfingergecko – *Lepidodactylus lugubris* DUMÉRIL & BIBRON, 1836

Beschreibung: Die Jungferngeckos bleiben mit 8–9 cm Gesamtlänge recht klein, ihre Kopf-Rumpf-Länge beträgt nur etwa 4 cm. Sie sind schlank gebaut, der Schwanz ist dorsolateral etwas abgeflacht. An den Zehen befinden sich Haftlamellen, mit deren Hilfe die Geckos hervorragend klettern können. Die Grundfärbung besteht aus verschiedenen Grautönen, darauf befinden sich dunkle Flecken. Diese verlaufen auf dem Körper in zwei Längsreihen und können sich auch zu einer w-förmigen Zeichnung miteinander verbinden. Ein dunkler Streifen zieht sich an der Seite des Kopfes bis hin zu den Flanken. Die Unterseite ist weißlich.

Verbreitung: Malayische Halbinsel und indoaustralischer Archipel, Sri Lanka, Andamanen, Nikobaren, Ozeanien. Die Art wurde auch in Neuseeland, Nordost-Australien, Mittel- und Südamerika eingeschleppt und konnte sich dort etablieren.

Dünnfingergecko
(*Stenodactylus sthenodactylus*)
Foto: D. Modry/P. Necas

Jungferngecko, Schuppenfingergecko (*Lepidodactylus lugubris*) Foto: B. Love/Blue Chameleon Ventures

Lebensraum: Der Jungferngecko ist sehr anpassungsfähig und kommt in vielen Lebensräumen, von Strandbäumen wie Palmen über Mangroven bis in den Regenwald vor. Er lebt auch als Kulturfolger

in menschlichen Behausungen. Es handelt sich um eine kletternde Art, die sich gerne unter Baumrinde und in Felsspalten aufhält.

Aktivitätszeit: Dämmerungs- und nachtaktiv

Klimabedürfnis: Etwa 25–30 °C (unter einem Strahler bis zu 40 °C), nachts etwas weniger. Auch bezüglich der Luftfeuchtigkeit sind diese Geckos sehr anpassungsfähig, sie sollten aber relativ feucht gehalten werden (tagsüber ca. 70 %, nachts 80–100 % relativer Feuchte). Jeden zweiten Tag wird das Terrarium am Abend kurz eingesprüht. Durch das Auflecken von Sprühwasser decken die Geckos ihren Flüssigkeitsbedarf, und es wird die nötige Luftfeuchtigkeit erreicht.

Haltung und Vermehrung: Jungferngeckos sind für Anfänger hervorragend geeignet. Nach den „Mindestanforderungen" benötigt man zur Haltung von zwei Tieren ein Terrarium mit den Maßen des 6- x 6- x 8-fachen (L x B x H) der Kopf-Rumpf-Länge der Tiere, für jedes weitere Tier sind 15 % zuzurechnen. Ich empfehle zur Unterbringung von 2–3 Tieren ein Terrarium mit den Maßen 50 x 40 x 40 cm (L x B x H). Als Bodengrund verwendet man eine mehrere Zentimeter hohe Sandschicht. Des weiteren legt man einige gewölbte Rindenstücke in den Behälter. An der Rückwand schichtet man Steinplatten (z.B. Schiefer) aufeinander, so daß eine Felswand mit zahlreichen Spalten entsteht. Das Terrarium kann nach Belieben bepflanzt werden.

Diese Geckos pflanzen sich parthenogenetisch (Jungfernzeugung) fort. Sie legen im Abstand von zwei bis acht Wochen jeweils ein bis zwei hartschalige Eier ab. Diese werden in Felsspalten, zwischen Rindenstücke oder einfach an die Terrarienscheiben geklebt. Sind sie an den Scheiben, an der Rückwand oder andernorts „unverrückbar" festgeklebt, kann man sie recht problemlos unter den geschilderten Klimaverhältnissen (25–30 °C) auch im Terrarium inkubieren.

Nach einer Inkubationszeit von 60–100 Tagen schlüpfen die 35–37 mm langen Jungtiere. Bei ausreichenden Versteckmöglichkeiten kann man die Jungen bei den Eltern belassen. Sicherer und günstiger ist jedoch die getrennte Aufzucht in kleinen Kunststoffterrarien. Die Geckos werden bereits im Alter von sechs bis zehn Monaten geschlechtsreif. Ihre Aufzucht gelingt mit kleinsten Futtertieren

problemlos.

Ernährung: Wirbellose wie *Droso-phila*, Wachsmaden, kleine Heim-chen und Grillen. Die Geckos lecken sehr gerne süßes Obst, Hon g, Babynah-rung oder käufliche Präparate wie Nek-ton-Tonic-R.

Literatur und andere Arten: Siehe Dünnfinger-gecko

Tokeh (*Gekko gecko*)
Foto: B. Love/Blue
Chameleon
Ventures

Tokeh – *Gekko gecko* LINNAEUS, 1758

Beschreibung: Tokehs gehören mit bis zu 36 cm Gesamtlänge und einer Kopf-Rumpf-Länge von 18 cm zu den großen Geckoarten. Der dreieckige Kopf ist sehr groß, und die Tiere können kräftig zu-beißen. An der Unterseite der Zehen befinden sich Haftlamellen, mit deren Hilfe die Geckos trotz ihres beträchtlichen Gewichts hervorragend klettern und selbst an senkrechten Glasflächen entlanglaufen können. Auf der graubraunen Grundfärbung befin-den sich zahlreiche rote Flecken, der Schwanz ist mit heller, dunkel eingefaßten Querbändern ge-zeichnet. Die Unterseite ist gräulich bis gelblich.

Geschlechtsunterschiede: Die Männchen sind an den Präanalporen gut zu erkennen und außer-dem erheblich größer als die Weibchen.

Verbreitung: Bangladesch, Burma, Nordost-In-dien, Thailand, Südchina, Kambodscha, Vietnam, Malaysia, Philippinen, Sulu-Archipel, Malaiischer Archipel, Indo-Australischer Archipel

Lebensraum: Tokehs sind Bewohner der tropi-schen Regenwälder und leben an Felsen und Bäu-men. Sie sind aber auch ausgeprägte Kulturfolger und somit häufig in direkter Nähe des Menschen zu finden.

Aktivitätszeit: Nachtaktiv

Klimabedürfnis: 27–30 °C am Tag (unter einem Strahler 40 °C) und 20–25 °C in der Nacht, bei einer Luftfeuchtigkeit von 60–90 %.

Haltung und Vermehrung: Tokehs gehören zu den besonders häufig gepflegten und gut zur Ver-mehrung zu bringenden Terrarientieren. Allerdings sind sie sehr wehrhaft und bissig. Hat dieser große Gecko sich einmal am Finger des Pflegers festgebis-sen, ist er kaum mehr abzubekommen. Am besten hält man dann die Hand unter Wasser, worauf die Geckos nach kurzer Zeit loslassen. Ihren Namen verdanken sie ihren Lautäußerungen, die einem „Tok-kee-Tok-kee" ähneln und eine erhebliche Lautstärke erreichen können. Man sollte deshalb das Terrarium nicht unbedingt in Schlafräumen aufstellen, wenn man am nächsten Morgen immer ausgeschlafen zur Arbeit gehen möchte.

Für die großen Geckos ist auch ein entsprechend großer Behälter erforderlich. Nach den „Mindestan-forderungen" sollten die Maße für ein Paar das 6- x 6- x 8-fache (L x B x H) der Kopf-Rumpf-Länge be-tragen, für jedes weitere Tier sind 15 % auf die Grundfläche zuzurechnen. Für ein Pärchen sollte das Terrarium also etwa 110 x 110 x 150 cm (L x B x H) groß sein. Man kann auch ein Männchen mit mehreren Weibchen vergesellschaften, Männchen untereinander sind dagegen unverträglich.

Als Bodengrund wird ein Blumenerde-Sand-Gemisch verwendet. Die Rückwand wird mit Korkplatten oder Korkrinde beklebt. Die Einrichtung bilden dickere Äste, Korkröhren und stabile Pflanzen. Die Äste müssen herausnehmbar sein, weil dort die Eier abgelegt werden. Das Terrarium kann mit robusten Pflanzen bestückt werden.

Spezifische Paarungsauslöser sind bei der Vermehrung von Tokehs im Terrarium nicht zu berücksichtigen. Das Weibchen klebt mehrmals im Jahr zwei Eier an geschützte Stellen im Terrarium. Das Gelege wird vom Weibchen verteidigt. Dies gilt auch für die geschlüpften Jungtiere. Werden die Jungen jedoch für einige Tage aus dem Terrarium entnommen und danach wieder zur Mutter zurückgesetzt, werden sie von ihr gefressen. Dementsprechend können die Jungen aus im Brutkasten außerhalb des Terrariums gezeitigten Eiern nicht zur Mutter gesetzt werden, da sie gefressen würden.

Die Eier werden bei 25–30 °C und hoher Luftfeuchtigkeit gezeitigt. Die 8–10 cm langen Jungtiere schlüpfen nach 100–125 Tagen. Sie sind mit schwarz-weißen Bändern gezeichnet, die roten Flecken werden erst mit zunehmendem Alter deutlich. Die Aufzucht der Jungen sollte getrennt erfolgen und ist unproblematisch. Die Geschlechtsreife wird nach 1–1,5 Jahren erreicht.

Ernährung: Insekten wie Heimchen, Grillen, Heuschrecken, Wachsmaden sowie nestjunge Mäuse. Auch Obst und Körnerfrüchte (Reis) werden zur Abwechslung angenommen.

Literatur und andere Arten: Siehe Dünnfingergecko

Rotkehlanolis – *Anolis carolinensis* DUMÉRIL & BIBRON, 1837

Beschreibung: Dieser kleinbleibende Anolis erreicht bis zu 21 cm Gesamtlänge. Die Kopf-Rumpf-Länge beträgt bis 7 cm. Der Rotkehlanolis hat einen langen Kopf, der fast an den eines Alligators erinnert. Unter den mit scharfen Krallen ausgestatteten Zehen finden sich Haftlamellen; aufgrund dessen heißen Anolis im Deutschen auch „Saumfinger". Die Grundfärbung des Rotkehlanolis in Ruhephasen ist ein helles Grün, die Tiere verfügen aber über einen ausgeprägten physiologischen Farbwechsel und können sich sehr schnell braun färben. Auch verschiedene Flecken- und Sprenkelzeichnungen können gezeigt werden. Die Unterseite ist weißlich.

Eine Besonderheit der Anolis sind ihre großen Kehlsäcke, die mittels des Zungenbeins aufgestellt werden können. Bei *Anolis carolinensis* ist diese Kehlfahne rot, die Kehlschuppen sind weiß. Die Kehlfahne wird beim Balzverhalten und beim Drohen gegenüber Artgenossen eingesetzt. Dieses Verhalten ist auch im Terrarium häufig zu beobachten.

Geschlechtsunterschiede: Das auffälligste Geschlechtsmerkmal ist die Kehlfahne, die bei den Männchen größer und farbiger als bei den Weibchen ist. Die Weibchen zeigen zudem häufig eine gezackte Linie auf der Mitte des Rückens; dieses Merkmal ist aber nicht verläßlich, da es einerseits nicht immer auftritt, und andererseits auch Männchen diese Linie zeigen können. Die Männchen sind kräftiger gebaut und werden deutlich größer als die höchstens 16 cm langen Weibchen. Auch sind die Hemipenistaschen der Männchen recht gut zu erkennen.

Verbreitung: USA von North Carolina bis SO-Oklahoma und Zentral-Texas bis an den Rio Grande sowie an der Golfküste und in Florida bis auf die Key-Inseln

Lebensraum: Diese sehr anpassungsfähige Art wird in Wäldern, in Buschland und in Kulturlandschaften gefunden, sie ist auch ein ausgeprägter Kulturfolger. Rotkehlanolis bewohnen Büsche, hohes Gras und Bäume, in menschlichen Siedlungen auch Häuser, Zaunpfähle und Mauern.

Aktivitätszeit: Tagaktiv

Klimabedürfnis: 25–30 °C am Tag (lokal bis 35 °C) und 18–23 °C in der Nacht. Die Luftfeuchtigkeit sollte 60–80 % betragen.

Haltung und Vermehrung: Der Rotkehlanolis und der Bahamasanolis (*Anolis sagrei*) sind die beiden am häufigsten angebotenen *Anolis*-Arten. Sie gehören zu den populärsten Reptilien überhaupt und sind bei nahezu jedem Reptilienhändler zu haben. Meist handelt es sich hierbei jedoch um Wildfangtiere.

Rotkehlanolis sind nahezu perfekte „Anfängertiere": Sie sind leicht zu pflegen und auch zur Vermehrung zu bringen, sie sind lebhaft, hübsch und zeigen ein äußerst interessantes Verhalten. Außerdem benötigen sie keine großen Terrarien. Nach den „Mindestanforderungen" müssen die Terrarienmaße für ein Pärchen das 6- x 6- x 8-fache der Kopf-Rumpf-Länge (L x B x H) betragen, für jedes weitere Tier sind 15 % auf die Grundfläche zuzurechnen. Rotkehlanolis hält man in Zuchtgruppen von einem Männchen und mehreren Weibchen. Dazu empfehle ich ein Terrarium mit den Maßen von etwa 50 x 50 x 60 cm (L x B x H). Mehrere Männchen können nicht zusammen gehalten werden.

Als Bodenfüllung dient ein feuchtes Blumenerde-Sand-Gemisch. Rück- und Seitenwände werden am zweckmäßigsten mit Naturkorkplatten beklebt. Als Einrichtung kommen Äste und diverse Pflanzen in Frage. Das Terrarium muß regelmäßig übersprüht werden.

Eine etwas kühlere Haltung zwischen 15 und 20 °C über zwei Monate im Winter erhöht die Fortpflanzungsbereitschaft. Die Gelege bestehen aus 1–2 Eiern die im Bodengrund vergraben werden. Die Eier werden in den Brutapparat überführt und bei 27–30 °C in leicht feuchtem Vermiculit gezeitigt. Unter diesen Bedingungen schlüpfen die ca. 6 cm langen Jungtiere nach 35–65 Tagen. In einer Saison kann ein Weibchen mehrere Gelege produzieren, die im Abstand von etwa 8–14 Tagen abgesetzt werden. Die Jungen können bis zum Auftreten erster Rivalitäten gruppenweise in Aufzuchtterrarien untergebracht werden. Im Alter von etwa neun Monaten erreichen sie die Geschlechtsreife.

Ernährung: Wirbellose wie Heimchen, Grillen, Wachsmaden, Wachsmotten, Fliegen usw. Rotkehlanolis sind dafür bekannt, gelegentlich etwas „launisch" bei der Futterwahl zu sein und eine Zeitlang eine bestimmte Futtersorte zu verschmähen. Es sollte also möglichst abwechslungsreich gefüttert werden.

Literatur und andere Arten: Der Bahamasanolis (*Anolis sagrei*) kann unter denselben Bedingungen gehalten und vermehrt werden und ist ebenfalls ein hervorragend geeignetes „Anfängertier". Auch viele andere Anolis lassen sich – auch von Neulingen in der Terraristik – sehr gut im Terrarium pflegen, über ihre Haltungsansprüche muß man sich aber zuvor in der Fachliteratur informieren. Hierfür können die Bücher „Anolis" von A. FLÄSCHEN-

Rotkehlanolis (*Anolis carolinensis*) Foto: M. Schmidt

DRÄGER & L. WIJFFELS und „Karibische Anolis" von R. HESELHAUS & M. SCHMIDT empfohlen werden.

Blauer Stachelleguan – *Sceloporus cyanogenys* COPE, 1885

Beschreibung: Mit einer Gesamtlänge bis zu 36 cm und einer Kopf-Rumpf-Länge bis zu 14 cm ist *Sceloporus cyanogenys* die größte Art der Stachelleguane (Gattung *Sceloporus*). Die Schuppen der Körperoberseite sind besonders groß und weisen einen starken Kiel auf, der den Tieren ihr stacheliges Aussehen verleiht. Der Körper ist stark dorsoventral abgeflacht. Die Grundfärbung ist braun bis dunkelgrau, der Rücken ist mit unregelmäßigen, helleren und dunkleren Querstreifen gemustert. Das große schwarze Halsband ist von einem teils unterbrochenen weißen Saum eingefaßt. Diese Stachelleguane können ein Alter von acht bis zehn Jahren erreichen.

Geschlechtsunterschiede: Die Männchen haben 12–17 deutlich ausgeprägte Femoralporen. Während Bauch und Kehle der Weibchen schlicht weiß gefärbt sind, haben die Männchen auf der Bauchseite zwei große, kräftig blau bis lila gefärbte, ovale Flecken, und auch die Kehle zeigt diese auffällige Färbung. Beim Imponieren und Drohen flachen die Männchen sich seitlich ab, so daß die

Bauchflecken sichtbar werden. Während der Paarungszeit entwickeln sie eine beeindruckende Prachtfärbung: Auf dem Rücken zeigt sich ein metallisches Grünblau, die Kopfseiten und die Vorderbeine können bronze-gelb gefärbt sein. Im Terrarium verblaßt diese Färbung, besonders bei zu geringem Licht- und UV-Angebot.

Verbreitung: Südtexas und Nordost-Mexiko (Tamaulipas, Nuevo León).

Lebensraum: Dieser Stachelleguan ist ein Felsenbewohner trockener Biotope. Als Kulturfolger besiedelt er auch Legesteinmauern, Schutthaufen u.ä.

Aktivitätszeit: Tagaktiv

Klimabedürfnis: 30–35 °C am Tag (lokal bis 45 °C) und 20 °C in der Nacht. Die Luftfeuchtigkeit sollte bei 50–60 % liegen und nachts deutlich ansteigen.

Haltung und Vermehrung: *Sceloporus cyanogenys* ist sehr gut für die Terrarienhaltung geeignet, wenn ihm genügend Wärme und Licht geboten werden. Nach den „Mindestanforderungen" sollte das Terrarium für ein Paar das 6- x 4- x 4-fache (L x B x H) der Kopf-Rumpf-Länge messen. Für jedes weitere Weibchen sind etwa 15 % auf die Grundfläche zuzurechnen. Für ein Pärchen benötigt man also ein Terrarium ab ca. 90 x 60 x 60 cm (L x B x H). Mehrere Männchen können nicht zusammen gepflegt werden, die Weibchen sind untereinander verträglich.

Alle Stachelleguane sind „Sonnenanbeter", denen eine möglichst große Lichtfülle und UV-Licht angeboten werden müssen.

Als Bodengrund wird ein Gemisch aus Sand und Lehm, Sand oder Kies verwendet. Zur weiteren Einrichtung dienen Steinaufbauten sowie hohlraumbildende Steine oder Wurzeln als Versteckmöglichkeiten. Die Seiten und die Rückwand des Terrari-

*Blauer Stachelleguan (**Sceloporus cyanogenys**)*
Foto: H. Werning

ums sollten so gestaltet sein, daß sie von den Tieren als Klettergelegenheiten genutzt werden können (z. B. künstliche Felswand, Korkplatten etc.) Das Terrarium wird mehrmals wöchentlich eingesprüht.

Zur Vermehrung ist eine zwei- bis dreimonatige Winterruhe bei 10–15 °C erforderlich. Die Paarungszeit liegt im Spätsommer und Frühherbst. Die Leguane sind ovovivipar und gebären nach der Winterruhe 6–20 Jungtiere, die 6–7 cm lang sind. Bei der Aufzucht ist unbedingt darauf zu achten, daß die kleinen Stachelleguane ausreichend mit Vitaminen und Mineralstoffen sowie mit UV-Licht versorgt werden, da sie sehr leicht zu rachitischen Erkrankungen neigen.

Ernährung: Wirbellose wie Heimchen, Grillen, Wachsmaden, Mehlwürmer usw., gelegentlich auch nestjunge Mäuse und Blattpflanzen (Salat).

Literatur und andere Arten: Viele weitere der insgesamt über 80 Arten umfassenden Gattung *Sceloporus* werden regelmäßig im Handel angeboten und sind gut für die Terrarienhaltung geeignet, besonders *S. clarcki*, *S. jarrovi*, *S. malachiticus*, *S. occidentalis*, *S. poinsetti*, *S. undulatus* und *S. variabilis*. Über die Ansprüche dieser Arten muß man sich in der weiterführenden Fachliteratur informieren. Hier sei das Buch „Leguane" von H. BOSCH & H. WERNING empfohlen.

Dort finden sich auch Informationen zur Haltung anderer häufig angebotener nordamerikanischer Kleinleguane. Die Halsbandleguane (*Crotaphytus*), Baumleguane (*Urosaurus*) und der Seitenfleckleguan *Uta stansburiana* sind Bewohner der Trockengebiete und auch für gut informierte Anfänger geeignet. Ungeeignet für den Einsteiger sind dagegen die ebenfalls oft importierten Taubleguane (*Cophosaurus* und *Holbrookia*), der Zebraschwanzleguan *Callisaurus draconoides* sowie die größeren Arten *Dipsosaurus dorsalis* (Wüstenleguan) und *Sauromalus obesus* (Chuckwalla), die zwar höchst attraktive Pfleglinge sind, jedoch einige Erfahrung in der Echsenhaltung verlangen. In jüngster Zeit werden auch die bezaubernden Krötenechsen *Phrynosoma* wieder häufiger eingeführt. Hierbei handelt es sich um schwer zu haltende Nahrungsspezialisten, an denen der Anfänger sich auf keinen Fall versuchen sollte. Wer sich mit etwas Erfahrung an diese Tiere wagen möchte, sollte unbedingt das Buch „Krötenechsen" von B. BAUR & R. R. MONTANUCCI lesen.

Schreibers Glattkopfleguan – *Leiocephalus schreibersi* GRAVENHORST, 1837

Beschreibung: Dieser Kleinleguan erreicht eine Gesamtlänge bis 22 cm und eine Kopf-Rumpf-Länge bis 10 cm. Die Weibchen bleiben etwas kleiner und erreichen nur eine Kopf-Rumpf-Länge von bis zu 8 cm. Die Art wird sowohl im Handel als auch in der Terrarienliteratur chronisch mit dem Maskenleguan *Leiocephalus personatus* verwechselt, der zwar auch auf Hispaniola vorkommt, jedoch andere Biotope besiedelt und sich auch optisch deutlich unterscheidet (WERNING & KÖHLER 1998). Auch die deutschen Namen werden oft vertauscht. Aufgrund der unterschiedlichen Lebensräume unterscheiden sich aber die Bedürfnisse der beiden Arten. Es ist also wichtig zu wissen, mit welchem *Leiocephalus* man es zu tun hat. Schreibers Glattkopfleguan *L. schreibersi* unterscheidet sich am eindeutigsten durch eine klar erkennbare Seitenfalte, die dem Maskenleguan *L. personatus* fehlt. *L. schreibersi* ist auch deutlich kräftiger und gedrungener gebaut als der schlanke *L. personatus*. Und letztlich unterscheiden die beiden Arten sich deutlich in der Färbung. *L. personatus* zeigt eine schwarze, gut erkennbare „Maske" am Kopf, insgesamt ist er farbiger. *L. schreibersi* dagegen ist recht einheitlich in verschiedenen Braun- und Beigetönen gezeichnet, die Männchen lassen auch orangefarbene oder gelbliche Einsprengsel erkennen. Auf dem Rücken verlaufen diagonal nach hinten rotbraune Querstreifen. Die Weibchen sind insgesamt unauffälliger gefärbt. Die Unterseite ist weißlich bis leicht bläulich, darauf befinden sich rotbraune Flekkenreihen, die Kehle ist gräulich bis rötlich. Der Schwanz wird auf der Flucht nach oben über den Rücken gekrümmt.

Geschlechtsunterschiede: Die Männchen von *L. schreibersi* haben vergrößerte Postanalschuppen, sie werden größer und kräftiger. Außerdem sind sie farbiger als die Weibchen.

Verbreitung: Die Art bewohnt die Karibikinsel Hispaniola (Haiti, Dominikanische Republik)

Lebensraum: Sandige, wüstenähnliche Gebiete,

Buschsteppen, Dünen.

Aktivitätszeit: Tagaktiv

Klimabedürfnis: 25–35 °C am Tag, unter einem Strahler 45 °C. Nachts muß die Temperatur auf 20–22 °C zurückgehen. Zwar werden die Tiere in einem trockenen Terrarium gehalten, doch muß durch allabendliches Sprühen die Luftfeuchtigkeit in der Nacht deutlich auf 80–100 % ansteigen.

Haltung und Vermehrung: *Leiocephalus schreibersi* wird im Handel recht häufig angeboten, jedoch handelt es sich hierbei ausnahmslos um Wildfänge. Die Tiere sind zu günstigen Preisen zu haben und gelten als „Anfängertiere", allerdings eher zu Unrecht. Alle *Leiocephalus*-Arten können zwar meistens ohne größere Probleme eine Weile im Terrarium gepflegt werden, kontinuierliche Haltungserfolge sind aber selten, und von regelmäßigen Nachzuchten ist bislang nicht berichtet worden. Ein Anfänger sollte sich also gut überlegen, ob er bereit ist, den für diese lebhaften und attraktiven Kleinleguane nötigen Aufwand zu betreiben.

Leiocephalus schreibersi pflegt man paarweise oder gesellt einem Männchen mehrere Weibchen zu, Männchen untereinander sind unverträglich. Nach den „Mindestanforderungen" sollte das Terrarium das 6- x 4- x 4-fache (L x B x H) der Kopf-Rumpf-Länge der Tiere messen, für jeden weiteren Leguan sind 15 % auf die Grundfläche zuzurechnen. Das Terrarium sollte demnach also für ein Paar 60 x 40 x 40 cm (L x B x H) nicht unterschreiten. Diese Maße sind aber zu niedrig! Größere Behälter ab ca.

100 x 50 x 50 cm sind unbedingt zu empfehlen.

Als Bodenfüllung verwendet man Sand, der mindestens 10 cm hoch eingefüllt wird und in dem die Tiere sich gerne vergraben. In den unteren Schichten muß das Substrat immer leicht feucht sein. Als weitere Einrichtungsgegenstände dienen Steine, Wurzeln und Zweige, unter denen die Leguane sich auch verstecken können.

Leiocephalus-Arten sind „Sonnenanbeter", denen man möglichst viel Licht mit UV-Anteil zukommen lassen muß.

Zur Auslösung der Fortpflanzung ist eine zwei- bis dreimonatige winterliche Ruhephase bei Temperaturen von ca. 15 °C empfehlenswert. Die Paarungszeit beginnt, wenn die Temperaturen wieder die Normalwerte erreichen. Etwa drei Wochen nach der Paarung graben sich die Weibchen eine Höhle in den Sand, wo sie ein Gelege von vier bis sechs Eiern absetzen. Beim Verschließen der Höhle entsteht ein kleiner Hügel. Die Eier zeitigt man in einem Inkubator bei 27–30 °C. Die 75 mm großen Jungtiere schlüpfen nach etwa 70–80 Tagen. Bei der Aufzucht ist besonders auf eine ausreichende Vitamin- und Mineralstoffversorgung sowie eine regelmäßige UV-Bestrahlung zu achten.

Ernährung: Wirbellose, wie Heimchen, Grillen, Heuschrecken, Mehlwürmer, Wachsmaden, usw.

Andere Arten und Literatur: Die ebenfalls häufig im Handel angebotenen anderen *Leiocephalus*-Arten eignen sich im Prinzip genauso zur Terrarienhaltung. In terraristischen Büchern werden die zwei Arten *L. personatus* und *L. carinatus* beschrieben. Als weiterführende Literatur sei hier „Leguane" von H. Bosch & H. Werning empfohlen. Auch in den Büchern „Die Terrarientiere 2" von G. Nietzke (auf dem Foto auf S. 271 der 4. Auflage ist allerdings ein *L. schreibersi*

Schreibers Glattkopfleguan
(*Leiocephalus schreibersi*)
Foto: J. Rauh

zu sehen, nicht wie angegeben ein *L. personatus*) und „Echsen 1" von M. ROGNER (hier handelt es sich sowohl auf dem Foto auf S. 258 als auch im Text nicht wie angegeben um *L. personatus*, sondern um *L. schreibersi*) finden sich gute Darstellungen.

Auch südamerikanische Kleinleguane tauchen regelmäßig im Handel auf und werden oft auch an Anfänger verkauft. Hierzu gehören z. B. die Gattungen *Tropidurus* (Kielschwanzleguane), *Stenocercus*, *Liolaemus* (Erdleguane), *Ophryoessoides* und *Plica*. Diese bewohnen die unterschiedlichsten Lebensräume von der Wüste bis zum tropischen Regenwald; man muß sich also über die Ansprüche einer Art vor der Anschaffung in der o.g. Literatur informieren. Für den Anfänger sind sie auf keinen Fall zu empfehlen! Über die erforderlichen Bedingungen zur Haltung dieser Kleinleguane liegen kaum Informationen vor. Einige Hochgebirgsarten der Gattungen *Liolaemus* und *Stenocercus* stellen zudem schwer erfüllbare Ansprüche an die Haltung.

Grüner Leguan – *Iguana iguana* (LINNAEUS, 1758)

Beschreibung: Der Grüne Leguan ist eine der bekanntesten und beliebtesten Echsen überhaupt. Er wird aufgrund seines äußeren Erscheinungsbildes in der Regel auch vom herpetologischen Laien sofort als „der Leguan" erkannt. Diese prächtige Großechse kann maximal eine Gesamtlänge von etwa 2 m erreichen, bleibt aber normalerweise mit etwa 120–140 cm bei den Männchen und 90–110 cm bei den Weibchen deutlich kleiner. Die Kopf-Rumpf-Länge beträgt normalerweise 45–55 cm bei den Männchen und 35–45 cm bei den Weibchen.

Der Grüne Leguan hat einen kräftig gebauten, seitlich abgeflachten Körper mit einem verhältnismäßig großen Kopf. Besonders auffällig ist ein mehr oder weniger großer Rückenkamm aus Stacheln, der sich vom Nacken entlang der Wirbelsäule bis über den Schwanz erstreckt. Ebenfalls sehr auffällig sind der große Kehlsack, die stark vergrößerte Schuppe unter dem Trommelfell und die vergrößerten, konisch geformten Schuppen im Halsbereich – alles in einem eine eindrucksvolle und urtümliche Erscheinung.

Wie der deutsche Name schon sagt, ist *Iguana iguana* insgesamt grün gefärbt. Die vergrößerten Schuppen im Hals- und Kopfbereich sind weißlich, ebenso die Bauchseite. Das Grün verdunkelt mit zunehmendem Alter und kann letztlich eher braun bis schwarz werden, die Jungtiere sind dagegen noch kräftig grasgrün. Der Schwanz weist dunkle Querbänder auf.

Geschlechtsunterschiede: Geschlechtsreife Grüne Leguane lassen sich recht leicht unterscheiden. Die Männchen sind größer, kräftiger, und vor allem Rückenkamm und Kehlsack sind deutlicher ausgeprägt. Die Femoralporen sind bei den Männchen größer als bei den Weibchen, auch ist ihre Schwanzwurzel verdickt. Von dominanten Tieren unterdrückte Männchen ähneln aber den Weibchen – genaue Beobachtung ist erforderlich.

Verbreitung: Der Grüne Leguan kommt in zwei Unterarten vom Süden Mexikos bis auf die Höhe des nördlichen Bolivien in ganz Mittel- und Südamerika sowie auf einigen Karibikinseln vor.

Lebensraum: Grüne Leguane sind in erster Linie Bewohner der Tieflandwälder, wo sie auf Bäumen in der Nähe von Gewässern leben.

Aktivitätszeit: Tagaktiv

Klimabedürfnis: Aufgrund des großen Verbreitungsgebietes ist das Klima im natürlichen Lebensraum nicht einheitlich. Im Terrarium bietet man den Tieren 26–33 °C am Tag, lokal benötigen sie Werte bis 45 °C. Nachts sollte die Temperatur auf 20–25 °C abfallen. Die Luftfeuchtigkeit sollte tagsüber bei 50–80 % liegen und nachts deutlich auf bis zu 100 % ansteigen. Zur Auslösung der Fortpflanzung müssen Trocken- und Regenzeiten imitiert werden. Während der Regenzeit (Mai bis Oktober) steigert man die Luftfeuchtigkeit durch häufiges Besprühen auf 80 % auch am Tag, während ansonsten nur ein- bis zweimal wöchentlich gesprüht wird, so daß die Luftfeuchtigkeit tagsüber auf bis zu 50 % absinkt.

Haltung und Vermehrung: Der Grüne Leguan ist eine überaus attraktive und beeindruckende Echse. Er wird bei fachgerechtem Umgang seinem Pfleger gegenüber völlig zahm. Manche Exemplare suchen bei zeitweiligem Zimmerfreilauf sogar den Kontakt zu ihrem Pfleger. Meine Grünen Leguane kommen beim Zimmeraufenthalt von sich aus herbei, um mir auf den Rücken oder die Schultern zu klettern, wenn ich beispielsweise an meinem Schreibtisch sitze. Dort bleiben sie dann meistens so lange, bis ich sie wieder in ihr Terrarium zurücksetze. Fremden und unbekannten Personen gegenüber verhalten sie sich jedoch äußerst skeptisch, versuchen hektisch zu flüchten oder nehmen die typische Drohstellung ein.

Aufgrund seines beeindruckenden Äußeren und seiner Zutraulichkeit gehört der Grüne Leguan deshalb zu den beliebtesten Terrarientieren, und obwohl es inzwischen auch viele Terrariennachzuchten gibt, wird er immer noch in großer Zahl eingeführt. Dabei handelt es sich häufig um Farmnachzuchten. Der Grüne Leguan unterliegt dem Washingtoner Artenschutzübereinkommen (Anhang II) und der EU-Artenschutzverordnung (Anhang B); siehe hierzu Kapitel 3. Grüne Leguane sind keine „einfachen" Terrarientiere – allein ihr Platz- und Lichtbedarf erfordert schon erhebliche Aufwendungen. Auch muß eine richtige Ernährung gewährleistet sein, die das einfache „Abfüttern" mit Salat

erheblich übersteigt. Letztlich sind zur Nachzucht der Tiere einige Besonderheiten zu beachten, da es sonst leicht zu Komplikationen wie Legenot kommen kann. Da der Grüne Leguan aber für viele Personen der alleinige Grund ist, sich überhaupt mit der Terraristik zu beschäftigen, wird er auch in diesem Anfängerbuch vorgestellt. Vor der Anschaffung dieser über 20 Jahre alt werdenden Großechse muß man sich aber unbedingt eingehender über die Bedürfnisse der Tiere informieren.

Nach den „Mindestanforderungen" muß das Terrarium für ein Paar Grüne Leguane das 4- x 3- x 5-fache oder das 5- x 3- x 4-fache der Kopf-Rumpf-Länge betragen, wobei die maximal erforderliche Höhe mit 2 m festgelegt wird. Für jedes weitere Tier sind 15 % auf die Grundfläche zu addieren. Es ist also ein Terrarium von mindestens 200 x 150 x 200 cm erforderlich. Wer diesen Platz nicht zur Verfügung hat, darf sich auf gar keinen Fall einen Grünen Leguan anschaffen. Aus einem kleinen Schlüpfling von 20–25 cm Gesamtlänge wird bei guter Pflege innerhalb von 2–3 Jahren eine stattliche Echse von über einem Meter Länge.

Das Terrarium muß mit Kletterästen, deren Durchmesser mindestens doppelt so groß wie der Körperumfang der Leguane ist,

**Grüner Leguan
(*Iguana iguana*)**
Foto: M. Schmidt

eingerichtet werden. „Plattformen" an Rück- und Seitenwänden erhöhen die nutzbare Fläche für diese baumbewohnenden Echsen. Der Boden des Großterrariums kann gefliest sein oder mit Zeitungs- oder Fließpapier ausgelegt werden. Auf Hobelspäne ist unbedingt zu verzichten, da diese lebensgefährliche Darmverstopfungen zur Folge haben können, wenn sie beim Prüfen oder Fressen mit aufgenommen werden. Auch Rindenmulch ist mit einer gewissen Vorsicht zu betrachten: Bei einem mir bekannten Terrarianer führte ein verschlucktes scharfkantiges Stück Rinde zum Tod eines 1,30 m langen Leguans. Eine Bepflanzung ist nur außerhalb der Reichweite der herbivoren Echsen möglich. Wichtig ist ein großes Wasserbehältnis, in dem die Tiere auch baden und häufig ihren Kot absetzen. Die Futterschale sollte möglichst in einer Höhe von über einem Meter installiert werden. Grüne Leguane benötigen eine intensive Beleuchtung mit UV-Anteil.

Zur Nachzucht muß der Wechsel zwischen Regen- und Trockenzeit nachgeahmt werden. Männliche Leguane sind in der Paarungszeit (die je nach Herkunft und klimatischen Bedingungen zu unterschiedlichen Zeiten im Jahr liegt) sehr aggressiv, auch dem Pfleger gegenüber. Weibchen können auch „Scheinpaarungen" ausführen, so daß eine beobachtete Paarung kein sicheres Zeichen für ein Pärchen ist.

Zur Eiablage benötigen die Weibchen unbedingt eine künstliche, mit Substrat gefüllte Eiablagehöhle, die aus einer Röhre und einer Nistkammer besteht (siehe Kapitel 14). Diese muß so groß sein, daß das Weibchen gerade hineinpaßt, also immer Kontakt mit der Decke hat. Genaue Bauanleitungen finden sich in der weiterführenden Literatur. Fehlt eine geeignete Ablagemöglichkeit, ist die Gefahr einer Legenot sehr groß!

In die Nisthöhle legt das Weibchen meistens 30–40, mitunter sogar bis zu 77 Eier. Diese werden bei 28–30 °C in nicht zu feuchtem Substrat inkubiert. Nach ca. 70–90 Tagen schlüpfen die ca. 23 cm langen Jungleguane. Diese werden in Gruppen aufgezogen und wachsen bei richtiger Ernährung und Pflege schnell heran.

Ernährung: Grüne Leguane werden täglich (mit einem Fastentag in der Woche) mit einer möglichst großen Palette an Pflanzen gefüttert. Etwa 2/3 der Nahrung sollte aus Blattpflanzen, Kräutern und Keimlingen bestehen. Das andere Drittel verteilt sich auf Früchte (nicht mehr als 10 % der Nahrung!), Gemüse, Möhren, Hafer- und Hefeflocken etc. Eine ausreichende Zufütterung von Mineral- und Vitaminstoffen ist unentbehrlich. Jungtiere und trächtige Weibchen nehmen zur Ergänzung auch tierische Kost an.

Zwar gehen Grüne Leguane meist problemlos an das angebotene Futter, doch ist die richtige Ernährung (besonders von Jungtieren) ein schwieriges Feld. Zu einseitige und mangelhafte Ernährung führt schnell zu ernsthaften Erkrankungen.

Literatur und andere Arten: Aufgrund der zahlreichen Besonderheiten des Grünen Leguans und seiner höheren Ansprüche an die Haltung sollte man sich vor der Anschaffung unbedingt anhand der spezielleren Literatur unterrichten. Hier sei vor allem das hervorragende Buch „Der Grüne Leguan" von G. KÖHLER genannt, das für jeden Leguanhalter eigentlich eine „Pflichtlektüre" ist.

Auch andere größere Leguanarten eignen sich sehr gut für die Terrarienhaltung. Die ebenfalls sehr eindrucksvollen und prächtigen Basilisken (*Basiliscus* spec.) haben gegenüber Grünen Leguanen den Vorteil, daß sie erheblich kleiner bleiben. Erwirbt man Nachzuchttiere, sind die carnivoren Basilisken gut haltbare und leicht zur Vermehrung zu bringende Terrarienbewohner, die man auch dem informierten Anfänger empfehlen kann. Nähere Informationen finden sich in dem Buch „Basilisken" von G. KÖHLER sowie in der allgemeineren Literatur (z. B. „Leguane" von H. BOSCH & H. WERNING).

Auch die herbivoren Schwarzen Leguane der Gattung *Ctenosaura* eignen sich gut für die Terrarienhaltung, auch wenn die größeren Arten (z. B. *Ctenosaura similis*) über 1 m lang werden und daher sehr große Terrarien benötigen. Zur Pflege von Tieren dieser Gattung sei das Buch „Schwarze Leguane" von G. KÖHLER empfohlen.

Bartagame – *Pogona vitticeps* (AHL, 1926)

Beschreibung: Die Bartagame erreicht eine Gesamtlänge bis 56 cm und eine Kopf-Rumpf-Länge bis 25 cm. Bartagamen sind kräftig gebaute Echsen mit einem massigen Kopf. Der namensgebende „Bart" besteht aus vergrößerten Stachelschuppen am Kehlsack. Bei Bedrohung stellen die Agamen diesen Bart auf und sehen so recht furchterregend aus. Die Tiere sind in verschiedenen Braun- oder Grautönen gefärbt, können aber auch gelblich oder rötlich sein. Was auch immer man von gezielten Züchtungen von Farbformen in der Terraristik halten mag, sie erfreuen sich großer Beliebtheit: Inzwischen sind durch solche Züchtungen farbenprächtige rote, orangefarbene und gelbe Farbformen der Bartagame in den Handel gekommen. Auch leuzistische (weiß mit schwarzen Augen) Tiere werden gelegentlich angeboten.

P. vitticeps kann mit der sehr ähnlichen Art *P. barbata* hybridisiert werden. Dies ist – ob absichtlich oder nicht – in der Terraristik leider häufig geschehen. Solche Bastardisierungen sind aber strikt abzulehnen. Von *P. barbata* kann *P. vitticeps* am einfachsten durch die Körnerschuppen auf dem Hinterkopf unterschieden werden, die bei *P. barbata* ein Hufeisen, bei *P. vitticeps* eine waagrechte Reihe bilden. Außerdem sind die Bartstacheln bei *P. barbata* ausgeprägter.

Geschlechtsunterschiede: Die Männchen lassen sich an den Hemipenistaschen erkennen, die deutlich hervortreten, wenn man den Schwanz vorsichtig etwas nach oben in Richtung des Hinterkopfes biegt.

Verbreitung: Australien, im Inland aller östlichen Bundesstaaten bis hin zur östlichen Hälfte Südaustraliens und dem südöstlichen Nordterritorium

Lebensraum: Diese anpassungsfähige Agame bewohnt trockene bis halbtrockene Gebiete wie Steppen, Buschsavannen, Trockenwälder und Halbwüsten.

Aktivitätszeit: Tagaktiv

Klimabedürfnis: Lokal bis 40 °C, sonst um 30 °C. In der Nacht sind Werte von 18–22 °C erforderlich. Eine UV-Bestrahlung wird dringend empfohlen. Einmal täglich wird gesprüht, um in der Nacht eine höhere Luftfeuchtigkeit zu erreichen.

Haltung und Vermehrung: Bartagamen gehören zu den beliebtesten Terrarientieren. Sie beeindrucken durch ihr Äußeres, werden ungewöhnlich zutraulich, zeigen ein interessantes Verhalten, sind leicht zu pflegen und zur Vermehrung zu bringen und dementsprechend als Nachzuchten erhältlich

Bartagame (*Pogona vitticeps*) Foto: M. Schmidt/P. Lammers

– sie sind ideale Terrarientiere.

Nach den „Mindestanforderungen" muß das Bartagamenterrarium für ein Paar das 5- x 4- x 3-fache (L x B x H) der Kopf-Rumpf-Länge der Tiere messen, für jedes weitere Tier sind 15 % auf die Grundfläche zuzurechnen. Für ein großes Pärchen sollte das Terrarium also etwa die Maße 125 x 100 x 75 cm aufweisen. Diese etwas unhandlichen Maße können natürlich in bestimmten Grenzen modifiziert werden; auch in weniger breiten Behältnissen wurden Bartagamen schon erfolgreich gehalten und vermehrt. Männchen sollten nicht zusammen gepflegt werden. Die Vergesellschaftung von mehreren Weibchen ist zwar möglich, aber nicht immer unproblematisch. Es empfiehlt sich die paarweise Haltung.

Als Bodengrund eignet sich eine mindestens 10 cm hohe Schicht gewaschenen Flußsandes. Als weitere Einrichtungsgegenstände kommen Steine, Wurzeln und Korkrindenstücke in Frage. Zur Bepflanzung eignen sich sehr robuste Pflanzen oder Gräser.

Nach einer Winterruhe von 6–10 Wochen bei Zimmertemperatur beginnen die Agamen mit der Paarung. Nach 30–35 Tagen vergräbt das Weibchen sein Gelege, bestehend aus 10–30 Eiern, im lockeren Sand. Über den Eiern scharrt es den Sand zu einem Hügel zusammen. Die Zeitigung erfolgt im Brutapparat bei Temperaturen zwischen 28 und 30 °C. Dann benötigen die Jungen ca. 56–80 Tage bis zu ihrem Schlupf.

Die Jungtiere werden einzeln oder in Gruppen aufgezogen. Dies gelingt bei ausreichender Vitamin- und Mineralstoffversorgung sowie regelmäßiger UV-Bestrahlung in der Regel problemlos. Nach etwa einem Jahr erreichen die kleinen Bartagamen die Geschlechtsreife.

Ernährung: Bartagamen sind omnivor. Sie fressen begierig Futtertiere wie Heimchen, Grillen, Wanderheuschrecken, Zophobas, Mehlwürmer, Schaben, aber auch pflanzliche Nahrung und Obst. Der pflanzliche Anteil an der Gesamternährung sollte etwa 1/3 betragen.

Andere Arten und Literatur: Die anderen Bartagamenarten eigenen sich ebenfalls sehr gut zur Terrarienhaltung. Umfassende Informationen sowohl über *P. vitticeps* als auch über die anderen Ar-

ten der Gattung finden sich in dem Buch „Bartagamen und Kragenechsen" von A. Hauschild & H. Bosch.

Auch zahlreiche andere Agamenarten sind beliebte und oft gehaltene Terrarientiere. Als Beispiele seien nur die Wasseragamen (*Physignathus* spec.), verschiedene *Agama*-Arten, Schönechsen (*Calotes* spec.) oder Nackenstachler (*Acanthosaura* spec.) genannt. Da Agamen die verschiedensten Lebensräume bewohnen und die unterschiedlichsten, oft nicht einfach zu erfüllenden Ansprüche an die Haltung stellen, muß man sich vor der Anschaffung in der spezielleren Fachliteratur gründlich informieren. Empfehlenswerte Bücher hierfür sind „Agamen" von U. Manthey & N. Schuster sowie „Agamen" von F. W. Henkel & W. Schmidt. Wer sich für die Haltung der sehr attraktiven Wasseragamen interessiert, die bei ausreichendem Platzangebot und dem Erwerb von Nachzuchten auch für Anfänger zu überlegen ist, sollte sich das Buch „Wasseragamen" von H. Werning anschaffen. Die ebenfalls sehr beliebten Dornschwanzagamen (*Uromastyx* spec.) stellen hohe Ansprüche an ihre Haltung und sind als Wildfänge zudem nur schwer einzugewöhnen. Für Anfänger sind sie kaum geeignet, auf jeden Fall sollte man sich vor der Anschaffung in dem Buch „Dornschwanzagamen" von T. Wilms informieren.

Jemenchamäleon – *Chamaeleo calyptratus* Duméril & Duméril, 1851

Beschreibung: Das Jemenchamäleon ist eine besonders große Chamäleonart. Männchen können eine Gesamtlänge von mehr als 60 cm erreichen, Weibchen bleiben mit höchstens 45 cm kleiner. Im Terrarium erreichen die Männchen selten mehr als 50, die Weibchen 35 cm. Das auffälligste Merkmal des Jemenchamäleons ist sein großer Helm, der bei den Männchen eine Höhe von 8 cm erreichen kann. Wie alle Echten Chamäleons weist *Chamaeleo calyptratus* spezifische Anpassungen an sein Leben in Bäumen auf: die zu Greifhänden miteinander verwachsenen Zehen, der gut ausgebildete Greifschwanz und der seitlich abgeflachte Körperbau.

Das Jemenchamäleon verfügt über einen ausgiebigen Farbwechsel, der weniger der Anpassung, sondern mehr der Kommunikation dient. Eine ausführliche Darstellung findet sich in dem Buch „Das

Jemenchamäleon (*Chamaeleo calyptratus*) Foto: J. Rauh

Jemenchamäleon *Chamaeleo calyptratus*" von W. SCHMIDT. Auf jeden Fall gehört das Jemenchamäleon zu den besonders farbenfrohen Chamäleonarten.

Geschlechtsunterschiede: Die Geschlechtsbestimmung beim Jemenchamäleon bereitet keinerlei Probleme. Schon bei frisch geschlüpften Männchen kann man im Gegensatz zu den Weibchen die Fersensporne leicht erkennen. Außerdem sind geschlechtsreife Männchen erheblich größer und kräftiger, vor allem ihr Helm ist auffallender ausgebildet.

Verbreitung: Jemen (Taizz, Ibb), Asir-Provinz in Saudi-Arabien

Lebensraum: Subtropisches bis tropisches Klima. Auf Akazienbäumen und Nutzpflanzen sowie am Boden. Tagsüber meist in Höhen von 1–3 m auf Bäumen.

Aktivitätszeit: Tagaktiv

Klimabedürfnis: Tagsüber am Boden 25 °C, lokal ca. 37 °C. Nachts 20–25 °C. Die Luftfeuchtigkeit sollte etwa 60–80 % betragen.

Haltung und Vermehrung: Chamäleons gehören fraglos zu den faszinierendsten Echsen, und viele Anfänger werden sich mit dem Gedanken tragen, ob sie nicht einen dieser „Mini-Drachen" pfle-

gen können. Allerdings galten Chamäleons lange Zeit als nur sehr schwer haltbar. Dies hat sich inzwischen geändert, denn von mehreren Arten gibt es stabile Zuchtgruppen in Terrarien, so daß man relativ problemlos an Nachzuchttiere gelangen kann, die dann in der Regel nicht sehr problematisch sind. Das Jemenchamäleon ist glücklicherweise nicht nur besonders attraktiv, sondern auch relativ robust und bei Erfüllung seiner nicht zu hohen Ansprüche auch vom Anfänger zu halten. Dennoch erfordert die Chamäleonhaltung zusätzliches Fachwissen, weswegen die unten aufgeführte Spezialliteratur unbedingt zu Rate gezogen werden sollte.

Jemenchamäleons sollte man entweder einzeln oder paarweise halten. Bei der Einzelhaltung wird dann das Weibchen zur Paarung in das Terrarium des Männchens gesetzt. Nach den „Mindestanforderungen" soll das Terrarium für ein Chamäleon das 4- x 2,5- x 4-fache (L x B x H) der Kopf-Rumpf-Länge betragen, bei der paarweisen Haltung sind 20 % auf die Grundfläche zuzugeben. Zur Unterbringung eines Männchens ist also ein Terrarium mit den Maßen 70 x 50 x 80 cm (L x B x H) erforderlich, für ein Weibchen genügen 50 x 50 x 80 cm. Männchen sind untereinander absolut unverträglich und dürfen nicht einmal Sichtkontakt zueinander haben. Eine Vergesellschaftung mehrerer Weibchen ist möglich, kann aber auch mit Schwierigkeiten verbunden sein und sollte vom Anfänger daher unterlassen werden. Chamäleons sind besonders empfindlich gegen stickige Luft. Das Terrarium muß also über große Lüftungsflächen verfügen. Alternativ ist auch eine freie Haltung auf einer großen Zimmerpflanze am Fenster oder in einem Wintergarten möglich, wenn die Klimaansprüche erfüllt werden.

Als Bodengrund wird im Terrarium leicht feuchter Sand verwendet. Zur Einrichtung dienen kräftige Pflanzen und Schlehbuschzweige; den Ästen kommt große Bedeutung zu, da sie den Daueraufenthaltsort der Chamäleons darstellen. Sie sollten fingerdick und horizontal angebracht sein. Über einer Stelle eines Astes muß der Wärmestrahler angebracht sein, um die nötigen lokalen Temperaturen zu erreichen. Vertikale Äste werden zum Klettern genutzt.

Chamäleons trinken das Sprühwasser oder werden direkt von einer Pipette getränkt.

Die Paarung im Terrarium ist das ganze Jahr über möglich. Etwa 20–30 Tage nach der Paarung legt das Weibchen zwischen 20 und 50 (maximal 70) Eier in eine Grube in den feuchten Sand, deren Zeitigung in einem Inkubator bei Tagestemperaturen von 32 °C und 22 °C in der Nacht erfolgt. Die Eier werden auf feuchtem Sand gebettet erbrütet. Der Schlupf der 5,8 bis 7,5 cm langen Jungtiere erfolgt unter den genannten Bedingungen nach 120–280 Tagen.

Die Aufzucht der Jungtiere in kleineren Gruppen ist möglich, gerade aber für unerfahrene Terrarianer nicht zu empfehlen. Deshalb sollten die kleinen Chamäleons einzeln aufgezogen werden. Hierfür eignen sich 10 x 10 x 18 cm große Plastikbehältnisse, die über große Lüftungsflächen verfügen müssen. Die klimatischen Ansprüche der Jungen gleichen denen der Eltern, eine Luftfeuchtigkeit von 70 % sollte nicht unterschritten werden. Es ist also wichtig, daß der Behälter täglich mehrmals besprüht wird; die Jungtiere dürfen dabei aber niemals direkt angesprüht werden. In den ersten Wochen erhalten die Jungtiere soviel Nahrung, wie sie bewältigen können. Später reduziert man die Fütterungen durch das Einlegen von Fastentagen, bis

die Chamäleons schließlich mit Erreichen der Geschlechtsreife nur noch zwei- bis dreimal in der Woche gefüttert werden.

Ernährung: Heimchen, Grillen, Heuschrecken, Fliegen, *Drosophila*, Wachsmaden und –motten, Regenwürmer, nestjunge Mäuse, zur Abwechslung auch diverse Pflanzen, Blüten, Früchte, Tomaten, Pfirsiche, Bananen, Kirschen, Erdbeeren. Vorsicht: Die Tiere fressen auch kleinere Echsen.

Andere Arten und Literatur: Obwohl das Jemenchamäleon auch für Anfänger in der Terraristik geeignet ist, sollte man sich über die zahlreichen Besonderheiten der Chamäleons und der Chamäleonhaltung zusätzlich gründlich informieren. Speziell über das Jemenchamäleon ist ein Buch von W. SCHMIDT erschienen, das jedem Pfleger dieser Art empfohlen wird.

Auch einige andere Chamäleonarten sind für Terrarianer mit etwas Erfahrung geeignet, aber natürlich muß man sich über ihre artspezifischen Ansprüche gut informieren. Hierzu eignen sich die Chamäleon-Bücher von W. SCHMIDT, K. TAMM & E. WALLIKEWITZ, von P. NECAS und von F. W. HENKEL & S. HEINECKE.

Vielstreifenskink – *Mabuya multifasciata* (KUHL, 1820)

Beschreibung: *Mabuya multifasciata* ist ein recht typischer Vertreter der artenreichen Familie der Skinke. Der Vielstreifenskink hat einen walzenförmigen Körper, der Kopf ist nicht vom Hals abgesetzt. Er erreicht eine Gesamtlänge von 30 cm und eine Kopf-Rumpf-Länge von 14 cm. Obwohl die Schuppen mit Kielen versehen sind, wirkt der Skink relativ „glatt" und glänzend. Die Grundfärbung ist bräunlich bis olivfarben. Mehrere helle Längsstreifen auf Rücken und Seiten sind namensgebend für diese Art. Unterhalb der Seitenstreifen findet sich eine Zeichnung aus kleinen Sprenkeln. Die Unterseite ist weißlich.

Geschlechtsunterschiede: Die Weibchen bleiben kleiner und sind weniger farbig. Die Unterscheidung ist nicht ganz einfach und erfolgt am besten durch den Vergleich mehrerer Tiere.

Verbreitung: Südasien über den gesamten indo-australischen Archipel bis zu den Philippinen

und Neuguinea

Lebensraum: Der Vielstreifenskink ist eine anpassungsfähige Art, die Gras- und Buschland in der Nähe von Gewässern bewohnt. Er ist auch ein ausgeprägter Kulturfolger und kann an Mauern und in Parks beobachtet werden.

Aktivitätszeit: Tagaktiv

Klimabedürfnis: Tagsüber 24–28 °C, lokal bis 32 °C, nächtliche Temperaturabsenkung auf 20–22 °C. Die Skinke müssen recht feucht bei 70–80 % relativer Feuchte mit einem nächtlichen Anstieg gehalten werden.

Haltung und Vermehrung: Vielstreifenskinke werden häufig importiert und preisgünstig angeboten. Erhält man gesunde Tiere, gehören sie zu den problemlos zu pflegenden Skinken, die auch Anfängern, auch wegen ihrer Lebhaftigkeit, bedenkenlos empfohlen werden können. Frisch importiert sind sie jedoch oft krank und dann nur schwer zu therapieren und einzugewöhnen (Quarantäne- und Prophylaxemaßnahmen beachten!).

Nach den „Mindestanforderungen" muß das Terrarium für ein Paar Vielstreifenskinke das 6- x 4- x 3-fache (L x B x H) ihrer Kopf-Rumpf-Länge messen, für jedes weitere Tier sind 15 % der Grundfläche zuzurechnen. Für ein adultes Pärchen benötigt man also ein Terrarium von mindestens 85 x 55 x 45 cm. Männchen können nicht zusammen gepflegt werden.

Das Terrarium wird mit einer geeigneten, mehrere Zentimeter hohen Substratschicht (z. B. Sand-Erde-Gemisch) gefüllt und mit robusten Pflanzen wie Scindapsus und Philodendron bepflanzt. Einige Kletter- und Versteckmöglichkeiten dürfen nicht fehlen. Die Wasserschale muß relativ groß sein, da die Tiere auch gerne in ihr baden und ihren Kot dort absetzen.

Spezielle Paarungszeiten müssen im Terrarium nicht beachtet werden, die Tiere können sich ganzjährig fortpflanzen, wenn die Temperaturen über 25 °C betragen. Zur Auslösung der Paarung kann man die Geschlechter für kurze Zeit getrennt halten. Vielstreifenskinke sind ovovivipar. Drei Monate nach der Paarung werden die bis zu sechs lebenden Jungtiere abgesetzt. Die kleinen Skinke sind zunächst sehr scheu, werden aber schnell ruhiger. Ihre Aufzucht gelingt im feuchten Terrarium mit UV-Bestrahlung und ausreichender Vitamin- und Mineralstoffversorgung. Nach ca. 1,5 Jahren werden die Jungskinke geschlechtsreif.

Ernährung: Insekten, Spinnen, nestjunge Mäuse, aber auch aufgetaute Tiefkühlgarnelen und -krabben, Dosenfutter für Katzen, gelegentlich Obst.

Literatur und andere Arten: Viele Skinkarten werden regelmäßig importiert und sind auch recht gut für die Haltung geeignet. Neben anderen Mabuya-Arten wären hier vor allem die nordamerikanischen Eumeces-Arten zu nennen. Aber auch zahlreiche andere Skinke geben gute Terrarientiere ab und sind leicht erhältlich. Im Gegensatz dazu führen sie in der terraristischen Literatur eher ein Schattendasein. Wer sich mit diesen lebhaften und interessanten Echsen beschäftigen will, sollte auf das hervorragende Buch „Skinke im Terrarium" von A. HAUSCHILD & P. GASSNER zurückgreifen.

Vielstreifenskink (*Mabuya multifasciata*)
Foto: A. Hauschild

Für Anfänger geeignete Arten: Schlangen

Schlangen

Neben den hier vorgestellten Schlangen werden auch zahlreiche weitere Arten regelmäßig in Terrarien gehalten. Außer in dem schon erwähnten Band 3 der „Terrarientiere" von G. Nietzke findet man eine detaillierte Übersicht auch in dem zweibändigen Werk „Schlangen" von L. Trutnau (Band 1: Ungiftige Schlangen, Band 2: Giftschlangen) und in dem Buch „Die Vermehrung von Terrarientieren: Schlangen" von D. Schmidt. Außerdem gibt es zahlreiche Bücher, die sich allgemeiner mit Schlangen beschäftigen, sowie zahlreiche Werke, die sich mit einzelnen Schlangengruppen beschäftigen (siehe Kapitel 21).

Kornnatter – *Elaphe guttata* (Linnaeus, 1766)

Beschreibung: Es sind drei Unterarten und unzählige Farb- und Zuchtformen der Kornnatter bekannt, die sich z. T. erheblich in Aussehen und Größe unterscheiden. „Normale" Kornnattern erreichen eine Größe von 80–120 cm. Die Rekordlänge dieser Schlange liegt bei knapp 190 cm.

Alle Kornnattern sind ausgesprochen attraktiv gefärbte Schlangen. Auf einer orangefarbenen bis hellbraunen oder grauen Grundfärbung sind große rötliche Sattel- und Seitenflecken angeordnet. Die Unterseite ist hell mit schwarzen Flecken.

Bei den Jungtieren ist die Grundfärbung noch eher grau, die Flecken sind dunkelbraun oder rotbraun.

Geschlechtsunterschiede: Die Schwanzwurzel der Männchen ist etwas verdickt, während die Schwänze der Weibchen sich direkt hinter der Kloake verdünnen. Im Verhältnis zur Gesamtlänge ist der Schwanz der Männchen zudem länger als der der Weibchen. Die sicherste Form der Geschlechtsbestimmung ist das Sondieren, das bei Kornnattern relativ problemlos angewandt werden kann.

Verbreitung: Die Kornnatter bewohnt ein sehr großes Verbreitungsgebiet im Südosten und Süden der USA und in Nordost-Mexiko.

Lebensraum: Die Kornnatter ist sehr anpassungsfähig und bewohnt eine Vielzahl unterschiedlicher Biotope: Wälder, Prärien, Halbwüsten. Als ausgeprägte Kulturfolgerin findet man sie häufig an Kornfeldern, verkrauteten Plantagen, Straßenrändern, in Scheunen usw. In ihrem Verbrei-

Kornnatter (*Elaphe guttata*)
Foto: B. Love/Blue Chameleon Ventures

tungsgebiet hat sich die Kornnatter mit sehr unterschiedlichen Klimata arrangiert.

Aktivitätszeit: *Elaphe guttata* ist überwiegend dämmerungs- und nachtaktiv, aber auch tagsüber anzutreffen. Sie lebt gleichermaßen am Boden als auch in Bäumen, Felsen, Gebäuden usw., sie kann also hervorragend klettern.

Klimabedürfnis: 25–28 °C, lokal bis 35 °C, am Tag und 18–20 °C in der Nacht.

Haltung und Vermehrung: Die Kornnatter ist aufgrund ihres sehr ansprechenden Aussehens und nicht zuletzt ihrer leichten Halt- und Züchtbarkeit ein äußerst beliebter Terrarienpflegling und wohl die ideale „Anfängerschlange".

Zur Haltung von zwei Kornnattern sind nach den „Mindestanforderungen" Terrarien mit den Abmessungen des 1- x 0,5- x 1-fachen der Länge der Schlangen erforderlich, für jedes weitere Tier sind dem Volumen etwa 20 % zuzurechnen. Für zwei etwa 1,20 m lange Kornnattern muß das Terrarium also etwa 120 x 60 x 120 cm (L x B x H) groß sein.

Kornnattern sind in ihren Anforderungen an das Terrarium extrem anspruchslos. Professionelle Züchter in den USA halten sie einzeln in kleinen Plastikboxen, lediglich mit einer Versteckmöglichkeit und etwas Zeitungspapier als Bodengrund. Dem Wohlergehen der Tiere scheint dies keinen Abbruch zu tun. Der „normale" Terrarianer möchte aber sicherlich seine Tiere in einem optisch attraktiven Terrarium pflegen. Als Bodengrund eignet sich ein Blumenerde-Sand-Gemisch. Zur weiteren Einrichtung gehören ein kleineres Wasserbecken, Kletteräste sowie Unterschlupfmöglichkeiten in Form von Korkrindenstücken oder hohl liegenden Steinen usw.

Die Nattern werden für 2–3 Monate bei 8–15 °C überwintert. Es reicht auch eine kühlere Haltung im Zimmerterrarium bei 15–18 °C und reduzierter Beleuchtungsdauer. Nach dieser Zeit beginnen die Paarungen. Es werden 10–14 (in Extremfällen über 30) Eier abgelegt, die auch miteinander verkleben können. Die Zeitigung erfolgt auf feuchtem Torf oder Vermiculit bei 25–29 °C. Unter diesen Bedingungen benötigen die 20–24 cm langen Jungschlangen 55–85 Tage bis zu ihrem Schlupf.

Bei Kornnatterbabys kommt es immer wieder vor, daß einige Individuen selbständig keine Nahrung zu sich nehmen. Diese müssen dann so lange zwangsernährt werden, bis sie eigenständig genügend große Futtermengen aufnehmen. Die bereits erwähnte Ernährungsspritze „Pinky pump" ist hierzu bestens geeignet. Sobald die Tiere selbständig fressen, ist ihre weitere Aufzucht problemlos.

Ernährung: Mäuse, Kleinvögel, Eintagsküken. Kornnattern sind problemlos an tote Futtertiere zu gewöhnen. Adulte Kornnattern werden alle 1–2 Wochen mit 1–2 Mäusen gefüttert; Weibchen benötigen während und nach der Trächtigkeit etwas mehr Nahrung. Junge Kornnattern werden ein- bis zweimal wöchentlich mit nestjungen Mäusen gefüttert.

Literatur und andere Arten: Über *Elaphe guttata* sind zwei Bücher erschienen: „Kornnattern" von W. SCHMIDT und „Kornnattern und Erdnattern" von D. SCHMIDT, in denen auch die verschiedenen Farbformen und Unterarten näher vorgestellt werden.

Neben den noch vorgestellten Arten *E. obsoleta* und *E. dione* werden auch zahlreiche andere Kletternattern im Terrarium gehalten. Das beste und umfassendste Buch über *Elaphe*, in dem sowohl alle wissenschaftlich als auch terraristisch relevanten Daten zusammengetragen sind, ist „Eine Monographie der Schlangengattung *Elaphe* FITZINGER" von K.-D. SCHULZ. Auch in „Schlangen 1" von L. TRUTNAU findet sich eine gute Übersicht terraristisch bekannter *Elaphe*-Arten sowie anderer geeigneter Nattern mit Angaben zur Haltung und Vermehrung.

Besonders sei noch auf die auch für Anfänger zu empfehlenden Kiefern- und Bullennattern der Gattung *Pituophis* hingewiesen.

Erdnatter – *Elaphe obsoleta* (SAY, 1823)

Beschreibung: Die Erdnatter kommt in acht Unterarten vor. Die größten Tiere erreichen eine Länge von mehr als 2,5 m, jedoch bleiben die meisten kleiner. In der Gestalt gleicht die Erdnatter der Kornnatter, doch ist sie – je nach Unterart – schwarz, braun oder gelblich gefärbt. Auf dieser Grundfärbung finden sich dunkle Längsstreifen oder Flecken; auch diese Zeichnung variiert von Unterart zu Unterart. Die Bauchseite ist ebenfalls meistens gefleckt.

Geschlechtsunterschiede: siehe Kornnatter

Verbreitung: Von Kanada über die östlichen USA bis nach Nordost-Mexiko

Lebensraum: Die Erdnatter gehört zu den besonders anpassungsfähigen Schlangen und ist in vielen Habitaten ihres Verbreitungsgebietes von Wäldern über Prärien bis hin zu menschlichen Siedlungen und Feldern zu Hause.

Aktivitätszeit: Dämmerungs- bis nachtaktiv, jedoch gelegentlich auch am Tag zu sehen

Klimabedürfnis: In der Natur hat sich die Erdnatter sehr unterschiedlichen Klimata angepaßt. Im Terrarium gedeiht sie unter den gleichen Bedingungen wie die Kornnatter.

Haltung und Vermehrung: Die Erdnatter gehört aufgrund ihrer Anpassungsfähigkeit und ihres ruhigen Wesens zu den besonders gut für das Terrarium geeigneten Schlangen und kann auch dem Anfänger bedenkenlos empfohlen werden. Sie ist problemlos in der Haltung und kann auch leicht zur Vermehrung gebracht werden. Die Haltungs- und Zuchtbedingungen gleichen denen der Kornnatter.

Erdnattern legen im Sommer bis zu 40 und mehr Eier. Bei 25–27 °C schlüpfen die 25–40 cm langen Jungschlangen nach 2–3 Monaten. Sie fressen meistens problemlos nach der ersten Häutung und bereiten bei der Aufzucht keine Schwierigkeiten.

Literatur und andere Arten: Siehe Kornnatter

Dione-Natter, Steppennatter – *Elaphe dione* (PALLAS, 1773)

Beschreibung: Die Grundfärbung dieser etwa 1 m lang werdenden Schlange ist gräulich bis rotbraun. Auf dem Körper verlaufen vier Längsstreifen, dazwischen sind dunkle Querflecken zu sehen. Die Zeichnung dieser Schlange ist variabel und nicht immer deutlich ausgeprägt. Auf dem Hinterkopf ist eine hufeisenförmige Markierung zu erkennen. Die Bauchseite ist dunkel.

Geschlechtsunterschiede: Siehe Kornnatter

Verbreitung: *Elaphe dione* bewohnt ein sehr großes Verbreitungsgebiet, vom russischen Südosteuropa bis nach Korea und China.

Erdnatter (***Elaphe obsoleta***) Foto: B. Love/Blue Chameleon Ventures

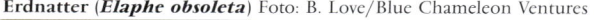

Lebensraum: Diese anpassungsfähige Kletternatter bewohnt eine Vielzahl unterschiedlicher Habitate von Wäldern bis zu Steppen, in trockeneren wie feuchteren Umgebungen. Als Kulturfolgerin dringt sie auch zu landwirtschaftlichen Nutzflächen und bis in menschliche Siedlungen vor.

Aktivitätszeit: Tagaktiv

Klimabedürfnis: Tagsüber 22–28 °C und nachts 18–20 °C. Da die Feuchtigkeitsverhältnisse in den Habitaten dieser Schlange sehr unterschiedlich sind, stellt man bei unbekannter Herkunft unter Terrarienbedingungen am besten eine „durchschnittliche" Feuchtigkeit von 70 % durch mehrmals wöchentliches Besprühen ein.

Haltung und Vermehrung: Von den zahlreichen asiatischen Kletternatterarten eignet sich *Elaphe dione* besonders gut zur Terrarienpflege, da sie weit weniger empfindlich als viele ihrer Gattungsgenossinnen ist und zudem ein sehr ruhiges Wesen hat.

Für die Steppennatter gelten die gleichen „Mindestanforderungen" wie für die Kornnatter *Elaphe guttata*. Für ein Paar benötigt man daher ein Terrarium ab 100 x 50 x 100 cm (L x B x H).

Als Bodengrund kommen Sand oder ein Blumenerde-Sand-Gemisch zum Einsatz. Es muß für Versteck- und Klettermöglichkeiten sowie eine Wasserschale Sorge getragen werden.

Die Steppennatter wird etwa vier Monate bei 5–15 °C überwintert. Die Nachzucht gelingt relativ leicht. Nach der Winterruhe beginnt die Paarungszeit, die etwa 5–16 Eier werden im Sommer abgelegt. Diese werden bei Temperaturen von 22–28 °C inkubiert. Die Jungtiere schlüpfen bereits nach 2–4 Wochen und messen dann ungefähr 20–24 cm. Ihre Aufzucht gelingt mit kleinen Mäusen in der Regel problemlos.

Ernährung: Mäuse, Vögel, Vogeleier und mitunter auch Fische

Dione-Natter, Steppennatter (*Elaphe dione*) Foto: K.-D. Schulz

Rote Königsnatter – *Lampropeltis triangulum sinaloae* WILLIAMS, 1978

Beschreibung: Diese Unterart erreicht eine Länge von etwa 120 cm, die Männchen werden etwas größer als die Weibchen. *L. t. sinaloae* gehört sicherlich zu den schönsten Schlangen überhaupt. Ihre Grundfärbung ist ein leuchtendes Rot. Dazu bilden schwarze und weiße Ringe einen wunderbaren Kontrast. Die weißen Ringe sind von zwei etwa gleich großen schwarzen Ringen eingerahmt. Der Kopf ist schwarz, am Hals befindet sich ein größerer weißer Ring, hinter dem wieder ein schwarzer angeordnet ist. Die Ringzeichnung erstreckt sich auch über die Unterseite.

Geschlechtsunterschiede: Der Schwanz der Männchen ist bei gleich langen Tieren um etwa die Hälfte länger als der der Weibchen; auch ist die Schwanzwurzel bei den Männchen verdickt. Erfahrene Terrarianer können das Geschlecht auch durch Herausmassieren der Hemipenes oder Sondieren bestimmen.

Verbreitung: Die Rote Königsnatter oder Milchschlange *L. triangulum* bewohnt ein sehr großes Verbreitungsgebiet, das sich von Südkanada fast über die gesamte USA östlich der Rocky Mountains und Mittelamerika bis in den Nordwesten von Südamerika erstreckt. Die Art hat sich in etwa 25 Unterarten aufgegliedert, die je nach Herkunft recht unterschiedlich zu behandeln sind. Im folgenden beschränke ich mich auf die sehr gut zu haltende und ausgesprochen hübsche Unterart *Lampropeltis triangulum sinaloae*, die ein kleines Verbreitungsgebiet im Westen Mexikos bewohnt.

Lebensraum: *L. t. sinaloae* bewohnt eher trokkene Biotope im Tiefland und in den Vorgebirgen der Sierra Madre.

Aktivitätszeit: Dämmerungs- und nachtaktiv

Klimabedürfnis: 25–30 °C am Tag und 20– 22 °C in der Nacht

Haltung und Vermehrung: Erfreulicherweise gehören die höchst attraktiven Königsnattern zu den besonders gut für Anfänger geeigneten Schlangenarten, die auch gut zur Vermehrung zu bringen sind. Man sollte beim Erwerb dieser Schlangen unbedingt auf Nachzuchten zurückgreifen, was auch kein Problem darstellt.

Zum Nahrungsspektrum der Königsnattern der Gattung *Lampropeltis* gehören auch andere Schlangen, sogar der eigenen Art. Deshalb dürfen nur gleich große Tiere zusammen gepflegt werden.

Selbst diese können sich aber im „Futterrausch" ineinander verbeißen. Zur Fütterung müssen die Königsnattern also unbedingt einzeln gesetzt werden. Da sie in der Nahrungsannahme unproblematisch sind, können sie zur Fütterung einfach einzeln in Plastikboxen gesetzt werden. Wer sicher gehen will, hält die Tiere dauerhaft einzeln und setzt sie nur zur Paarung zusammen.

Zur Unterbringung von zwei Königsnattern sind nach den „Mindestanforderungen" Terrarien mit den Abmessungen des 1- x 0,5- x 0,5-fachen der Länge der Tiere erforderlich. Für ein Paar großer *L. t. sinaloae* reicht also ein 120 x 60 x 60 cm (L x B x H) großes Behältnis.

Auch Königsnattern werden von professionellen Züchtern problemlos unter einfachsten Bedingungen auf engstem Raum gepflegt. Ich bevorzuge aber „natürlich" eingerichtete Terrarien. Als Bodengrund wird am zweckmäßigsten Rindeneinstreu (z.B. Reptibark) oder ein Blumenerde-Sand-Gemisch verwendet. Dieser sollte mittels Heizkabel oder Heizmatte leicht erwärmt werden. Kletter- und Unterschlupfmöglichkeiten dürfen nicht fehlen. Am liebsten halten sich die Schlangen unter Baumrinde auf. Auf ein kleineres Wasserbecken ist

Rote Königsnatter (*Lampropeltis triangulum sinaloae*) Foto: B. Love/Blue Chameleon Ventures

bei der Einrichtung ebenfalls zu achten.

Um die Tiere zur Fortpflanzung zu bringen, ist eine etwa dreimonatige Winterruhe bei 10–15 °C einzuhalten. Die Geschlechter, die das Jahr über getrennt gehalten werden, setzt man im Anschluß an die Winterruhe zusammen, worauf die Tiere mit den Paarungen beginnen. Es werden ca. 6–12 Eier im Bodengrund oder unter Rinde abgelegt. Bei Inkubationstemperaturen zwischen 27 und 28 °C schlüpfen die prächtig gefärbten Jungtiere nach 60–65 Tagen. Von einer gemeinsamen Aufzucht ist jedoch abzuraten, da es vorkommen kann, daß etwas größere Tiere die kleineren auffressen. Unter den richtigen Bedingungen ist die weitere Aufzucht in der Regel unproblematisch.

Ernährung: Mäuse, Echsen, Schlangen und mitunter auch Insekten.

Literatur und andere Arten: Auch andere Unterarten von *Lampropeltis triangulum* sind für die Terrarienhaltung – auch für den Anfänger – gut geeignet, ebenso wie viele weitere Königsnattern der Gattung *Lampropeltis*. Die ebenfalls sehr populäre und häufig gehaltene *L. getula* stelle ich unten näher vor.

Wer sich mit der Pflege von Königsnattern be-

schäftigen möchte, sollte unbedingt die Fachliteratur zu Rate ziehen. Selbst die verschiedenen Unterarten einer Art haben z. T. erheblich unterschiedliche Ansprüche. Empfehlenswert sind die Bücher „Königsnattern *Lampropeltis*" von R. Thissen & H. Hansen sowie „Das Große Buch der Königsnattern" von R. G. Markel.

Kalifornische Kettennatter – *Lampropeltis getula californiae* (Linnaeus, 1766)

Beschreibung: Die Kalifornische Kettennatter erreicht eine Gesamtlänge von 130 cm. Sie zeigt entweder eine kontrastreiche Hell/Dunkel-Streifung oder -Linienzeichnung. Die hellen Ringe oder Bänder sind weiß bis gelb, die dunklen schwarz bis braun. Die Zeichnung setzt sich auf der Unterseite fort; alternativ zeigt sie ein kariertes Muster in den beiden Farben. Auch Farbformen (z. B. Albinos oder Schwärzlinge) werden regelmäßig gezüchtet und angeboten.

Geschlechtsunterschiede: Siehe *Lampropeltis triangulum sinaloae*

Verbreitung: Auch die Kettennatter *Lampropeltis getula* bewohnt in sieben Unterarten ein gro-

Kalifornische Kettennatter (***Lampropeltis getula californiae***) Foto: N. Nadolny

ßes Verbreitungsgebiet, das fast die gesamten USA und den Norden Mexikos einschließt. *L. g. californiae* kommt in Kalifornien, S-Nevada, SW-Utah, W-Arizona und Baja California vor.

Lebensraum: Die Kalifornische Kettennatter ist eine Bewohnerin von Laub- und Nadelwäldern, Halbwüsten und Wüsten, als Kulturfolgerin auch von Wiesen und Ackerflächen.

Aktivitätszeit: Dämmerungs- und nachtaktiv, aber auch am Tag außerhalb ihres Versteckplatzes beim Sonnen anzutreffen

Klimabedürfnis: 24–30 °C am Tag und ca. 20 °C in der Nacht

Haltung und Vermehrung: Es gelten die für *L. triangulum sinaloae* beschriebenen Terrariengrößen. Allerdings ist *L. getula californiae* deutlich kannibalischer als die o. g. Art; sie sollte also einzeln gehalten werden.

Die Angaben zur Haltung können von *L. triangulum sinaloae* übernommen werden.

Es ist eine ca. dreimonatige Überwinterung bei 5–15 °C angezeigt. Die Vermehrung der Kalifornischen Kettennatter ist unter den richtigen Bedingungen nicht sehr schwierig. Zur Paarung werden die Tiere im Frühjahr zusammengesetzt. Pro Gelege werden 5–10 Eier abgesetzt, die meist miteinander verklebt sind. Sie werden bei Temperaturen von 22–30 °C und 95-prozentiger Luftfeuchtigkeit gezeitigt. Unter diesen Bedingungen schlüpfen die Jungschlangen nach 60–70 Tagen. Aus einem Gelege können sowohl gestreifte als auch gebänderte Junge schlüpfen. Nach der ersten Häutung fressen sie meist problemlos nestjunge Mäuse. Zur Aufzucht sollten die Jungschlangen einzeln gehalten werden.

Ernährung: Vögel, Kleinsäuger, Eier.

Literatur und andere Arten: Siehe *L. triangulum sinaloae*

Strumpfbandnatter – *Thamnophis sirtalis* (LINNAEUS, 1766)

Beschreibung: Weibchen erreichen maximal 130 cm, Männchen bleiben mit 40–70 cm Länge deutlich kleiner. Das große Verbreitungsgebiet begünstigt eine Vielzahl von Differenzierungen innerhalb dieser Art; es sind 11 Unterarten beschrieben. Dementsprechend ist auch das Aussehen der Strumpfbandnattern uneinheitlich. Die Grundfärbung der Tiere kann schwarz, braun, grünlich bis gelblich sein. Charakteristisch sind ein Rücken- und

Strumpfbandnatter (*Thamophis sirtalis*) Foto: M. Schmidt/P. Lammers

zwei Seitenstreifen, die wiederum sehr unterschiedlich gefärbt sein können (häufig gelblich, aber auch weiß, hellbraun, orange, grün, bläulich etc.).

Geschlechtsunterschiede: Neben dem auffälligen Größenunterschied sind die Männchen auch an dem im Verhältnis zur Gesamtlänge erheblich längeren Schwanz gut zu erkennen.

Verbreitung: Das riesige Verbreitungsgebiet dieser Strumpfbandnattern erstreckt sich von Südkanada über weite Teile der USA bis nach Nordmexiko.

Lebensraum: Entsprechend des großen Verbreitungsgebietes werden klimatisch recht unterschiedliche Lebensräume besiedelt. Alle Strumpfbandnatterarten halten sich bevorzugt in feuchten oder sumpfigen Gebieten auf, obschon auch Wiesen, Felder, Wälder und Prärien bewohnt werden. Sie sind aber stets an Teichen, Tümpeln, Flüssen, Seen, Wassergräben oder sonstigen Feuchtgebieten zu finden.

Aktivitätszeit: Tagaktiv

Klimabedürfnis: Am Tag 20–30 °C, nachts etwas kühler

Haltung und Vermehrung: Die Strumpfbandnatter gehört wie die Kornnatter zu den am häufigsten im Terrarium gepflegten Schlangenarten. Sie ist nicht nur sehr attraktiv gefärbt, sondern auch aufgrund ihrer tagaktiven Lebensweise ein besonders interessanter Pflegling. Strumpfbandnattern sind auch für Anfänger sehr gut geeignet, sie lassen sich auch nicht allzu schwer zur Fortpflanzung bringen.

Zur Haltung von zwei Strumpfbandnattern ist nach den „Mindestanforderungen" ein Terrarium mit den Maßen des 1,25- x 0,75- x 0,5-fachen (L x B x H) der Gesamtlänge der Tiere erforderlich, für jedes weitere Tier ist das Volumen um 20 % größer zu wählen. Ich empfehle für ein adultes Pärchen ein 100 x 50 x 50 cm großes Terrarium. Es wird mit einem großen Wasserteil ausgerüstet oder noch besser als Aquaterrarium gestaltet.

Als Bodengrund, den man mäßig erwärmt, eignen sich ein Blumenerde-Sand-Gemisch, Rindenstücke oder Walderde sehr gut. Im Terrarium sollte ein Wärmestrahler installiert sein. Obwohl sich Strumpfbandnattern vorwiegend am Boden auf-

halten, dürfen im Terrarium einige geeignete Klettermöglichkeiten nicht fehlen.

Die Strumpfbandnattern werden zwei bis drei Monate bei 5–15 °C überwintert; danach beginnen sie im Frühjahr mit der Paarung. Nach einer Trächtigkeit von etwa drei Monaten werden 12–40 Jungtiere geboren. Diese messen bei der Geburt ca. 18–22 cm. Man überführt sie in kleinere Plastikterrarien, wo ihre weitere Aufzucht keine große Schwierigkeit darstellt. Bei guter Pflege erreichen sie bereits im zweiten Lebensjahr die Geschlechtsreife.

Ernährung: Fische, Regenwürmer, Schnecken, Amphibien, aber auch Fisch- und Fleischstreifen. Einige Exemplare verschmähen auch nackte Mäuse keineswegs.

Literatur und andere Arten: Auch andere Arten der Gattung *Thamnophis* oder der verwandten Gattungen *Nerodia* und *Natrix* eignen sich hervorragend für Anfänger. Empfehlenswerte Bücher sind: „Strumpfbandnattern" von M. HALLMEN & J. CHLEBOWY, „Die Strumpfbandnattern" von F. MUTSCHMANN und „Wassernattern" von D. SCHMIDT. Auch in „Schlangen 1" von L. TRUTNAU finden sich ausführliche Darstellungen und Angaben zur Haltung und Vermehrung dieser Tiere.

Königspython – *Python regius* (SHAW, 1802)

Beschreibung: In der Regel liegt die Gesamtlänge des Königspythons zwischen 100 und 150 cm. Als absolute Höchstlänge sind bei dieser Art 2 m anzusehen. Der Königspython ist nicht nur eine der hübschesten Riesenschlangen, sondern auch von einer gut für die Terrarienhaltung geeigneten Größe. Seine Grundfärbung ist kastanienbraun. Darauf bilden große hellbraune, cremefarbene bis goldbraune Flecken einen wunderschönen Kontrast. Die Flecken, die auch miteinander verschmelzen und so andere Zeichnungsmuster bilden können, sind von Tier zu Tier unterschiedlich. Die Bauchseite ist ungezeichnet und weißlich.

Geschlechtsunterschiede: Die Geschlechtsbestimmung beim Königspython ist nicht einfach und kann mit einer gewissen Sicherheit nur von erfahrenen Terrarianern mittels Sondieren erfolgen.

Verbreitung: West- bis Zentralafrika

Lebensraum: Savannen, Trockenwälder und

Buschlandschaften, auch als Kulturfolger. Häufig in Wassernähe.

Aktivitätszeit: Vorwiegend dämmerungsaktiv, aber auch am Tag anzutreffen

Klimabedürfnis: 28–32 °C am Tag (lokal bis 35 °C) und 22–25 °C in der Nacht. Es ist eine Luftfeuchtigkeit über 70 % erforderlich.

Haltung und Vermehrung: Beim Königspython handelt es sich nicht nur um eine sehr attraktive, sondern auch um eine besonders friedfertige und umgängliche Riesenschlange. Auch bei grober Belästigung durch den Pfleger beißt er fast nie zu, sondern rollt sich zu einer festen Kugel zusammen, wobei der Kopf unter den Körperschlingen vergraben wird. Dieses Verhalten hat ihm auch den Namen Ballpython oder Ballschlange eingebracht. *Python regius* spezialisiert sich in der Natur meist auf bestimmte Futtertiere, wie etwa Wüstenrennmäuse. Aus diesem Grund bereitet die Umstellung auf normales „Terrarienfutter" oft ein großes Problem, da sich die Schlangen nur schwer umgewöhnen lassen. Meist verweigern Wildfänge konsequent die Nahrungsaufnahme und müssen deshalb vom Pfleger zwangsernährt werden. Zudem sind solche Importe oft auch gesundheitlich angeschla-

gen. Wildfänge des Königspythons sind daher schwierige Schlangen und für Anfänger in der Schlangenhaltung vollkommen ungeeignet. Sicher eingewöhnte Tiere von Privathaltern oder besser noch Nachzuchten sind dagegen unproblematisch in der Haltung und können auch dem Einsteiger empfohlen werden. *Python regius* unterliegt dem Washingtoner Artenschutzübereinkommen (Anhang II) und der EU-Artenschutzverordnung (siehe Kapitel 3). Unsinnigerweise fällt der Königspython – pauschal mit allen anderen Riesenschlangen – in einigen Bundesländern unter die Verordnungen zur Haltung von „gefährlichen Tieren" (siehe Kapitel 3).

Zur Haltung von zwei Königspythons sind nach den „Mindestanforderungen" Terrarien mit den Maßen des 1- x 0,5- x 0,75-fachen der Gesamtlänge der Tiere erforderlich, für jedes weitere Tier ist das Terrarienvolumen 20 % größer zu wählen. Ein 150 x 75 x 100 cm (L x B x H) großes Terrarium ist also für zwei Tiere ausreichend.

Als Bodengrund werden am günstigsten Blumenerde, Rindenstücke oder Räucherspäne verwendet. Ein großes Wasserbecken und ausreichende Kletter- und Versteckmöglichkeiten sind unbedingt einzubringen. Der Bodengrund wird mit einem

Köigspython (*Python regius*) Foto: M. Schmidt

Heizkabel mäßig erwärmt. Ein Punktstrahler, unter dem die Schlangen die erforderliche Lokaltemperatur von 35° C vorfinden, ist empfehlenswert.

Um Königspythons zur Vermehrung zu bringen, empfiehlt sich die Haltung einer Zuchtgruppe von mindestens 2,2 Tieren. Die Männchen werden das Jahr über von den Weibchen getrennt. Nach einer kurzen Winterruhe im Oktober/November von etwa vier Wochen bei Temperaturen von 20–25 °C und einer verminderten Beleuchtungsdauer werden die Tiere zur Paarung zusammengesetzt. Gleichzeitig erhöht man durch verstärktes Sprühen die Luftfeuchtigkeit auf Werte über 90 % auch am Tag. Während Paarungszeit und Trächtigkeit fressen die Pythons nicht; die Weibchen sollten daher nur alle zwei Jahre zur Vermehrung gebracht werden, da sie sonst zu sehr geschwächt werden.

Bei der Eiablage im Frühjahr werden 6–8 Eier abgesetzt, die mit etwa 5–6 x 7–10 cm recht groß sind und oft miteinander verkleben. Dieses Gelege wird vom Python erbrütet (bei etwa 30 °C) und benötigt ca. 60–100 Tage bis zum Schlupf. Die Schlüpflinge messen bereits 30–45 cm.

Die Jungen häuten sich nach 2–4 Wochen das erste Mal und sollten dann mit der Nahrungsaufnahme beginnen. Hat man sie erst einmal an das Futter gewöhnt, gelingt die weitere Aufzucht in der Regel ohne größere Schwierigkeiten.

Ernährung: Bevorzugt werden Renn- und Springmäuse gefressen. Im Terrarium geschlüpfte Tiere nehmen aber meistens problemlos Mäuse, Ratten und Eintagsküken an.

Andere Arten und Literatur: Ausgiebige Informationen über *Python regius* finden sich in dem Buch „Der Königspython" von A. KIRSCHNER, T. MÜLLER & H. SEUFER. Auch wenn Nachzuchten des Königspythons relativ problemlos sind, sollte man sich unbedingt mit Hilfe dieses Buches gründlicher über die Art und die gelegentlich auftretenden Schwierigkeiten informieren.

Auch andere kleinbleibende Pythonarten, besonders der Gefleckte Python *Liasis childreni*, eignen sich gut für die Terrarienpflege und sind inzwischen auch problemlos als Nachzuchten erhältlich. Zur weiteren Information seien die Bücher „Riesenschlangen" von W. WENGLER und „Riesenschlangen – Zucht und Pflege" von R. A. ROSS & G. MARZEC sowie

„Ratgeber Riesenschlangen" von D. SCHMIDT empfohlen.

Ein ebenfalls sehr leicht zu haltender und oft angebotener Python ist der Dunkle Tigerpython *Python molurus bivittatus* KUHL, 1820. Die von Hinterindien bis Indonesien vorkommende Art zeigt auf einer dunkelbraunen Grundfärbung eine einfarbig hellbraune bis cremefarbene oder goldbraune „Tigerzeichnung". Allerdings erreicht der Tigerpython eine Größe von über 5 Metern, evtl. sogar bis zu 6–8 m; damit ist er eine der größten Riesenschlangen. Er wird sehr häufig im Zoohandel angeboten und aufgrund seiner unproblematischen Haltungsansprüche auch immer wieder an Anfänger abgegeben (nach einer Selbstverpflichtung des Zoohandelverbands ZZF dürfen die Tiere aufgrund ihrer späteren Größe jedoch nicht mehr präsentiert, wohl aber weiterhin verkauft werden). Dennoch ist er aufgrund seiner enormen Größe als „Anfängertier" ungeeignet. So hübsch und ungefährlich ein Tigerpythonbaby im Zoogeschäft auch aussieht – die Tiere erreichen selbst bei relativ mäßiger Fütterung innerhalb von zwei Jahren eine Größe von 2–2,5 m!

Es sei eindringlich darauf hingewiesen, daß der Umgang mit solch großwüchsigen Würgeschlangen nicht ungefährlich ist. Ein Biß kann erhebliche Verletzungen verursachen. Wird der Pfleger von einer Riesenschlange mit 5 Metern Länge angegriffen und sind nicht sofort mindestens zwei kräftige Helfer zur Stelle, gibt es für die betroffene Person meist keine Rettung mehr. Solche Unfälle sind zwar höchst selten, sollen an dieser Stelle jedoch nicht unerwähnt bleiben. Der Tigerpython fällt in der Regel unter die Bestimmungen zur Haltung gefährlicher Tiere (siehe Kapitel 3). Außerdem ist er international durch das Washingtoner Artenschutzabkommen geschützt (der Dunkle Tigerpython auf Anhang II, der Helle Tigerpython *P. m. molurus* sogar auf Anhang I) und somit auch durch die EU-Artenschutzverordnung (siehe Kapitel 3). Im großen und Ganzen handelt es sich beim Tigerpython trotz seiner beachtlichen Länge jedoch um eine friedliche Riesenschlange.

Zur Pflege großer Tigerpythons ist ein riesiges Terrarium oder, noch besser, ein eigens für die Schlangen eingerichteter Raum notwendig. Wer den nötigen Platz zur artgerechten Unterbringung adulter Tiere nicht zur Verfügung hat, darf sich auf keinen Fall einen Tigerpython anschaffen. Das Terrarium muß mit den Tieren „mitwachsen". Zur Unterbringung für zwei kleinere Tigerpythons bis 2,5 m Länge sind nach den „Mindestanforderungen" Behälter mit den Maßen des 1- x 0,5- x 0,75-fachen der Länge der Tiere erforderlich. Für größere Tiere reichen Terrarien, die das 0,75- x 0,5- x 0,5-fache der Schlangen messen. Die Höhe solcher Behälter wird auf 2 m begrenzt. Für jedes weitere Tier muß das Terrarienvolumen um 20 % größer gewählt werden. Für zwei 2,5 m lange Tigerpythons benötigt man also ein Terrarium mit den Maßen 2,5 x 1,25 x 1,9 m (L x B x H). Für zwei 5 m große Tiere ist schon eine Räumlichkeit mit den Abmessungen 3,75 x 2,5 x 2 m zur Verfügung zu stellen.

Andere großwüchsige Riesenschlangen (Felsenpython *Python sebae*, Netzpython *Python reticulatus*, Anakondas *Eunectes* spec.) sind zwar ebenfalls relativ anspruchslos in der Pflege, werden aber noch größer, sind zudem häufig erheblich aggressiver als der Dunkle Tigerpython und scheiden deshalb für Einsteiger erst recht aus.

Abgottschlange – *Boa constrictor imperator* DAUDIN, 1803

Beschreibung: Die Tiere können vermutlich Längen von über 5 m erreichen, bleiben aber normalerweise erheblich kleiner. Als Maximallänge für in Terrarien gepflegte Boas sind 3,5 m anzusehen. Der Körper ist sehr kräftig, der dreieckige und deutlich abgesetzte Kopf dazu im Verhältnis eher klein. Die Tiere sind auch innerhalb einer Unterart sehr variabel. Die Grundfärbung bewegt sich zwischen braun und grau. Darauf finden sich auf dem Rücken zum Schwanz hin immer größer werdende dunkelbraune Sattelflecken. An den Seiten haben viele Tiere dunkle rhombenförmige Flecken. Die Unterseite ist gräulich und mit dunklen Sprenkeln gezeichnet.

Geschlechtsunterschiede: Die Weibchen werden größer und massiger als die Männchen.

Verbreitung: Die Art *Boa constrictor* ist von Südmexiko bis Argentinien einschließlich der Karibischen Inseln verbreitet und kommt dort in zahlreichen Unterarten vor. Die am häufigsten im Terrari-

um gepflegte und auch am besten zu haltende Unterart ist *B. c. imperator*, auf die im folgenden eingegangen werden soll. Sie kommt von Südmexiko bis in das nördliche Südamerika westlich der Anden vor.

Lebensraum: *B. c. imperator* ist eine sehr anpassungsfähige *Boa*-Unterart, die eine Vielzahl von Biotopen – von Regenwaldgebieten bis zu trockeneren Gegenden mit offenen Wäldern und dichtem Gebüsch – besiedelt, wobei sie aber an das Vorkommen von Wasser in erreichbarer Nähe gebunden ist.

Aktivitätszeit: Dämmerungs- und nachtaktiv

Klimabedürfnis: Tagsüber sind Temperaturen zwischen 25 und 30 °C empfehlenswert, lokal müssen Werte von 35 °C erreicht werden. Nachts sollten die Temperaturen auf 20–22 °C abfallen. Boas werden unter mäßig feuchten Bedingungen (ca. 70 % relativer Feuchte bei nächtlichem Anstieg) gepflegt, tägliches bis mehrmals wöchentliches Übersprühen sorgt für das richtige Klima.

Haltung und Vermehrung: Die Abgottschlange ist wohl die bekannteste Riesenschlange überhaupt. Nicht nur unter Terrarianern ist sie vorwiegend unter ihrem wissenschaftlichen Namen *Boa constrictor* bekannt. Die deutsche Bezeichnung ist nur wenig geläufig.

Obwohl auch diese Riesenschlange relativ groß wird, kann sie aufgrund ihres friedlichen Wesens und ihrer relativ anspruchslosen Anforderungen an die Pflege doch als „Anfängertier" gelten; sie ist fraglos eines der beliebtesten Terrarientiere schlechthin. Zudem kann man heute problemlos Nachzuchten erhalten, die normalerweise völlig unkompliziert sind. Dennoch sollte man auch mit diesen Schlangen ab einer Größe von 2 m mit der nötigen Vorsicht umgehen, und auch sie fallen unter einige der Rechtsbestimmungen zur Haltung „gefährlicher Tiere", zudem sind sie nach Anhang II des Washingtoner Artenschutzabkommens und der EU-Artenschutzverordnung geschützt (siehe Kapitel 3).

Auch junge Boas sollte man nur dann erwerben, wenn man auch die großen Tiere später sicher unterbringen und versorgen kann. Für zwei Tiere bis zur Größe von 1,5 m benötigt man nach den „Mindestanforderungen" ein Terrarium mit den Maßen des 1- x 0,5- x 0,75-fachen der Länge der Schlangen. Sind die Schlangen länger als 1,5 m, müssen die Terrarienmaße das 0,75- x 0,5- x 0,75-fache ihrer Länge betragen (die Höhe wird auf 2 m begrenzt). Für zwei 1,5 m lange Boas benötigt man also ein 1,5 x 0,75 x 1,1 m großes Terrarium, für zwei große Exemplare von 3 m muß das Behältnis 2,25 x 1,5 x 2 m messen. Für jedes weitere Tier sind 20 % auf das Volumen zu addieren. Zur Vermehrung der Boas empfiehlt es sich, die Geschlechter das Jahr über getrennt zu halten.

Der Boden muß mild erwärmt werden. Als Substrat sind Buchenspäne, Sand, Sand-Erde-Gemisch o.ä. möglich. Der Boden kann auch einfach gefliest werden. Wärmestrahler zur Schaffung von Sonnenplätzen sind anzubringen. Als Einrichtung dienen ein geräumiges Wasserbecken und zahlreiche Klettermöglichkeiten sowie ein stabiler und gut kontrollierbarer Unterschlupf.

Die Paarungszeit ist nicht festgelegt. Zur Paarungsauslösung hat sich eine um wenige Grad kühlere Haltung für vier Wochen im Herbst/Winter bewährt. Anschließend werden die Geschlechter zusammengesetzt und die Luftfeuchtigkeit durch häufiges Sprühen auf 90 % am Tag erhöht. Die Paarungszeit dauert etwa drei Monate. Nicht alle Boas harmonieren miteinander, u. U. muß man verschiedene Geschlechtspartner „anbieten". An die Paarung schließt sich eine vier- bis neunmonatige

Trächtigkeit an. Boas sind ovovivipar. Es werden normalerweise 20–30, maximal bis zu 60 Jungschlangen geboren, die eine Gesamtlänge zwischen 30 und 50 cm aufweisen. Die Boababys häuten sich erstmals nach etwa 10 Tagen und fressen danach mittelgroße Mäuse, kleine Ratten und Eintagsküken. Sie werden bereits im Alter von 3–4 Jahren geschlechtsreif.

Ernährung: Mäuse, Ratten, Meerschweinchen, Kaninchen, Geflügel. Boas sollten nicht zu häufig gefüttert werden, da sie zur Verfettung neigen. Jungtiere bis zu einem Jahr sollten etwa alle 10 Tage gefüttert werden, mittelgroße Boas erhalten alle 2–3 Wochen Futter, große Tiere ab 5 Jahren nur noch alle 3–4 Wochen.

Literatur und andere Arten: Über die *Boa constrictor* liegt ein empfehlenswertes Buch von H. Bosch vor. Die anderen *Boa*-Unterarten sind für Anfänger nicht zu empfehlen. Auch andere Riesenschlangen der Unterfamilie Boinae eignen sich gut für die Terrarienhaltung (besonders gut die kleinbleibenden Rosenboas der Gattung *Lichanura* oder die sehr schönen Regenbogenboas der Gattung *Epicrates*), andere Boa-Arten sind dagegen eher etwas für Fortgeschrittene (z. B. *Corallus* spec.) – hierüber informiert die weiterführende Literatur.

Abgottschlange (***Boa constrictor***) Foto: M. Schmidt

Für Anfänger geeignete Arten: Schildkröten

Schildkröten

Bei den Landschildkröten habe ich mich entschlossen, nur drei häufiger im Handel erhältliche, relativ gut zu haltende, sehr beliebte und aus Europa stammende Arten zu erwähnen. Auch tropische Landschildkröten werden zwar gerne gehalten, jedoch sollte der Anfänger erst einmal Erfahrungen mit den unproblematischeren „Europäern" sammeln. Vorweg muß gesagt werden, daß alle europäischen Landschildkröten streng geschützt sind. Sie werden in der EU-Verordnung unter Anhang A geführt. Die heute im Fachhandel angebotenen Schildkrötenbabys sind allesamt Nachzuchttiere und dürfen somit unter Berücksichtigung der gesetzlichen Bestimmungen verkauft und gehalten werden. Diese Situation erklärt und rechtfertigt auch den hohen Preis, der bereits für fünfmarkstückgroße Exemplare gezahlt werden muß. Beim Kauf solch streng geschützter Arten ist unbedingt darauf zu achten, daß Ihnen der Verkäufer die erforderlichen Papiere aushändigt (siehe Kapitel 3).

Es muß auch erwähnt werden, daß der Kauf einer Landschildkröte in den meisten Fällen eine Anschaffung für das Leben darstellt. Landschildkröten erreichen ein Alter von 60–80 Jahren, in Ausnahmefällen sogar noch mehr. Es ist also vor der Anschaffung einer Schildkröte genau zu überlegen, ob man bereit ist, sein ganzes Leben für das Tier zu sorgen; in vielen Fällen werden sie noch an Kinder oder gar Enkelkinder vererbt.

Griechische Landschildkröte – *Testudo hermanni boettgeri* MOJSISOVICS, 1888

Beschreibung: Die östliche Unterart der Griechischen Landschildkröte erreicht eine Panzerlänge von 20–25 cm, in Ausnahmefällen bis 30 cm. Die Grundfärbung des Panzers ist hellbraun, darauf sind unterschiedliche, aber klar abgetrennte dunkelbraune Flächen. Der Panzer ist oval und gewölbt.

Geschlechtsunterschiede: Bei gleichaltrigen Tieren sind die Weibchen größer als die Männchen (KIERSCHE 1997). Der Schwanz der Männchen ist länger und kräftiger, der Bauchpanzer ist deutlich konkav (nach innen gewölbt).

Verbreitung: *Testudo hermanni* bewohnt die W-Türkei, Bulgarien, Rumänien, Griechenland, Balkan, W- und S-Italien, Südfrankreich, Korsika, Sardinien, Balearen und NO-Spanien. Die östliche Unterart *T. h. boettgeri* besiedelt den Balkan bis an die Ostgrenze des Verbreitungsgebietes der Art.

Lebensraum: Trockene und steppige Gebiete (Macchie), zum Teil steiniges Gelände, Buschland, lichte Wälder, Dünen, Kulturland; alle Habitate müssen offene Flächen mit viel Sonne aufweisen.

Aktivitätszeit: Tagaktiv

Klimabedürfnis: Von allen Landschildkröten ist *T. h. boettgeri* am besten für die Freilandhaltung auch in unseren Breiten geeignet. Das Temperaturbedürfnis liegt während der warmen Monate bei 24–30 °C am Tag und 20–22 °C in der Nacht.

Haltung und Vermehrung: Wer europäische Landschildkröten pflegen möchte, sollte unbedingt über die Möglichkeit verfügen, die Tiere während des Sommers in einer geräumigen Freilandanlage zu halten. Im Frühjahr und im Herbst ist normalerweise allerdings trotzdem ein Terrarium erforderlich, da zu dieser Zeit die Temperaturen zu niedrig für unsere Pfleglinge sind. Ein zeitweiliger Freilandaufenthalt ist aber auch in dieser Zeit an sonnigen Tagen gut möglich und empfehlenswert. Ein beheizbarer Frühbeetkasten oder ein kleines Glashaus erlauben es, die Tiere auch im Frühjahr und Herbst draußen zu halten. Jungtiere sollten bis zum Alter von etwa einem Jahr vorwiegend im Zimmerterrarium gepflegt werden. Im Sommer ist ein zeitweiliger Freilandaufenthalt aber auf jeden Fall zu gewährleisten.

Nach den „Mindestanforderungen" muß das Gehege für 2 Landschildkröten der Gattung *Testudo* eine Grundfläche des 8- x 4-fachen der Panzerlänge der Tiere aufweisen. Die Tiere können in gemischten Gruppen gehalten werden. Für 3–4 Schildkröten sind 10 % auf die Grundfläche zuzurechnen, ab 5 Schildkröten sind es 20 %.

Zur Haltung einer Gruppe der Griechischen Landschildkröte empfiehlt sich eine Freilandanlage mit mindestens 4 m² Fläche (siehe Kapitel 4). Je größer die Anlage, desto besser – eine Fläche von 10 m² ist empfehlenswert. Diese Freilandanlage sollte an einem Platz errichtet sein, an dem möglichst lange die Sonne scheint. Als Bodengrund werden am günstigsten mehrere Substrate nebeneinander angeboten. Dies kann der gewachsene Boden, eine Kiesfläche, eine Grasfläche sowie eine mit flachen Steinen ausgelegte Stelle sein. Eine größere Sandfläche reicht nicht unbedingt, die Eiablage zu gewährleisten. Besser legt man hierfür einen gut strukturierten Legehügel an; bervorzugt werden sandige, südöstlich ausgerichtete Hügel mit spärlichem Bewuchs, die ganztägig von der Sonne beschienen werden (KIERSCHE 1997; RUDLOFF 1990).

Als weitere Einrichtungsgegenstände kommen Wurzeln, Steine, Rindenstücke usw. in Frage. Eine größere, aber flache Wasserschale ist ebenfalls erforderlich. Des weiteren werden einige kleinere Sträucher eingesetzt, die den Schildkröten bei Be-

darf den nötigen Schatten und Deckung spenden. Zur Übernachtung und als Unterschlupfmöglichkeit an kälteren oder regnerischen Tagen ist ein Schlupfhäuschen erforderlich. Ist ein solches Schutzhäuschen vorhanden, ist u.U. auch eine ganzjährige Haltung im Freien möglich. Dieses wird mit einer tiefen Bodenfüllung aus Heu, Stroh und Laub ausgestattet. Eine zeitweilige Terrarienhaltung erübrigt sich. Die Überwinterung sollte jedoch in einer mit Walderde und Laub gefüllten Holzkiste in einem Keller oder Kühlschrank bei 3–7 °C durchgeführt werden.

Sobald die Schildkröten aus der Überwinterung erwachen, werden sie gebadet und in das Schlupfhäuschen der Freilandanlage gesetzt. Im Kühlschrank überwinterte Tiere werden im Frühjahr in ein Zimmerterrarium überführt. An wärmeren Tagen kommen sie dann bereits hervor und fressen mitunter auch. Die kühleren Frühjahrstage werden schlafend im Häuschen verbracht. Sobald es die Temperaturen zulassen, beginnen die Tiere mit den Paarungen. Der Paarungstrieb ist bei manchen Schildkrötenmännchen sehr stark ausgeprägt. Sol-

Griechische Landschildkröte (*Testudo hermanni boettgeri*) Foto: J. Rauh

che Tiere bedrängen die Weibchen oft so sehr, daß sie nach 1–2 Wochen bis zum Ende der Paarungszeit von diesen getrennt werden müssen.

Die Ablage der 3–8 Eier findet etwa im Juni, meist an einer sandigen Stelle statt. Ein Nachgelege ist möglich. Die Eier sind hartschalig, ca. 34 x 29 mm groß und werden zur Zeitigung direkt nach der Ablage in einen Inkubator überführt. Bei einer Luftfeuchtigkeit von 70–90 % und Temperaturen um 28 °C schlüpfen die Schildkrötenbabys nach 55–70 Tagen.

Sie werden in ein geräumiges Zimmerterrarium gesetzt, wo ihre weitere Aufzucht erfolgt. Für ein glattes Panzerwachstum ist es wichtig, daß den Jungtieren immer einige leicht feuchte Bereiche unter geeigneten Versteckmöglichkeiten zur Verfügung stehen. Bei zu trockener Aufzucht deformiert der Panzer trotz ausreichender Vitamin- und Mineralstoffversorgung. Eine ausreichende Versorgung mit Vitaminen und Mineralstoffen sowie eine regelmäßige UV-Bestrahlung ist lebenswichtig. Es muß sich auch immer eine Schale mit kleinen Steinchen im Terrarium befinden, da die Schildkröten diese von Zeit zu Zeit als Verdauungshilfe aufnehmen. Die Tiere werden im Alter von etwa 7–10 Jahren geschlechtsreif.

Ernährung: Vegetarische Kost wie Salat, Löwenzahn, Breit- und Spitzwegerich, Klee, geschabte Karotten, Melonen, Erdbeeren, Kirschen usw. Zur Abwechslung aber auch Regenwürmer, Nacktschnekken oder Hackfleisch.

Literatur und andere Arten: Auch die mit einer Panzerlänge von 15–20 cm deutlich kleiner bleibende Nominatform *Testudo hermanni hermanni* eignet sich für die Freilandhaltung, jedoch ist diese westliche Unterart etwas wärmebedürftiger. Der Anfänger sollte also mit *T. h. boettgeri* beginnen. Die ebenfalls für Anfänger gut geeigneten europäischen Landschildkröten *T. graeca ibera* und *T. marginata* werden im folgenden noch näher vorgestellt. Auf jeden Fall sollte man sich weiterführende Literatur zur Haltung europäischer Landschildkröten besorgen. Über diese Tiere sind aufgrund ihrer großen Beliebtheit recht viele Bücher erschienen, von denen aber nicht alle empfohlen werden können. Sehr gut gelungen ist das an Anfänger gerichtete Buch „Griechische Landschildkrö-

ten" von R. Zirngibl. Ebenfalls empfehlenswert sind „Die Landschildkröten Europas" von W. KIRSCHE und „Landschildkröten" von W. ULLRICH.

Auch tropische Landschildkröten können in Terrarien gepflegt werden. Hier eignet sich z. B. die Köhlerschildkröte *Geochelone carbonaria* recht gut, die aber sehr groß wird. Vor der Anschaffung sollte man aber schon Erfahrungen mit europäischen Landschildkröten gesammelt haben, und natürlich muß man sich gründlich informieren. Neben den besonders gelungenen Büchern „Schildkröten" von NÖLLERT und RUDLOFF sei hierfür noch auf „Landschildkröten" von V. MÜLLER & W. SCHMIDT und „Schildkröten 2" von M. ROGNER hingewiesen.

Maurische Landschildkröte – *Testudo graeca ibera* PALLAS, 1814

Beschreibung: Normalerweise erreichen die Tiere eine Panzerlänge von 20–22 cm, einzelne Exemplare können bis 30 cm lang werden. Auf dem ovalen Panzer befinden sich auf bräunlichem Grund individuell unterschiedliche, dunkle Flecken und Flächen. Mit zunehmendem Alter verdunkelt sich die Färbung.

Verbreitung: *T. graeca ibera* kommt von Griechenland, Bulgarien, Rumänien über die Türkei, Zypern, Irak und Iran bis in den südwestlichen Kaukasus und Aserbaidschan vor.

Lebensraum: Siehe *Testudo hermanni boettgeri*

Aktivitätszeit: Tagaktiv

Geschlechtsunterschiede: Siehe *Testudo hermanni boettgeri*

Klimabedürfnis: Etwas wärmebedürftiger als *Testudo hermanni boettgeri*

Haltung und Vermehrung: Die Anforderungen zur Haltung und Vermehrung der Maurischen Landschildkröte entsprechen etwa den bei der Griechischen Landschildkröte angegebenen Bedingungen, die „Mindestanforderungen" an die Terrariengröße sind ebenfalls identisch. Es ist jedoch auf den höheren Wärmebedarf zu achten. Gegebenenfalls muß in der Freilandanlage eine bei Bedarf beheizbare Stelle angeboten werden. Alternativ sollten die Tiere bei ungünstiger Witterung in ein Zimmerterrarium gebracht werden. Auch eine Haltung im Gewächshaus ist gut möglich.

Maurische Landschildkröte (*Testudo graeca ibera*) Foto: A. Pieh

Die Eiablage findet von Ende Mai bis Juni statt. Es sind zwei Gelege möglich. Diese bestehen jeweils aus 2–12 Eiern. Sie messen durchschnittlich 34 x 28 mm und wiegen etwa 16 g. Die Inkubation erfolgt bei 24–30 °C und einer Luftfeuchtigkeit von 80–100 %. Die Jungschildkröten schlüpfen unter diesen Bedingungen nach 57–65 Tagen.

Die Aufzucht erfolgt in halbfeuchten Zimmerterrarien bei einer lokalen Temperatur bis 30 °C. An warmen Sommertagen werden die Jungtiere in einer flachen Kiste ins Freie gestellt, um ihnen natürliches Sonnenlicht zukommen zu lassen.

Ernährung: Siehe *Testudo hermanni boettgeri*

Andere Arten: Die nordafrikanischen Unterarten der Maurischen Landschildkröte sind sehr viel heikler in der Pflege und nur für Spezialisten geeignet.

Breitrandschildkröte – *Testudo marginata* SCHOEPFF, 1792

Beschreibung: Die Breitrandschildkröte ist die größte Landschildkröte Europas und erreicht normalerweise eine Panzerlänge von 21–23 cm, maximal jedoch bis zu 35 cm. Die Form des Panzers unterscheidet sich auffällig von den beiden zuvor besprochenen Arten: Der Panzer ist relativ hochgestreckt und lang; in der Mitte ist eine Taille klar erkennbar. Die hinteren Schilde sind deutlich vergrößert und etwas nach oben gebogen. Die Grundfärbung ist ein schwärzlicher Farbton, in der Mitte der Schilde finden sich hellere Flecken. Ältere Tiere sind oft einfarbig schwarz.

Geschlechtsunterschiede: Der Schwanz der Männchen ist etwa dreimal länger als bei gleich großen Weibchen. Der Bauchpanzer der Männchen ist auch bei dieser Art stark nach innen gewölbt (konkav).

Verbreitung: Südgriechenland, Sardinien, einige Ägäische Inseln

Lebensraum: Die Breitrandschildkröte lebt bevorzugt an windgeschützten und sonnigen, mit einzelnen Sträuchern bewachsenen und felsigen Flächen durchsetzten Hängen in bergigen Regionen.

Aktivitätszeit: Tagaktiv

Klimabedürfnis: Siehe Maurische Landschildkröte

Haltung und Vermehrung: Auch für die Breitrandschildkröte ist die Unterbringung in einer Freilandanlage angezeigt. Die „Mindestanforderungen" sind identisch mit denen für die Griechische Landschildkröte.

Die Breitrandschildkröte muß im Frühjahr und im Herbst sowie an kälteren Tagen im Zimmerterrarium gepflegt werden, oder die Freilandanlage muß über ein beheizbares Schutzhaus verfügen. Die Haltung erfolgt wie bei der Griechischen Landschildkröte beschrieben. Die Fläche der Freilandanlage sollte jedoch aufgrund der Größe dieser Schildkröte etwas großzügiger gewählt sein. Es werden im Juni 5–15 kugelige, 27 x 29 mm große Eier abgelegt. Bis zu 3 Gelege pro Jahr sind von dieser Art zu erzielen. Diese werden bei Inkubationstemperaturen um 28 °C und einer hohen Luftfeuchtigkeit von 90 % erbrütet. Auch die Aufzucht der jungen Breitrandschildkröten erfolgt wie bei der Griechischen Landschildkröte angegeben. Die Geschlechtsreife wird im Alter von 8–12 Jahren erreicht.

Ernährung: Siehe Griechische Landschildkröte

Gewöhnliche Moschusschildkröte – *Sternotherus odoratus* (Latreille, 1801)

Beschreibung: Die Systematik dieser Art ist umstritten, sie wird oft auch als *Kinosternon odoratum* beschrieben. Moschusschildkröten gehören zur Familie der Schlammschildkröten (Kinosternidae). Sie werden bis zu 14 cm lang, sind aber meistens schon mit 10–11 cm ausgewachsen. Ihr hochgewölbter Panzer ist sehr dunkel bis schwarz gefärbt. An den Seiten des spitz auslaufenden Kopfes sind auf der ebenfalls dunklen Grundfärbung zwei helle Streifen zu sehen. An Kinn und Kehle sind zwei Bartelpaare zu erkennen. Jungtiere haben oft eine etwas hellere, graue Panzerfärbung, die mit schwarzen Sprenkeln oder Linien gezeichnet ist, sie können aber auch völlig schwarz gefärbt sein.

Geschlechtsunterschiede: Auf dem Schwanzende der Männchen befindet sich ein kleiner horniger „Nagel", außerdem ist ihr Schwanz viel länger und an der Basis dicker als der der Weibchen.

Verbreitung: Im östlichen Nordamerika vom südlichen Kanada südwärts bis Florida, Texas und NO-Mexiko

Lebensraum: Die sehr anpassungsfähige Moschusschildkröte bewohnt quasi alle Süßgewässer mit schlammigem Bodengrund, von Sümpfen über Tümpel und Seen bis zu Fließgewässern.

Aktivitätszeit: Tag- und dämmerungsaktiv

Klimabedürfnis: Diese Schlammschildkröten lassen sich bei Wassertemperaturen von 25–30 °C im Sommer pflegen; die Lufttemperaturen sollten leicht darüber liegen. Eine Überwinterung wird bei Wassertemperaturen von 5–10 °C und deutlich weniger Licht empfohlen; möglich ist aber auch die Haltung im Winter bei Zimmertemperatur.

Haltung und Vermehrung: Auch die Moschusschildkröte gehört zu den besonders gut und auch für den Anfänger geeigneten Schildkrötenarten. Zur artgerechten Unterbringung genügen kleinere Aquaterrarien mit den Maßen 70 x 50 x 40 cm (L x B x H). Nach den „Mindestanforderungen" sollte die Grundfläche das 3- x 1,5-fache der Panzerlänge betragen (3–4 Tiere: zusätzlich 10 %; ab 5 Tiere: zusätzlich 20 %). Ein kleinerer Landteil zur Eiablage ist notwendig.

Breitrandschildkröte (*Testudo marginata*)
Foto: B. Trapp

Gewöhnliche Moschusschildkröte (***Sternotherus odoratus***) Foto: A. S. Hennig

Bei der Haltung ist zu berücksichtigen, daß die Tiere sehr gute Kletterer sind und bei der geringsten Möglichkeit aus dem Terrarium entweichen können.

Als Bodengrund für den Wasserteil verwendet man am besten Aquarienkies. Diese Schildkröten leben vorwiegend aquatil und sind nur selten an Land zu beobachten. Ihnen muß man Verstecke unter Wasser bieten, damit sie sich aus dem Weg gehen können. Moschusschildkröten können gegenüber Artgenossen manchmal sehr aggressiv sein, so daß gelegentlich auch eine Einzelhaltung erforderlich wird. Eine zeitweilige Haltung in Freilandanlagen bekommt den Tieren sehr gut. Aufgrund ihrer „heimlichen" Lebensweise sind sie dann aber so gut wie nicht mehr zu beobachten.

Moschusschildkröten können gut im Aquaterrarium zur Vermehrung gebracht werden. Es werden 2–4 Eier pro Gelege im Substrat vergraben. Mehrere Gelege pro Jahr sind möglich. Die Inkubation erfolgt bei Temperaturen von 22–30 °C und einer Luftfeuchtigkeit von 90 %. Das Geschlecht der Jungtiere ist von der Inkubationstemperatur abhängig: bei 23 °C schlüpfen nach 120 Tagen nur Männchen, Weibchen schlüpfen bei 28,5 °C nach 75 Tagen (RUDLOFF 1990). Die jungen Moschusschildkröten werden gemeinsam in Aufzuchtterrarien untergebracht. Sie wachsen sehr schnell und können bereits mit 3 Jahren die Geschlechtsreife erreichen.

Futter: Moschusschildkröten sind überwiegend carnivor und fressen Fleisch, Fisch, Insekten, Schnecken, Würmer, Kleinkrebse und Trockenfutter für Wasserschildkröten.

Literatur und andere Arten: Auch weitere Arten der Schlammschildkröten (Kinosternidae) eignen sich gut für die Terrarienhaltung. Vor allem die Klappschildkröten der Gattung *Kinosternon* eignen sich auch für Anfänger.

Zur Haltung dieser und anderer Wasser- und Sumpfschildkröten muß man sich natürlich in der weiterführenden Literatur ausgiebig informieren. Einen Überblick über die verschiedenen terraristisch geeigneten Arten und ausführliche Haltungshinweise finden sich in „Die Terrarientiere 2" von G. NIETZKE, „Schildkröten" von A. NÖLLERT, „Schildkröten 1" von M. ROGNER sowie „Schildkröten" von H.-W. RUDLOFF.

Chinesische Dreikielschildkröte – *Chinemys reevesii* (GRAY, 1831)

Beschreibung: *Chinemys reevesii* gehört zur großen Familie der Sumpfschildkröten (Emydidae). Männchen erreichen normalerweise eine Panzerlänge von 12 cm, die Weibchen werden bis zu 18 cm lang. Allerdings sind auch schon bis zu 24 cm große Exemplare gefunden worden. Namensgebend sind die drei Längskiele auf dem Panzer der Tiere. Der Panzer ist bei den Männchen eher dunkel, bei den Weibchen hellbraun gefärbt. Die „Nähte" zwischen den Panzerschilden sind hell. An den Seiten von Kopf und Hals finden sich auf der gräulichen Grundfärbung helle Linien.

Geschlechtsunterschiede: Neben den schon erwähnten Größen- und Färbungsunterschieden sind Männchen noch an dem längeren und an der Basis dickeren Schwanz zu erkennen. Zudem ist der Bauchpanzer der Männchen leicht konkav geformt. Meistens werden die Männchen im Lauf der Jahre am gesamten Körper lackschwarz.

Verbreitung: Mittelchina, südliches Japan, Korea, Taiwan, Hongkong

Lebensraum: In kleineren und stark verkrauteten Gewässern, Bewässerungsanlagen und überschwemmten Reisfeldern sowie in ruhigen Flußabschnitten

Aktivitätszeit: Tagaktiv

Klimabedürfnis: Den Tieren müssen Luft- und Wassertemperaturen von 25–30 °C und unter einem Spotstrahler 40 °C geboten werden. Nachts sinken die Temperaturen auf Werte um 20 °C. Im Winter sollten die Tiere zwei Monate bei 5–10 °C gepflegt werden, jedoch scheint eine Haltung bei Zimmertemperatur über diese Zeit den Tieren auch nicht zu schaden.

Haltung und Vermehrung: Die Chinesische Dreikielschildkröte ist das ideale „Anfängertier" für die Halter von Wasserschildkröten: Sie ist hübsch, robust, wird schnell zutraulich und wird nicht zu groß. Als Aquaterrarium für ein Paar ist nach den „Mindestanforderungen" ein Behälter mit der Grundfläche des 5- x 2,5-fachen der Panzerlänge der Tiere erforderlich (für 3–4 Tiere zusätzlich 10 %, für 5 und mehr zusätzlich 20 %), also ein Aquaterrarium ab 75 x 40 cm. Empfehlenswert ist aber ein deutlich größerer Behälter (1 m² Fläche), dessen Landteil etwa 1/3 der Fläche einnehmen sollte. Der Wasserstand muß etwa 30 cm betragen. Chinesi-

Chinesische Dreikielschildkröte (*Chinemys reevesii*) Foto: M. Schmidt

sche Dreikielschildkröten können gut in Gruppen gehalten werden, wenn es auch gelegentlich zu Rivalitäten zwischen den Tieren kommt.

In der warmen Jahreszeit ist eine Haltung im Gartenteich gut möglich und empfehlenswert. Der Landteil wird mit einem Sand-Erde-Gemisch mindestens 15 cm hoch gefüllt. Versteckmöglichkeiten (Moorkienwurzeln) müssen auch unter Wasser geboten werden, an Land ist eine Sonnenstelle einzurichten.

Um die Schildkröten zur Fortpflanzung zu bringen, werden sie für 8 Wochen bei Temperaturen um 5–10 °C überwintert. Dabei hat es sich als vorteilhafter erwiesen, die Tiere in einem kleineren Behälter in feuchtem Substrat zu überwintern als im Wasserbecken. Es werden, evtl. auch bis zu viermal pro Saison, 2–9 Eier abgelegt, die man bei 28 °C zeitigt. Die Luftfeuchtigkeit muß dabei 90–100 % betragen. Unter den genannten Bedingungen schlüpfen die Jungtiere nach 63–85 Tagen. Die 28 mm langen Jungen werden gemeinsam in einem Aufzucht-Aquaterrarium mit einem Wasserstand von wenigen Zentimetern und Wassertemperaturen von 25–30 °C untergebracht. Die Geschlechtsreife wird im Alter von 7–9 Jahren erreicht.

Ernährung: Fische, Fischstreifen, Wasserschildkröten-Trockenfutter, gehacktes Rinderherz usw.

Gelbrand-Scharnierschildkröte (*Cuora flavomarginata*) Foto: H.-D. Philippen

Literatur und andere Arten: Auch die anderen Arten der China-Sumpfschildkröten (*Chinemys* spec.) sind gut haltbar. Literaturhinweise bei *Sternotherus odoratus*.

Gelbrand-Scharnierschildkröte – *Cuora flavomarginata* (GRAY, 1863)

Beschreibung: Die Gelbrand-Scharnierschildkröte erreicht eine Panzerlänge von 15–17 cm, selten 18 cm. Der Rückenpanzer ist dunkelbraun bis schwarz, sein schwach ausgeprägter Mittelkiel ist gelb gefärbt. Auch der Bauchpanzer ist weitgehend schwarz, nur die Marginalschilde (die Schilde am Rand) sind an der Unterseite gelb gezeichnet, so daß der Eindruck eines „gelben Randes" entsteht. Mittels eines gut ausgebildeten Scharniers am Bauchpanzer kann diese Art ähnlich wie die amerikanischen Dosenschildkröten (*Terrapene* spec.) bei Gefahr den Panzer fest verschließen. Der Kopf ist auffällig gezeichnet: Das oliv gefärbte Schädeldach ist beiderseits von einem kräftigen gelben Streifen eingefaßt. Die Wangen und das Trommelfell wirken blaß rosa.

Die kräftigen Krallen an den Füßen sind bestens zum Graben geeignet, Schwimmhäute zwischen den Zehen sind so gut wie nicht vorhanden.

Geschlechtsunterschiede: Die Männchen bleiben meistens etwas kleiner und haben einen dickeren und kräftigeren Schwanz als die Weibchen.

Verbreitung: Südliches und östliches China, Taiwan und die japanischen Ryukyu-Inseln

Lebensraum: Feuchte Wälder und halboffene Buschlandschaften in Gewässernähe mit zahlreichen Versteckplätzen unter Baumwurzeln und Steinen

Aktivitätszeit: Tagaktiv, vor allem

im Hochsommer auch dämmerungsaktiv. Nach Regenfällen sind die Tiere besonders aktiv und jagen nach Schnekken, Würmern und Käfern.

Klimabedürfnis: Die Art bewohnt subtropische, aber auch lediglich sommerwarme Regionen Chinas. Im Sommer liegen die Temperaturen bei 28–35 °C tagsüber und 20–25 °C nachts. Im Winter sinken die Temperaturen im Süden des Verbreitungsgebietes auf 12–15 °C, während im Norden regelmäßig Fröste auftreten. Die Tiere überstehen diese Zeit vergraben in frostsicheren Verstecken unter Steinen, Wurzeln und Laub.

Haltung und Vermehrung: Viele asiatische Schildkröten sind leider durch exzessiven Konsum in ihrer Heimat von der Ausrottung bedroht. Hierzu gehört die Gelbrand-Scharnierschildkröte. Deshalb wurde die Art im Jahr 2000 auf Anhang II des Washingtoner Artenschutzabkommens gesetzt (s. Kapitel 3). Dennoch sind die Tiere in unseren Terrarien recht häufig. Obwohl sie auch von Anfängern erfolgreich gepflegt werden können, verlangt die Gefährdungssituation besondere Umsicht und Verantwortung. Man muss sich also auf jeden Fall vor der Anschaffung gründlich informieren.

Als Terrarium für ein Paar ist nach den „Mindestanforderungen" ein Behälter mit der Grundfläche des 4- x 2-fachen der Panzerlänge der Tiere erforderlich, allerdings empfiehlt sich eine Einzelhaltung (siehe unten). Als Terrarium eignet sich also ein Behälter mit einer Grundfläche ab 65 x 35 cm. Das Terrarium sollte mit Moospolstern, Laub und Baumwurzeln eingerichtet werden. Es genügt eine ausreichend große Wasserschale mit einem Wasserstand von 3–5 cm; das Wasser muß täglich gewechselt werden (sonst besteht Infektionsgefahr). Die Art badet gerne, schwimmt aber für eine Sumpfschildkröte schlecht. Die meisten Exemplare können nicht tauchen.

Feuchte Grabplätze mit darüber befindlichen Wurzeln werden gerne als Versteck und Lauerplatz angenommen. Von dort aus beobachten diese Lauerjäger sorgfältig die Umgebung. Nach dem Übersprühen und bei hoher Luftfeuchtigkeit sind die Tiere besonders aktiv. Der Bodengrund sollte einmal jährlich erneuert werden. Robuste Farne können die Einrichtung des Terrariums abrunden und dieses attraktiver machen, sie werden von den kletterfreu-

digen Schildkröten aber gelegentlich zerstört.

Die Temperaturen im Terrarium sollten sich sicherheitshalber an den Verhältnissen im südlichen Teil der Verbreitungsgebiets orientieren. Ein Spotstrahler heizt einen lokal begrenzten Bereich auf 35 °C auf. Im Winter sind deutlich verringerte Temperaturen (ca. 10–15 °C) und eine Beleuchtungsdauer von höchstens zehn Stunden für die spätere Vermehrung von großer Bedeutung. Diese Ruhephase sollte etwa 2–3 Monate dauern.

Die Paarungsaktivitäten entfallen hauptsächlich auf die Monate März, April sowie September und Oktober. Da Scharnierschildkröten untereinander sehr aggressiv sein können, trennt man Männchen und Weibchen am besten und setzt die Männchen in gesagten Monaten unter Aufsicht zu den Weibchen. Häufig kommt es dann zu spontanen Paarungen. Ein künstlicher Regenguß kann das noch fördern.

Zur Eiablage ist eine Stelle mit einer mindestens 20 cm hohen Lauberde-Sand-Schicht erforderlich, die auf 30–35 °C aufgeheizt sein muß. Die Weibchen setzen pro Gelege 1–3 Eier ab. Die Eier sind mit 4,5–5 cm für die Größe des Muttertiers sehr groß. Entsprechend groß sind auch die Schlüpflinge. Inkubiert werden die Eier bei 25–30 °C in schwach feuchtem Vermiculit oder Moos. Nach 80–90 Tagen schlüpfen die kleinen Schildkröten, die wie die Eltern gepflegt werden und deren Aufzucht problemlos ist.

Ernährung: Regenwürmer, eingeweichte Futterpellets, reifes Obst (vor allem Banane), mageres, mit Kalk durchmischtes Rinderhack, Mehlwürmer

Andere Arten: Nähere Angaben zur Pflege und Vermehrung sind der erwähnten Schildkröten-Literatur zu entnehmen. Besonders hervorgehoben sei hierfür „Schildkröten" von H. ARTNER & E. MEIER, in dem eine Methode zur Vermehrung aggressiver Wasserschildkröten sowie die Gefährdungssituation ausführlich besprochen werden.

Rotwangen-Schmuckschildkröte *Trachemys scripta elegans* (WIED, 1839)
Gelbwangen-Schmuckschildkröte *Trachemys scripta scripta* (SCHOEPFF, 1792)

Beschreibung: Weibchen dieser Schmuckschildkröten (Familie Emydidae – Sumpfschildkröten) erreichen Panzerlängen bis zu 28 cm, Männchen bis zu 20 cm. Diese doch recht beachtlichen Ausmaße sollte man sich vor der Anschaffung der niedlichen kleinen Schildkrötenbabys dringend vor Augen halten! Besonders auffällig ist bei diesen beiden Unterarten der namensgebende große Streifen, der sich vom Auge bis zu den Schläfen erstreckt. Bei *T. s. elegans* ist dieser rot (Rotwangen-Schmuckschildkröte), bei *T. s. scripta* gelb (Gelbwangen-Schmuckschildkröte). Der ovale Panzer ist an den hinteren Randschilden leicht gesägt. Ist er bei Jungtieren noch grün gefärbt, dunkelt er bei älteren Schildkröten deutlich nach und wird zunehmend braun. Auf dem Rückenpanzer findet sich ein helleres Linienmuster. Der Bauchpanzer ist gelb und z. T. mit dunklen Flecken gemustert. Neben dem erwähnten Wangenfleck ist die Haut von Kopf und Gliedmaßen grün-grau und mit hellen Linien gezeichnet.

Geschlechtsunterschiede: Neben dem auffälligen Größenunterschied sind die Männchen leicht an den langen und gebogenen Krallen der Vorderfüße zu erkennen. Ihr Schwanz ist länger und dikker, ihr Bauchpanzer ist konkav, während der der Weibchen konvex ist. Die Männchen „verschwärzen" farblich oft mit zunehmendem Alter. Der rote Wangenfleck von *T. s. elegans* wird mit zunehmen-

dem Alter kleiner, um letztlich nahezu zu verschwinden.

Verbreitung: Diese beiden Schmuckschildkröten-Unterarten kommen in den USA vor. *T. s. elegans* besiedelt Gewässer entlang des Mississippi bis zum Golf von Mexiko und hinein nach NO-Mexiko. *T. s. scripta* ist an der Ostküste im Tiefland von Virginia bis Florida zu finden.

Lebensraum: Diese beiden Unterarten von *Trachemys scripta* besiedeln stehende Gewässer mit ausreichenden Sonnenplätzen, Pflanzenwuchs und weichem Bodengrund.

Aktivitätszeit: Tagaktiv

Klimabedürfnis: Im Sommer benötigen diese Schmuckschildkröten Wassertemperaturen von 25–30 °C; die Lufttemperatur muß noch etwas höher liegen.

Haltung und Vermehrung: Rotwangen-Schmuckschildkröten sind über Jahrzehnte in unvorstellbaren Stückzahlen nach Deutschland importiert und in „normalen" Zoogeschäften zum Verkauf angeboten worden. Die nötige Sachkenntnis zur Pflege dieser Schildkröten lag oft weder bei Käufern noch Händlern vor. Auch die beachtliche Größe, die die angebotenen fünfmarkstückgroßen Babys recht schnell erreichen, dürfte den wenigsten Kunden bekannt gewesen sein. Dementsprechend mußten unzählige Schmuckschildkröten unter den unzureichenden Haltungsbedingungen so lange leiden, bis sie schließlich starben, oder sie wurden ausgesetzt, als sie zu groß wurden. Nur ein geringer Anteil der Schmuckschildkröten schafft es, sich längerfristig an das schildkrötenfeindliche Klima in Deutschland anzupassen. Demnach sind die meisten ausgesetzten Tiere in einem härteren Winter gestorben (dies gilt auch für Versuche, diese Schildkröten dauerhaft im Gartenteich unterzubringen!). Manche konnten sich aber anpassen und Jahre überdauern. Hier lauert aber schon das nächste Problem: Die räuberischen Schildkröten können der heimischen Insekten- und Amphibienfauna Schaden zuführen. Als Reaktion auf die Fau-

Rotwangen-Schmuckschildkröte (**Trachemys scripta elenans**) Foto: M. Schmidt nenverfälschung wurden die Rotwangen-Schmuckschildkröten in den Anhang B der EU-Artenschutzverordnung aufgenommen (siehe Kapitel 3). Seitdem werden nun in noch größerer Zahl Gelbwangen-Schmuckschildkröten (sowie die ebenfalls für den Massenverkauf ungeeigneten *Pseudemys*-, *Chrysemys*- und *Graptemys*-Arten oder sogar die Schnappschildkröte *Chelydra serpentina*) importiert. Der Verkauf von Gelbwangen-Schmuckschildkröten

Gelbwangen-Schmuckschildkröte (***Trachemys scripta scripta***) Foto: M. Rogner

im unspezialisierten Zoohandel birgt im Prinzip die gleichen Probleme, wenn diese Unterart auch geringere Überlebenschancen im Winter hat. Zwar sind Schmuckschildkröten gut haltbare und auch für den Anfänger geeignete Pfleglinge, doch sollte man sich über ihren Platz- und Temperaturbedarf von vornherein im klaren sein.

Nach den „Mindestanforderungen" benötigen Schmuckschildkröten ein Aquaterrarium mit der Grundfläche des 5- x 2,5-fachen ihrer Panzerlänge (3–4 Tiere: zusätzlich 10 %; ab 5 Tieren: zusätzlich 20 %). Für ein Paar sollte man ein Behältnis von mindestens 120 x 60 cm zur Verfügung stellen. Der Wasserteil für diese hervorragenden Schwimmer muß 40–50 cm tief sein.

Ernährung: *Trachemys scripta* ist omnivor. Die Jungtiere leben noch hauptsächlich carnivor, aber ab dem zweiten Lebensjahr nimmt der Anteil pflanzlicher Nahrung stets zu. Als Futter reicht man Regenwürmer, Kleinkrebse (z. B. aufgetaute Tiefkühlgarnelen), Fisch, Insekten, Gemüse, Wasserschildkröten-Trockenfutter.

Andere Arten und Literatur: Seitdem Rotwangen-Schmuckschildkröten nicht mehr frei importiert werden können, ist der Zoohandel – neben der Gelbwangen-Schmuckschildkröte – noch auf weitere Arten ausgewichen, die in großer Zahl importiert werden.

So sind die Schmuckschildkröten *Pseudemys nelsoni* und *Pseudemys floridana* seit einiger Zeit regelmäßig im Handel zu finden. Beide Arten werden noch größer als die Rot- oder Gelbwangen-Schmuckschildkröte und sind dadurch für den Verkauf an uninformierte Laien noch weniger geeignet; sie erreichen Panzerlängen von über 30 cm! In „normalen" Aquaterrarien sind sie somit kaum noch zu pflegen. Ihre Platzansprüche berechnen sich nach der oben angegebenen Formel. Für zwei adulte Tiere ist also ein Aquaterrarium mit den Grundmaßen von mindestens 150 x 75 cm erforderlich. Für die Haltung im Gartenteich sind beide Arten aufgrund ihres Wärmebedürfnisses völlig ungeeignet, sie können lediglich an schönen Tagen im Freien gepflegt werden. Die Wassertemperaturen im Sommer sollten bei 27–30 °C liegen, eine lokale Strahlungsquelle sorgt für eine höhere Temperatur von 45 °C. Im Winter senkt man die Temperaturen schrittweise ab und pflegt die Tiere für einige Wochen bei etwa 20 °C. Gleichzeitig verringert man die Beleuchtungsdauer von 14 auf 10 Stunden täglich. *Pseudemys nelsoni* frißt bereits als Jungtier einen größeren Anteil an pflanzlicher Nahrung. Unter diesen Bedingungen sind auch diese Schmuckschildkröten recht gut haltbar und auch zur Fortpflanzung zu bringen. Ansonsten gilt für die Haltung dieser Schmuckschildkröten das oben Gesagte.

Problematisch ist auch die Haltung der Zierschildkröte *Chrysemys picta,* deren vier Unterarten relativ häufig angeboten werden. Frischimporte sterben oft in kurzer Zeit. Die nördlichen Unterarten dieser Wasserschildkröte sind noch eher in der Lage, sich mit unserem Klima zu arrangieren als die Rotwangen-Schmuckschildkröte. Das macht sie einerseits zwar für die Haltung in Freilandanlagen geeigneter, birgt aber andererseits eine noch größere Gefahr der Faunenverfälschung. Zwar können eingewöhnte Zierschildkröten oder Nachzuchten gut im Aquaterrarium gehalten werden, doch sollte ihre Pflege erfahreneren Schildkrötenhaltern vorbehalten bleiben.

Völlig ungeeignet für fast jede private Haltung ist die in jüngster Zeit ebenfalls relativ häufig importierte Schnappschildkröte (*Chelydra serpentina*). Sie ist aufgrund ihrer Größe (Panzerlänge bis 50 cm!) nicht nur sehr schwer artgerecht unterzubringen, sondern sie kann auch gefährlich zubeißen.

Literaturangaben zu diesen und weiteren Wasserschildkröten finden sich im Abschnitt über *Sternotherus odoratus.* Speziell zu Schmuckschildkröten gibt es auch eigene Bücher, z. B. von OBST oder von PRASCHAG.

Falsche Landkarten-Höckerschildkröte – *Graptemys pseudogeographica pseudogeographica* (GRAY, 1831)

Beschreibung: Auch die Gattung *Graptemys* zählt zu den Sumpfschildkröten (Emydidae). Die Weibchen dieser Art erreichen eine Panzerlänge von 22–27 cm, die Männchen von 10–14 cm. Der Panzer ist bräunlich gefärbt und mit einer feinen Netzzeichnung versehen, die sich mit zunehmendem Alter verliert. Auf der Panzermitte verläuft ein deutlich erkennbarer Längskiel („Höckerschildkröte"). Die Schilde am Panzerende sind stark gesägt. Der Bauchpanzer ist gelblich und z. T. mit dunklen Flecken gemustert. Kopf, Hals und Beine sind dunkel-grünlich und mit gelben Linien gezeichnet.

Geschlechtsunterschiede: Männchen besitzen einen längeren Schwanz als Weibchen, bleiben kleiner, ihre Höcker treten deutlicher hervor, und ihre Krallen an den Vorderextremitäten sind verlängert. Die Köpfe von adulten Männchen sind schmal, während die der Weibchen massig wirken. Auch beginnt das Zeichnungsmuster auf dem Rückenpanzer der Weibchen mit zunehmendem Alter zu verwischen, während bei den Männchen die Jugendfärbung weitgehend erhalten bleibt.

Verbreitung: Nördliche, mittlere und südliche USA entlang der Flußsysteme des Mississippi, Missouri, Arkansas, Red River und des Ohio

Lebensraum: Die Falschen Landkarten-Höckerschildkröten leben vornehmlich aquatil. Sie besiedeln ruhige Flußabschnitte oder stehende Gewässer mit reichlicher Wasserpflanzenvegetation.

Aktivitätszeit: Tagaktiv

Klimabedürfnis: Höckerschildkröten sind sehr wärmebedürftig. Die Lufttemperatur sollte am Tag 28–30 °C, unter einem Spotstrahler 40 °C betragen, die Wassertemperatur liegt einige Grad darunter. In der Nacht sollten die Werte auf 22 °C absinken.

Haltung und Vermehrung: Höckerschildkröten werden in letzter Zeit sehr häufig angeboten und auch an Anfänger verkauft, obwohl sie – wie leider viele der stark gehandelten Arten – keine einfachen Pfleglinge sind. Der Anfänger sollte sich nur mit zusätzlicher Fachliteratur an die Haltung von *Graptemys*-Arten wagen. Da sie aber zu den häufigsten Wasserschildkröten im Angebot „normaler" Zoohandlungen zählen, werden ihre Ansprüche an die Haltung hier kurz umrissen.

Nach den „Mindestanforderungen" benötigen diese bewegungsfreudigen Schildkröten ein Aquaterrarium mit der Grundfläche des 5- x 2,5-fachen ihrer Panzerlänge (3–4 Tiere: zusätzlich 10 %; ab 5 Tieren: zusätzlich 20 %). Für eine kleine Gruppe empfehle ich Behältnisse ab 130 x 70 x 50 cm (L x B x H). Der Wasserstand sollte etwa 30 cm betragen. Ein geräumiger Landteil, auf dem alle Tiere gleichzeitig Platz finden, ist notwendig. Ein Strahler muß eine Stelle des Landteils auf 40 °C erwärmen, der als Sonnenplatz dient. Höckerschildkröten sind sehr lichtbedürftig, auf eine ausreichende Terrarienbeleuchtung ist unbedingt zu achten. Ein UV-Anteil in der Beleuchtung empfiehlt sich. Bei gutem Wetter können die Tiere auch in Freilandanlagen untergebracht werden, sind dort aber extrem scheu und nur schwer wieder einzufangen.

Zur Auslösung der Fortpflanzungsaktivitäten ist eine zwei- bis dreimonatige Temperaturabsenkung auf 5–10 °C bei gleichzeitiger Verringerung der Tageslänge und der Strahlungsintensität nötig. Zur Eiablage wird den Schildkröten ein Eiablagebehälter, der mit feuchtem Sand gefüllt ist, angeboten. In einer Tiefe von 15 cm muß die Temperatur noch 26–28 °C betragen. Es werden pro Gelege 1–8 Eier abgesetzt und es sind mehrere Gelege pro Jahr möglich. Die Zeitigung erfolgt bei 30 °C am Tag und 26 °C in der Nacht in feuchtem Sand. Die Luftfeuchtigkeit beträgt 95 %. Der Schlupf der Jungtiere erfolgt dabei nach 57–63 Tagen. Die jungen Höckerschildkröten werden gemeinsam in einem Aufzuchtterrarium untergebracht. Männchen erreichen bei optimaler Pflege bereits mit 24 Monaten die Geschlechtsreife, die Weibchen sind erst mit 4–5 Jahren fortpflanzungsfähig.

Ernährung: Fisch, Regenwürmer, aufgetautes Frostfutter (Garnelen), Futterpellets. Adulte Tiere nehmen hin und wieder auch pflanzliche Nahrung (z. B. Löwenzahn) zu sich.

Andere Arten und Literatur: Die Unterart *Graptemys pseudogeographica kohni* wird ebenfalls häufig angeboten und muß unter ähnlichen Bedingungen gehalten werden, und auch die Höckerschildkröte *Graptemys nigrinoda* ist öfter in unseren Aquaterrarien zu finden. Diese beiden *Graptemys*-Formen sind ebenfalls eher schwierigere Pfleglinge.

Falsche Landkarten-Höckerschildkröte (*Graptemys pseudogeographica pseudogeographica*)
Foto: M. Schmidt

Rotbauch-Spitzkopfschildkröte – *Emydura subglobosa* (KREFFT, 1876)

Beschreibung: *Emydura subglobosa* gehört zu den Halswender-Schildkröten (Unterordnung Pleurodyra), d. h., sie kann ihren Kopf und Hals nicht in den Panzer einziehen, sondern verbirgt ihn bei Bedrohung durch seitliches Anlegen unter dem Panzer. Die Art wurde auch unter dem Namen *Emydura albertisii* BOULENGER, 1888 beschrieben und ist unter diesem Namen auch häufig im Handel oder in Tauschanzeigen zu finden.

Die Rotbauch-Spitzkopfschildkröte erreicht eine maximale Panzerlänge von 26 cm, Männchen bleiben aber mit höchstens 21 cm kleiner.

Wie der deutsche Name andeutet, wirkt der Kopf dieser Schildkröte zugespitzt, am Kinn befinden sich zwei Barteln. Der Hals ist – für eine Halswender-Schildkröte – relativ kurz. Der sich nach hinten etwas verbreiternde, glatte und flache Rückenpanzer ist braun, der Bauchpanzer rot oder rot-gelb. Kopf, Hals und Gliedmaßen sind grau und z. T. mit roten Flecken gezeichnet. Der Kopf ist mit zwei gelben Streifen auf jeder Seite sehr ansprechend gezeichnet. Beide gehen von der Schnauzenspitze aus; der eine verläuft über das Auge zum Ohr, der andere entlang des Oberkiefers. Ein rötlicher Streifen verläuft über den Un-

terkiefer und setzt sich auf dem Hals fort.

Der Rückenpanzer der Jungtiere hat noch einen schwach ausgeprägten Kiel und ist schwarz; an seinem Außenrand ist ein rotes Band zu sehen.

Geschlechtsunterschiede: Abgesehen vom Größenunterschied können die Männchen an ihren längeren und verdickteren Schwänzen erkannt werden. Zudem ist der Rückenpanzer der Weibchen stärker gewölbt.

Verbreitung: Cape-York-Halbinsel im Norden Australiens, Süden von Neuguinea

Lebensraum: Größere Gewässer in tropisch-feuchten Habitaten

Aktivitätszeit: Tagaktiv

Klimabedürfnis: Die Wassertemperaturen sollten bei 25–30 °C liegen, die der Luft etwas höher. Unter einem Strahler sollten etwas höhere Werte erreicht werden. Nachts sinken die Temperaturen um einige Grad.

Haltung und Vermehrung: Die ausgesprochen hübsche Rotbauch-Spitzkopfschildkröte ist eine ausgezeichnet für Anfänger geeignete Wasserschildkrötenart. Nachzuchten dieser Tiere sind regelmäßig erhältlich. *Emydura*-Arten sind wenig aggressiv und können auch in Gruppen mit mehreren Männchen und Weibchen gepflegt werden. Aufgrund ihrer eigenen Größe benötigen sie ein entsprechend geräumiges Aquaterrarium. Nach den „Mindestanforderungen" benötigt man für zwei Tiere eine Grundfläche mit den Maßen des 5- x 2,5-fachen der Panzerlänge der Tiere (für 3–4 Tiere 10 % mehr, ab 5 Tieren 20 % mehr). Für ein Paar sollte das Aquaterrarium also eine Fläche von etwa 125 x 60 cm haben. Der Wasserstand sollte etwa 30 cm betragen.

Der Landteil des Aquaterrariums wird lediglich mit einer hohen Sandschicht bedeckt. Im Wasser müssen Versteckmöglichkeiten (Wurzeln etc.) vorhanden sein, eine Bepflanzung empfiehlt sich. Wie allen Wasserschildkröten muß auch *Emydura subglobosa* viel Licht – möglichst mit UV-Anteil – geboten werden.

Die Nachzucht gelingt regelmäßig, besondere Paarungsauslöser scheinen nicht erforderlich zu sein. Es können mehrere (bis zu acht) Gelege im Jahr mit ca. 10 Eiern (höchstens 16) produziert werden. Die Eier werden in sehr feuchtem Substrat bei 28 °C inkubiert, die Jungtiere schlüpfen nach ca. 50 Tagen. Die Panzerlänge der Schlüpflinge beträgt etwa 2–3 cm. Die Aufzucht erfolgt bei täglicher Fütterung unter den oben genannten Bedingungen; auf ausreichende Versteckplätze ist zu achten. Die Jungtiere werden nach 4–7 Jahren geschlechtsreif.

Ernährung: Die Rotbauch-Spitzkopfschildkröte ist omnivor und frißt verschiedene Insekten, Schnecken, Würmer, Krebstiere, Wasserschildkröten-Trockenfutter sowie Salat, Blätter und Gemüse.

Literatur und andere Arten: Auch die anderen *Emydura*-Arten sind gut haltbare und für den Anfänger geeignete Terrarientiere.

Weitere auch von Einsteigern gut zu pflegende Halswender-Schildkröten sind die Klappbrust-Pelomedusenschildkröten *Pelusios* spec.

Ebenfalls zu den Halswendern, aber zur Familie Chelidae, gehören die häufig gehaltenen Schlangenhals-Schildkröten. Ihre Pflege und Vermehrung ist zwar ebenfalls gut möglich, erfordert aber etwas Erfahrung in der Schildkrötenpflege.

Vor der Haltung all dieser Arten muß man sich natürlich mit Hilfe der weiterführenden Literatur gründlich informieren (siehe *Sternotherus odoratus*).

Rotbauch-Spitzkopfschildkröte
(*Emydura subglobosa*)
Foto: H.-D. Philippen

Erläuterung wichtiger Fachbegriffe

In der nachfolgenden Liste werden die in diesem Buch verwendeten Fachbegriffe alphabetisch geordnet aufgeführt und ihre Bedeutung für den Laien verständlich erklärt. Auf diese Zusammenstellung kann der Leser auch später noch zurückgreifen, wenn er beim Lesen spezieller Fachliteratur auf ihm unbekannte Fachbegriffe stößt, die aber zum Verständnis des Werkes von Bedeutung sind.

- Abdomen: Hinterleib
- acrodonte Bezahnung: Zähne sitzen auf den Kieferknochen
- adaptieren: Zusammenfügen bei Verletzungen mit aufklaffenden Wundrändern (medizinisch); an Umweltbedingungen anpassen (ökologisch)
- adult: geschlechtsreif
- Adulti: geschlechtsreife Tiere
- akustisch: etwas, das mit Hörbarem (Geräusche,
- Laute, Töne) zu tun hat
- Albumin: Eiklar, Eiweiß
- Allantois: „Harnsack" des heranwachsenden Reptilienembryos im Ei
- Amnion: die den Embryo umhüllende Eimembran
- Amöben: Wechseltierchen (Einzeller)
- Amphigona retardata: verzögerte Befruchtung. Da Sperma im Körper des Weibchens gespeichert wird, ist eine Befruchtung zu einem späteren (geeigneteren) Zeitpunkt möglich
- Anamnese: Krankengeschichte
- Anorexie: Nahrungsverweigerung
- Antibiotikum: gegen Bakterien wirkendes Medikament
- Anura: Froschlurche (Frösche, Kröten, Unken)
- Apathie: Teilnahmslosigkeit
- aquatil: im Wasser lebend
- Ascariden: Spulwürmer
- Ascorbinsäure: Vitamin C
- Asthenie: Kraftlosigkeit
- Autotomie: Nachwachsen des abgeworfenen Schwanzes
- Capillarien: Haarwürmer

- Carapax: Rückenpanzer der Schildkröten
- carnivor: fleischfressend
- Cestoden: Bandwürmer
- Chalazen: Hagelschnüre bei Vogeleiern (fehlen den Reptilieneiern). Sie halten den Embryo auch beim Verdrehen des Eies immer in derselben Position
- Chelonia: Schildkröten (Ordnung der Reptilien)
- Chromatophoren: Pigmentzellen (bewirken Gelb- und Rotfärbung)
- Ciliaten: Wimperntierchen
- cranial: in Kopfrichtung, nach vorn
- Crocodylia: Panzerechsen (Ordnung der Reptilien)
- Cryptodira: Halsberger; Schildkröten, die ihren Kopf bei Gefahr in den Panzer einziehen (Unterordnung der Schildkröten)
- Dermamykose: Hautpilzerkrankung
- Dermis: Lederhaut
- dorsal: am Rücken
- dorsolateral: oben-seitlich; rücken-seitlich
- Dysbakterie: Absterben von Bakterien, die zur physiologischen Darmflora gehören (dies kann z. B. durch eine Antibiotikabehandlung ausgelöst werden)
- Ektoparasiten: Außenparasiten (z.B. Milben, Zecken)
- Endoparasiten: Innenparasiten (z.B. Würmer, Einzeller)
- Epidermis: Oberhaut
- Erythrozyten: Rote Blutkörperchen
- Exsikkose: Austrocknung
- Exsudat: bei entzündlichen Vorgängen gebildete Flüssigkeit
- Femoralporen: Schenkelporen (an der Oberschenkel-Unterseite der Hinterbeine)
- Flagellaten: Geißeltierchen
- Fraktur: Knochenbruch
- Gastro-Enteritis: Magen-Darm-Entzündung
- Geschlechtsdimorphismus: äußerlich erkennbare Geschlechtsunterschiede (z. B. unterschiedliche Größe von Männchen und Weibchen, Hautanhänge etc.)
- Gonaden: Keimdrüsen; Oberbegriff für Hoden

und Eierstöcke
- Guanophoren: Pigmentzellen (bewirken eine Blaufärbung)
- Hämorrhagien: Blutungen
- herbivor: pflanzenfressend
- Herpetologie: Wissenschaft, die sich mit den Reptilien und Amphibien beschäftigt
- Hydrationszustand: Flüssigkeitshaushalt, Versorgung des Organismus mit Flüssigkeit
- Ileus: Darmverschluß
- Inkubation: Erbrüten von Eiern
- Inkubationszeit: Dauer der Inkubation vom Ablegen der Eier bis zum Schlupf
- Inkubator: Brutapparat, Brutschrank
- Intestinaltrakt: Magen-Darm-Trakt
- Intoxikation: Vergiftung
- juvenil: jugendlich, noch nicht geschlechtsreif
- kaudal: in Schwanzrichtung
- Kehlwamme: Kehlsack, Hautlappen in der Kehlregion mancher Echsenarten
- KG: Körpergewicht (bei Medikamentendosierungen)
- Kopf-Rumpf-Länge: die Länge von der Schnauzenspitze bis zum Schwanzansatz, also ohne Schwanzlänge
- KRL: Kopf-Rumpf-Länge
- lateral: seitlich, an der Seite
- Leukozyten: Weiße Blutkörperchen
- Melanin: dunkler Farbstoff in den Pigmentzellen der Haut
- Melanophoren: Melaninzellen (bewirken eine Dunkelfärbung mit Hilfe des darin enthaltenen Melanins)
- Mortalität: Sterblichkeit
- Mykose: Pilzerkrankung
- Natternhemd: abgestreifte Schlangenhaut
- Nominatform: Die Nominatform ist die Unterart, zu der ein Tier gehört, anhand dessen die Art wissenschaftlich beschrieben wurde (also die zuerst beschriebene Unterart).
- olfaktorisch: geruchlich
- omnivor: allesfressend
- oral: in das Maul
- Ösophagus: Speiseröhre
- Ovarien: Eierstöcke
- ovipar: eierlegend
- Ovipositor: Eilegestachel bei Insekten
- ovovivipar: eilebendgebärend. Die Eier entwikkeln sich im Mutterleib zu schlupfreifen Jungtieren, die während oder kurz nach der Ablage schlüpfen.
- Ovozyte: Eizelle
- Ovulation: Eisprung
- palpieren: erfühlen, ertasten
- parenteral: injiziert
- Parese: unvollständige Lähmung
- Parthenogenese: Jungfernzeugung, Fortpflanzung ohne die Begattung durch ein Männchen
- pathogen: krankheitsauslösend
- Peritonitis: Bauchfellentzündung
- Pheromone: Sexuallockstoffe
- Physiologie: Lehre von den Stoffwechselvorgängen
- Plastron: Bauchpanzer der Schildkröten
- Pleurodira: Halswender; Schildkröten, die ihren Kopf bei Gefahr seitlich an eine Vorderextremität anlegen (Unterordnung der Schildkröten)
- pleurodonte Bezahnung: Zähne sitzen an der Innenseite der Kieferknochen
- Pneumonie: Lungenentzündung
- poikilotherm: wechselwarm
- Postanalschuppen: vergrößerte Schuppen hinter (in Richtung Schwanzspitze) der Kloakenöffnung
- Pränalporen: Poren vor (in Richtung Kopf) der Kloakenöffnung
- Prädator: Freßfeind
- Prolaps: Vorfall (z.B. Penisvorfall, Darmvorfall, Eileitervorfall)
- Protozoen: Einzeller
- reponieren: wieder in die natürliche Lage (Stellung) bringen
- Reptilia: Kriechtiere (Klasse der Wirbeltiere)
- rezent: heute existierend, gegenwärtig (noch) lebend, nicht ausgestorben
- Rhabditiden: Lungenwürmer
- Rhynchocephalia: Brückenechsen (Ordnung der Reptilien)
- Sauria: Echsen (Unterordnung der Schuppenkriechtiere)
- semiadult: halberwachsen
- Serpentes: Schlangen (Unterordnung der Schuppenkriechtiere)
- Species (spec., sp.): Art

- Squamata: Eigentliche Schuppenkriechtiere (Ordnur g der Reptilien)
- Stomatitis ulcerosa: Maulfäule
- Stomatitis: Maulschleimhautentzündung
- Strongiloiden: Hakenwürmer
- Subcutis: Unterhaut
- subcutan (s.c.): unter die Haut (bei Injektionen)
- Subspecies (ssp.): Unterart
- Systemmykose: Pilzbefall innerer Organe
- Taxon (Mehrzahl: Taxa): künstlich abgegrenzte Gruppe von Lebewesen (z. B. Stamm, Gattung) als Einheit innerhalb der biologischen Systematik
- terrestrisch: an Land lebend
- Tertiär: Zeitepoche der Erdgeschichte (vor 67-2 Mio. Jahren)
- Testes: Hoden
- thecodonte Bezahnung: Zähne sind in Zahn-
- höhlen eingebettet
- Trachea: Luftröhre
- Trias: Zeitepoche der Erdgeschichte (vor 225-195 Mio. Jahren)
- Tube: trichterförmige Öffnung des Eileiters, die beim Eisprung die Eizelle aufnimmt
- Urodelen: Schwanzlurche (Molche und Salamander)
- Uterus: Eileiter
- ventral: an der Bauchseite gelegen (Vorderseite, Unterseite)
- visuell: den Gesichtssinn betreffend
- Zoonosen: Sammelbegriff für Krankheiten, die von Tieren auf den Menschen übertragbar sind oder umgekehrt. Zooanthroponose: vom Tier auf den Menschen; Antropozoonose: vom Menschen auf Tiere.

Grüne Leguane (*Iguana iguana*) bei der Fütterung Foto: H. Werning

Terrarienkundliche Vereinigungen, Untersuchungsstellen und Zeitschriften

(Stand Juli 2000)

Terrarienkundliche Vereinigungen

In vielen Städten gibt es ortsansässige Aquarien- und Terrarienvereine, bei denen man auf Gleichgesinnte trifft und mit anderen Terrarianern und Züchtern Erfahrungsaustausch betreiben kann. Leider beschränken sich hier die Vereinsaktivitäten häufig auf eine wöchentliche Zusammenkunft an irgendeinem Stammtisch. Dies ist ja mit Sicherheit sehr unterhaltsam und gemütlich, doch von einer ernsthaften Weitergabe von Erfahrungen kann dabei oft nicht die Rede sein.

Aus diesem Grund empfehle ich jedem, der sich ernsthaft mit Reptilien beschäftigen möchte, der „Deutschen Gesellschaft für Herpetologie und Terrarienkunde e.V." (DGHT) beizutreten. Hierbei handelt es sich um die größte terrarienkundliche Vereinigung mit derzeit weit über 7000 Mitgliedern. Diese setzen sich aus Wissenschaftlern, namhaften Spezialisten und Fachbuchautoren sowie interessierten und engagierten Hobbyterrarianern zusammen.

In vielen größeren Städten haben sich Stadtgruppen und Regionalgruppen gebildet. Des weiteren gibt es zahlreiche Untergruppierungen, sogenannte Arbeitsgemeinschaften, wie die AG Schlangen, die AG Krokodile, die AG Leguane und die AG Feldherpetologie, um nur einige zu nennen.

Der Mitgliedsbeitrag beläuft sich derzeit (2000) auf 50,- DM (ermäßigt) bzw. 80,- DM pro Jahr und wird sich ab 2001 voraussichtlich erhöhen. Die Mitglieder erhalten vierteljährlich die terraristisch/herpetologischen Zeitschriften „elaphe" und „Salamandra" sowie das begehrte „Anzeigen Journal". In letzterem können die DGHT-Mitglieder kostenlos inserieren und ihre Nachzuchttiere zum Verkauf oder Tausch anbieten, sowie bestimmte Reptilienarten suchen.

Einmal im Jahr findet eine mehrtägige Jahrestagung mit vielen lehrreichen und interessanten Vorträgen statt.

Darüber hinaus erhalten DGHT-Mitglieder 10 % Ermäßigung, wenn sie den Kot ihrer Pfleglinge von der Untersuchungsstelle GeVo Diagnostik (s.u.) prüfen lassen. Für jeden, der an der Reptilienhaltung und -zucht interessiert ist, ist eine Mitgliedschaft in dieser Vereinigung auf alle Fälle lohnenswert.

Deutsche Gesellschaft für Herpetologie
und Terrarienkunde e.V.
DGHT-Geschäftsstelle
Postfach 1421
53351 Rheinbach
Tel.: 02225-703333
Fax: 02225-703338
E-Mail: gs@dght.de
Internet: http://www.dght.de

Weiterhin erteilen auch zoologische Gärten, die über ein Zooterrarium verfügen, dem Anrufer gerne hilfreiche und detaillierte Auskünfte bei Haltungsproblemen und sonstigen speziellen Fragen zur Reptilienpflege. Hier wären z.B. der Zoologisch-botanische Garten Wilhelma (Stuttgart), das Exotarium des Zoologischen Gartens Frankfurt am Main sowie das Kölner Zooaquarium zu nennen.

Zeitschriften

elaphe, Salamandra
Zeitschriften der DGHT, die alle Mitglieder kostenlos erhalten
Erscheinungsweise: vierteljährlich

REPTILIA
Terraristik-Fachmagazin
Herausgeber: Natur und Tier -
Verlag Matthias Schmidt
An der Kleimannbrücke 39
48157 Münster
Tel.: 0251-143953
Fax: 0251-143955
E-Mail: NTVrep@aol.com
Internet: http://www.ms-verlag.de
Erscheinungsweise: zweimonatlich, jeweils 96

Seiten, Einzelheft 9,80 DM, Jahresabonnement
54,60 DM

DRACO
Terraristik-Themenheft
Herausgeber: Natur und Tier -
Verlag Matthias Schmidt
An der Kleimannbrücke 39
48157 Münster
Tel.: 0251-143953
Fax: 0251-143955
E-Mail: verlag@ms-verlag.de
Internet: http://www.ms-verlag.de
Erscheinungsweise: dreimonatlich,
80-100 Seiten, Einzelheft 14,80 DM,
Jahresabonnement 55,20 DM

DATZ
Die Aquarien- und Terrarienzeitschrift
Herausgeber: Verlag Eugen Ulmer GmbH & Co.
Postfach 700561
70574 Stuttgart
Tel.: 0711-45070
Fax: 0711-4507120
Erscheinungsweise: monatlich, jeweils 66 + 40
Seiten, Einzelheft 9,60 DM, Jahresabonnement
105,- DM

herpetofauna
Zeitschrift für Reptilen- und Amphibienkunde
Herausgeber: herpetofauna-Verlags GmbH
Römerstr. 21
71384 Weinstadt
Tel. & Fax: 07151-600677
Erscheinungsweise: zweimonatlich, jeweils 36
Seiten, Einzelheft 9,50 DM, Jahresabonnement
68,40 DM

SAURIA
Terraristik und Herpetologie
Herausgeber: Terrariengemeinschaft Berlin e.V.
Geschäftsstelle: Barbara Buhle
Planetenstr. 45
12105 Berlin
Tel.: 030-6847140
Erscheinungsweise: vierteljährlich, jeweils 48
Seiten, Jahresabonnement 49,- DM

Untersuchungsstellen

GeVo Diagnostik
Gesellschaft für medizinische u. biologische
Untersuchungen mbH
Jakogstr. 65
70794 Filderstadt

Universität München
Institut für Zoologie, Fischereibiologie und
Fischkrankheiten der tierärztlichen Fakultät der
Universität München
Kaulbachstr. 37
80539 München

Justus-Liebig-Universität Gießen
Institut für Geflügelkrankheiten
Frankfurter Str. 87
35392 Gießen

Tierärzte mit reptilienmedizinischen Kenntnissen
Eine aktuelle Liste von Tierärzten mit reptilienmedizinischen Kenntnissen findet sich im Internet-Angebot der DGHT (http://www.dght.de) oder läßt
sich in der DGHT-Geschäftsstelle erfragen.

Ein Tokeh (*Gekko gekko*) Foto: M. Schmidt/P. Lammers

Deutschsprachige Bücher zu spezielleren Themen

In der folgenden Liste sind Bücher zu weiterführenden Themen der Reptilienhaltung oder zu einzelnen Tiergruppen aufgeführt. Die Auflistung erfolgt ohne Wertung, d.h., nicht alle hier genannten Bücher sind auch empfehlenswert. Buchempfehlungen finden sich im Artenteil (Kapitel 16–18). Für eine Vollständigkeit der Liste kann keine Gewähr übernommen werden. Stand Juli 2000.

- ACKERMANN, L. (2000): Atlas der Reptilienkrankheiten. – 2 Bände, Ruhmannsfelden (bede)
- ARTNER, H. & E. MEIER (2000): Schildkröten – Symposiumsband. – Münster (Natur und Tier - Verlag), 184 S.
- BASILE, I.A. (1989): Landschildkröten - Faszinierende Schildkröten 1. - Stuttgart (Verlag SN), 143 S.
- BASILE, I.A. (1995): Sumpfschildkröten - Faszinierende Schildkröten 2. - Stuttgart (Verlag SN), 180 S.
- BAUCHOT, R. (1994): Schlangen. - Augsburg, 240 S.
- BAUR, B. & R. M. MONTANUCCI (1998): Krötenechsen. - Offenbach (Herpeton Verlag), 158 S.
- BECH, R. & U. KADEN (1990): Echsen; Vermehrung von Terrarientieren. - Leipzig (Urania-Verlag), 167 S.
- BENNET, D. (1997): Warane der Welt - Welt der Warane. - Frankfurt/Main (Edition Chimaira), 384 S.
- BLAHAK, S. (1999): Schlangen richtig pflegen. – Hannover (Landbuch), 64 S.
- BOSCH, H. (1994): Boa constrictor. - Münster (Natur und Tier - Verlag), 88 S.
- BOSCH, H. & H. WERNING (1991): Leguane. - Münster (Natur und Tier - Verlag), 120 S.
- BROCK, J. (1997): Krokodile. - Münster (Natur und Tier - Verlag), 160 S.
- BROGHAMMER, S. (1999): Albinos. - Frankfurt/M. (Edition Chimaira)
- COBORN, J. (1995): Schlangenatlas. - Ruhmannsfelden (bede-Verlag), 592 S.
- COBORN, J. (1995): Leguane. - Ruhmannsfelden (bede-Verlag), 64 S.
- DAUM, R. (1998): Europäische Landschildkröten. - Hannover (Landbuch-Verlag), 64 S.
- DREWNOESKI, G. (1996): Königsboas - Boa constrictor. - Ruhmannsfelden (bede-Verlag), 64 S.
- EIDENMÜLLER, B. (1997): Warane; Lebensweise, Pflege und Zucht. - Offenbach (Herpeton-Verlag), 160 S.
- FERREL, S. K. (1996): Ratgeber Leguane. - Ruhmannsfelden (bede-Verlag), 96 S.
- FLÄSCHENDRÄGER, A. & WIJFFELS, L. (1997): Anolis. - Münster (Natur und Tier - Verlag), 207 S.
- FRIEDERICH, U. & VOLLAND, W. (1992): Futtertierzucht; Lebendfutter für Vivarientiere. - Stuttgart (Verlag Eugen Ulmer), 188 S.
- FRÖHLICH, F. (1998): Wunderschöne Schmuckschildkröten. – Stuttgart, 62 S.
- GOLDER, F. (1996): Schlangen; Grundlagen erfolgreicher Haltung und Zucht. - Frankfurt/Main (Edition Chimaria), 208 S.
- GONNELLA, H. (1998): Ihr Hobby: Paludarien. - Ruhmannsfelden (bede-Verlag), 79 S.
- GRIEHL, K. (1987): Schlangen. - München (Verlag Gräfe und Unzer GmbH), 72 S.
- HACKBARTH, R. (1992): Krankheiten der Reptilien. - Stuttgart (Kosmos), 88 S.
- HALLMANN, G., J. KRÜGER & G. TRAUTMANN (1997): Faszinierende Taggeckos - Die Gattung Phelsuma. - Münster (Natur und Tier- Verlag), 200 S.
- HALLMEN, M. & J. CHLEBOWY (2000): Strumpfbandnattern. – Münster (Natur und Tier - Verlag)
- HAUSCHILD, A. & BOSCH, H. (1997): Bartagamen und Kragenechsen. - Münster (Natur und Tier - Verlag), 88 S.
- HAUSCHILD, A. & GASSNER, P. (1995): Skinke im Terrarium. - Hannover (Landbuch-Verlag)
- HAUSCHILD, A., K. HENLE, R. HITZ, G.M. SHEA & H. WERNING (2000): Blauzungenskinke. – Münster (Natur und Tier - Verlag), 288 S.
- HEINECKE, S. & HENKEL, F.W. (1993): Chamäleons im Terrarium. - Hannover (Landbuch-Verlag), 158 S.
- HENKEL, F.W., M. KNÖTHIG & W. SCHMIDT (2000): Leopardgeckos. – Münster (Natur und Tier - Verlag)
- HENKEL, F.W. & SCHMIDT, W. (1991): Geckos. -

Stuttgart (Verlag Eugen Ulmer), 224 S.

- HENKEL, F.W. & SCHMIDT, W. (1994): Leguane. - Stuttgart (Verlag Eugen Ulmer), 220 S.
- HENKEL, F.W. & SCHMIDT, W. (1997): Agamen im Terrarium. - Hannover (Landbuch-Verlag), 160 S.
- HENKEL, F.W. & SCHMIDT, W. (1997): Terrarien; Bau und Einrichtung. - Stuttgart (Verlag Eugen Ulmer), 178 S.
- HENKEL, F.W. & SCHMIDT, W. (1999): Tropische Wälder als Lebensraum für Amphibien und Reptilien. – Hannover (Landbuch), 160 S.
- HESELHAUS, R. (1994): Taggeckos. - Stuttgart, Hohenheim (Verlag Eugen Ulmer GmbH & Co.), 112 S.
- HESELHAUS, R. & SCHMIDT, M. (1990): Karibische Anolis. - Münster (Natur und Tier - Verlag), 87 S.
- HUNZIKER, R. (1996): Rotkehlanolis. - Ruhmannsfelden (bede-Verlag), 64 S.
- ISENBÜGEL, E. & W. FRANK (1985): Heimtierkrankheiten. - Stuttgart (Verlag Eugen Ulmer), 402 S.
- JAROFKE, D. & J. LANGE (1993): Reptilien, Krankheiten und Haltung. - Berlin/Hamburg (Verlag Paul Parey), 118 S.
- JES, H. (1987): Echsen als Terrarientiere. - München (Verlag Gräfe und Unzer GmbH), 72 S.
- KABISCH, K. (1990): Wörterbuch der Herpetologie. - Jena, 477 S.
- KIRSCHE, W. (1997): Die Landschildkröten Europas. - Melle (Mergus), 104 S.
- KIRSCHNER, A., T. MÜLLER & H. SEUFER (1995): Der Königspython. - Keltern (Verlag Kirschner u. Seufer), 71 S.
- KIRSCHNER, A. & H. SEUFER (1996): Faszination Warane. - Keltern (Verlag Kirschner u. Seufer), 254 S.
- KÖHLER, G. (1999): Basilisken. - Offenbach (Herpeton-Verlag), 96 S.
- KÖHLER, G. (1993): Schwarze Leguane. - Offenbach (Herpeton-Verlag), 126 S.
- KÖHLER, G. (1996): Krankheiten der Reptilien und Amphibien. - Stuttgart (Verlag Eugen Ulmer), 166 S.
- KÖHLER, G. (1997): Inkubation von Reptilieneiern. - Offenbach (Herpeton-Verlag), 205 S.
- KÖHLER, G. (1998): Der Grüne Leguan. - Offenbach (Herpeton-Verlag), 117 S.
- MANTHEY, U. & N. SCHUSTER (1997): Agamen. - Münster (Natur und Tier- Verlag), 120 S.

- MARA, W. P. (1995): Das große Buch der Giftschlangen. - Ruhmannsfelden (bede-Verlag), 144 S.
- MARA, W. P. (1995): Bullennattern. - Ruhmannsfelden (bede-Verlag), 64 S.
- MARA, W. P. (1995): Dreiecksnattern. - Ruhmannsfelden (bede-Verlag), 64 S.
- MARA, W. P. (1995): Strumpfbandnattern. - Ruhmannsfelden (bede-Verlag), 64 S.
- MARA, W. P. (1996): Wasser- und Landschildkröten. - Ruhmannsfelden (bede-Verlag), 96 S.
- MARA, W .P. (1996): Wassernattern Nordamerikas. - Ruhmannsfelden (bede-Verlag), 64 S.
- MARKEL, R. G. (1995): Das Große Buch der Königsnattern. - Ruhmannsfelden (bede-Verlag), 144 S.
- MARKEL, R. G. (1996): Königsnattern. - Ruhmannsfelden (bede-Verlag), 64 S.
- MAYER, R. (1996): Europäische Landschildkröten. - Kempten, 128 S.
- MÜLLER, V. & W. SCHMIDT (1995): Schildkröten im Gartenteich. - Münster (Natur und Tier - Verlag), 96 S.
- MÜLLER, V. & W. SCHMIDT (1995): Landschildkröten. - Münster (Natur und Tier - Verlag), 191 S.
- NECAS, P. (1995): Chamäleons - Bunte Juwelen der Natur. - Frankfurt/Main, 237 S.
- NIETZKE, G. (1989): Die Terrarientiere 1. - Stuttgart (Verlag Eugen Ulmer), 274 S.
- NIETZKE, G. (1998): Die Terrarientiere 2. - Stuttgart (Verlag Eugen Ulmer), 366 S.
- NIETZKE, G. (1984): Fortpflanzung und Zucht der Terrarientiere. Hannover (Landbuch-Verlag), 137 S.
- NÖLLERT, A. (1992): Schildkröten. - Hannover (Landbuch-Verlag), 192 S.
- OBST, F. J.: Schmuckschildkröten. - Neue Brehm-Bücherei (Westarp Wissenschaften), 127 S.
- PATERSON, J. (1995): Dosenschildkröten. - Ruhmannsfelden (bede-Verlag), 64 S.
- PATERSON, J. (1995): Rotwangen-Schmuckschildkröten. - Ruhmannsfelden (bede-Verlag), 64 S.
- POLASCHEK, G. & K. (1997): Die Griechische Landschildkröte. - Wien (G. & K. Verlag), 124 S.
- PRASCHAG, R. (1997): Schmuckschildkröten. - Stuttgart (Kosmos), 48 S.
- PURSALL, B. (1995): Europäische Landschildkrö-

ten. - Ruhmannsfelden (bede-Verlag), 96 S.

- ROGNER, M. (1992): Echsen 1; Haltung, Pflege und Zucht im Terrarium. - Stuttgart, Hohenheim (Verlag Eugen Ulmer GmbH & Co.), 281 S.
- ROGNER, M. (1994): Echsen 2; Haltung, Pflege und Zucht im Terrarium. - Stuttgart, Hohenheim (Verlag Eugen Ulmer GmbH & Co.), 300 S.
- ROGNER, M. (1995): Schildkröten 1. - Hürtgenwald (Eigenverlag), 192 S.
- ROGNER, M. (1996): Schildkröten 2. - Hürtgenwald (Eigenverlag), 265 S.
- RÖSLER, H. (1995): Geckos der Welt. - Leipzig (Urania-Verlag),256 S.
- ROSS, R. & G. MARZEC (1994): Riesenschlangen - Zucht und Pflege. - Ruhmannsfelden (bede-Verlag), 245 S.
- RUDLOFF, H.-W. (1990): Schildkröten. Vermehrung von Terrarientieren. - Leipzig (Urania-Verlag), 155 S.
- RUNDQUIST, E. (1996): Parasiten bei Reptilien u. Amphibien. - Ruhmannsfelden (bede-Verlag), 64 S.
- RUNDQUIST, E. (1996): Taggeckos. - Ruhmannsfelden (bede-Verlag), 64 S.
- SASSENBURG, L. (2000): Schildkrötenkrankheiten. – Ruhmannsfelden (bede)
- SCHMIDT, D. (2000): Kornnattern und Erdnattern. – Münster (Natur und Tier - Verlag)
- SCHMIDT, D. (1994): Schlangen; Vermehrung von Terrarientieren. - Leipzig (Urania-Verlag), 184 S.
- SCHMIDT, D. (1995): Ratgeber Wassernattern. - Ruhmannsfelden (bede-Verlag), 96 S.
- SCHMIDT, D. (1996): Ratgeber Riesenschlangen. - Ruhmannsfelden (bede-Verlag), 96 S.
- SCHMIDT, W. (1995): Kornnattern. - Münster (Natur und Tier - Verlag), 88 S.
- SCHMIDT, W. (1999): Das Jemen-Chamäleon, Chamaeleo calyptratus. - Münster (Natur und Tier - Verlag), 88 S.
- SCHMIDT, W. & F. W. HENKEL (1998): Gärten als Lebensraum für Frösche und Echsen. - Hannover (Landbuch-Verlag), 160 S.
- SCHMIDT, W. & F. W. HENKEL (1995): Leguane. - Stuttgart (Verlag Eugen Ulmer)
- SCHMIDT, W., K. TAMM & E. WALLIKEWITZ (1996): Chamäleons - Drachen unserer Zeit. - Münster (Natur und Tier - Verlag)
- SEUFER, H. (1995): Geckos. - Hannover (Land-buch-Verlag), 136 S.
- SPRACKLAND, R. (1994): Großechsen - erfolgreiche Pflege, Haltung und Zucht. - Ruhmannsfelden (bede-Verlag), 288 S.
- STASZKO & WALLS (1995): Das Große Buch der Kletternattern. - Ruhmannsfelden (bede-Verlag), 192 S.
- STÖCKL, H. & E. STÖCKL (1996): Ratgeber Abgottschlangen Boa constrictor. - Ruhmannsfelden (bede-Verlag), 86 S.
- STÖCKL, H. & E. STÖCKL (2000): Boas und Pythons. – Ruhmannsfelden (bede), 96 S.
- STOOPS, E.D. & A. T. WRIGHT (1994): Pflege und Zucht von Boas und Pythons. - Ruhmannsfelden (bede-Verlag), 144 S.
- THISSEN, R. & H. HANSEN (1996): Königsnattern. - Münster (Natur und Tier - Verlag), 172 S.
- TRUTNAU, L. (1988): Schlangen 1. - Stuttgart (Verlag Eugen Ulmer), 256 S.
- TRUTNAU, L. (1998): Schlangen 2, Giftschlangen. - Stuttgart (Verlag Eugen Ulmer), 367 S.
- ULBER, E. (1996): Insektenfressende Echsen. - Ruhmannsfelden (bede-Verlag), 64 S.
- ULBER, T. (1995): Leopardgeckos. - Ruhmannsfelden (bede-Verlag), 64 S.
- ULLRICH, W. (1999): Landschildkröten. – Niedernhausen (Falken-Verlag), 127 S.
- WALLS, J. G. (1995): Kleine Boas. - Ruhmannsfelden (bede-Verlag), 64 S.
- WALLS, J. G. (1995): Kletternattern. - Ruhmannsfelden (bede-Verlag), 64 S.
- WALLS, J. G. (1995): Skinke. - Ruhmannsfelden (bede-Verlag), 64 S.
- WALLS, J. G. (1996): Kornnattern. - Ruhmannsfelden (bede-Verlag), 64 S.
- WALLS, J. G. (1997): Klapperschlangen; Ökologie u. Haltung. - Ruhmannsfelden (bede-Verlag), 64 S.
- WEIER, M. & R. VITT (1999): Der Grüne Baumpython. – Offenbach (Herpeton)
- WENGLER, W. (1994): Riesenschlangen. - Münster (Natur und Tier - Verlag), 168 S.
- WERNING, H. (1995): Wasseragamen. - Münster (Natur und Tier - Verlag), 88 S.
- WILMS, T. (1995): Dornschwanzagamen. - Offenbach (Herpeton-Verlag), 130 S
- ZIRNGIBL, R. (2000): Griechische Landschildkröten. - Ruhmannsfelden (bede), 96 S.

Literaturnachweis

Dieses Grundlagenbuch soll das für den Einstieg in die Terraristik notwendige Wissen übersichtlich und verständlich zusammenfassen. Neben eigenen Erfahrungen sind hierbei natürlich auch die Informationen aus zahllosen anderen Büchern und Artikeln eingegangen. Um die Übersichtlichkeit und den Lesefluß zu wahren, wurde auf Zitate im Text dieses Buches weitgehend verzichtet. Sie erfolgen nur bei direkten Bezugnahmen.

- BECH, R. & U. KADEN (1990): Echsen; Vermehrung von Terrarientieren. - Leipzig (Urania-Verlag), 167 S.
- Bundesministerium für Landwirtschaft (1997): Mindestanforderungen an die Haltung von Reptilien. - Rheinbach (Ausgabe der DGHT), 78 S.
- DENNERT, C. (1999a): Ernährung europäischer Landschildkröten Teil 1. - REPTILIA (D), Nr. 17, 4(3), 32-39.
- DENNERT, C. (1999b): Ernährung europäischer Landschildkröten Teil 2. - REPTILIA (D), Nr. 17, 4(3), 51-58.
- FERGUSON, M. W. J. (1985): The reproductive biology and embryology of crocodilians. - In: GANS, C. (Hrsg.): Biology of the Reptilia, Vol. 14, Development A. - New York (Wiley).
- FRIEDERICH, U. & VOLLAND, W. (1992): Futtertierzucht; Lebendfutter für Vivarientiere. - Stuttgart, Hohenheim (Verlag Eugen Ulmer GmbH & Co.), 188 S.
- GRIEHL, K. (1987): Schlangen. - München (Verlag Gräfe und Unzer GmbH), 72 S.
- HACKBARTH, R. (1992): Krankheiten der Reptilien. - Stuttgart (Kosmos), 88 S.
- HAUT, L. (1997): Brauchen Tier- und Pflanzenhalter eine Rechtsschutzversicherung? - BNA aktuell 3(4), 43 f.
- HENKEL, F. W. & SCHMIDT, W. (1991): Geckos. - Stuttgart (Verlag Eugen Ulmer), 224 S.
- HOLFERT, T. (1999): Rauhe Grasnattern im Terrarium. - DATZ 52(3), 33 ff.
- HOPFENZITZ, P. (1990): GU-Kompaß Mineralstoffe. - München (Gräfe & Unzer).
- IPPEN, R., H.-D. SCHRÖDER & K. ELZE (1985): Handbuch der Zootierkrankheiten, Band 1: Reptilien. - Berlin (Akademie-Verlag), 432 S.
- ISENBÜGEL, E. & W. FRANK (1985): Heimtierkrankheiten. - Stuttgart, Hohenheim (Verlag Eugen Ulmer GmbH & Co.), 402 S.
- JAROFKE, D. & J. LANGE (1993): Reptilien, Krankheiten und Haltung. - Berlin/ Hamburg (Verlag Paul Parey GmbH & Co. KG), 118 S.
- KÖHLER, G. (1996): Krankheiten der Reptilien und Amphibien. - Stuttgart (Verlag Eugen Ulmer), 166 S.
- KÖHLER, G. (1997): Inkubation von Reptilieneiern. - Offenbach (Herpeton-Verlag), 205 S.
- KÖHLER, G. (1998): Der Grüne Leguan. - Offenbach (Herpeton-Verlag), 117 S.
- PHILLIPS, I. R. (1986): Reptiles encountered in practice: a survey of two hundred and forty cases. - J. small Anim. Pract. 27, S. 807-824
- RAUH, J. (1995): Dünnfingergeckos im Terrarium. - DATZ (Stuttgart), S. 25-27.
- RÖSSEL, D. (1996): Rechtliche Fragen der Haltung giftiger und gefährlicher Tiere. - DATZ 49 (8), 535 f. - (1997a): Giftschlangenhaltung - auch ein rechtliches Problem. - REPTILIA (D) Nr. 5, 2(3), 6. - (1997b): Schlangenhaltung im Wohnungseigentums- und Mietrecht. -REPTILA (D) Nr. 6, 2(4), 54 f. - (1998a); Tierhalter-Haftpflichtversicherung für gefährliche Tiere. - REPTILIA (D) Nr. 10, 3(2), 10. - (1998b): Quakende Frösche im Gartenteich: Juristische Probleme mit den Nachbarn. - DATZ 51 (4), 260 - 262.
- RUDLOFF, H.-W. (1990): Schildkröten. Vermehrung von Terrarientieren. - Leipzig (Urania-Verlag), 155 S.
- SCHMIDT, T. (in Vorb.): Grasnattern. - Münster (Natur und Tier - Verlag)
- WERNING, H. & G. KÖHLER (1998): Maskenleguane. - REPTILIA 3(6), 88 f.
- Wiechert, J. (2000): Die mediterrane Landschildkröte in der tierärztlichen Praxis. – Draco, Münster, 1(2), 60–71.
- WILKE, H. (1989): Schildkröten. - München (Verlag Gräfe und Unzer GmbH), 72 S.

Index